AF545478

IRON MAN

EXTREMIS

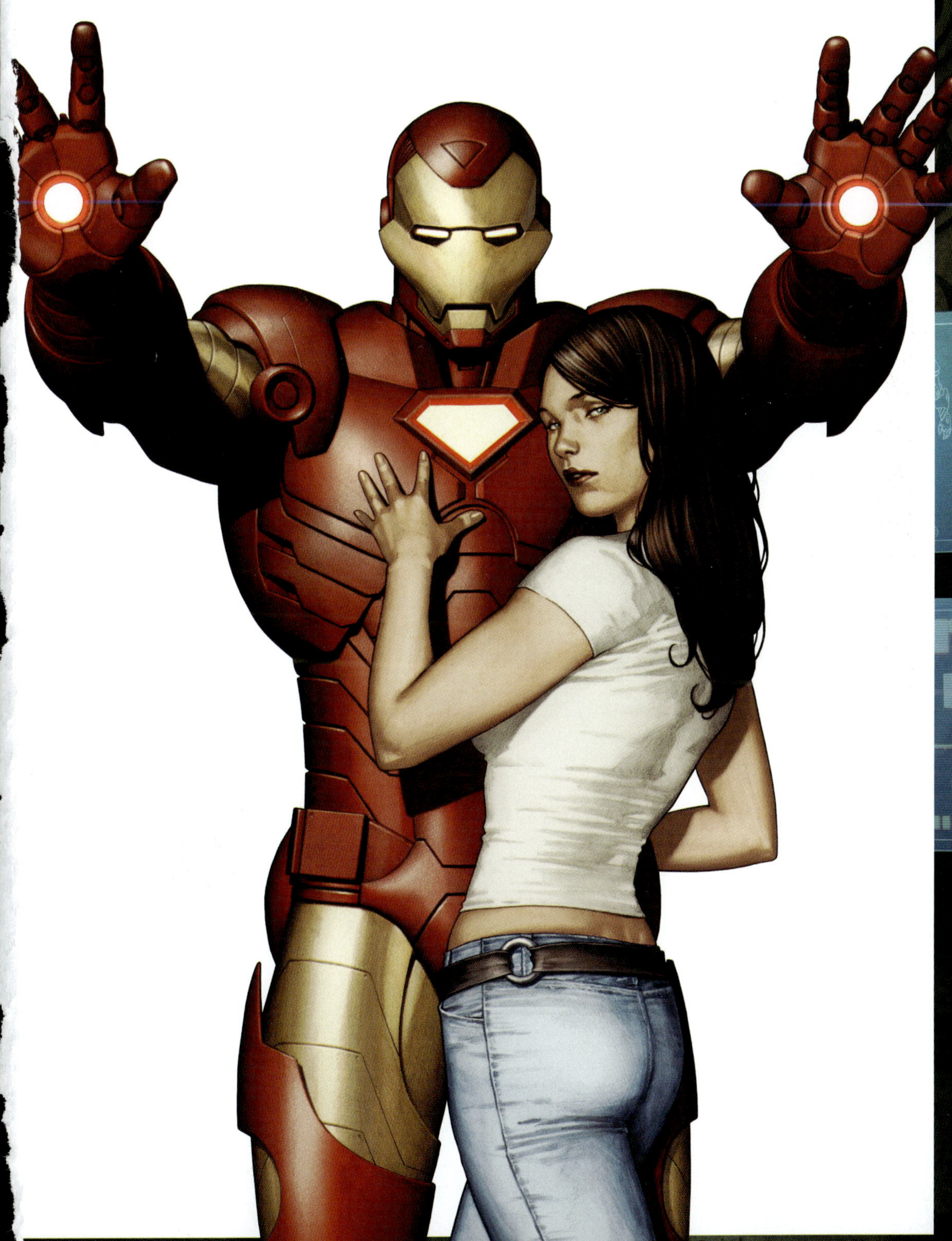

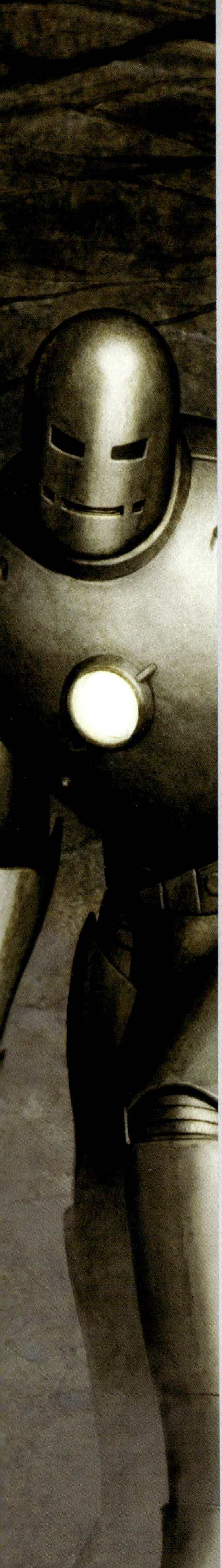

INHALT

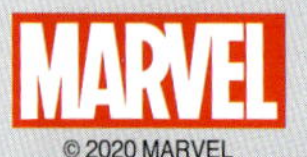
MARVEL

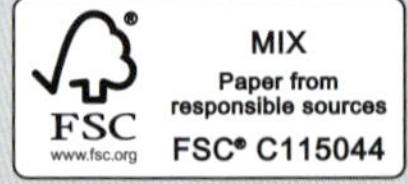
FSC
www.fsc.org
MIX
Paper from responsible sources
FSC® C115044

IRON MAN
EXTREMIS

WARREN ELLIS
AUTOR

ADI GRANOV
KÜNSTLER

ASTARTE DESIGN
ELLETI
LETTERING

REINHARD SCHWEIZER
ÜBERSETZUNG

TOM BREVOORT
MOLLY LAZER
ANDY SCHMIDT
AUBREY SITTERSON
NICOLE WILEY
REDAKTION USA

C. B. CEBULSKI
CHEFREDAKTEUR USA

JOE QUESADA
CHIEF CREATIVE OFFICER USA

DAN BUCKLEY
HERAUSGEBER USA

ALAN FINE
PRODUZENT USA

MARVEL MUST-HAVE: IRON MAN – EXTREMIS erscheint bei **PANINI COMICS**, Schloßstraße 76, D-70176 Stuttgart. Druck: Lito Terrazzi Industria Grafica. Pressevertrieb: Stella Distribution GmbH, D-22297 Hamburg. Direkt-Abos auf **www.paninicomics.de.** Anzeigenverkauf: BLAUFEUER VERLAGSVERTRETUNGEN GmbH, info@blaufeuer.com. Es gilt die Anzeigenpreisliste Nr. 17 vom 01.10.2019. Geschäftsführer **Hermann Paul**, Publishing Director Europe **Marco M. Lupoi**, Finanzen **Felix Bauer**, Marketing Director **Holger Wiest**, Marketing **Fabio Cunetto**, Vertrieb **Alexander Bubenheimer**, Logistik **Ronald Schäffer**, PR/Presse **Steffen Volkmer**, Publishing Manager **Lisa Pancaldi**, Redaktion **Christian Endres**, **Harald Gantzberg**, **Matthias Korn**, **Anja Seiffert**, **Kristina Starschinski**, **Ilaria Tavoni**, **Daniela Uhlmann**, Übersetzung **Bernd Kronsbein**, **Reinhard Schweizer**, Proofreading **ENZA**, Lettering **Astarte Design**, **Elleti**, grafische Gestaltung **Marco Paroli**, **Barbara Sarti**, Art Director **Mario Corticelli**, Redaktion Panini Comics **Annalisa Califano**, **Beatrice Doti**, Prepress **Cristina Bedini**, **Andrea Lusoli**, **Nicola Soressi**, Repro/Packager **Alessandro Nalli** (coordinator), **Mario Da Rin Zanco**, **Valentina Esposito**, **Luca Ficarelli**, **Linda Leporati**. Deutsche Edition bei Panini Verlags-GmbH unter Lizenz von Marvel Characters B.V. Cover von **Adi Granov**, *Iron Man: Extremis Marvel Select* (2019) TP.

Bibliografische Information der Deutschen Nationalbibliothek
Die Deutsche Nationalbibliothek verzeichnet diese Publikation in der Deutschen Nationalbibliografie; detaillierte bibliografische Daten sind im Internet über dnb.d-nb.de abrufbar.

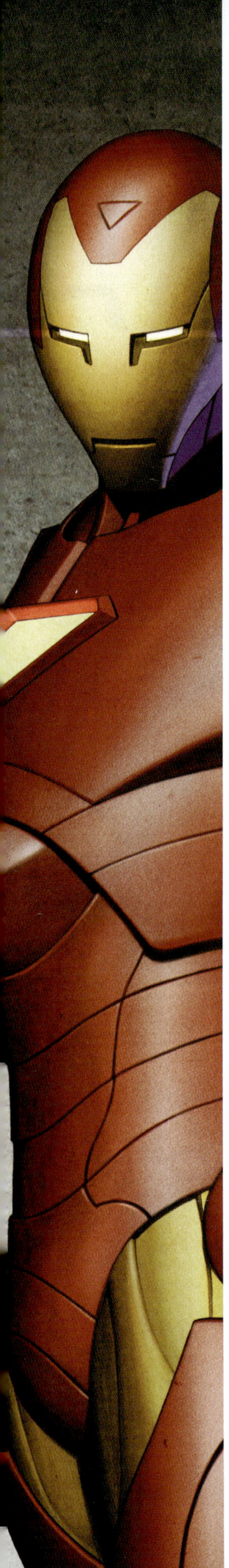

UPGRADE WIRD VORBEREITET ...

2005 lag der Jahrtausendwechsel noch gar nicht so lange zurück. Für die Science-Fiction hatte alles jenseits des Jahres 2000 lange den ultimativen Wendepunkt verkörpert, ja, das endgültige Einfallstor in ein neues Zeitalter voller technologischer Wunder und Möglichkeiten. Dekade um Dekade vibrierten Geschichten aus dem 20. Jahrhundert, die das 21. Jahrhundert imaginierten, alleine schon wegen dieser epochalen Marke von visionären Technologien und Veränderungen. Keine Ahnung, ob Highspeed-Internet und immer smartere Telefone reichen, um die Erwartungen an das neue Millennium als erfüllt zu betrachten. Für Marvels rot-goldenen Rächer **Iron Man**, in dessen Hightech-Rüstung **Tony Stark** steckt, hat sich der Glaube an das 21. Jahrhundert jedenfalls bewährt. Denn im Jahr 2005 machte das **Avengers**-Gründungsmitglied einen gewaltigen Schritt in die Zukunft …

Um Iron Man einen dringend nötigen Schub zu geben, beauftragte Marvel den englischen Top-Autor **Warren Ellis** damit, seine Magie als Science-Fiction-Crack, Comic-Neuerer und Zukunftsversteher zu wirken und den Eisernen zu einem abermals glänzenden Helden zwischen Heute und Morgen zu machen. Die Zeit war reif: Selbst in der Science-Fiction wurde der stilprägende Cyberpunk (die harte, technik-fokussierte Verschmelzung von Mensch und Maschine) als Subgenre allmählich durch den Biopunk (die weichere Symbiose von Biotechnologie und organischem Leben) abgelöst, was sich in Ellis' Konzept für die topaktuelle **Extremis**-Technologie widerspiegelt. Außerdem verlegte Ellis die Entstehungszeit des Helden. Sicher, die Herkunftsgeschichte ist ein elementarer Bestandteil aller Superhelden – doch genauso ist es das Update oder sogar Upgrade für diesen Systemkern, wenn der Zahn der Zeit anfängt, an ihm zu nagen. Wie im Fall von Iron Man: Der geniale Erbe eines Waffenherstellers debütierte 1963, als der Korea- und der Vietnamkrieg in den USA äußerst präsent waren. Iron Mans klassische Herkunftsstory verband Kriegsgeschichten und Science-Fiction, die damals beide boomten. Tony geriet im asiatischen Dschungel in Gefangenschaft. Um Granatsplitter daran zu hindern, sein Herz zu durchbohren, und um seinen Entführern zu entkommen, bauten Tony und Professor **Ho Yinsen** die erste klobige Iron Man-Rüstung. 2004 war Vietnam nicht vergessen, lag aber inzwischen eine ganze Weile zurück. Ellis verpflanzte Iron Mans Anfänge daher in jene Phase des Afghanistan-Krieges, die Ende der 1990er begann und durch die Anschläge vom 11. September 2001 befeuert worden war.

Als Zeichner dieser in Vergangenheit und Gegenwart stattfindenden Iron Man-Neudefinition für die Zukunft, die Tony Stark für seine Rollen im erfolgreichen Mega-Crossover **Civil War** und als Architekt der Marvel-Ära nach dem Event positionierte, wurde **Adi Granov** auserkoren. Er gestaltete seine Seiten so außergewöhnlich, dass Filmemacher **Jon Favreau** ihn als Designer in das Team holte, das den ersten *Iron Man*-Film umsetzte, mit dem 2008 der Siegeszug der Kassenknüller aus dem Marvel Cinematic Universe begann. Hätte es diesen Streifen und Startschuss auch ohne IRON MAN: EXTREMIS von Ellis und Granov gegeben? Gut möglich. Doch so war eine zukunftsweisende Blaupause schon fertig …

Christian Endres

EXTREMIS, TEIL 1

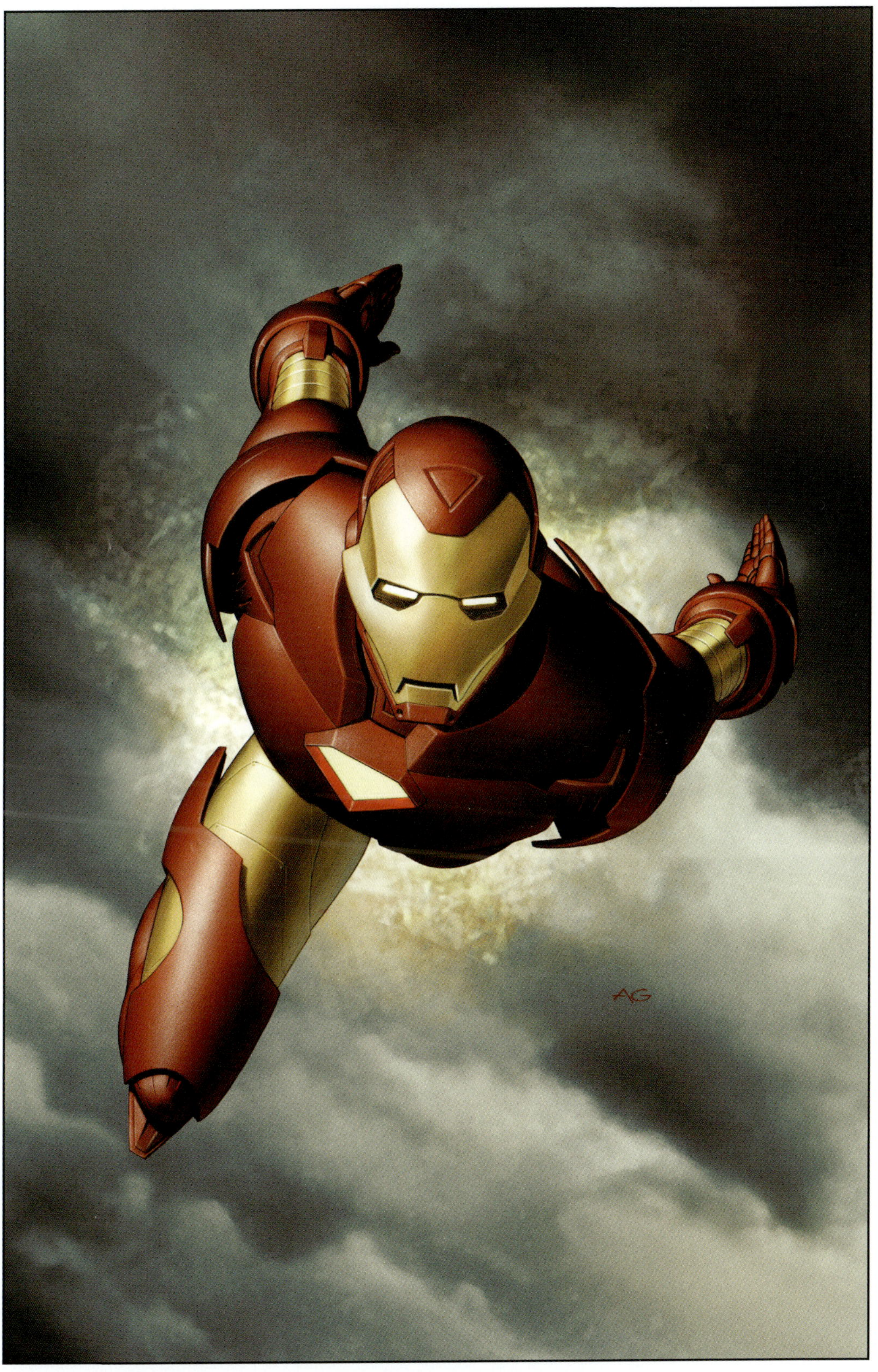

Iron Man (2005) 1
Cover von **ADI GRANOV**

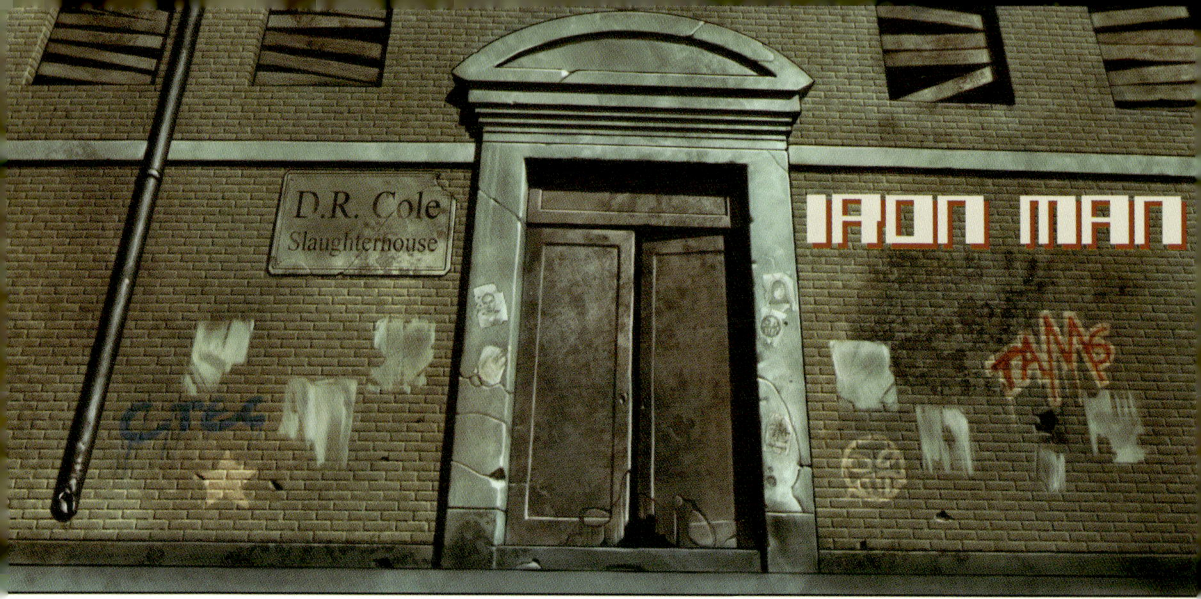
D.R. Cole
Slaughterhouse
IRON MAN

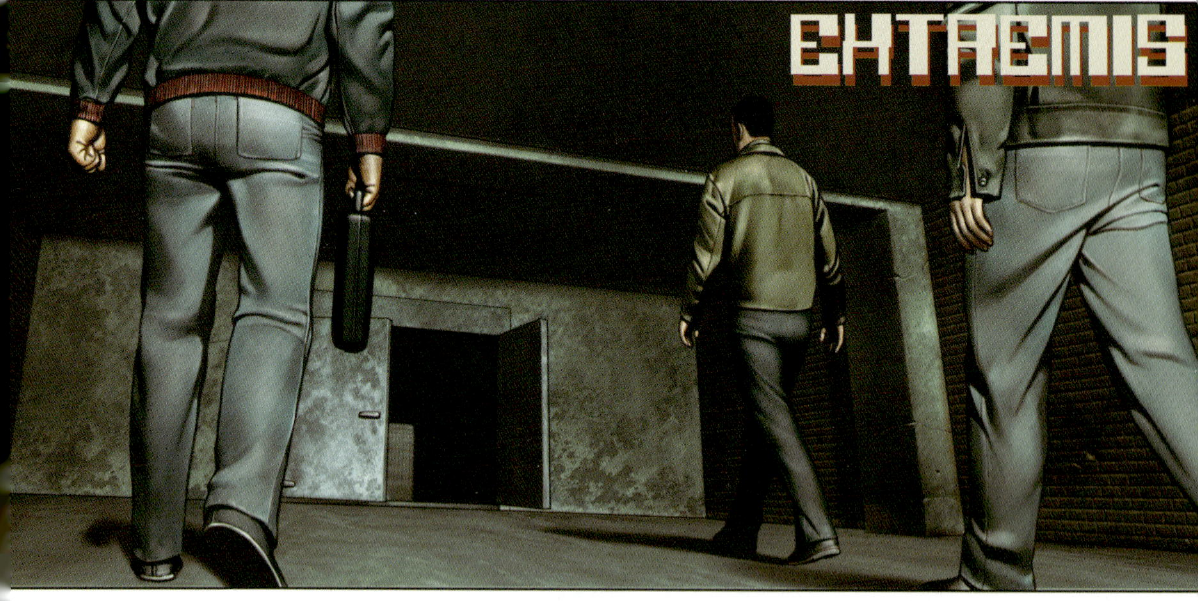
EXTREMIS

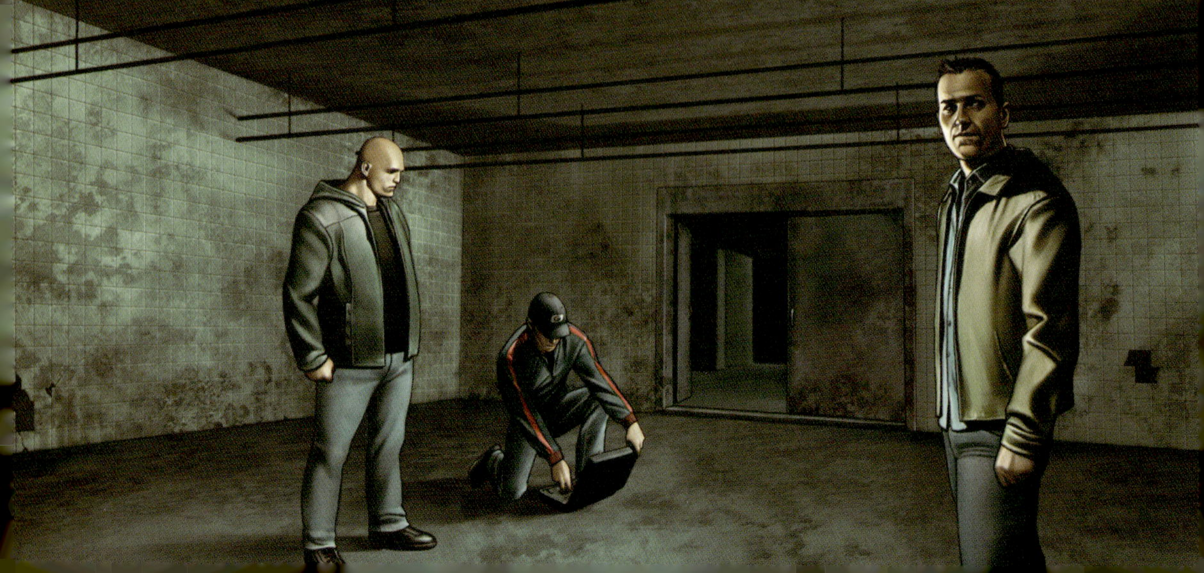

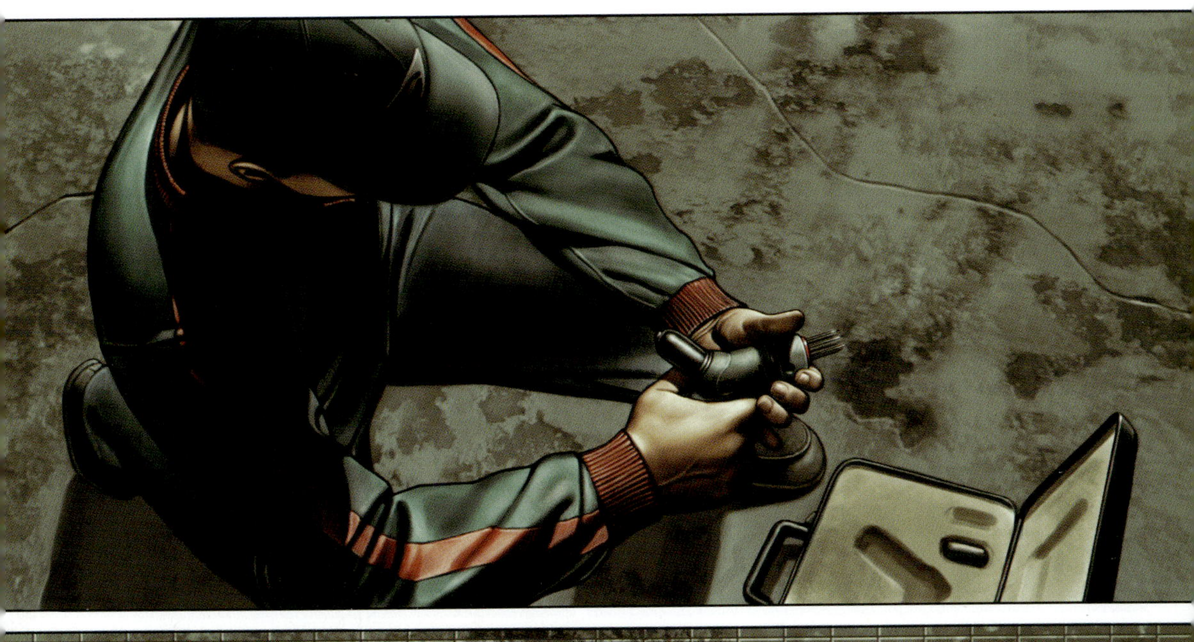

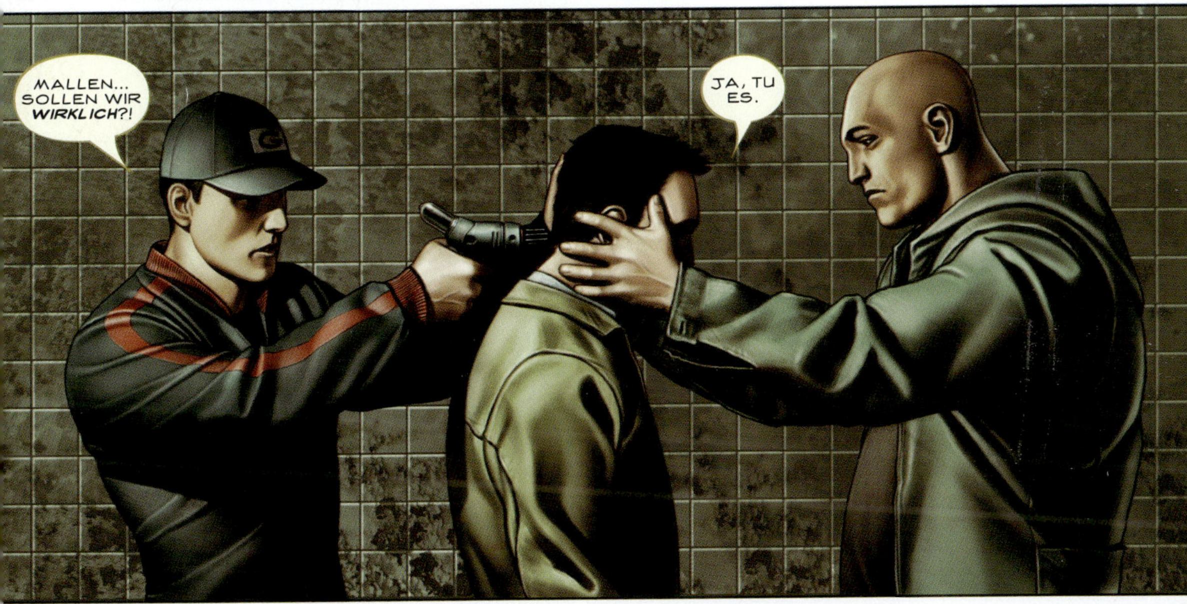
MALLEN... SOLLEN WIR **WIRKLICH**?!
JA, TU ES.

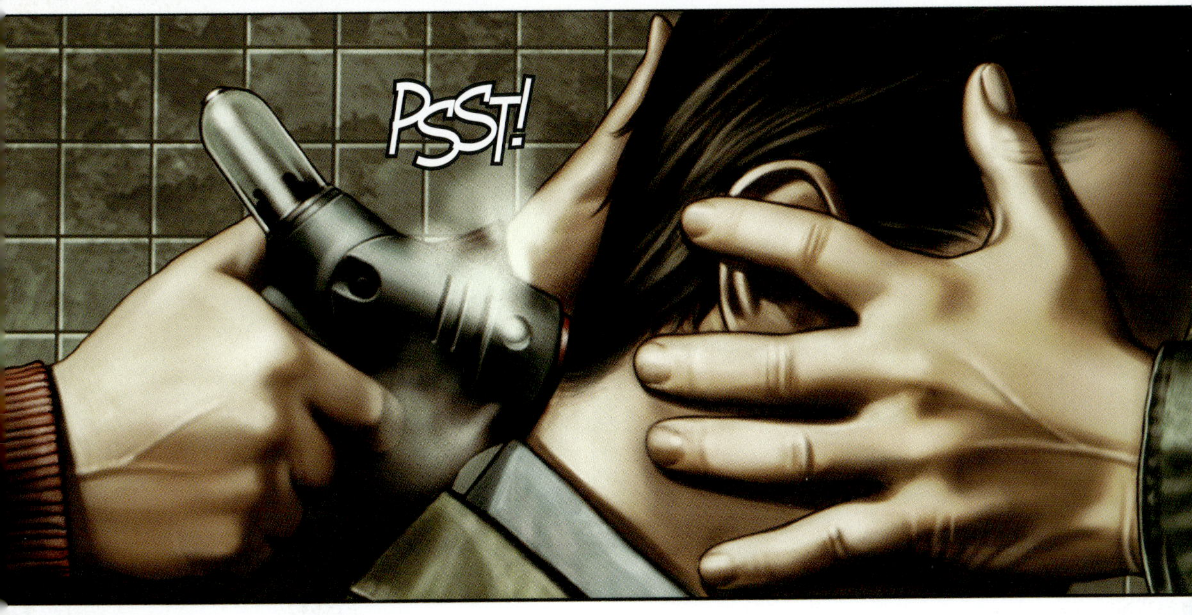
PSST!

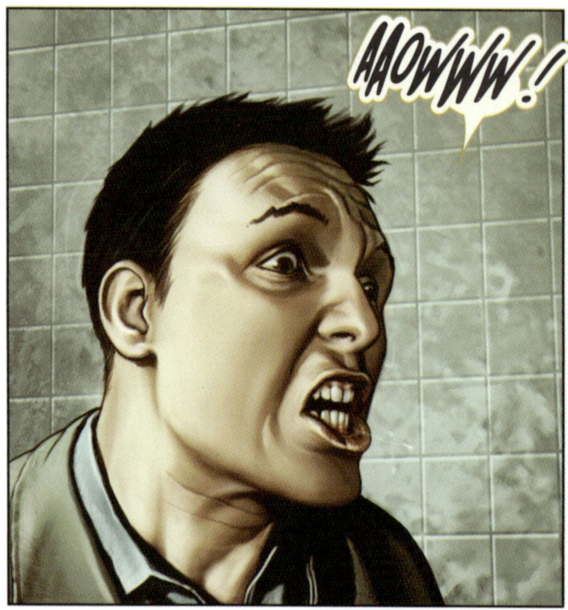
AAOWWW!

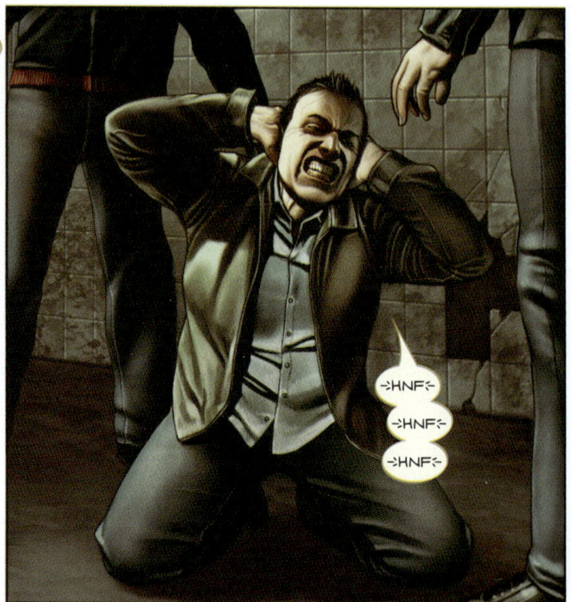
HNF
HNF
HNF

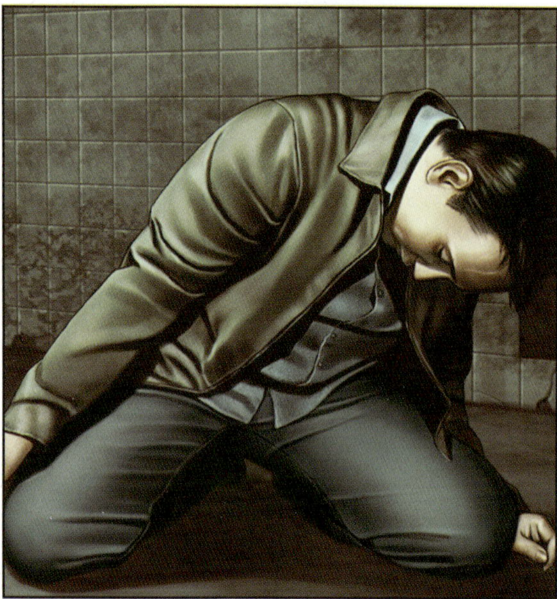

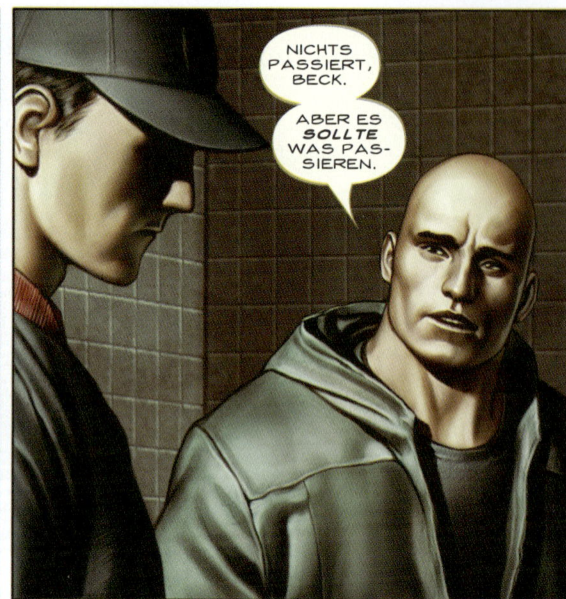
NICHTS PASSIERT, BECK.
ABER ES SOLLTE WAS PASSIEREN.

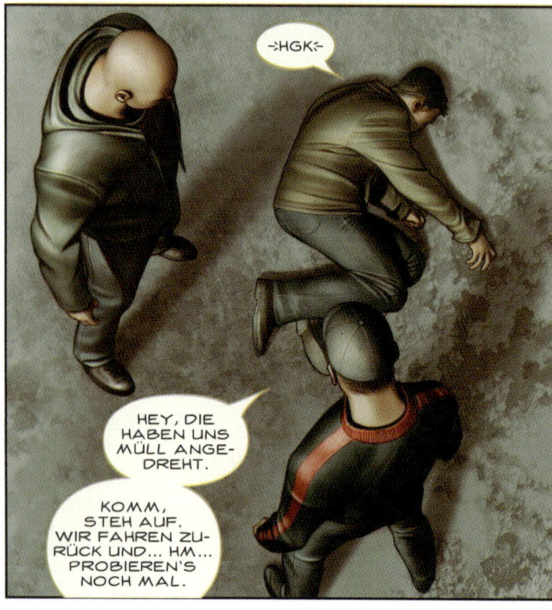
HGK
HEY, DIE HABEN UNS MÜLL ANGEDREHT.
KOMM, STEH AUF. WIR FAHREN ZURÜCK UND... HM... PROBIEREN'S NOCH MAL.

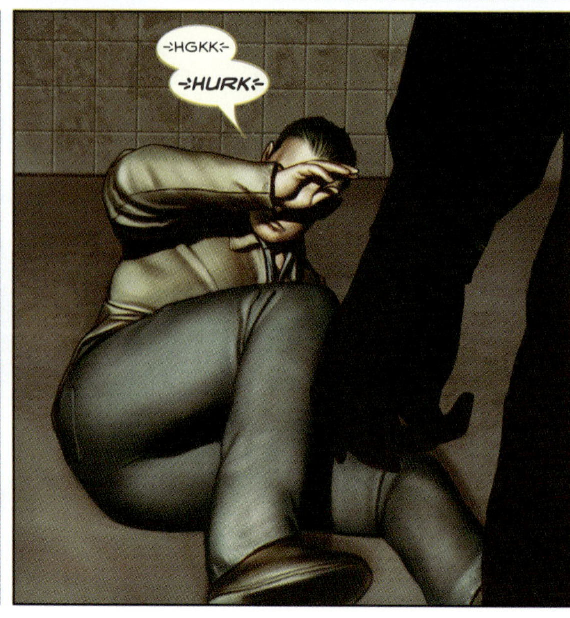
HGKK
HURK

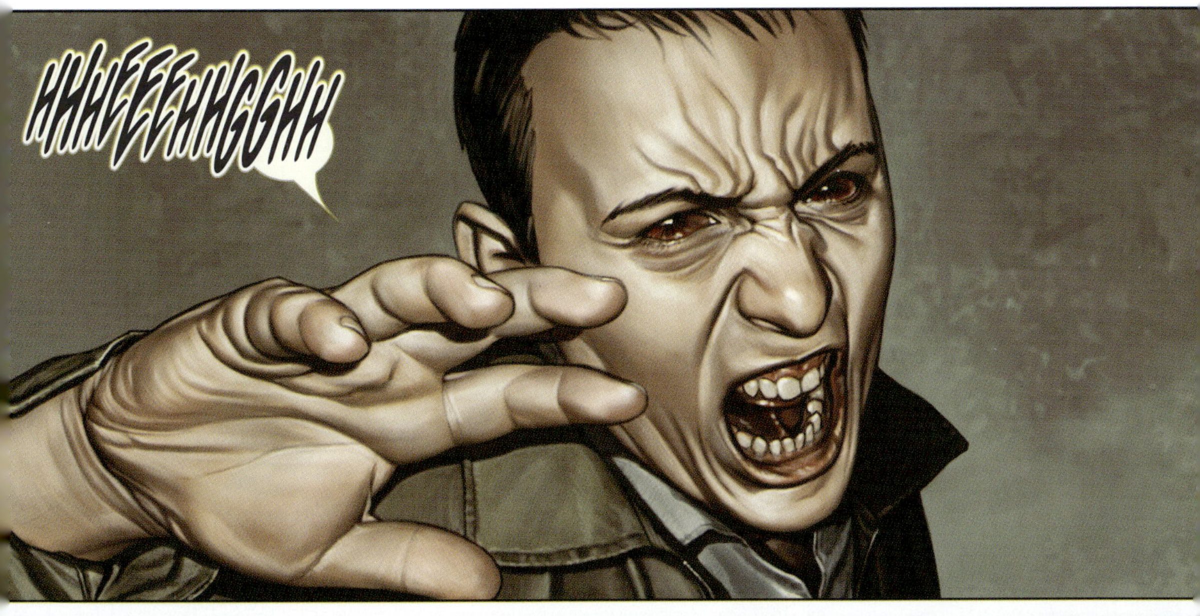
HHHEEEHHGGHH
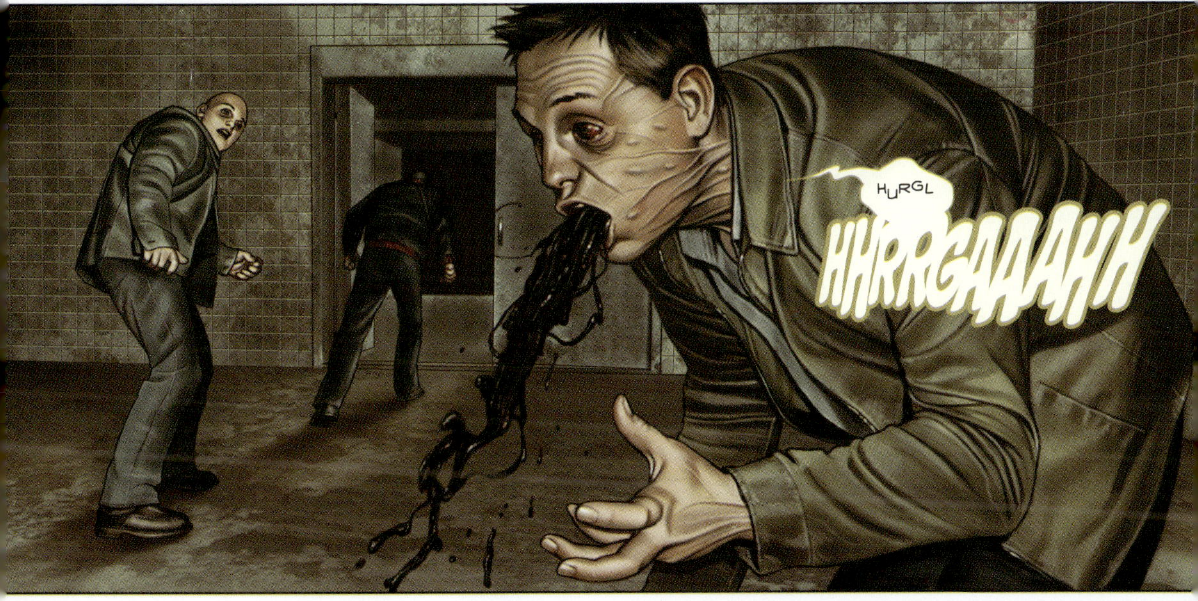
HURGL
HHRRGAAAAHH
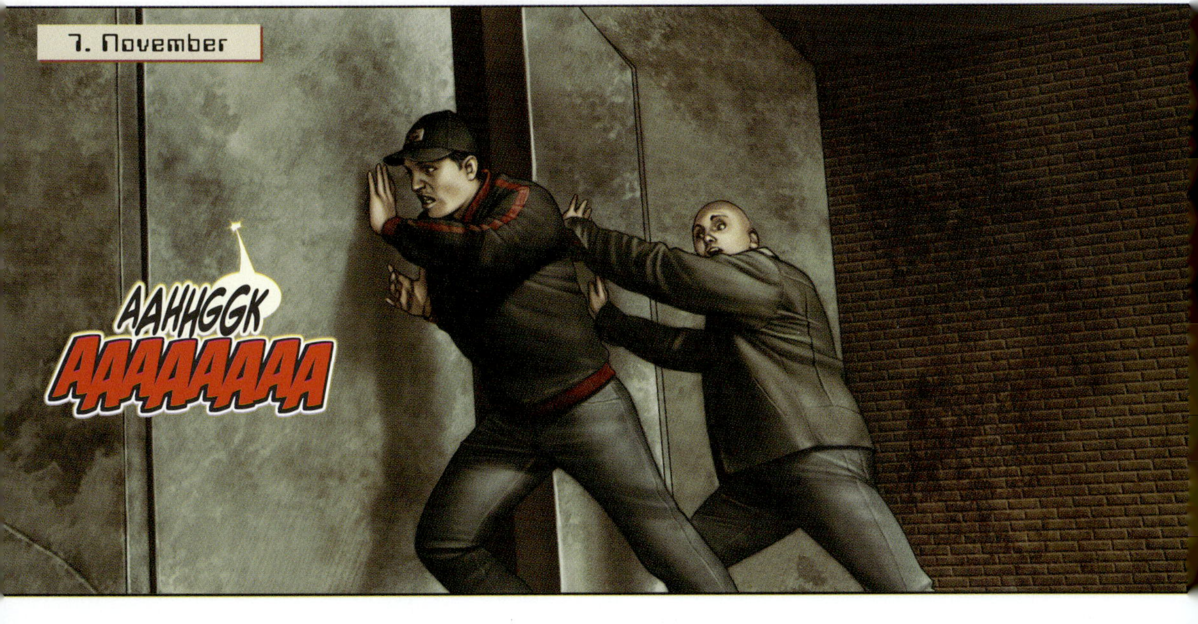
7. November
AAHHGGK
AAAAAAAA

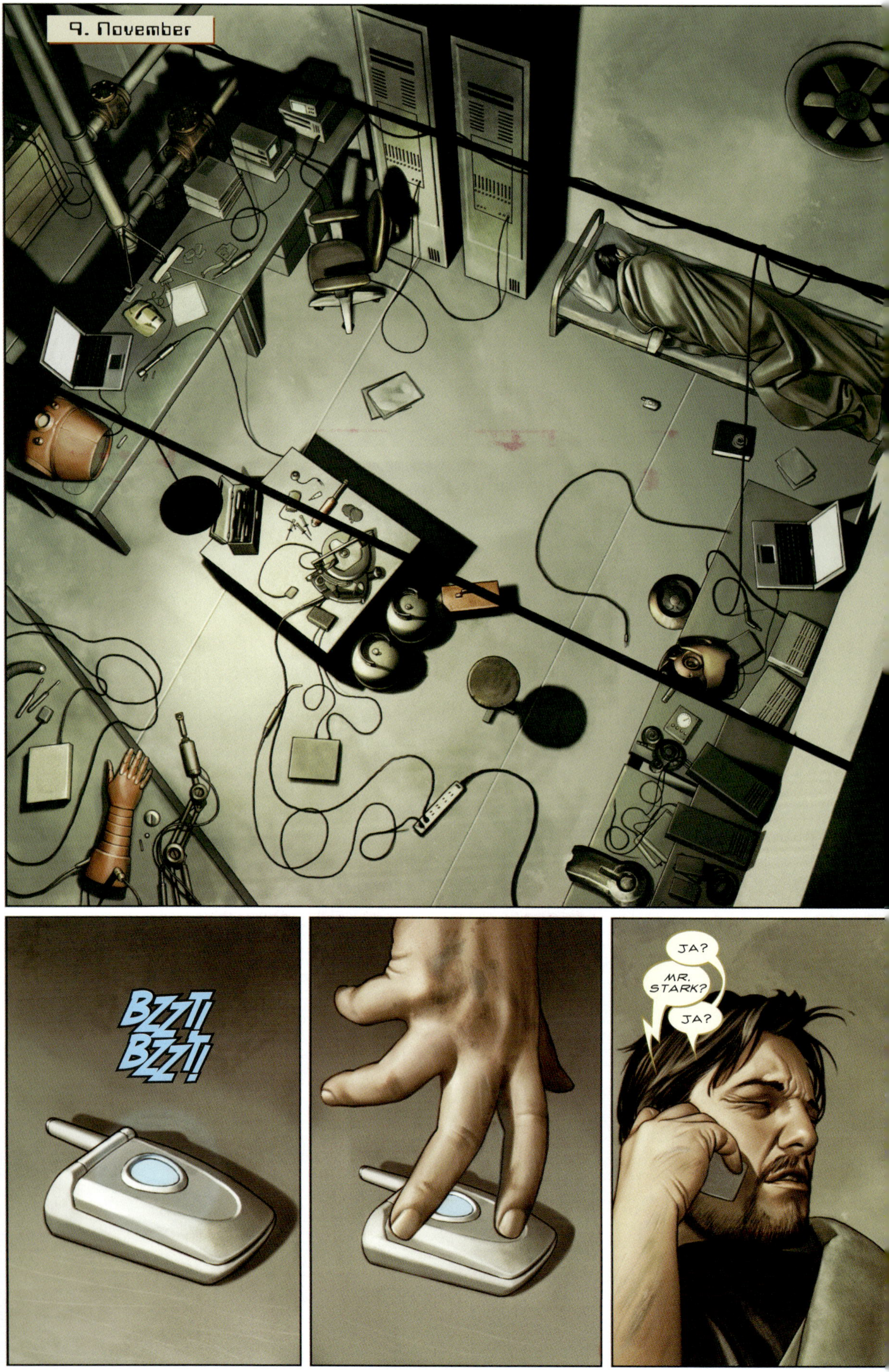

9. November

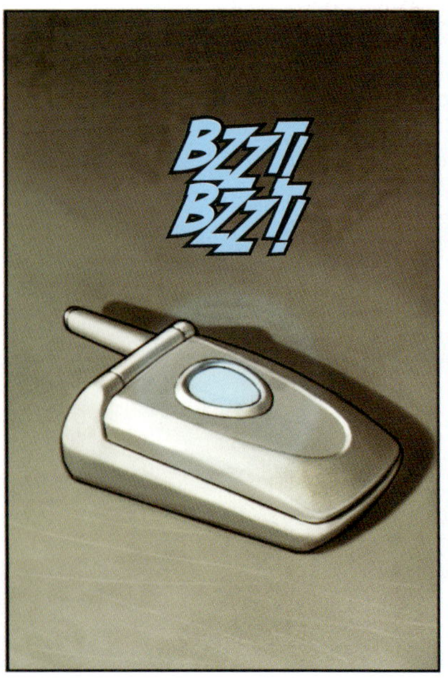

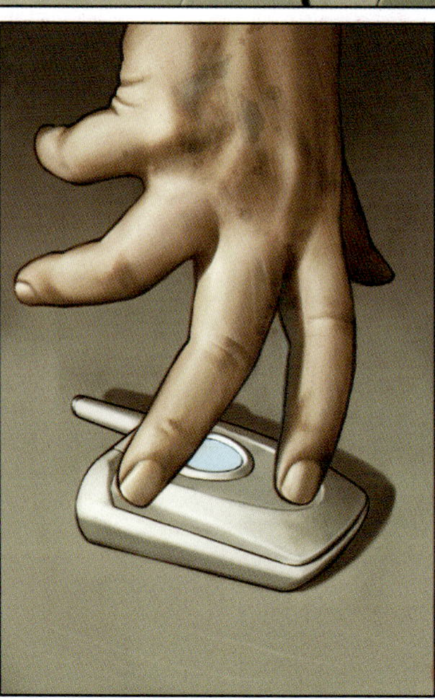

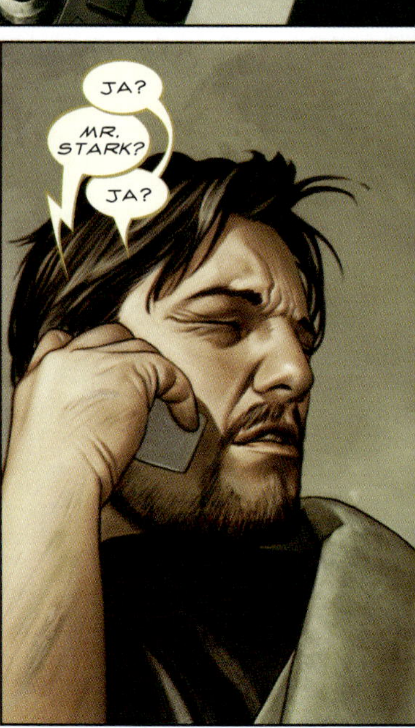

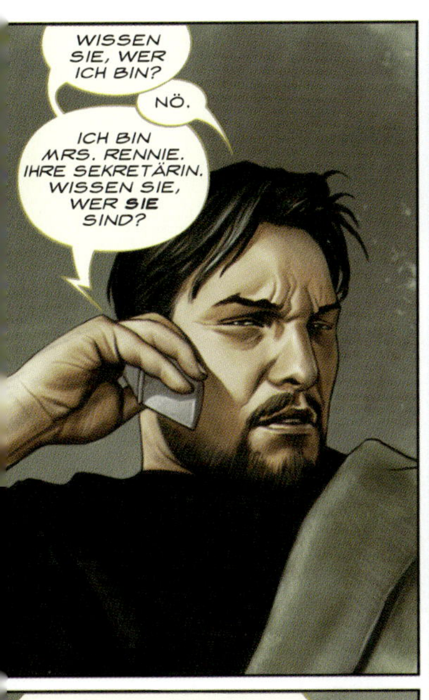
WISSEN SIE, WER ICH BIN?
NÖ.
ICH BIN MRS. RENNIE. IHRE SEKRETÄRIN. WISSEN SIE, WER **SIE** SIND?

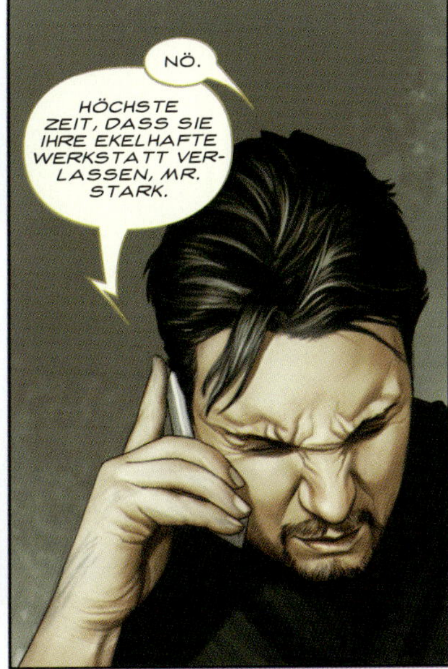
NÖ.
HÖCHSTE ZEIT, DASS SIE IHRE EKELHAFTE WERKSTATT VERLASSEN, MR. STARK.

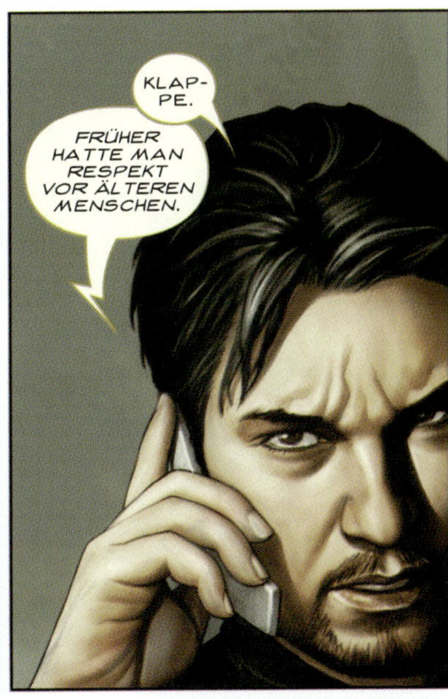
KLAPPE.
FRÜHER HATTE MAN RESPEKT VOR ÄLTEREN MENSCHEN.

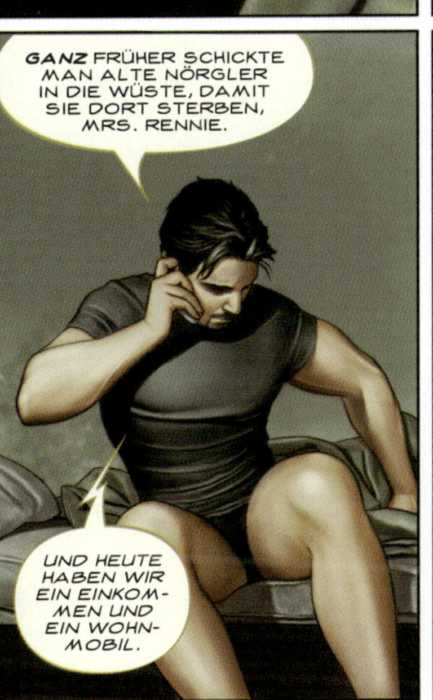
GANZ FRÜHER SCHICKTE MAN ALTE NÖRGLER IN DIE WÜSTE, DAMIT SIE DORT STERBEN, MRS. RENNIE.
UND HEUTE HABEN WIR EIN EINKOMMEN UND EIN WOHNMOBIL.

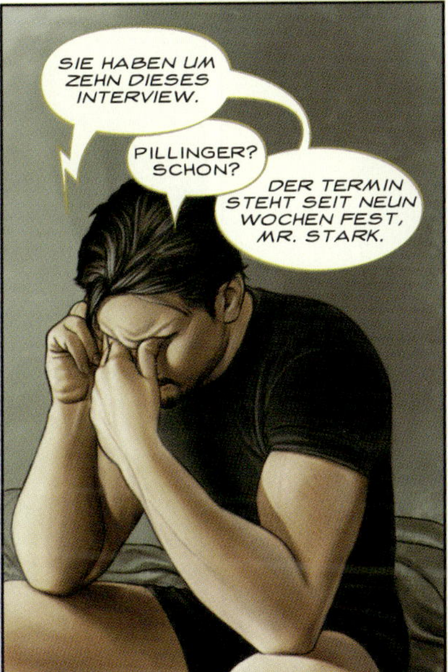
SIE HABEN UM ZEHN DIESES INTERVIEW.
PILLINGER? SCHON?
DER TERMIN STEHT SEIT NEUN WOCHEN FEST, MR. STARK.

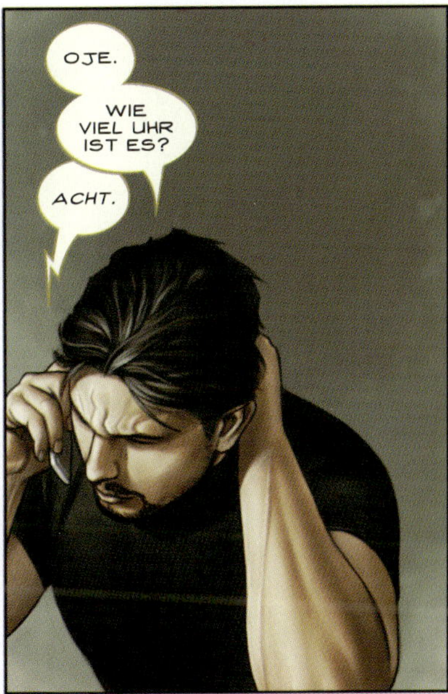
OJE.
WIE VIEL UHR IST ES?
ACHT.

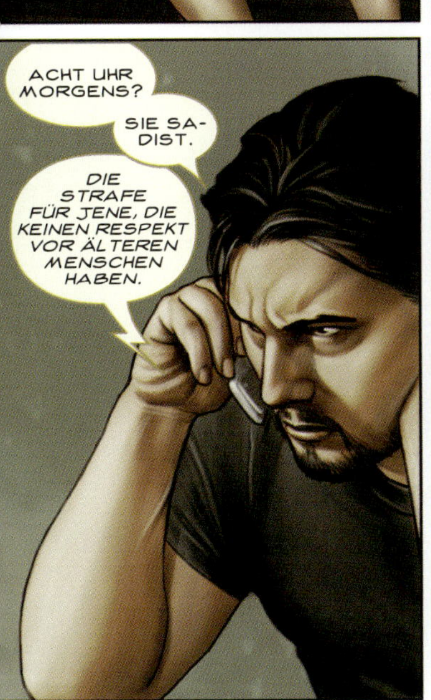
ACHT UHR MORGENS?
SIE SADIST.
DIE STRAFE FÜR JENE, DIE KEINEN RESPEKT VOR ÄLTEREN MENSCHEN HABEN.

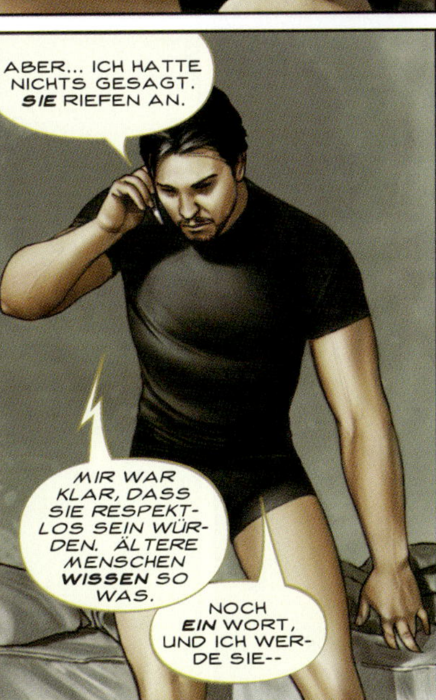
ABER... ICH HATTE NICHTS GESAGT. **SIE** RIEFEN AN.
MIR WAR KLAR, DASS SIE RESPEKTLOS SEIN WÜRDEN. ÄLTERE MENSCHEN **WISSEN** SO WAS.
NOCH **EIN** WORT, UND ICH WERDE SIE--

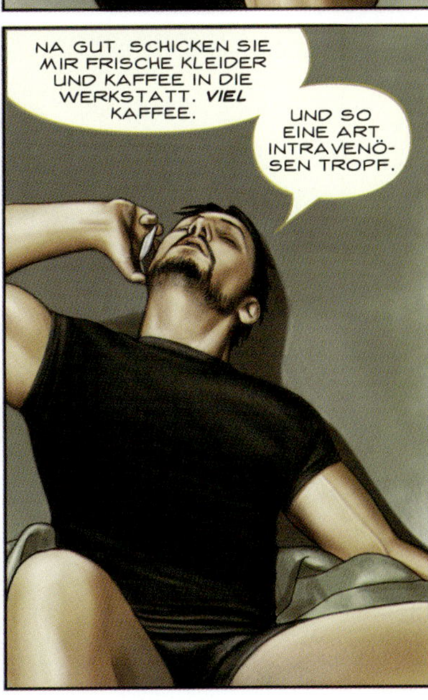
NA GUT. SCHICKEN SIE MIR FRISCHE KLEIDER UND KAFFEE IN DIE WERKSTATT. **VIEL** KAFFEE.
UND SO EINE ART INTRAVENÖSEN TROPF.

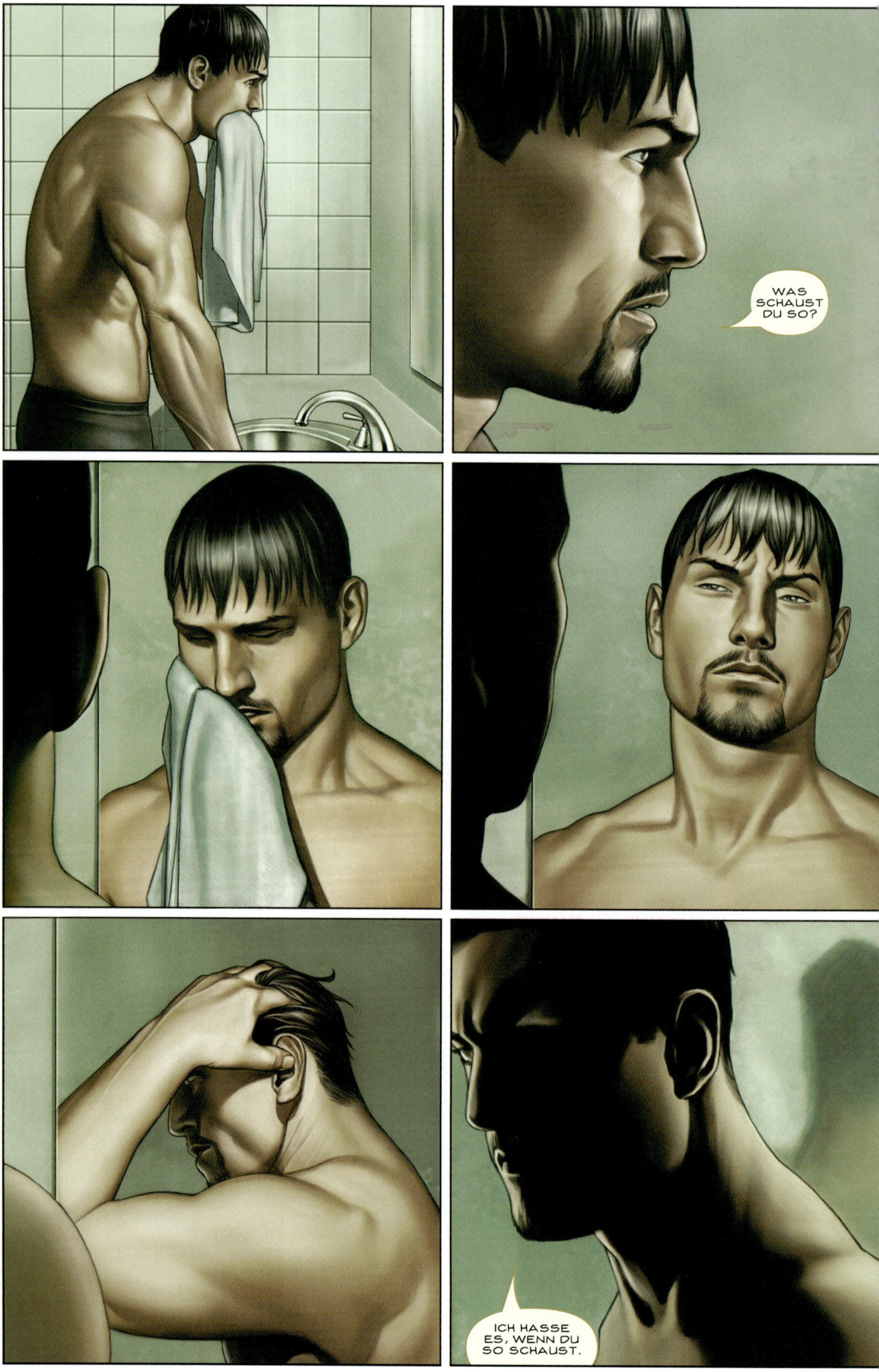

WAS SCHAUST DU SO?

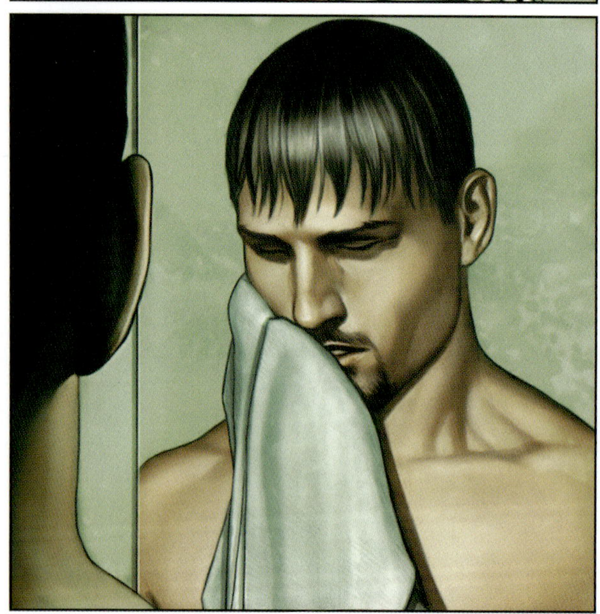

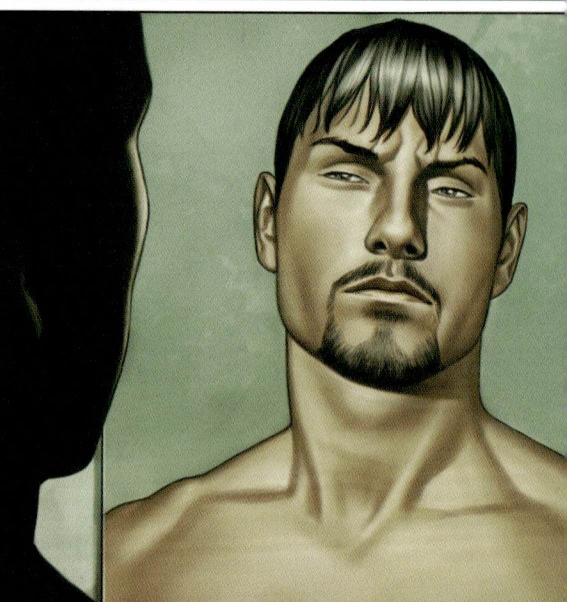

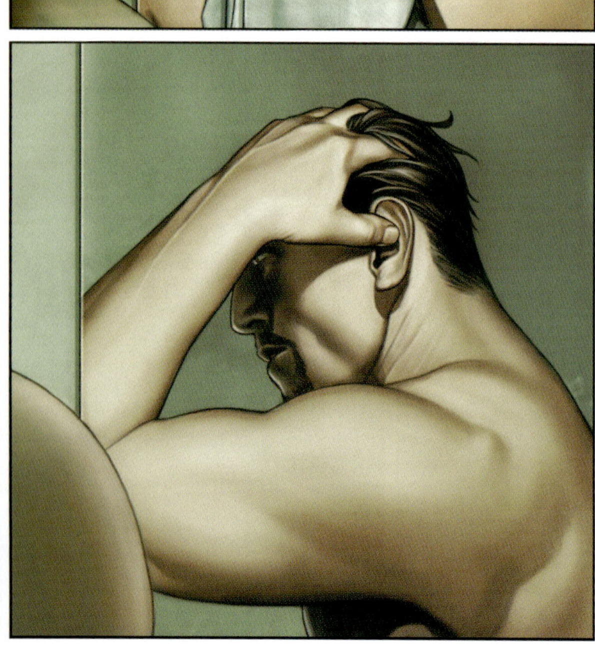

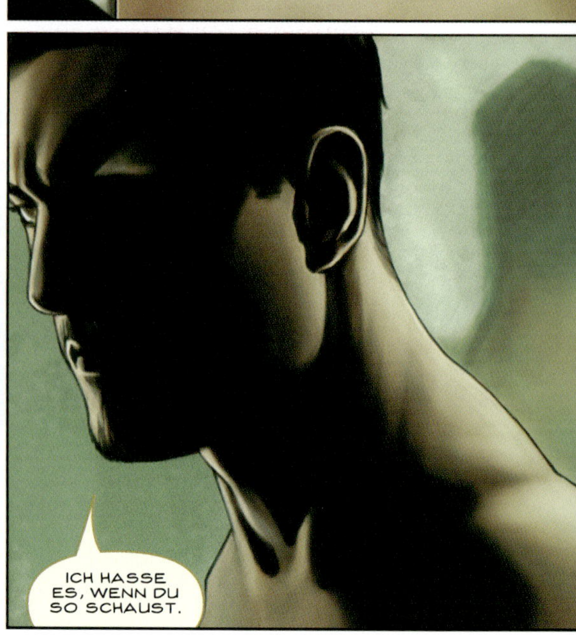

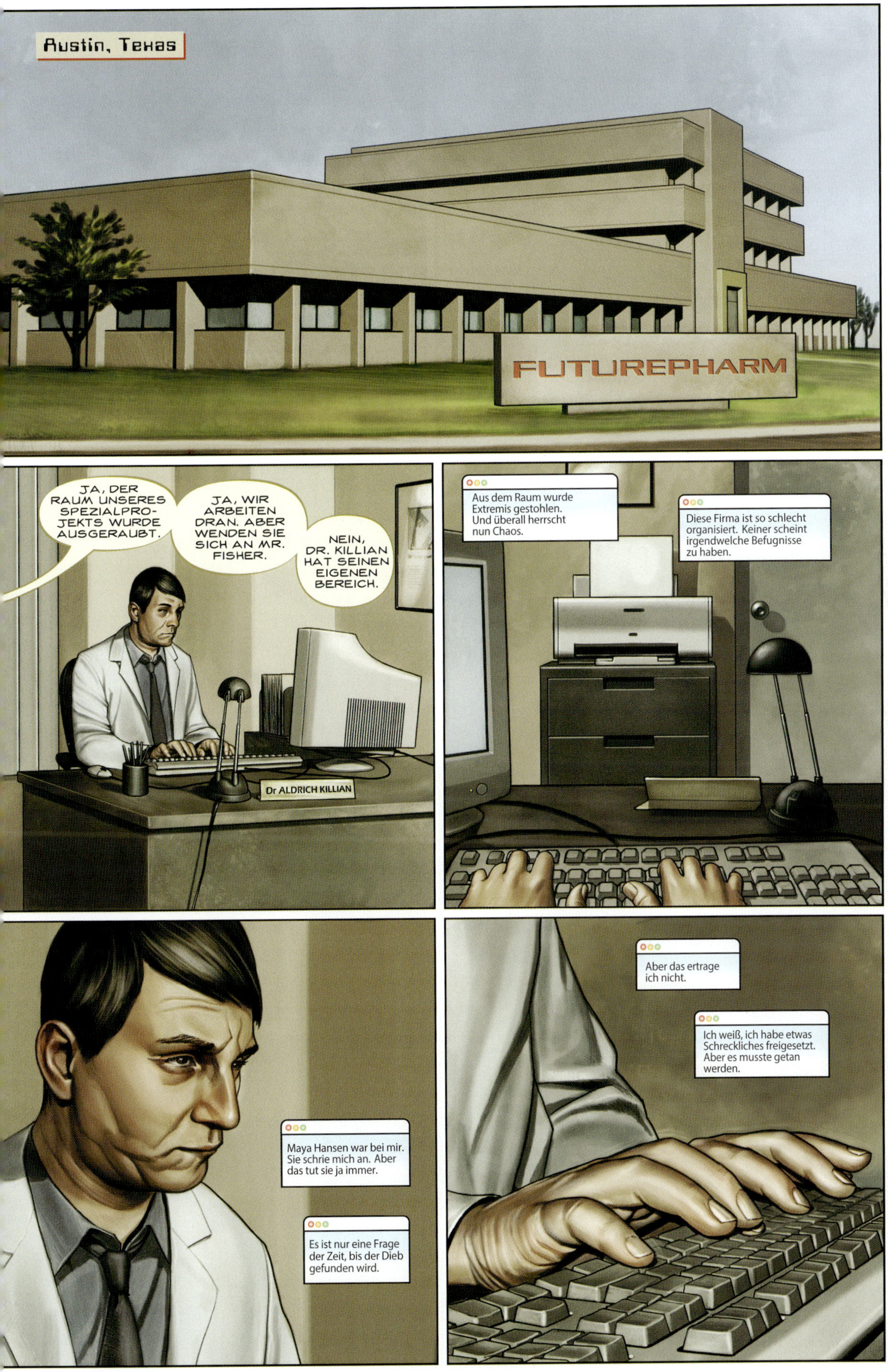

Austin, Texas

FUTUREPHARM

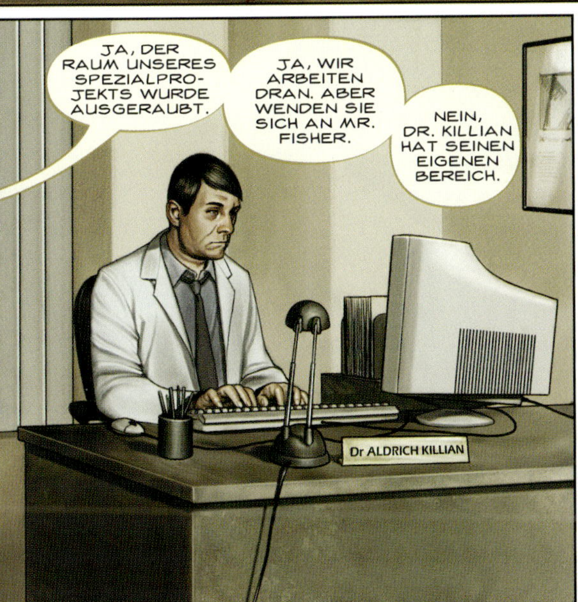

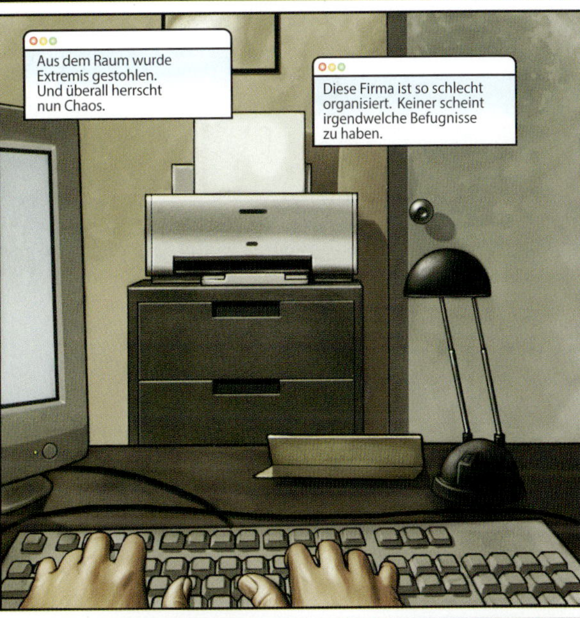

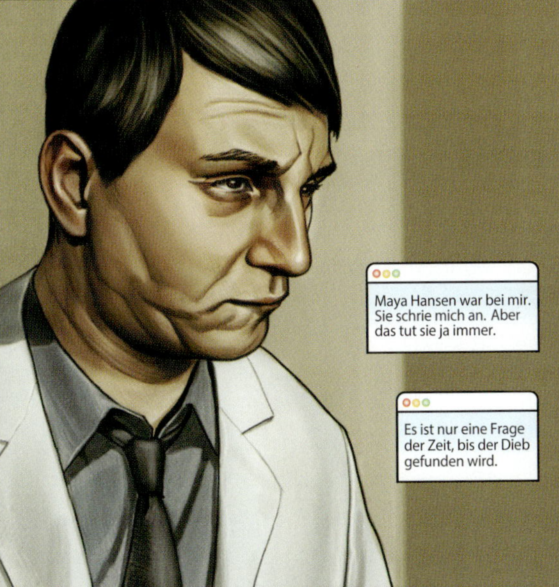

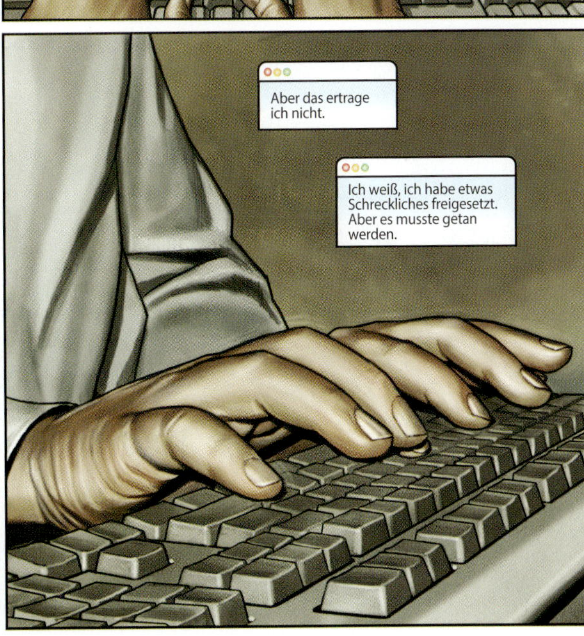

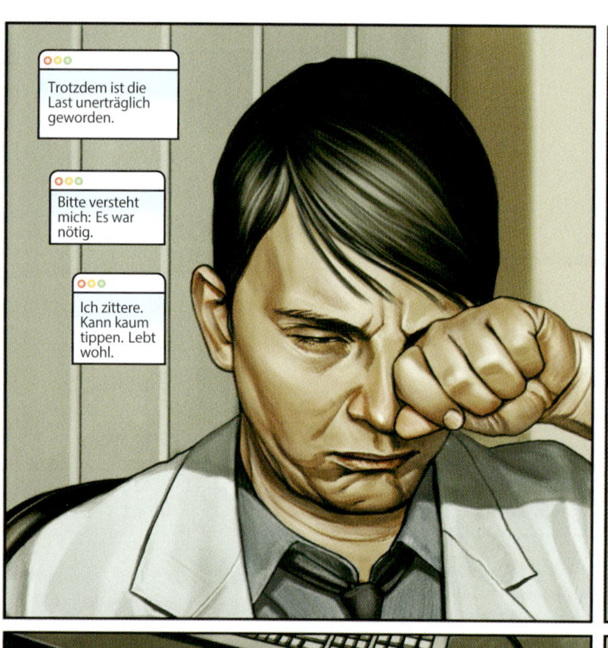
Trotzdem ist die Last unerträglich geworden.
Bitte versteht mich: Es war nötig.
Ich zittere. Kann kaum tippen. Lebt wohl.

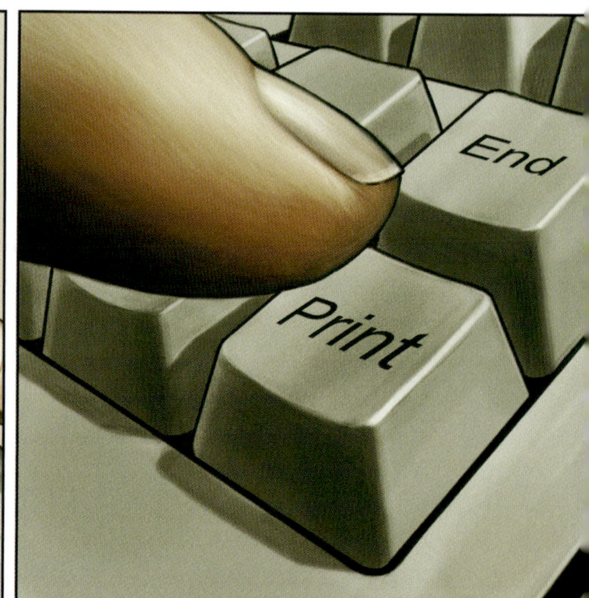
End
Print

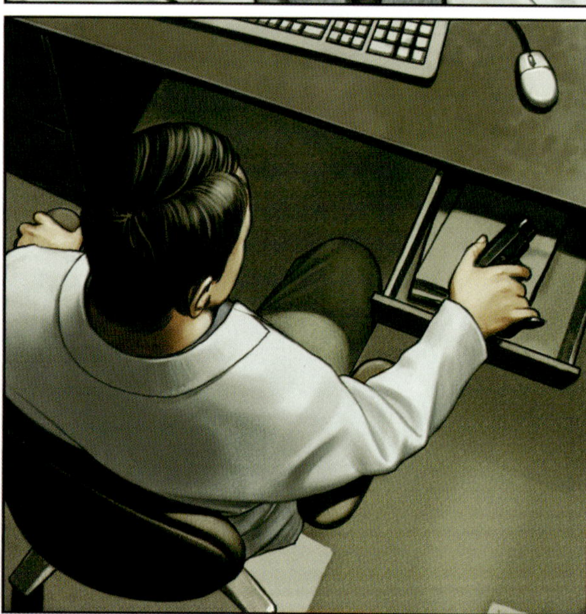

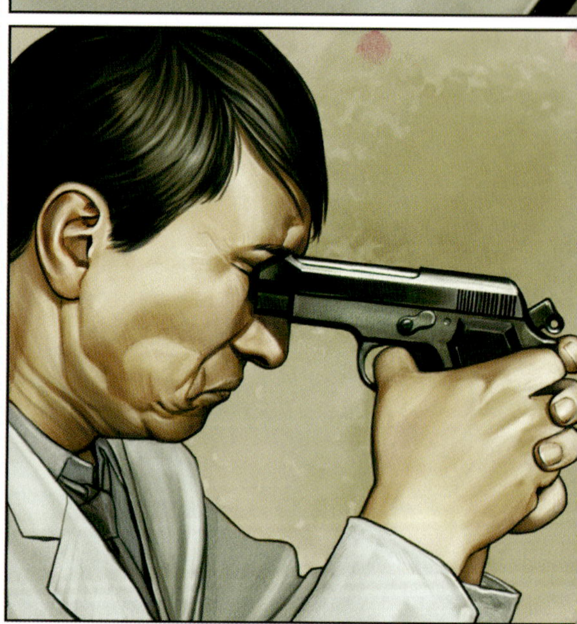

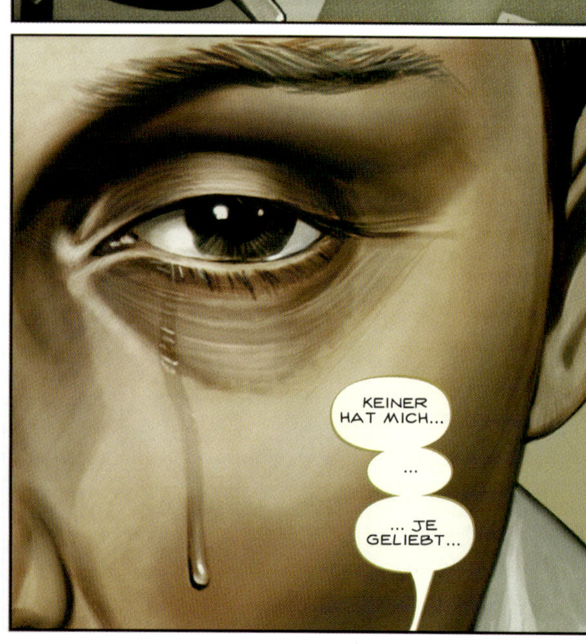
KEINER HAT MICH...
...
... JE GELIEBT...

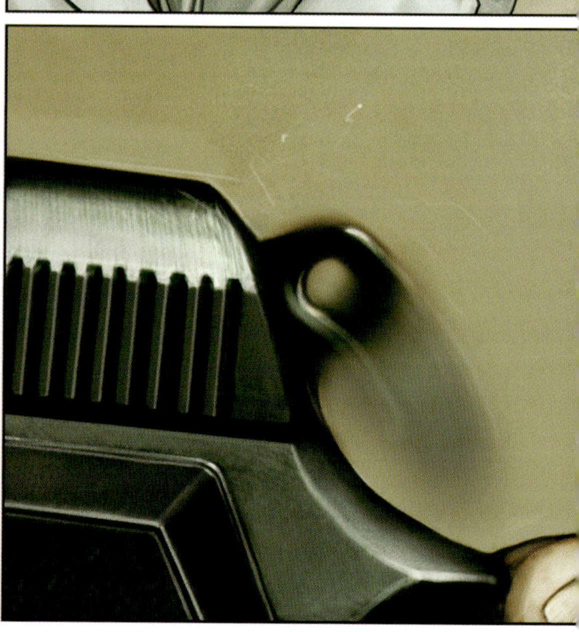

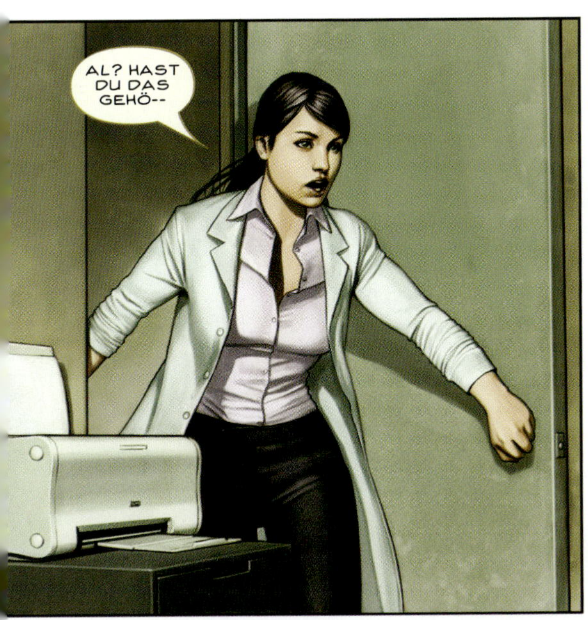
AL? HAST DU DAS GEHÖ--

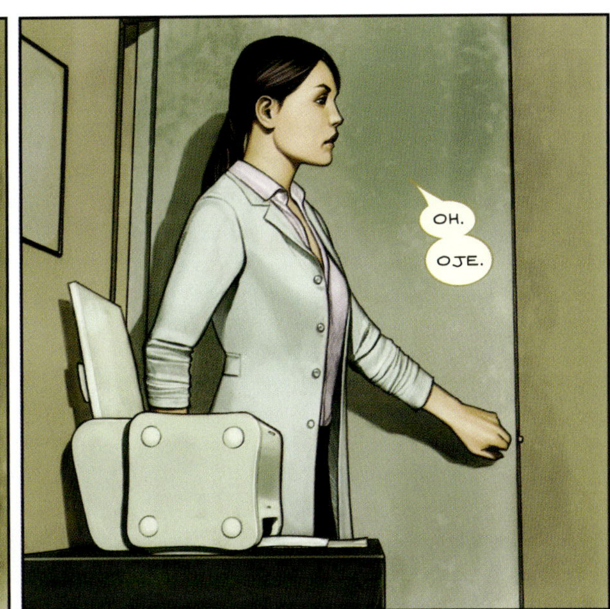
OH.
OJE.

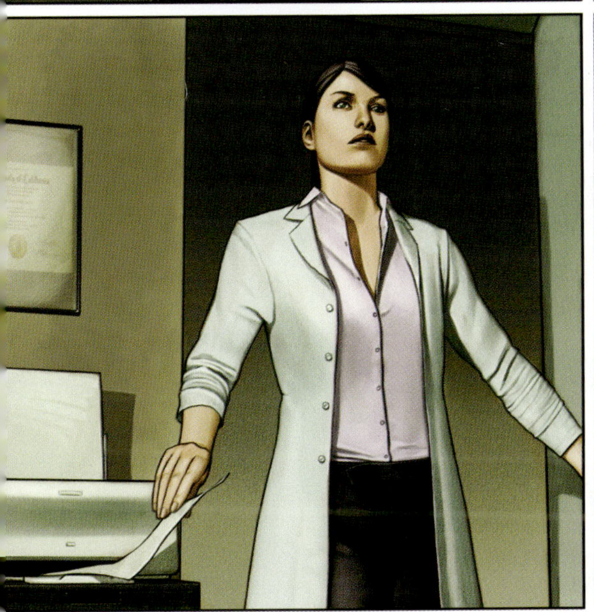

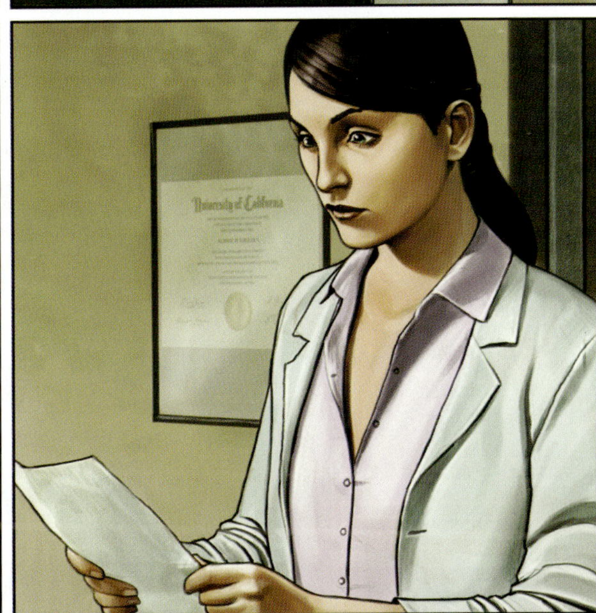

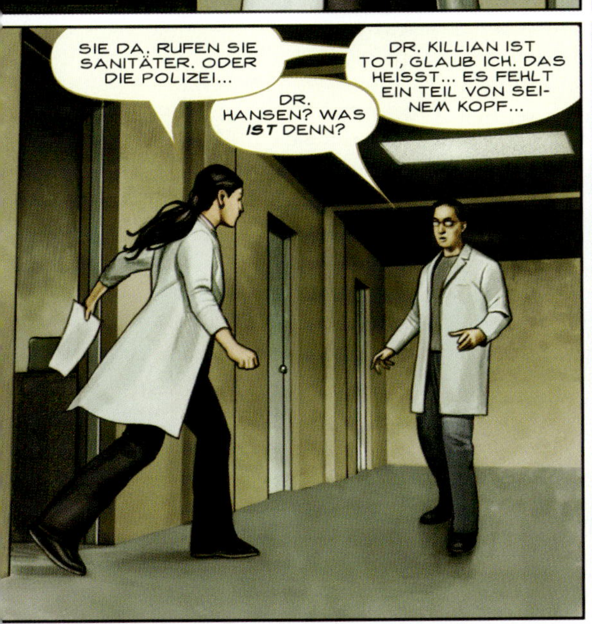
SIE DA. RUFEN SIE SANITÄTER. ODER DIE POLIZEI...
DR. KILLIAN IST TOT, GLAUB ICH. DAS HEISST... ES FEHLT EIN TEIL VON SEINEM KOPF...
DR. HANSEN? WAS *IST* DENN?

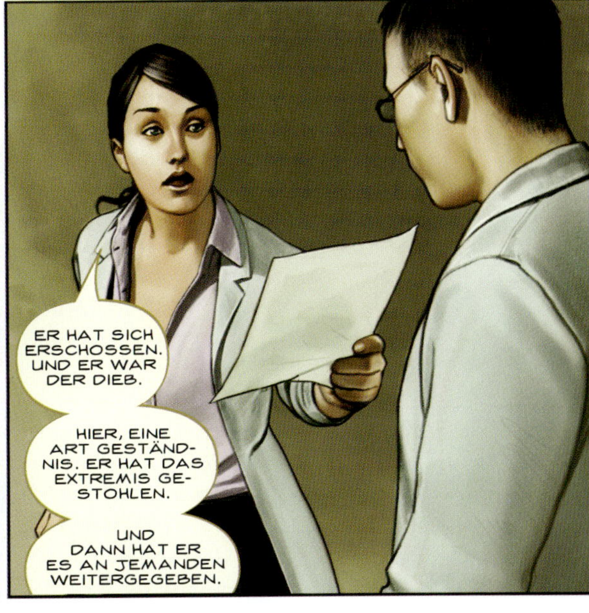
ER HAT SICH ERSCHOSSEN. UND ER WAR DER DIEB.
HIER, EINE ART GESTÄNDNIS. ER HAT DAS EXTREMIS GESTOHLEN.
UND DANN HAT ER ES AN JEMANDEN WEITERGEGEBEN.

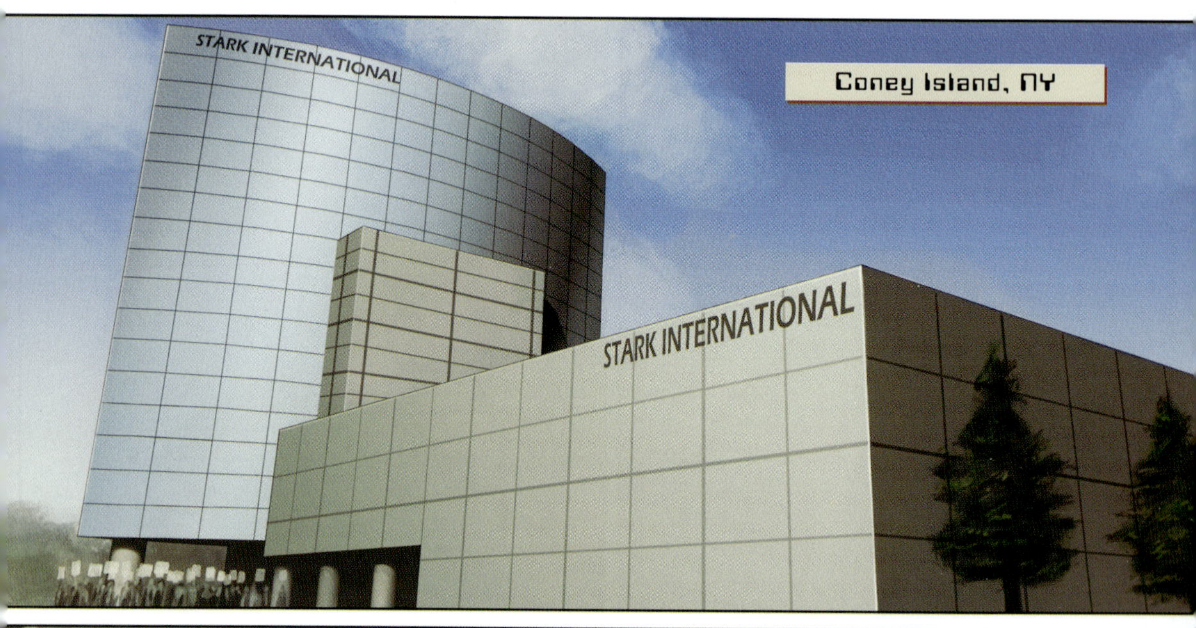
STARK INTERNATIONAL
STARK INTERNATIONAL
Coney Island, NY

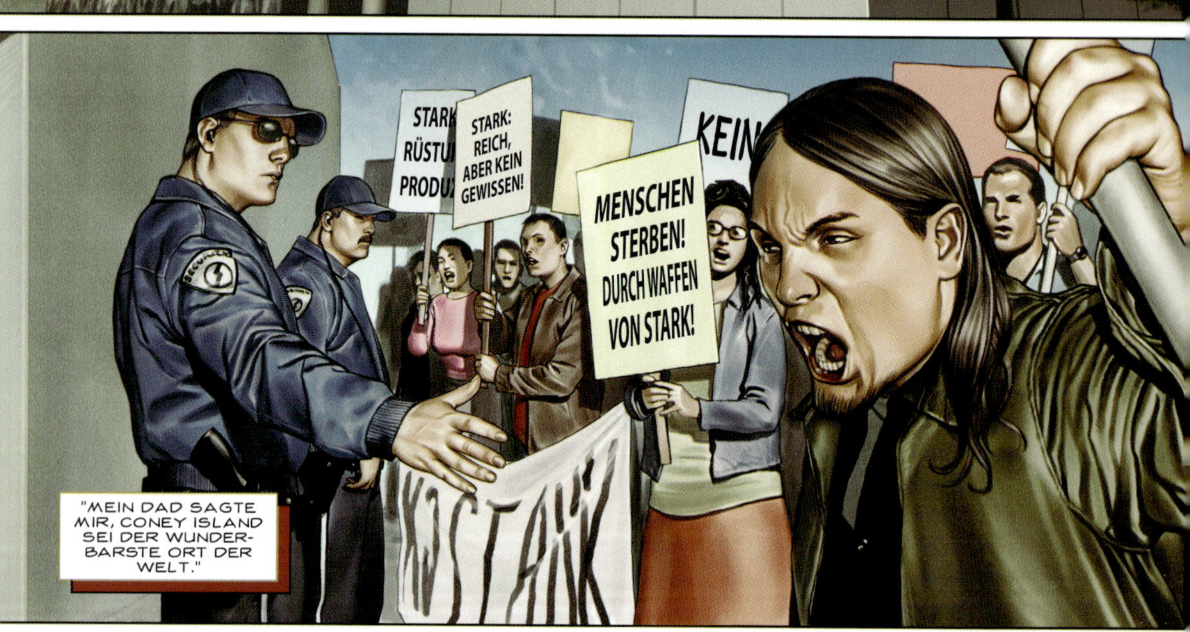
STARK: REICH, ABER KEIN GEWISSEN!
KEIN
MENSCHEN STERBEN! DURCH WAFFEN VON STARK!
"MEIN DAD SAGTE MIR, CONEY ISLAND SEI DER WUNDER-BARSTE ORT DER WELT."

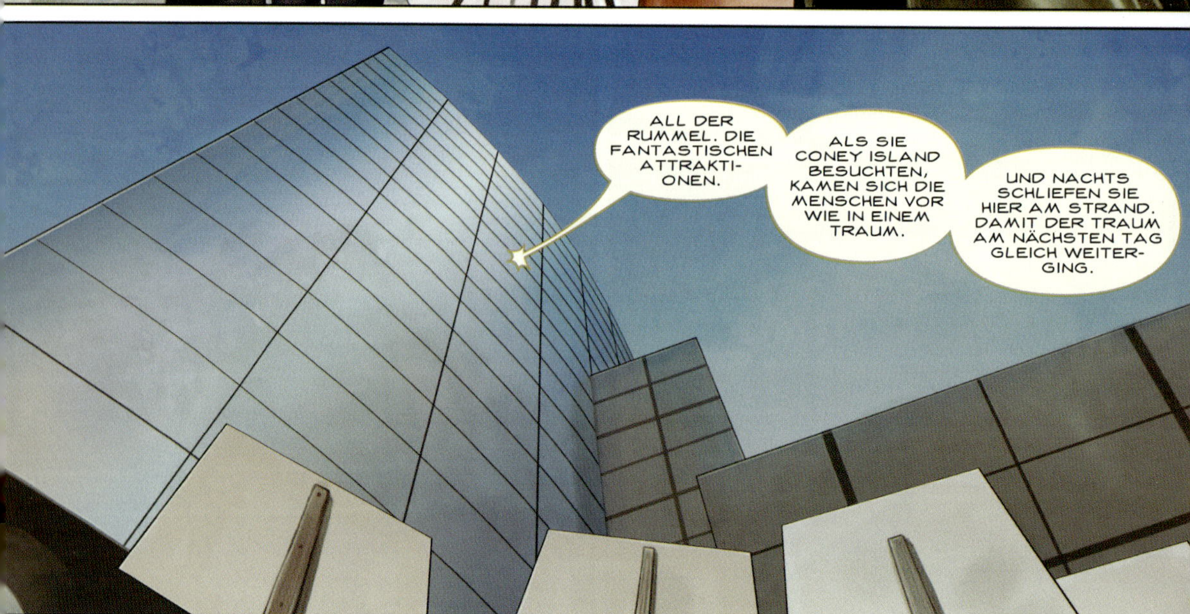
ALL DER RUMMEL. DIE FANTASTISCHEN ATTRAKTI-ONEN.
ALS SIE CONEY ISLAND BESUCHTEN, KAMEN SICH DIE MENSCHEN VOR WIE IN EINEM TRAUM.
UND NACHTS SCHLIEFEN SIE HIER AM STRAND. DAMIT DER TRAUM AM NÄCHSTEN TAG GLEICH WEITER-GING.

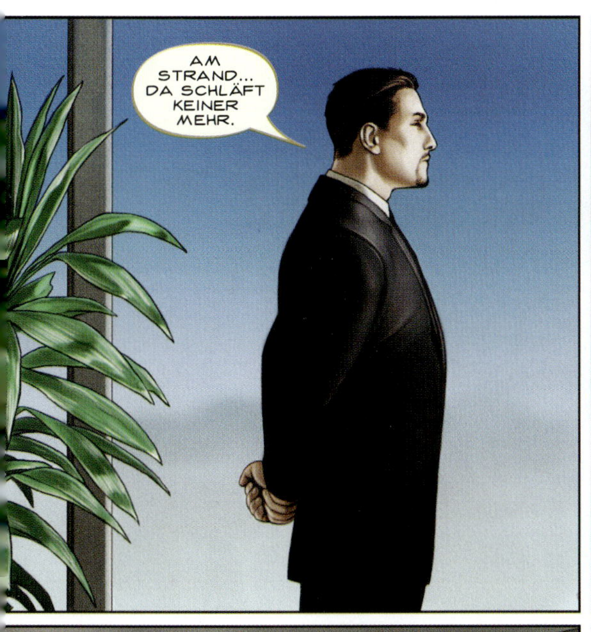
AM STRAND... DA SCHLÄFT KEINER MEHR.

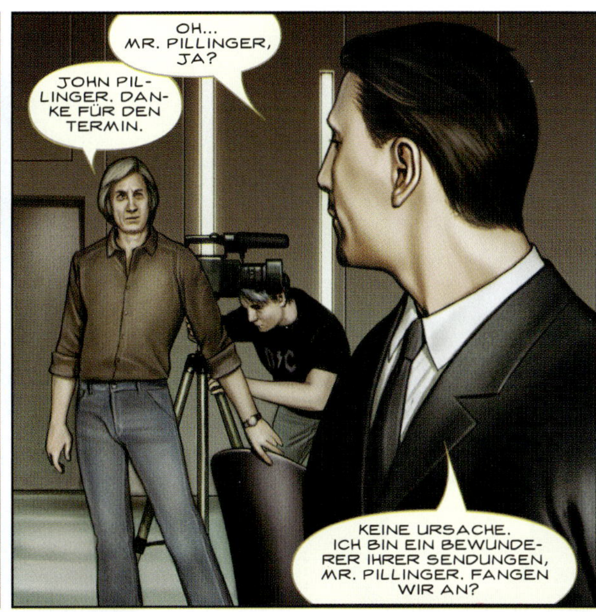
JOHN PILLINGER. DANKE FÜR DEN TERMIN.
OH... MR. PILLINGER, JA?
KEINE URSACHE. ICH BIN EIN BEWUNDERER IHRER SENDUNGEN, MR. PILLINGER. FANGEN WIR AN?

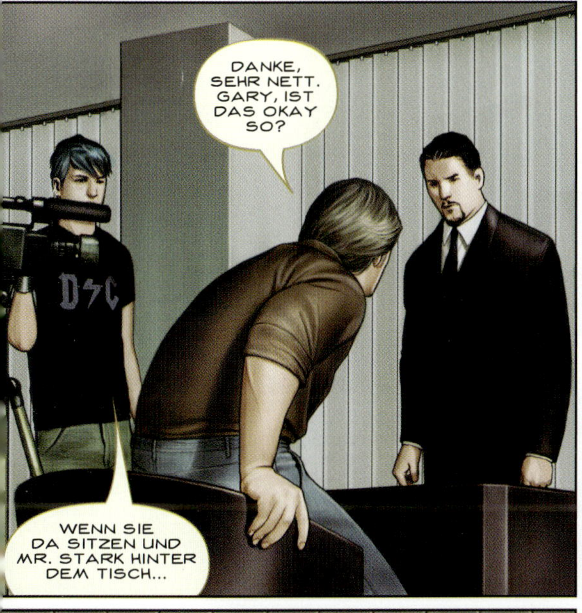
DANKE, SEHR NETT. GARY, IST DAS OKAY SO?
WENN SIE DA SITZEN UND MR. STARK HINTER DEM TISCH...

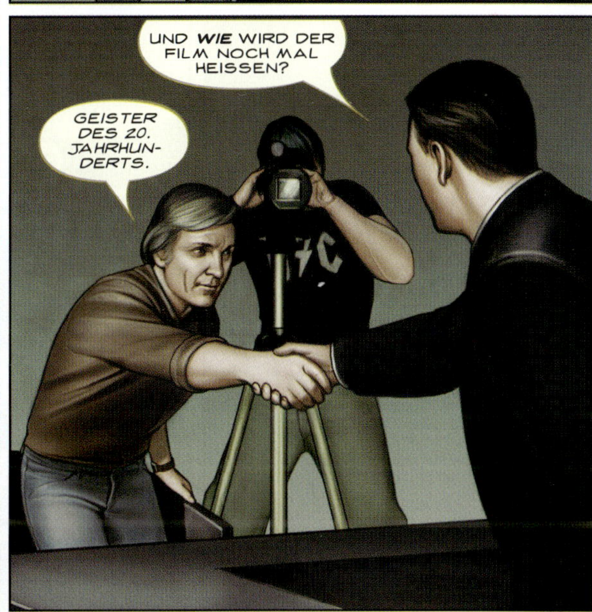
UND *WIE* WIRD DER FILM NOCH MAL HEISSEN?
GEISTER DES 20. JAHRHUNDERTS.

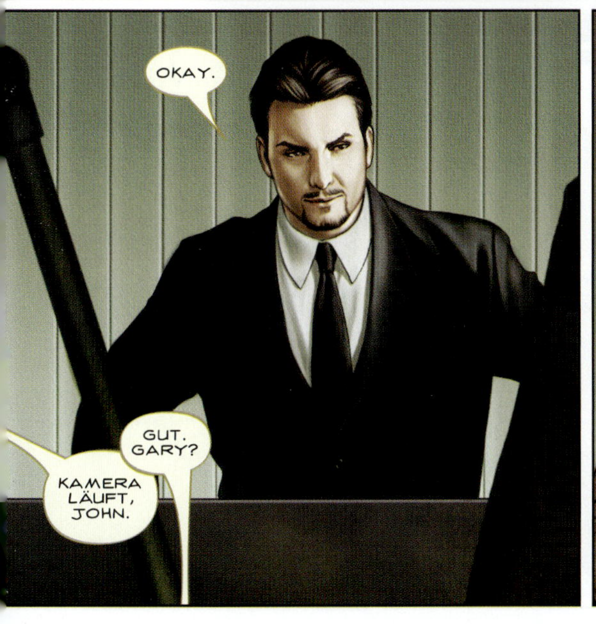
OKAY.
GUT. GARY?
KAMERA LÄUFT, JOHN.

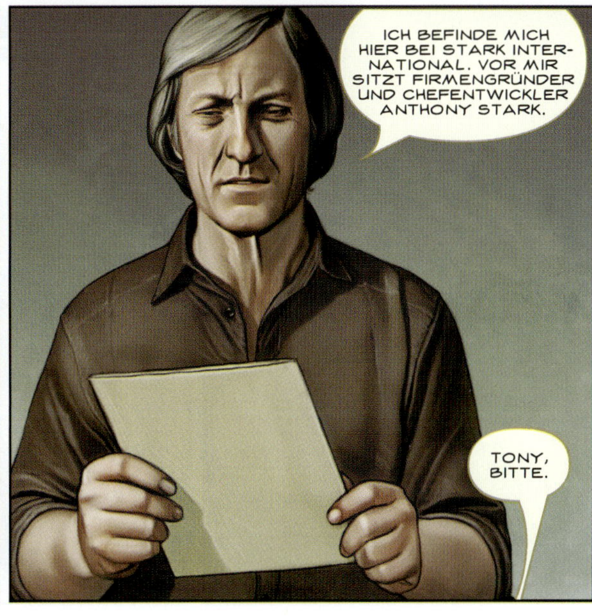
ICH BEFINDE MICH HIER BEI STARK INTERNATIONAL. VOR MIR SITZT FIRMENGRÜNDER UND CHEFENTWICKLER ANTHONY STARK.
TONY, BITTE.

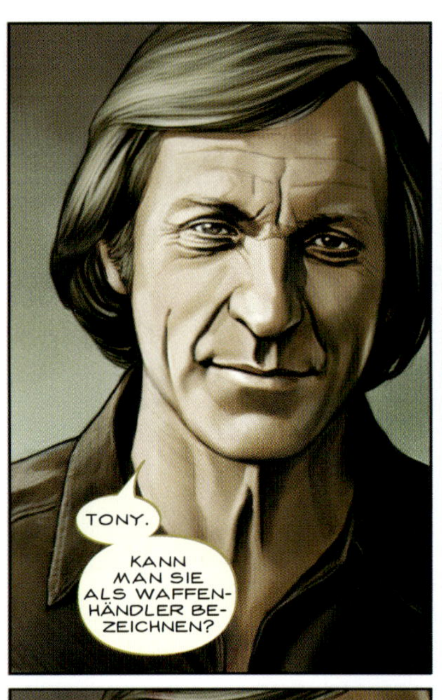
TONY.
KANN MAN SIE ALS WAFFEN-HÄNDLER BE-ZEICHNEN?

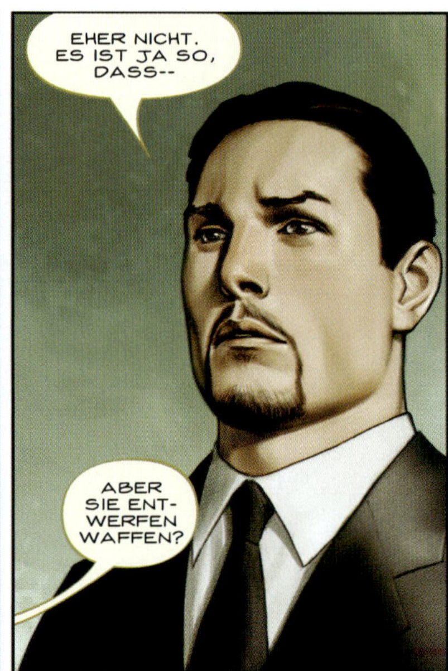
EHER NICHT. ES IST JA SO, DASS--
ABER SIE ENT-WERFEN WAFFEN?

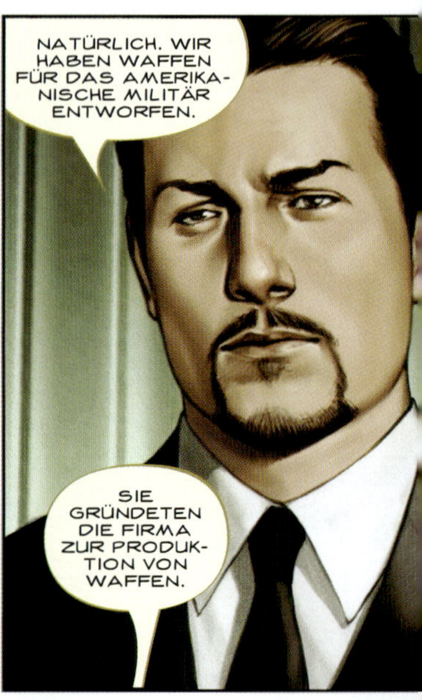
NATÜRLICH. WIR HABEN WAFFEN FÜR DAS AMERIKA-NISCHE MILITÄR ENTWORFEN.
SIE GRÜNDETEN DIE FIRMA ZUR PRODUK-TION VON WAFFEN.

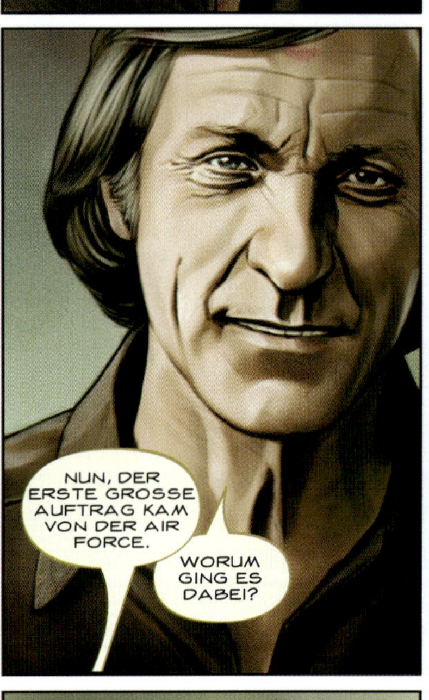
NUN, DER ERSTE GROSSE AUFTRAG KAM VON DER AIR FORCE.
WORUM GING ES DABEI?

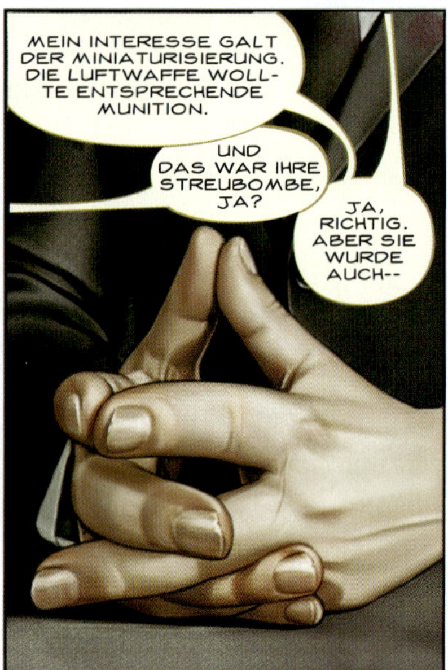
MEIN INTERESSE GALT DER MINIATURISIERUNG. DIE LUFTWAFFE WOLL-TE ENTSPRECHENDE MUNITION.
UND DAS WAR IHRE STREUBOMBE, JA?
JA, RICHTIG. ABER SIE WURDE AUCH--

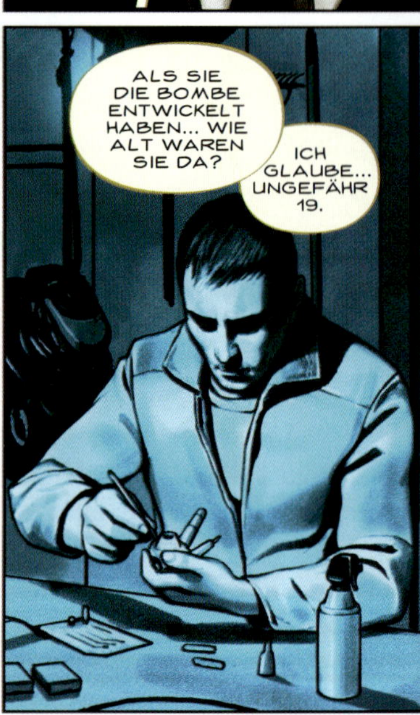
ALS SIE DIE BOMBE ENTWICKELT HABEN... WIE ALT WAREN SIE DA?
ICH GLAUBE... UNGEFÄHR 19.

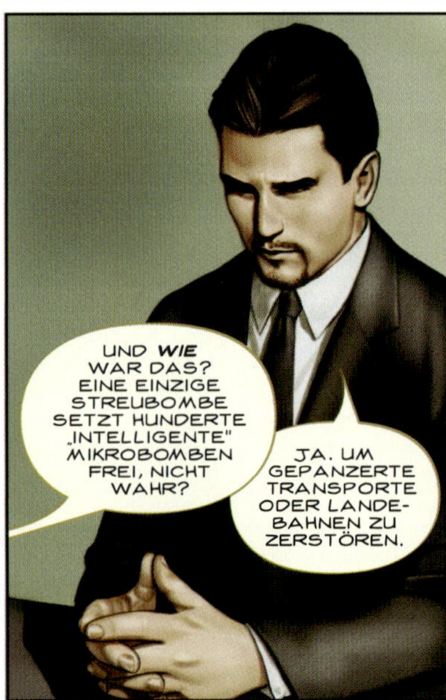
UND *WIE* WAR DAS? EINE EINZIGE STREUBOMBE SETZT HUNDERTE „INTELLIGENTE" MIKROBOMBEN FREI, NICHT WAHR?
JA. UM GEPANZERTE TRANSPORTE ODER LANDE-BAHNEN ZU ZERSTÖREN.

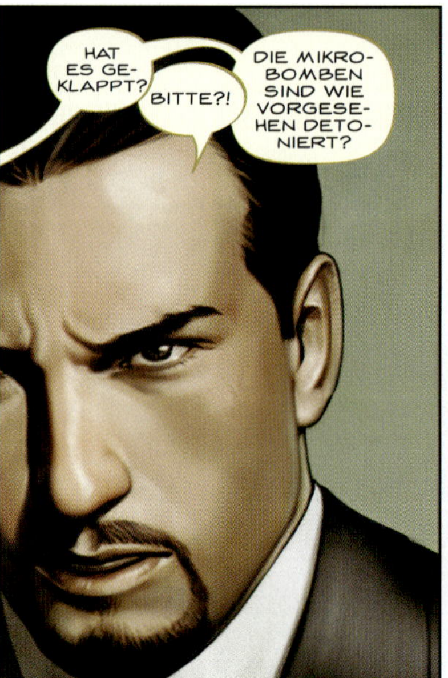
HAT ES GE-KLAPPT?
BITTE?!
DIE MIKRO-BOMBEN SIND WIE VORGESE-HEN DETO-NIERT?

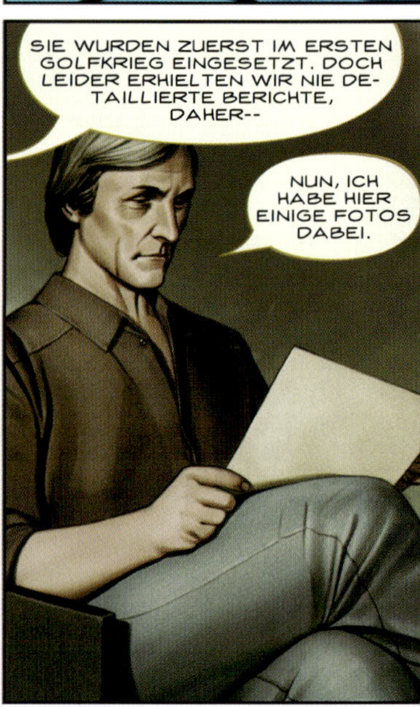
SIE WURDEN ZUERST IM ERSTEN GOLFKRIEG EINGESETZT. DOCH LEIDER ERHIELTEN WIR NIE DE-TAILLIERTE BERICHTE, DAHER--
NUN, ICH HABE HIER EINIGE FOTOS DABEI.

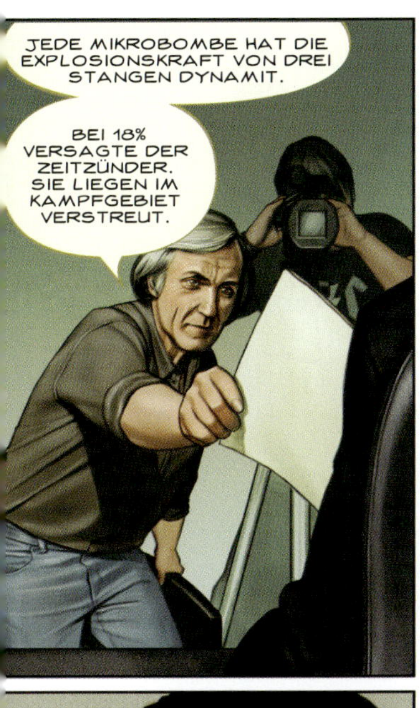
JEDE MIKROBOMBE HAT DIE EXPLOSIONSKRAFT VON DREI STANGEN DYNAMIT.
BEI 18% VERSAGTE DER ZEITZÜNDER. SIE LIEGEN IM KAMPFGEBIET VERSTREUT.

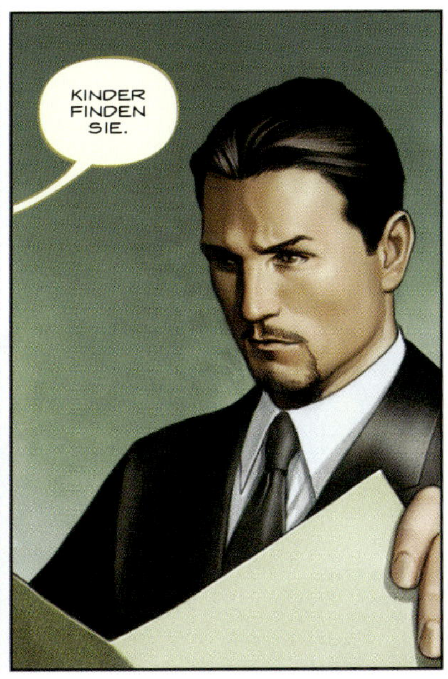
KINDER FINDEN SIE.

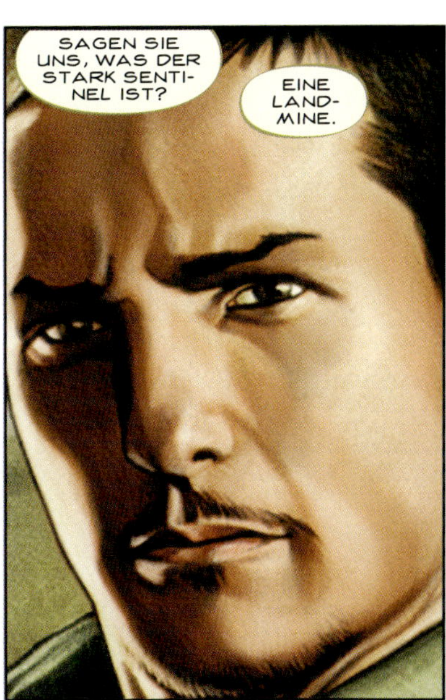
SAGEN SIE UNS, WAS DER STARK SENTINEL IST?
EINE LANDMINE.

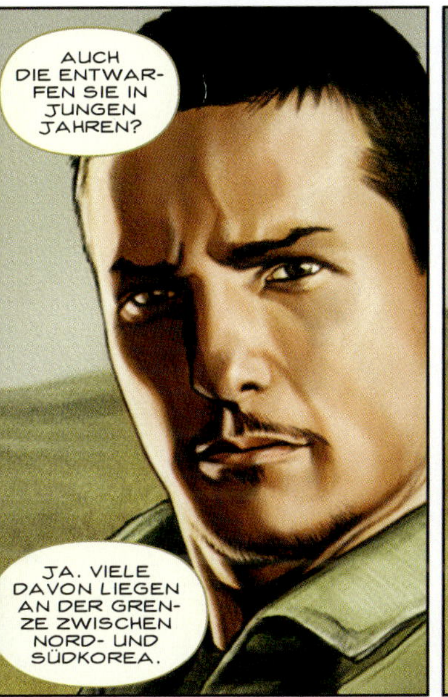
AUCH DIE ENTWARFEN SIE IN JUNGEN JAHREN?
JA. VIELE DAVON LIEGEN AN DER GRENZE ZWISCHEN NORD- UND SÜDKOREA.

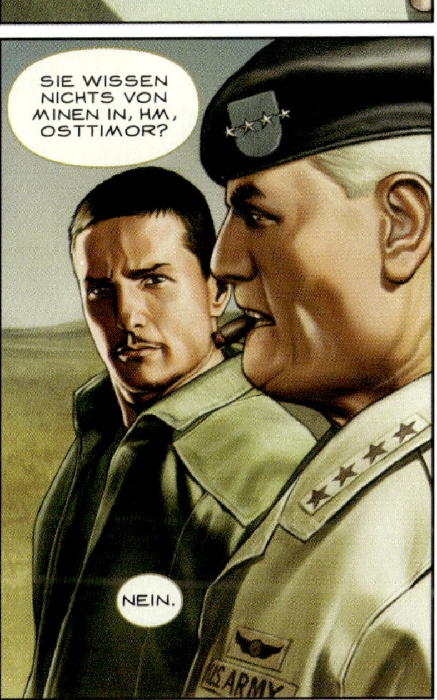
SIE WISSEN NICHTS VON MINEN IN, HM, OSTTIMOR?
NEIN.
U.S. ARMY

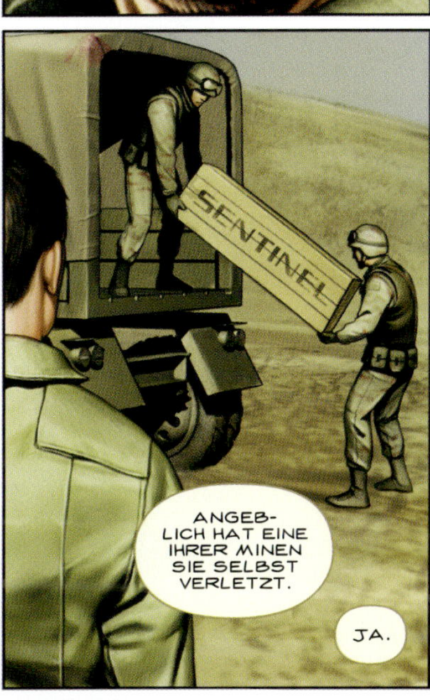
SENTINEL
ANGEBLICH HAT EINE IHRER MINEN SIE SELBST VERLETZT.
JA.

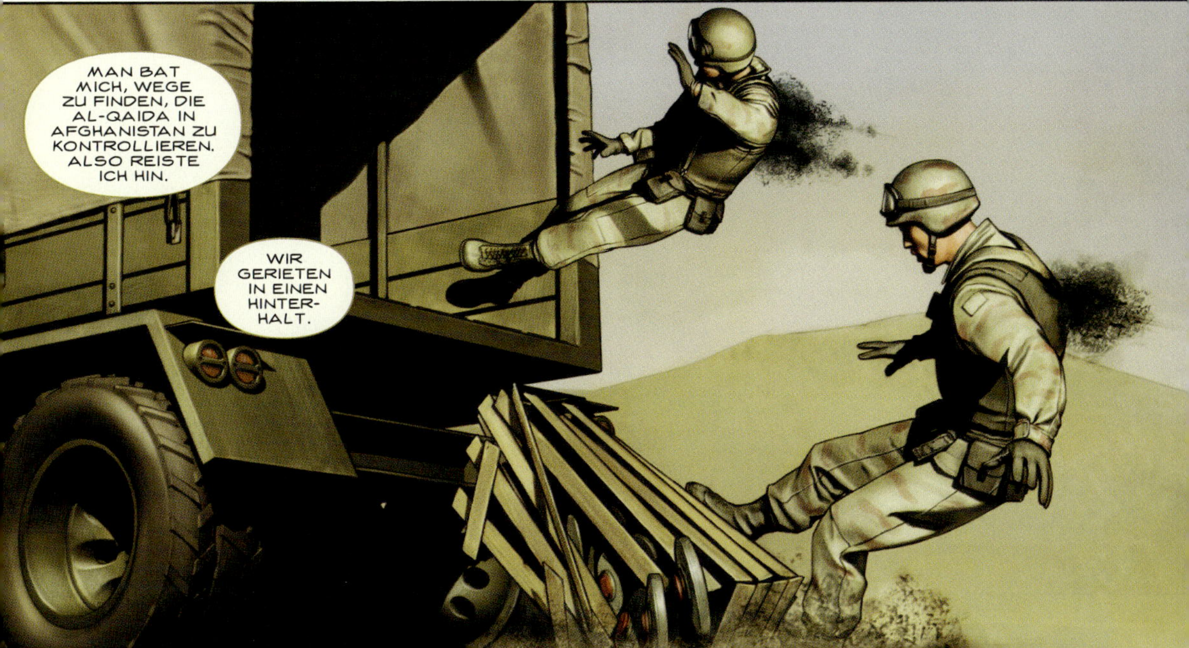
MAN BAT MICH, WEGE ZU FINDEN, DIE AL-QAIDA IN AFGHANISTAN ZU KONTROLLIEREN. ALSO REISTE ICH HIN.
WIR GERIETEN IN EINEN HINTERHALT.

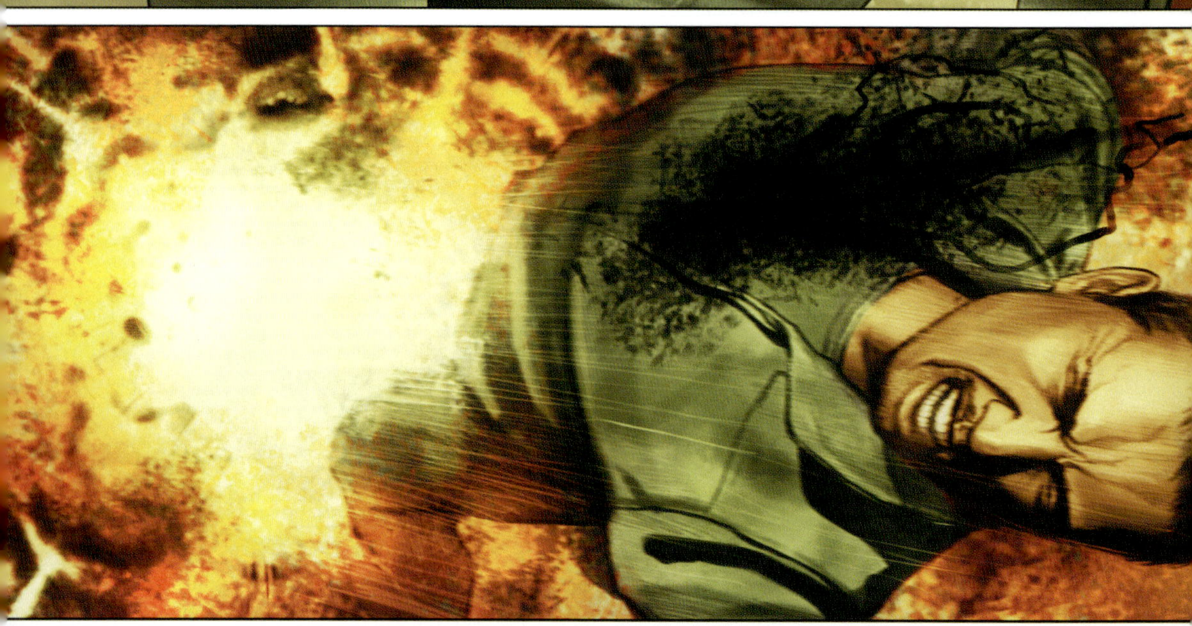

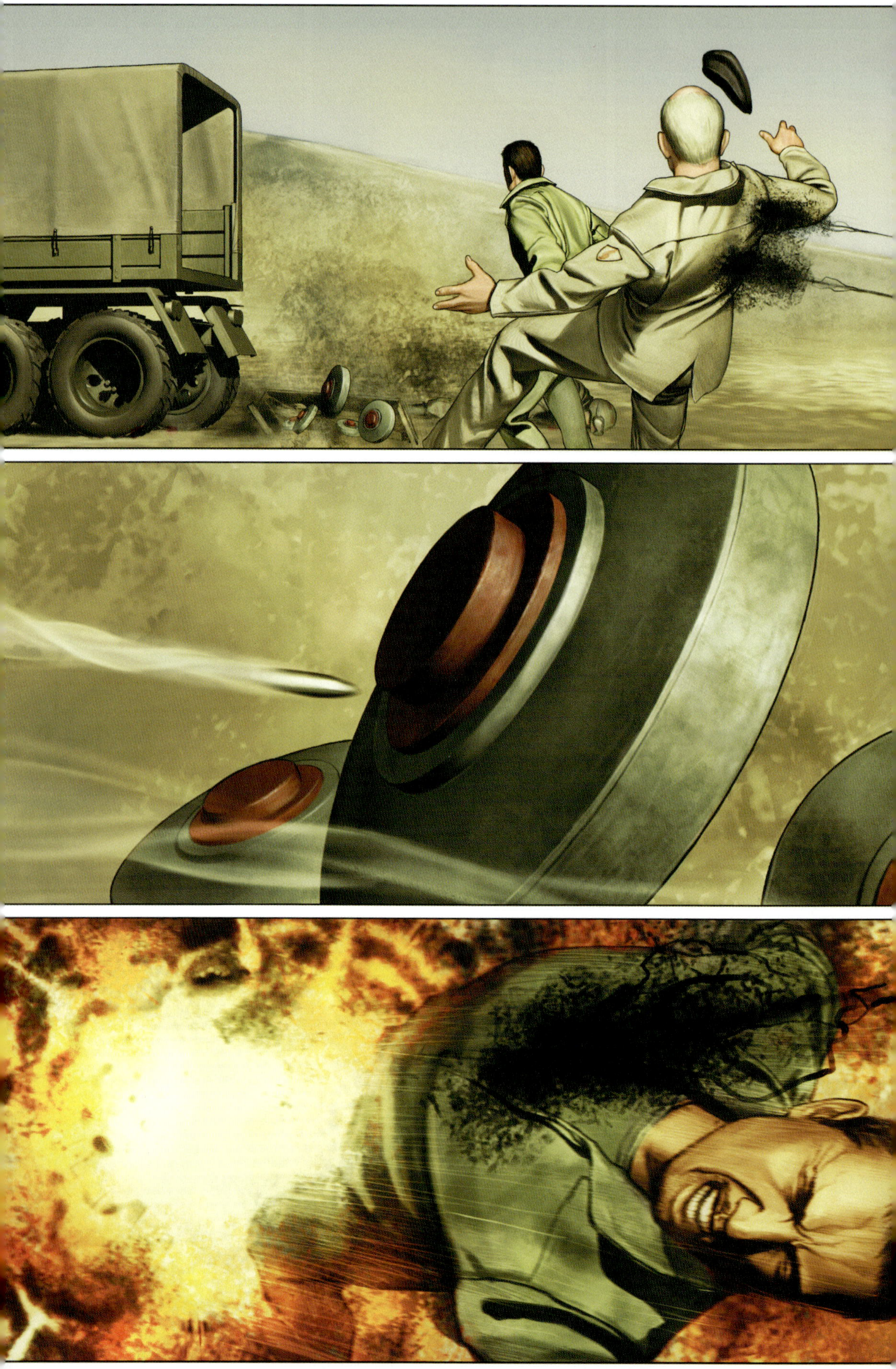

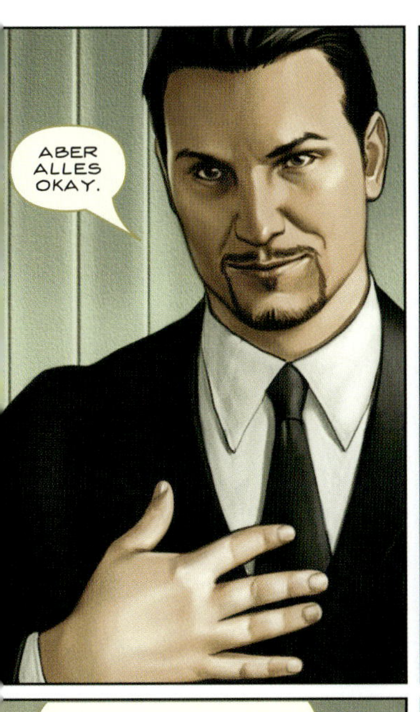

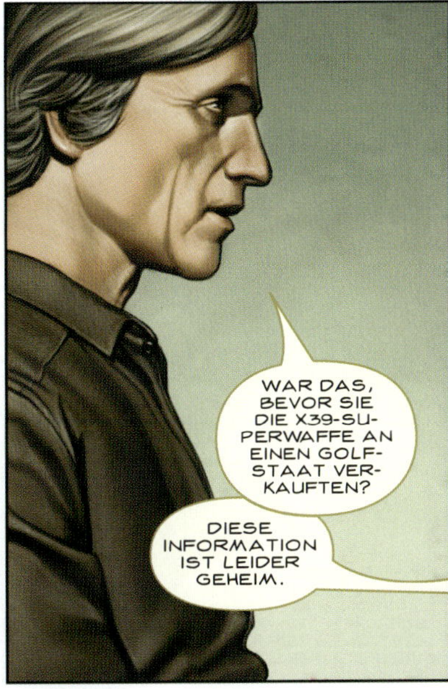

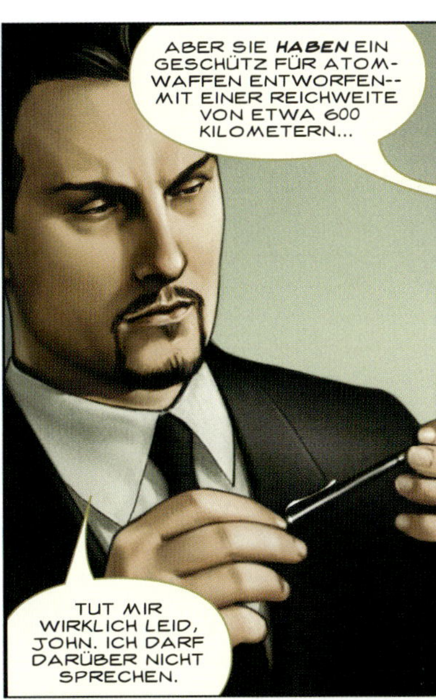

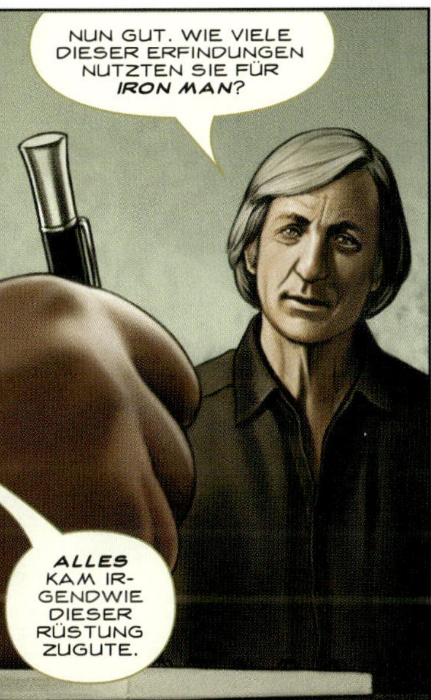

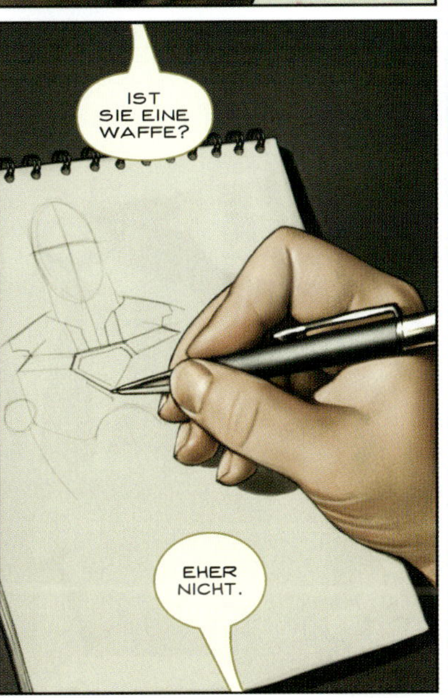

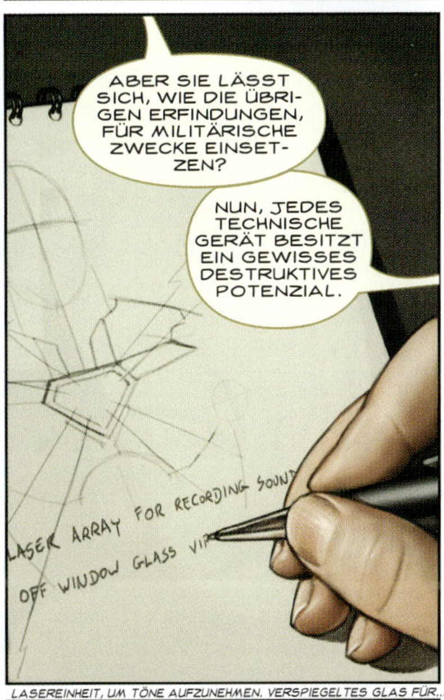

LASEREINHEIT, UM TÖNE AUFZUNEHMEN. VERSPIEGELTES GLAS FÜR...

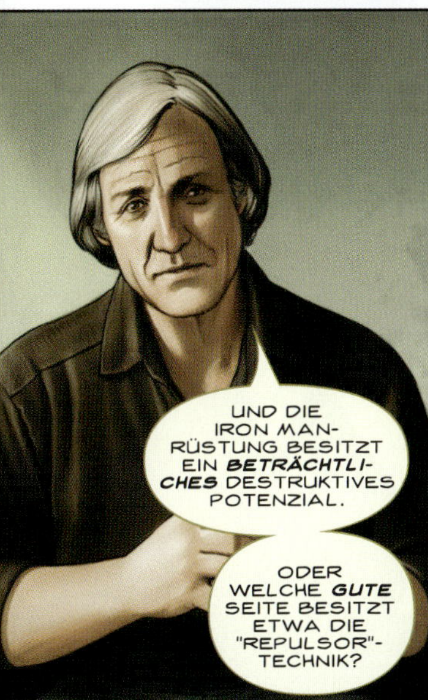

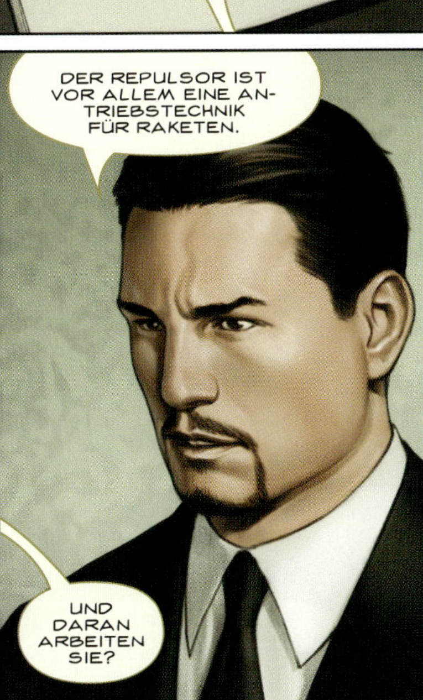

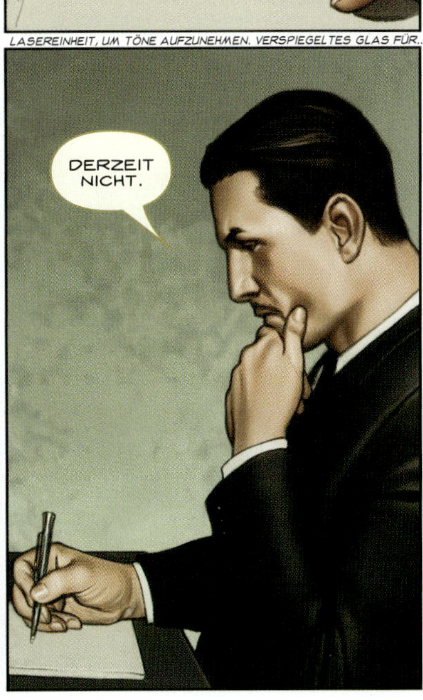

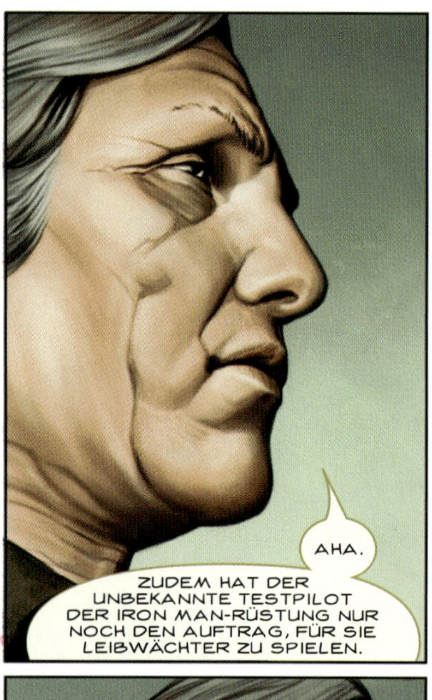
AHA.
ZUDEM HAT DER UNBEKANNTE TESTPILOT DER IRON MAN-RÜSTUNG NUR NOCH DEN AUFTRAG, FÜR SIE LEIBWÄCHTER ZU SPIELEN.

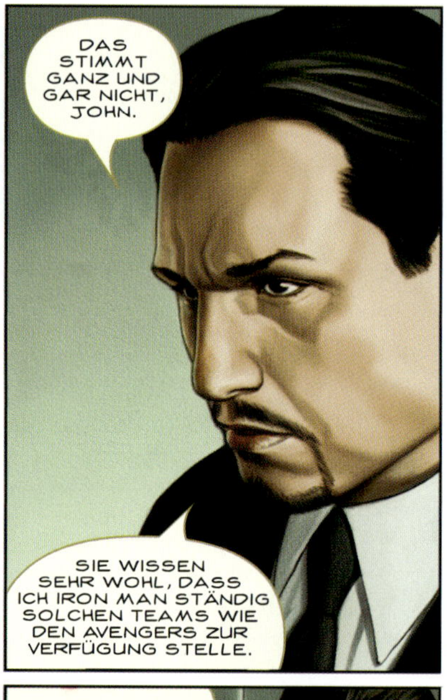
DAS STIMMT GANZ UND GAR NICHT, JOHN.
SIE WISSEN SEHR WOHL, DASS ICH IRON MAN STÄNDIG SOLCHEN TEAMS WIE DEN AVENGERS ZUR VERFÜGUNG STELLE.

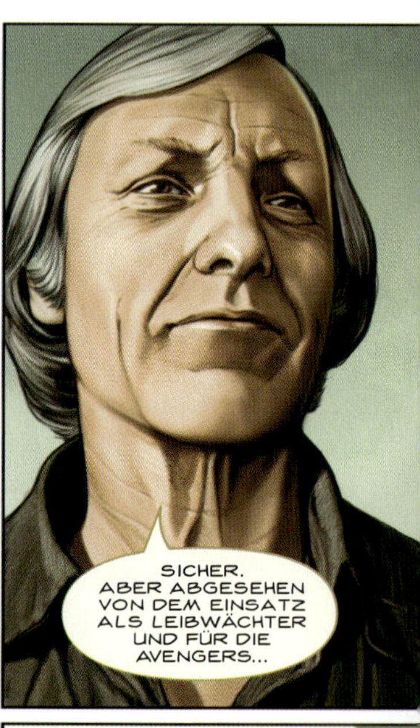
SICHER. ABER ABGESEHEN VON DEM EINSATZ ALS LEIBWÄCHTER UND FÜR DIE AVENGERS...

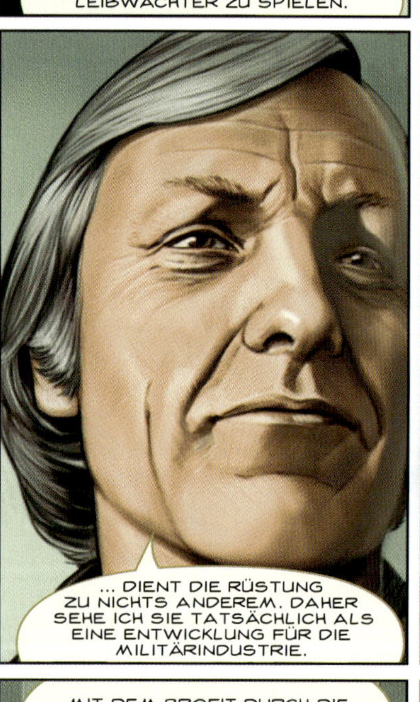
... DIENT DIE RÜSTUNG ZU NICHTS ANDEREM. DAHER SEHE ICH SIE TATSÄCHLICH ALS EINE ENTWICKLUNG FÜR DIE MILITÄRINDUSTRIE.

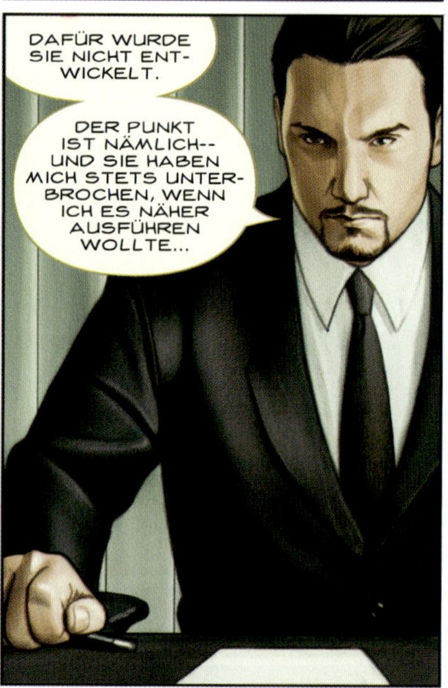
DAFÜR WURDE SIE NICHT ENT-WICKELT.
DER PUNKT IST NÄMLICH-- UND SIE HABEN MICH STETS UNTER-BROCHEN, WENN ICH ES NÄHER AUSFÜHREN WOLLTE...

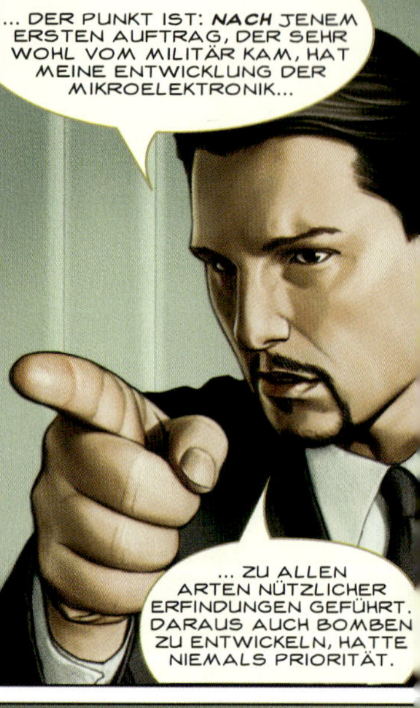
... DER PUNKT IST: ***NACH*** JENEM ERSTEN AUFTRAG, DER SEHR WOHL VOM MILITÄR KAM, HAT MEINE ENTWICKLUNG DER MIKROELEKTRONIK...
... ZU ALLEN ARTEN NÜTZLICHER ERFINDUNGEN GEFÜHRT. DARAUS AUCH BOMBEN ZU ENTWICKELN, HATTE NIEMALS PRIORITÄT.

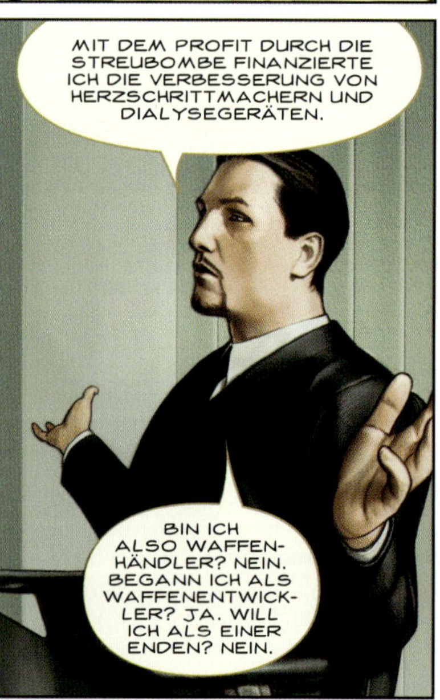
MIT DEM PROFIT DURCH DIE STREUBOMBE FINANZIERTE ICH DIE VERBESSERUNG VON HERZSCHRITTMACHERN UND DIALYSEGERÄTEN.
BIN ICH ALSO WAFFEN-HÄNDLER? NEIN. BEGANN ICH ALS WAFFENENTWICK-LER? JA. WILL ICH ALS EINER ENDEN? NEIN.

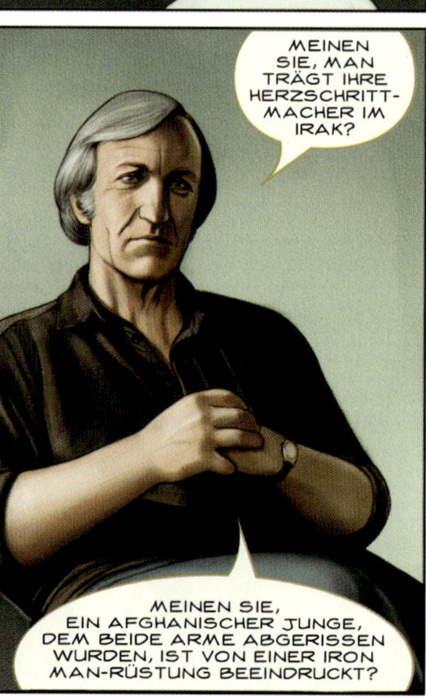
MEINEN SIE, MAN TRÄGT IHRE HERZSCHRITT-MACHER IM IRAK?
MEINEN SIE, EIN AFGHANISCHER JUNGE, DEM BEIDE ARME ABGERISSEN WURDEN, IST VON EINER IRON MAN-RÜSTUNG BEEINDRUCKT?

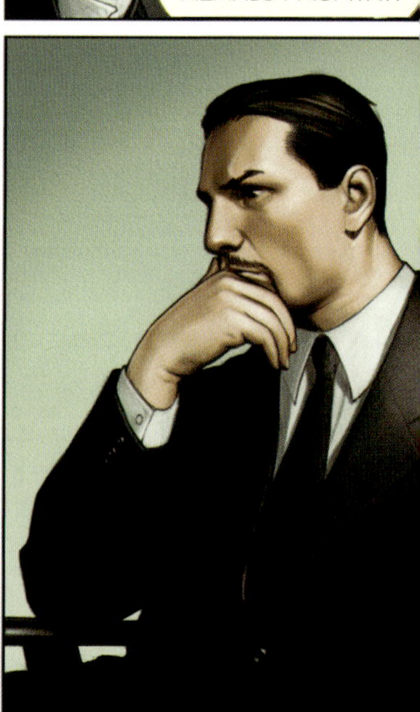

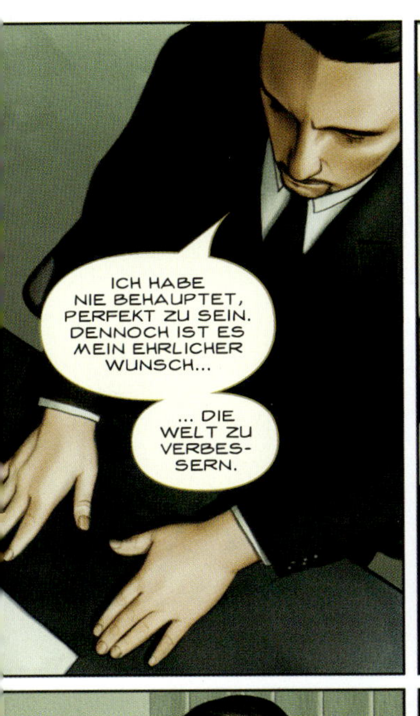
ICH HABE NIE BEHAUPTET, PERFEKT ZU SEIN. DENNOCH IST ES MEIN EHRLICHER WUNSCH...
... DIE WELT ZU VERBES-SERN.

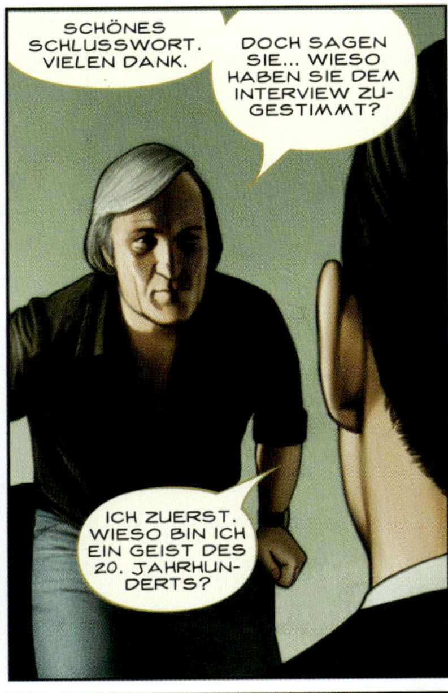
SCHÖNES SCHLUSSWORT. VIELEN DANK.
DOCH SAGEN SIE... WIESO HABEN SIE DEM INTERVIEW ZU-GESTIMMT?
ICH ZUERST. WIESO BIN ICH EIN GEIST DES 20. JAHRHUN-DERTS?

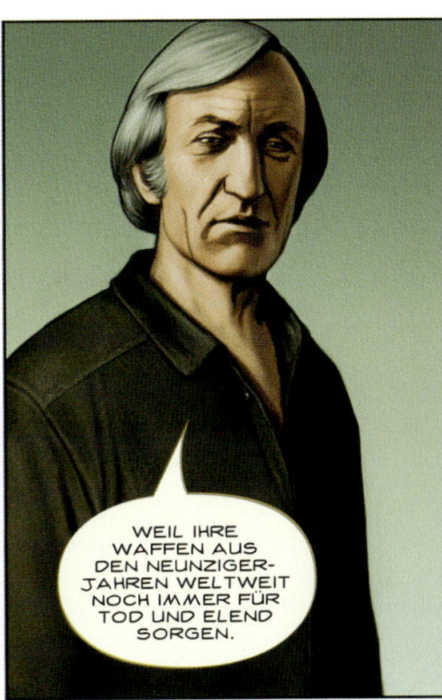
WEIL IHRE WAFFEN AUS DEN NEUNZIGER-JAHREN WELTWEIT NOCH IMMER FÜR TOD UND ELEND SORGEN.

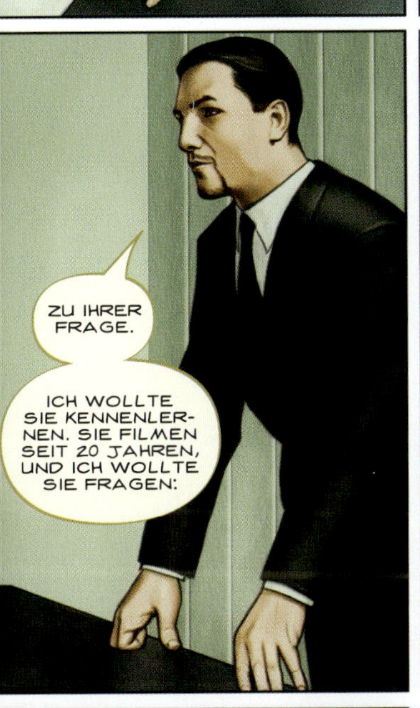
ZU IHRER FRAGE.
ICH WOLLTE SIE KENNENLER-NEN. SIE FILMEN SEIT 20 JAHREN, UND ICH WOLLTE SIE FRAGEN:

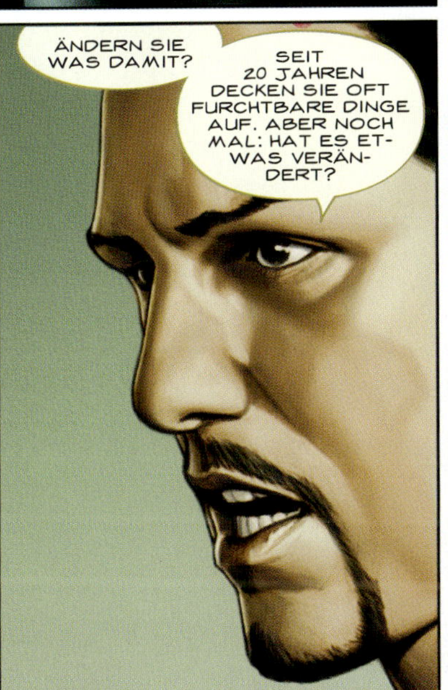
ÄNDERN SIE WAS DAMIT?
SEIT 20 JAHREN DECKEN SIE OFT FURCHTBARE DINGE AUF. ABER NOCH MAL: HAT ES ET-WAS VERÄN-DERT?

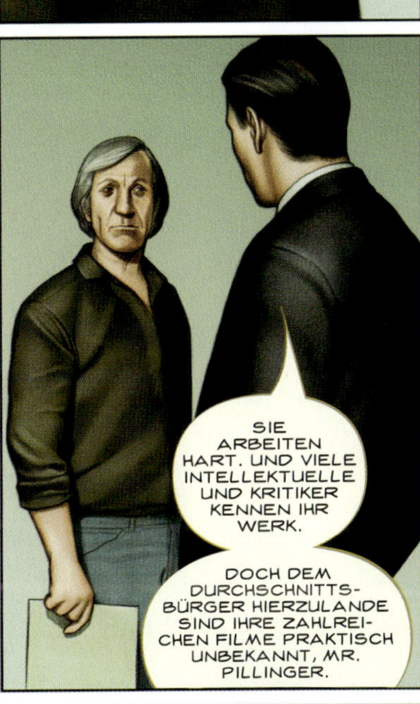
SIE ARBEITEN HART. UND VIELE INTELLEKTUELLE UND KRITIKER KENNEN IHR WERK.
DOCH DEM DURCHSCHNITTS-BÜRGER HIERZULANDE SIND IHRE ZAHLREI-CHEN FILME PRAKTISCH UNBEKANNT, MR. PILLINGER.

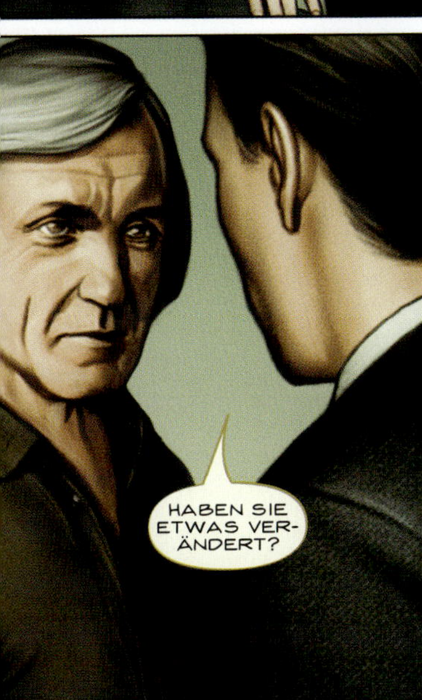
HABEN SIE ETWAS VER-ÄNDERT?

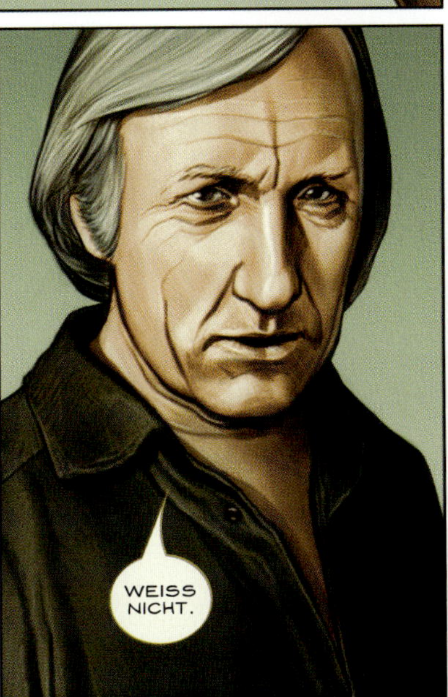
WEISS NICHT.

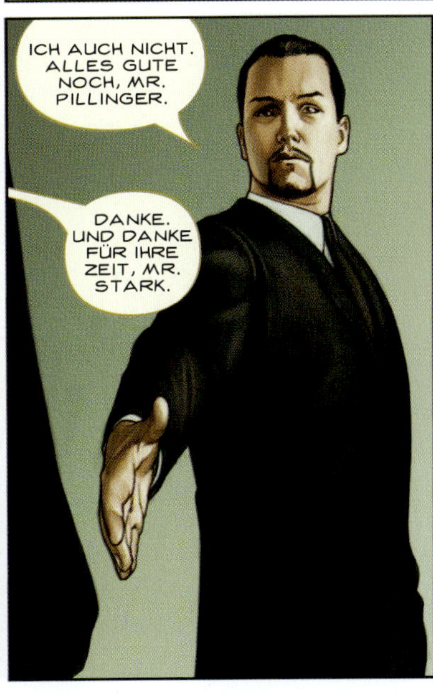
ICH AUCH NICHT. ALLES GUTE NOCH, MR. PILLINGER.
DANKE. UND DANKE FÜR IHRE ZEIT, MR. STARK.

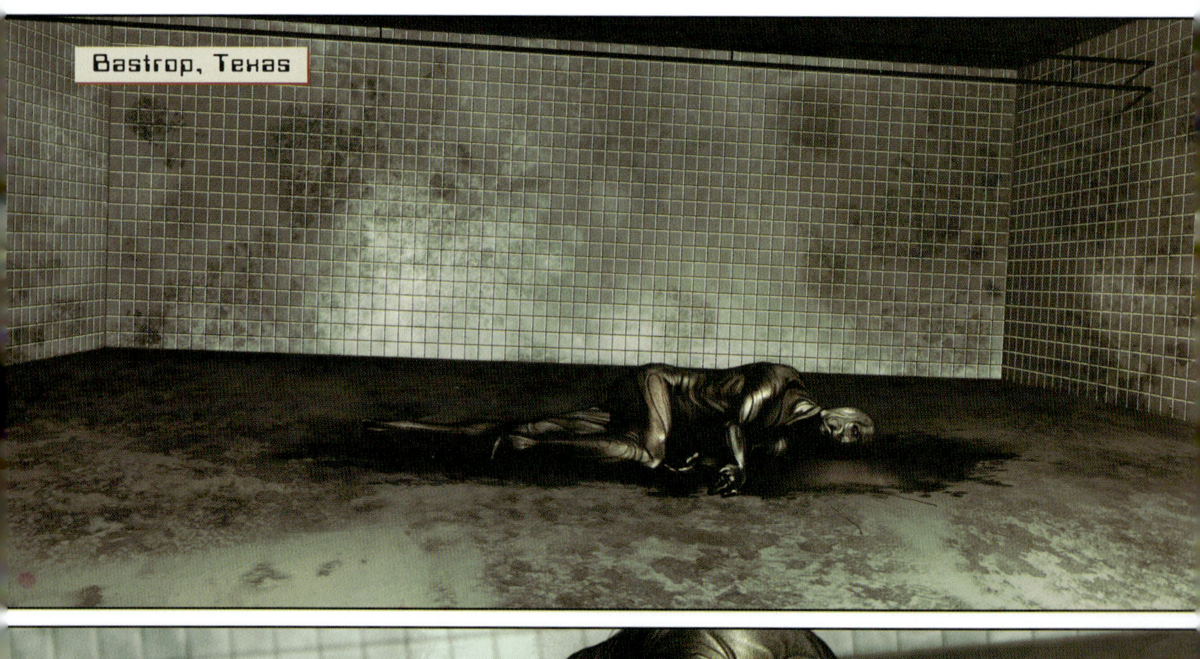
Bastrop, Texas

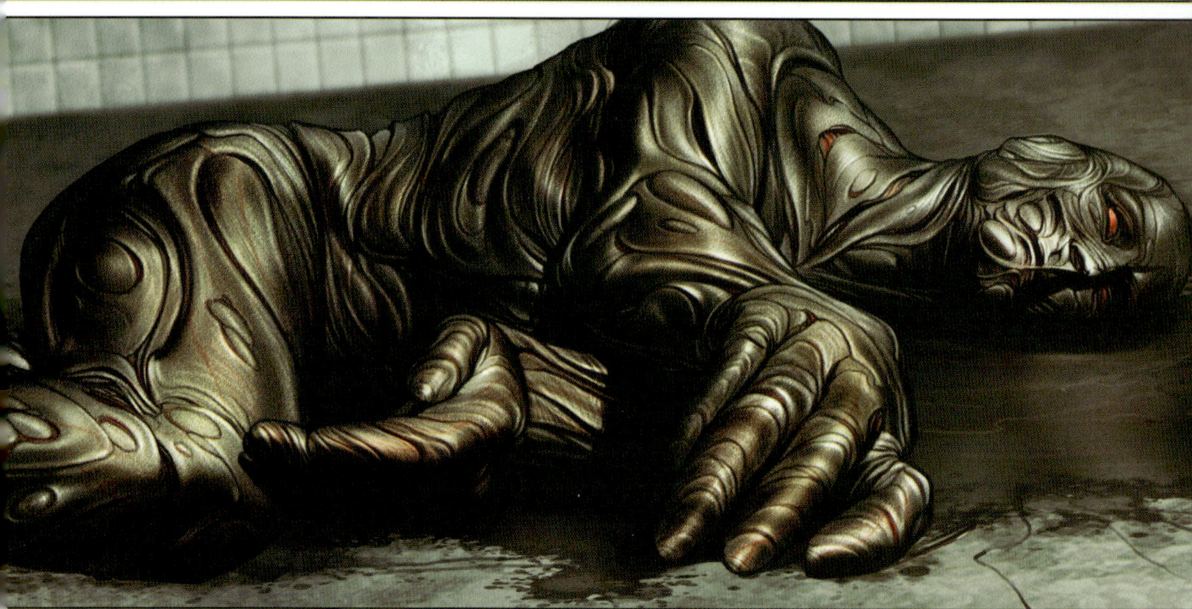

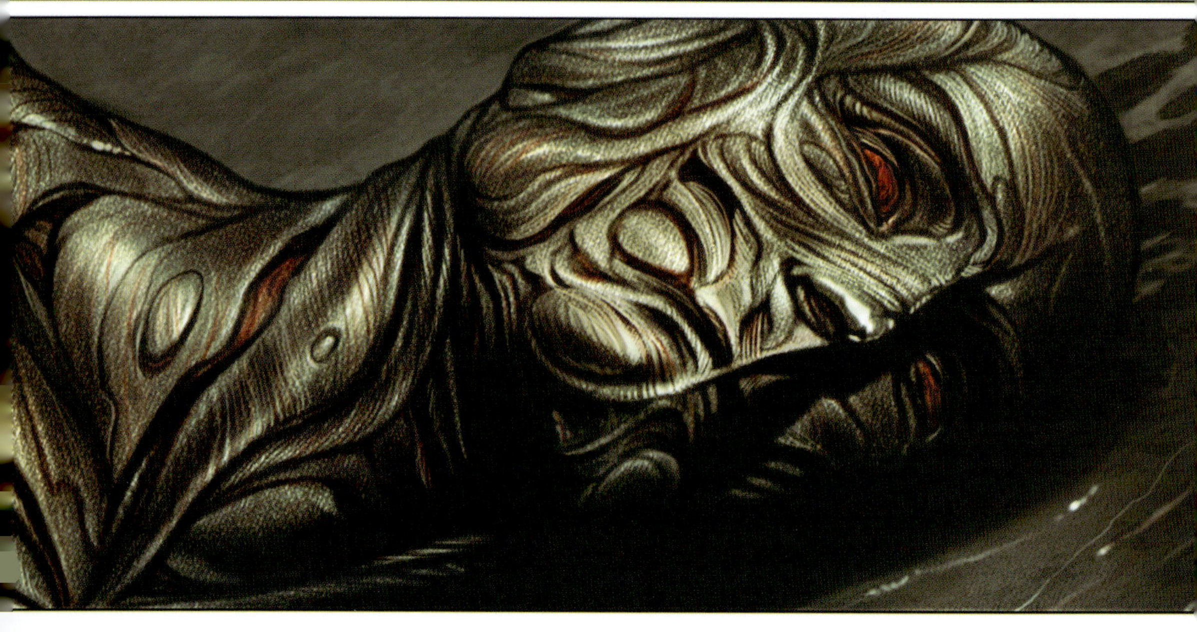

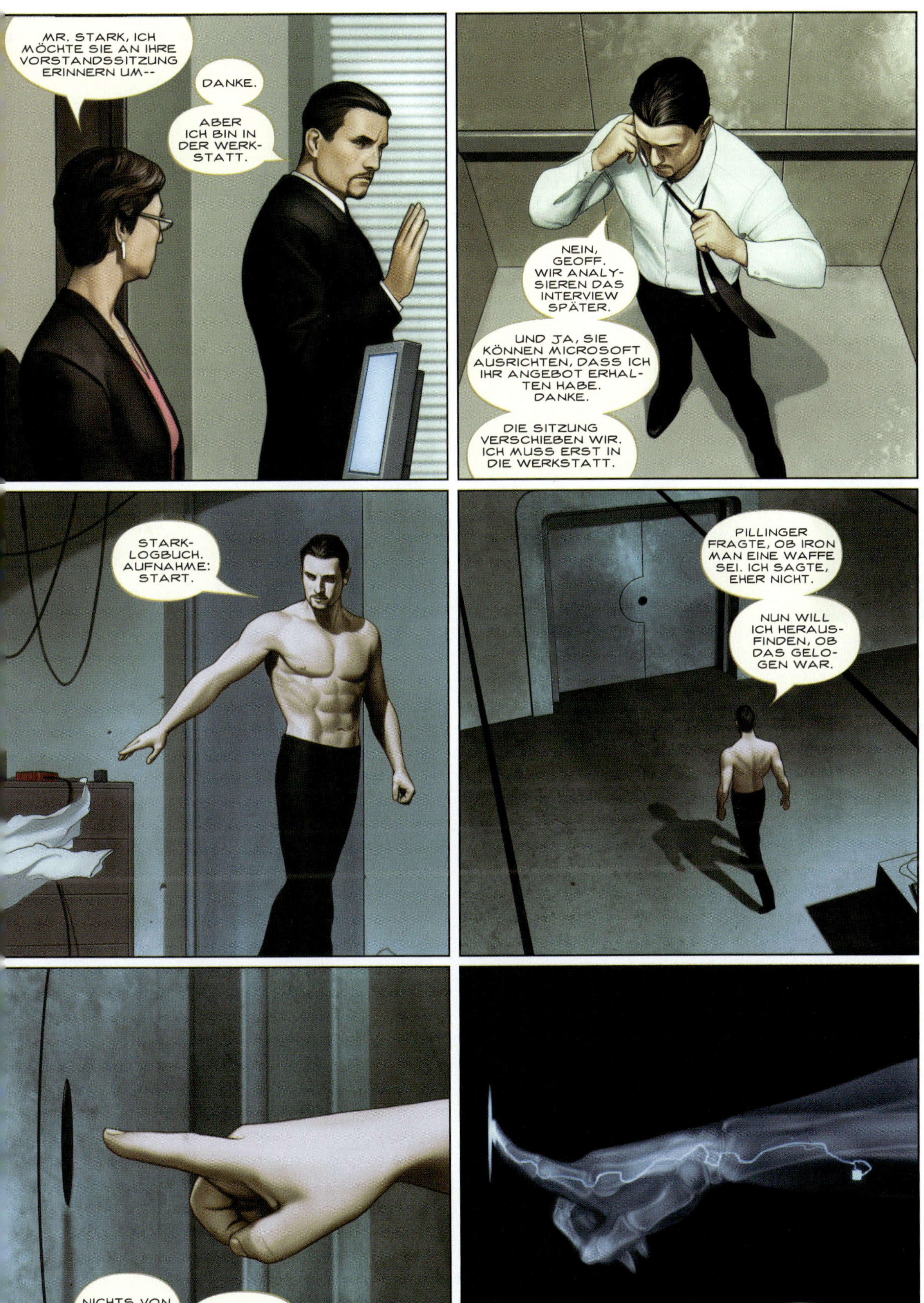
MR. STARK, ICH MÖCHTE SIE AN IHRE VORSTANDSSITZUNG ERINNERN UM--
DANKE.
ABER ICH BIN IN DER WERK-STATT.
NEIN, GEOFF. WIR ANALY-SIEREN DAS INTERVIEW SPÄTER.
UND JA, SIE KÖNNEN MICROSOFT AUSRICHTEN, DASS ICH IHR ANGEBOT ERHAL-TEN HABE. DANKE.
DIE SITZUNG VERSCHIEBEN WIR. ICH MUSS ERST IN DIE WERKSTATT.
STARK-LOGBUCH. AUFNAHME: START.
PILLINGER FRAGTE, OB IRON MAN EINE WAFFE SEI. ICH SAGTE, EHER NICHT.
NUN WILL ICH HERAUS-FINDEN, OB DAS GELO-GEN WAR.
NICHTS VON IRON MAN WURDE JE ANS MILITÄR VERKAUFT.
DIE RÜSTUNG DIENT VOR ALLEM DEM RETTUNGS-EINSATZ.
IRON MAN RETTET LEBEN.
IRON MAN STEHT FÜR DIE ZUKUNFT.

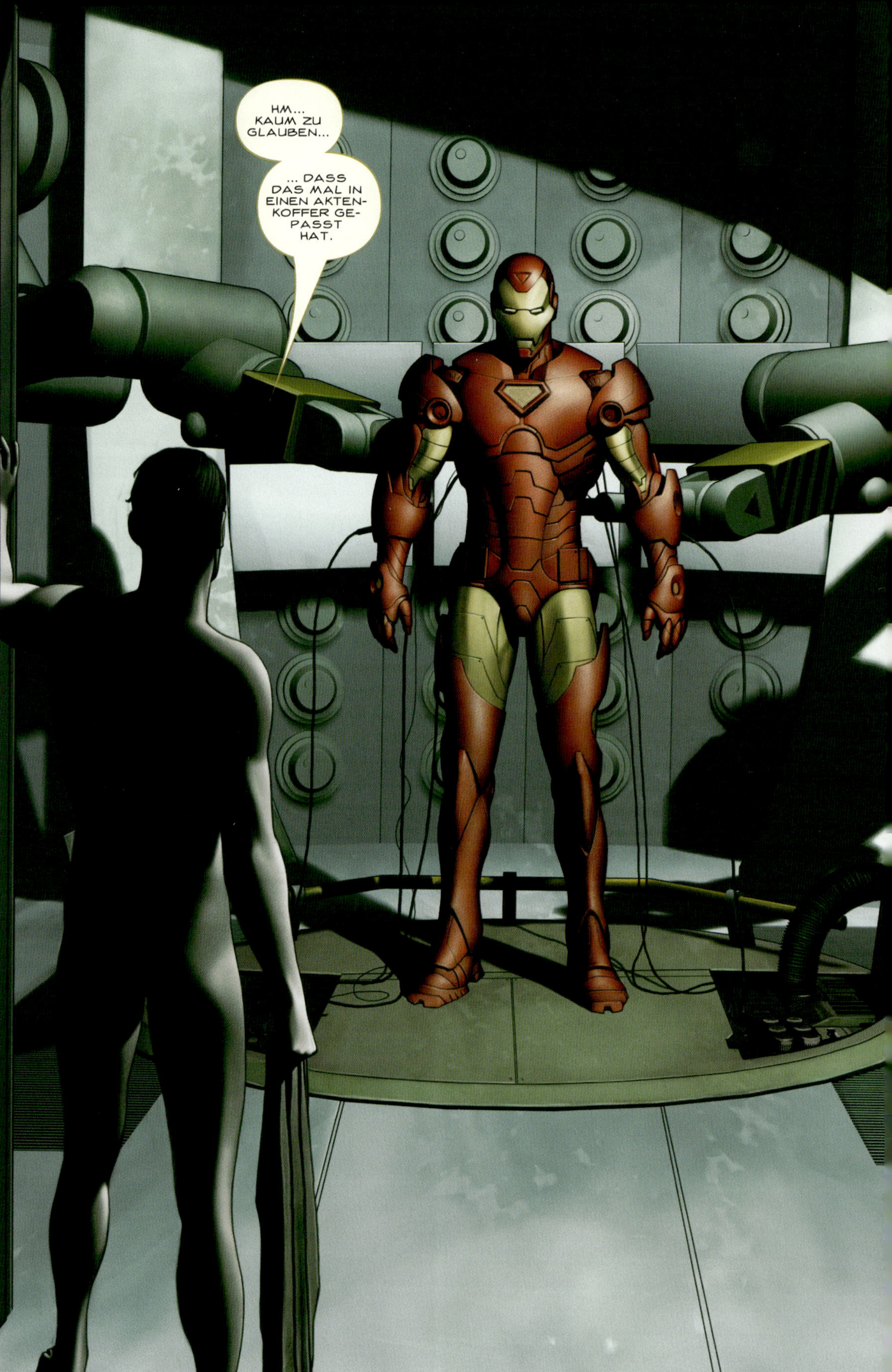
HM... KAUM ZU GLAUBEN...
... DASS DAS MAL IN EINEN AKTEN-KOFFER GE-PASST HAT.

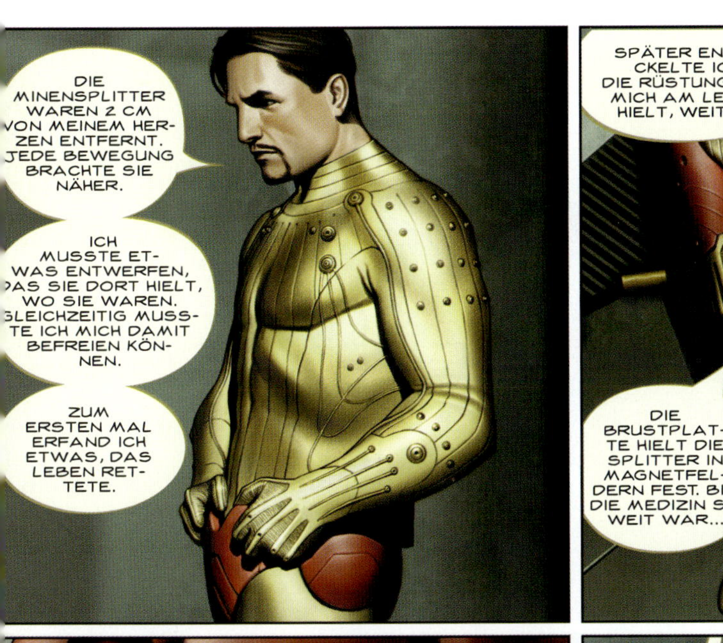

DIE MINENSPLITTER WAREN 2 CM VON MEINEM HER-ZEN ENTFERNT. JEDE BEWEGUNG BRACHTE SIE NÄHER.
ICH MUSSTE ET-WAS ENTWERFEN, DAS SIE DORT HIELT, WO SIE WAREN. GLEICHZEITIG MUSS-TE ICH MICH DAMIT BEFREIEN KÖN-NEN.
ZUM ERSTEN MAL ERFAND ICH ETWAS, DAS LEBEN RET-TETE.

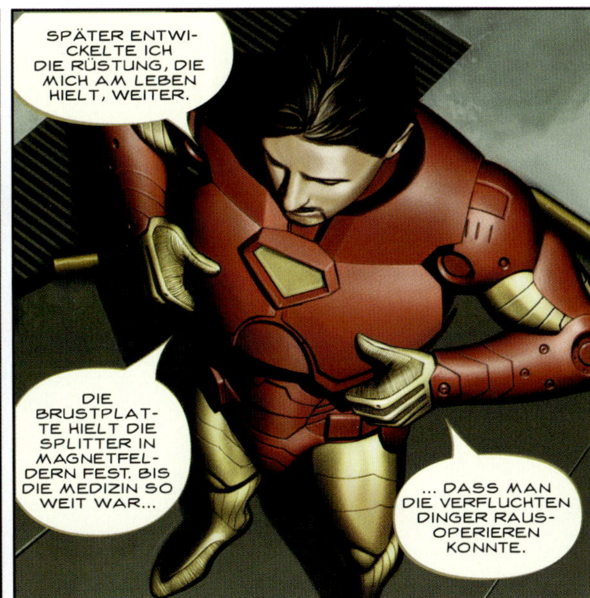

SPÄTER ENTWI-CKELTE ICH DIE RÜSTUNG, DIE MICH AM LEBEN HIELT, WEITER.
DIE BRUSTPLAT-TE HIELT DIE SPLITTER IN MAGNETFEL-DERN FEST. BIS DIE MEDIZIN SO WEIT WAR...
... DASS MAN DIE VERFLUCHTEN DINGER RAUS-OPERIEREN KONNTE.

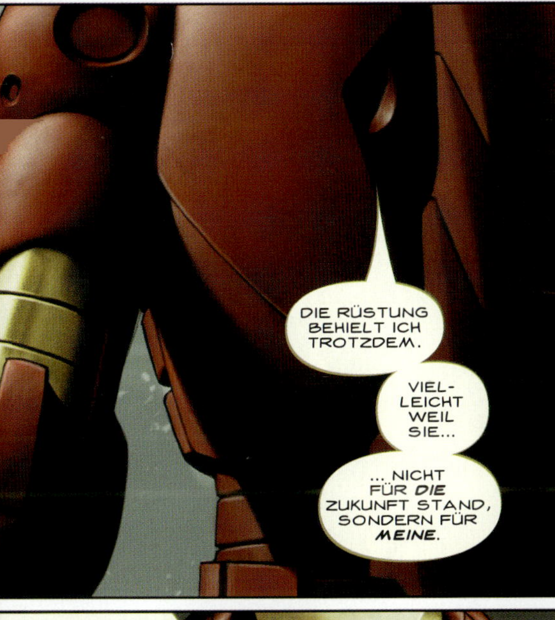

DIE RÜSTUNG BEHIELT ICH TROTZDEM.
VIEL-LEICHT WEIL SIE...
... NICHT FÜR ***DIE*** ZUKUNFT STAND, SONDERN FÜR ***MEINE***.

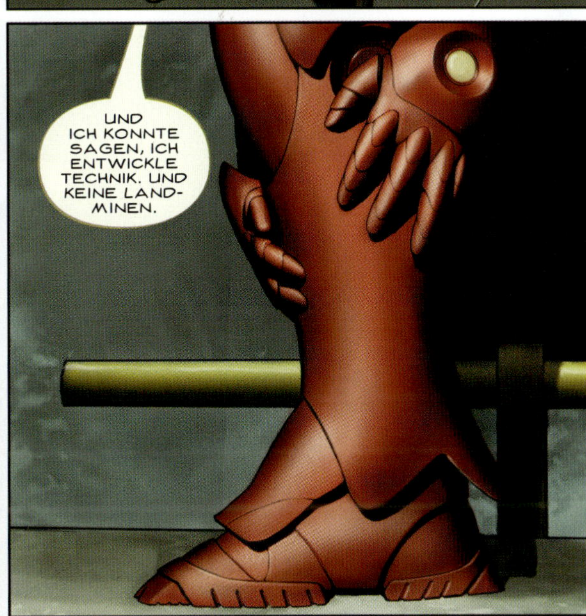

UND ICH KONNTE SAGEN, ICH ENTWICKLE TECHNIK. UND KEINE LAND-MINEN.

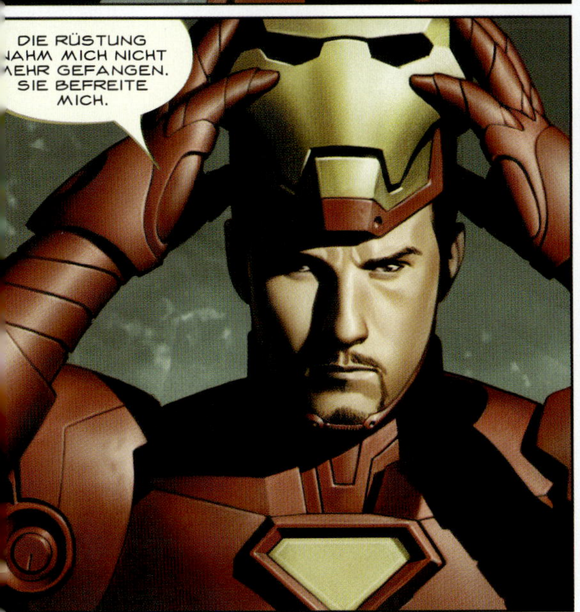

DIE RÜSTUNG NAHM MICH NICHT MEHR GEFANGEN. SIE BEFREITE MICH.

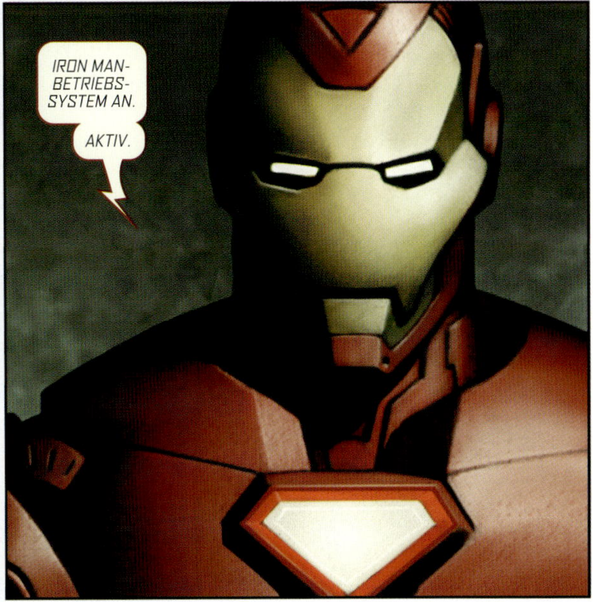

IRON MAN-BETRIEBS-SYSTEM AN.
AKTIV.

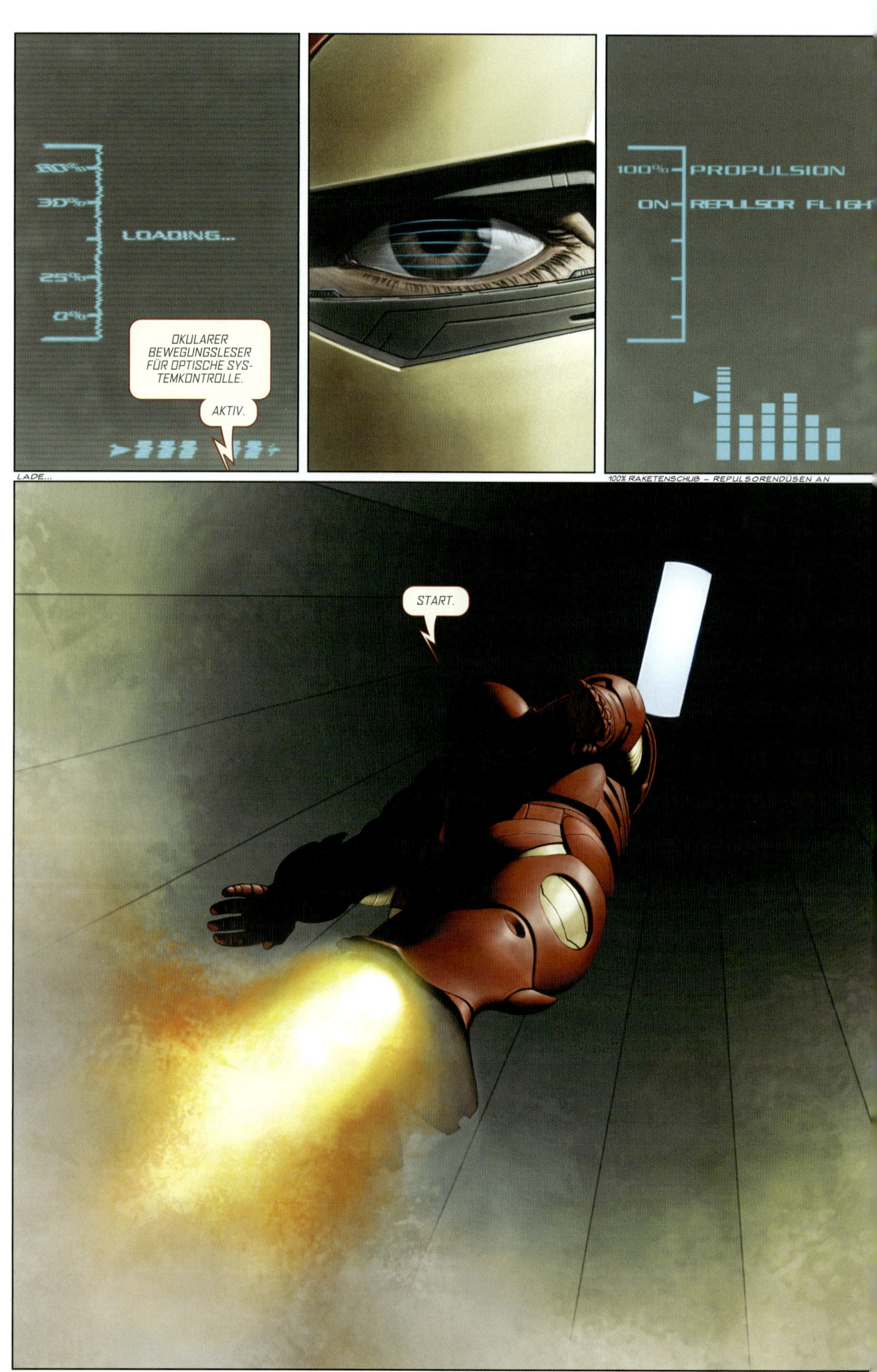
80%
30%
LOADING...
25%
0%
OKULARER BEWEGUNGSLESER FÜR OPTISCHE SYS-TEMKONTROLLE.
AKTIV.
LADE...
100% PROPULSION
ON REPULSOR FLIGHT
100% RAKETENSCHUB – REPULSORENDÜSEN AN
START.

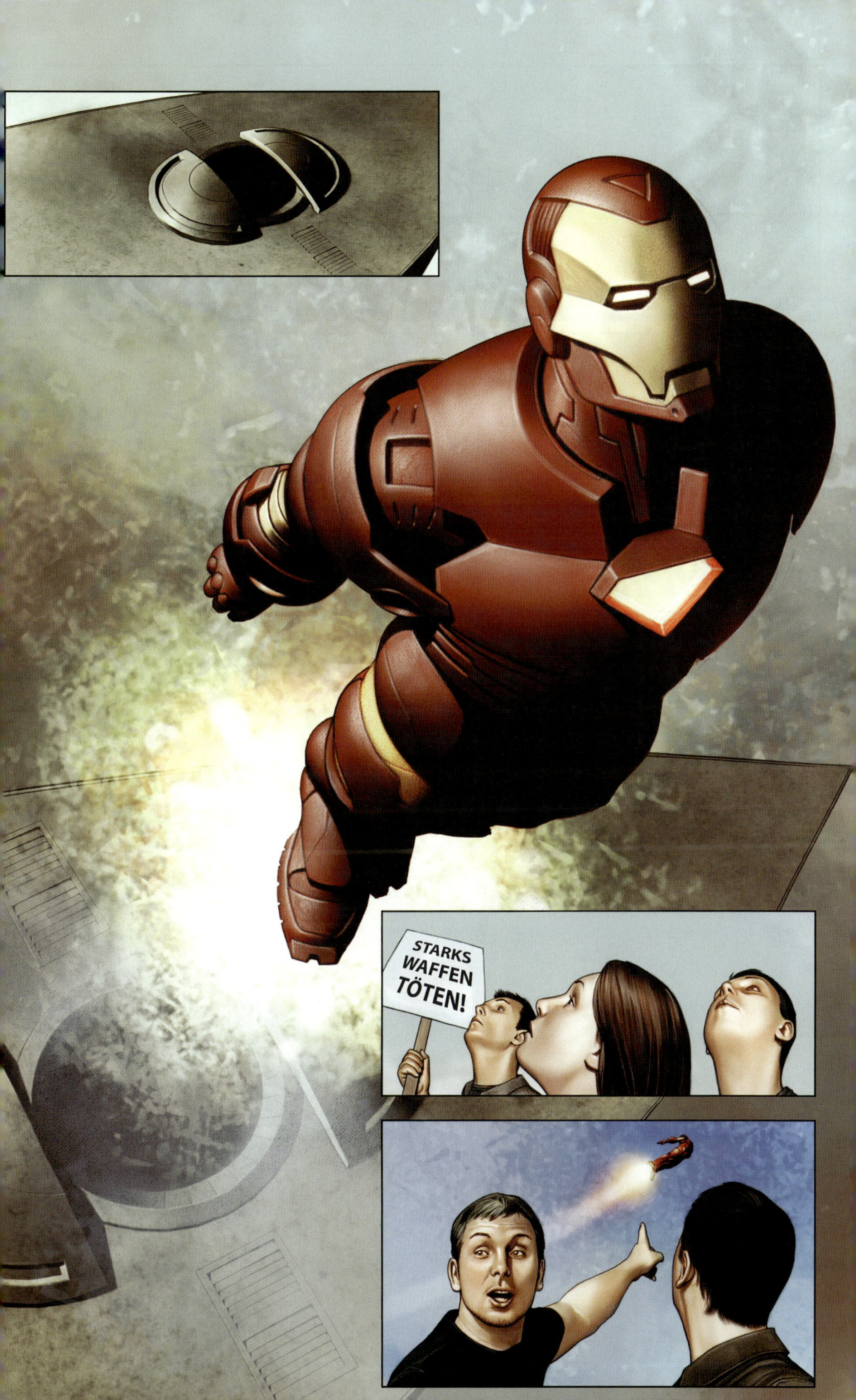
STARKS WAFFEN TÖTEN!

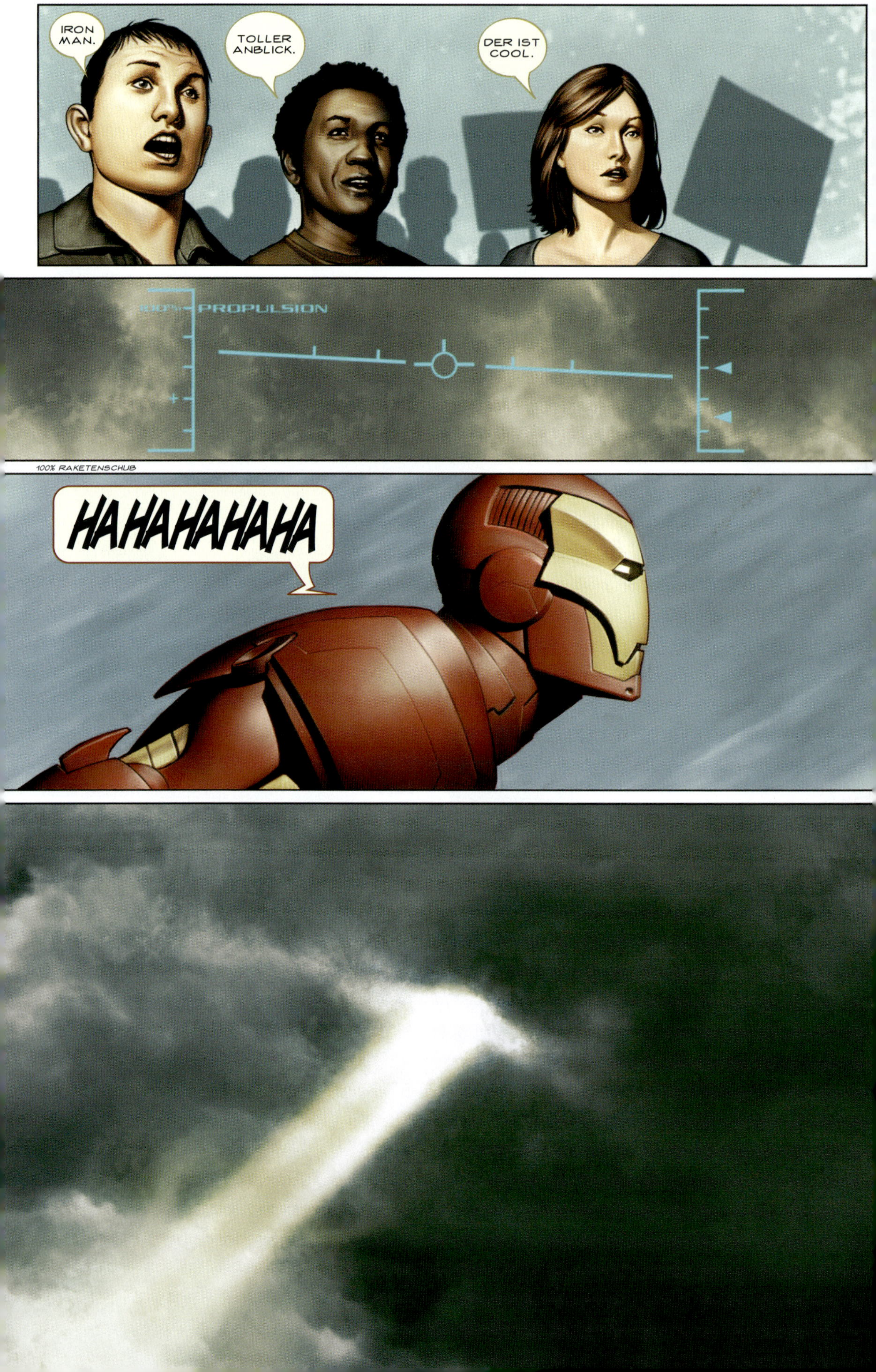

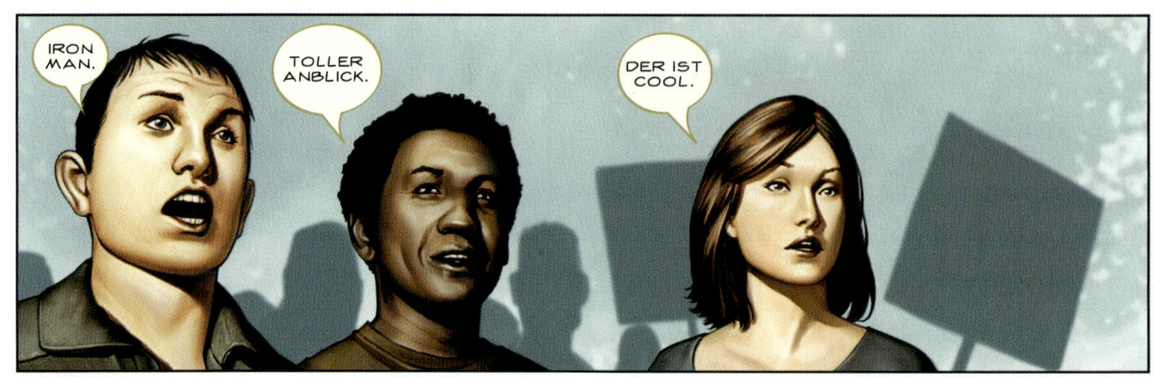

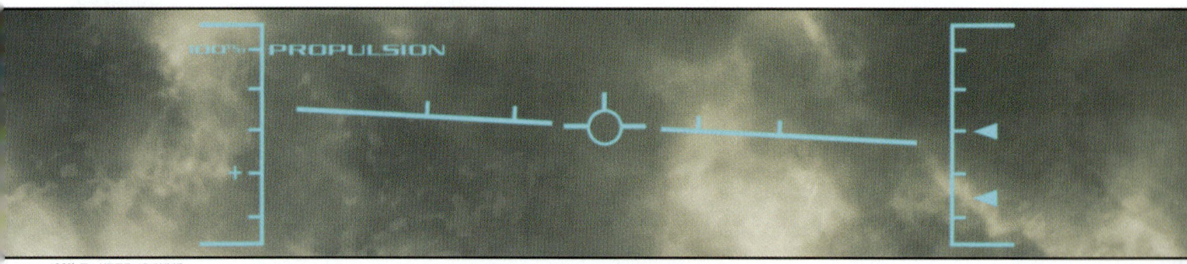

100% RAKETENSCHUB

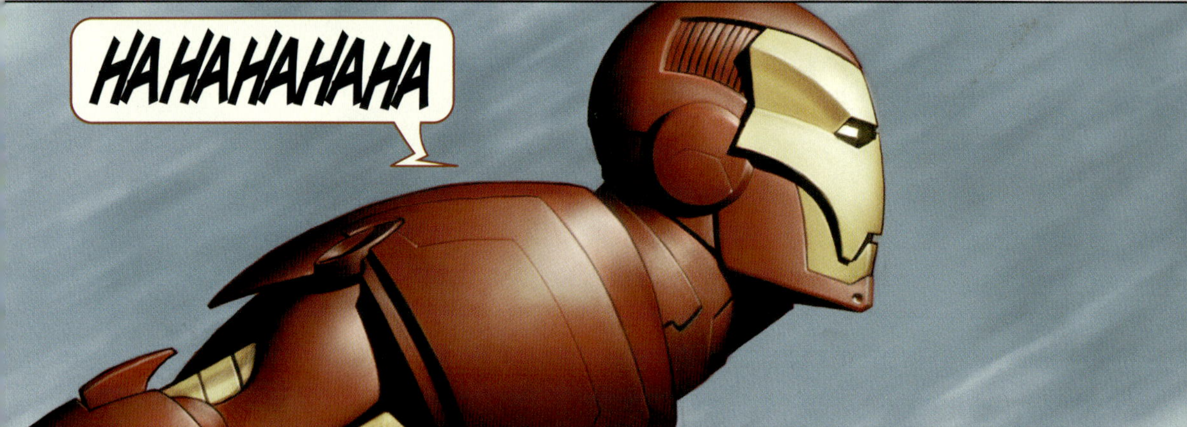

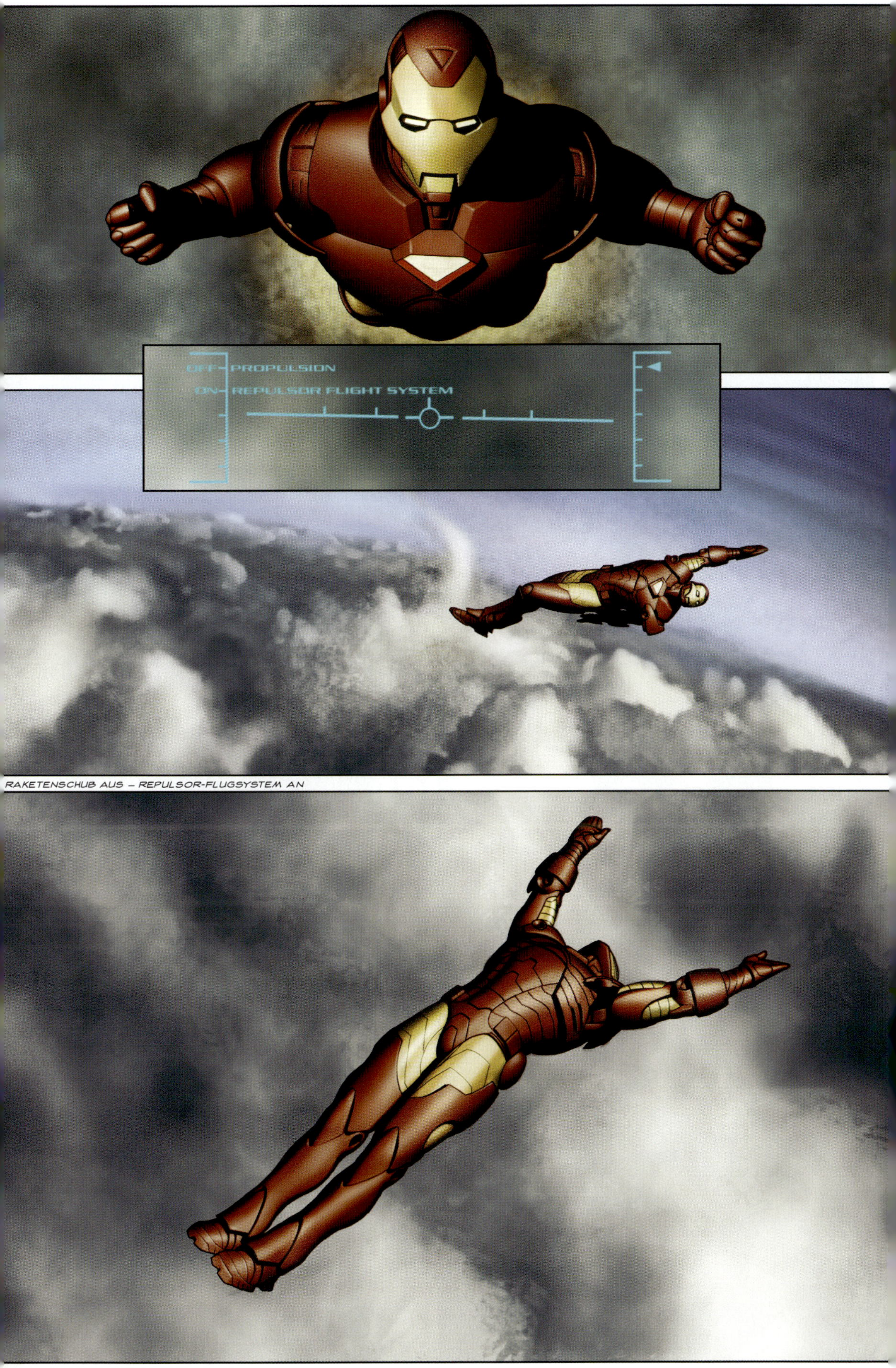

OFF- PROPULSION
ON- REPULSOR FLIGHT SYSTEM

RAKETENSCHUB AUS – REPULSOR-FLUGSYSTEM AN

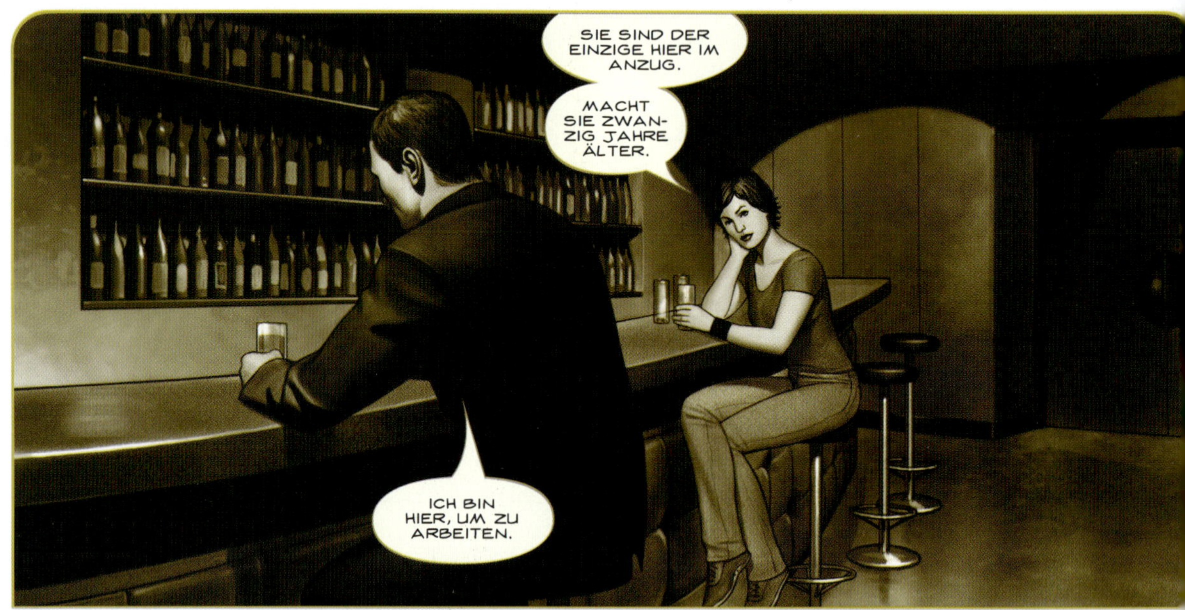
SIE SIND DER EINZIGE HIER IM ANZUG.
MACHT SIE ZWANZIG JAHRE ÄLTER.
ICH BIN HIER, UM ZU ARBEITEN.

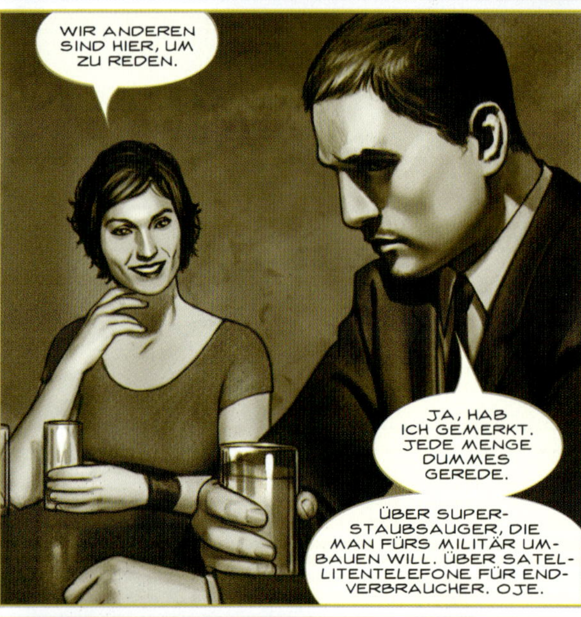
WIR ANDEREN SIND HIER, UM ZU REDEN.
JA, HAB ICH GEMERKT. JEDE MENGE DUMMES GEREDE.
ÜBER SUPER-STAUBSAUGER, DIE MAN FÜRS MILITÄR UMBAUEN WILL. ÜBER SATELLITENTELEFONE FÜR ENDVERBRAUCHER. OJE.

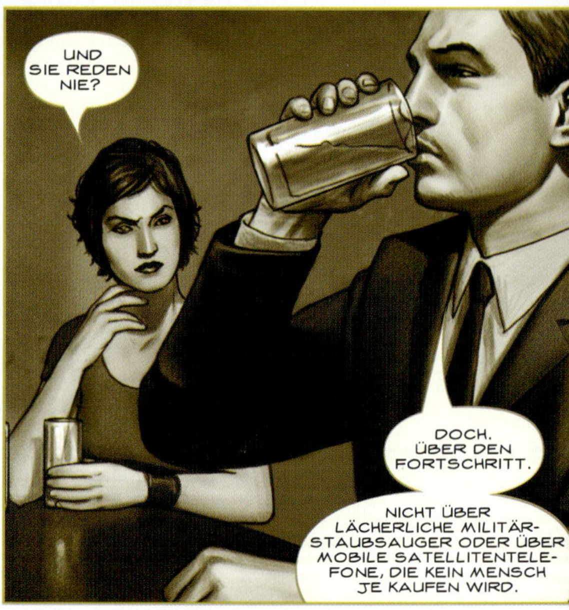
UND SIE REDEN NIE?
DOCH. ÜBER DEN FORTSCHRITT.
NICHT ÜBER LÄCHERLICHE MILITÄR-STAUBSAUGER ODER ÜBER MOBILE SATELLITENTELEFONE, DIE KEIN MENSCH JE KAUFEN WIRD.

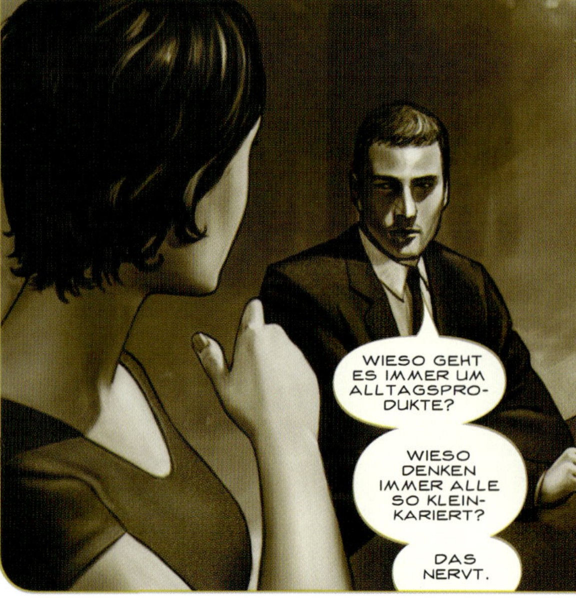
WIESO GEHT ES IMMER UM ALLTAGSPRODUKTE?
WIESO DENKEN IMMER ALLE SO KLEINKARIERT?
DAS NERVT.

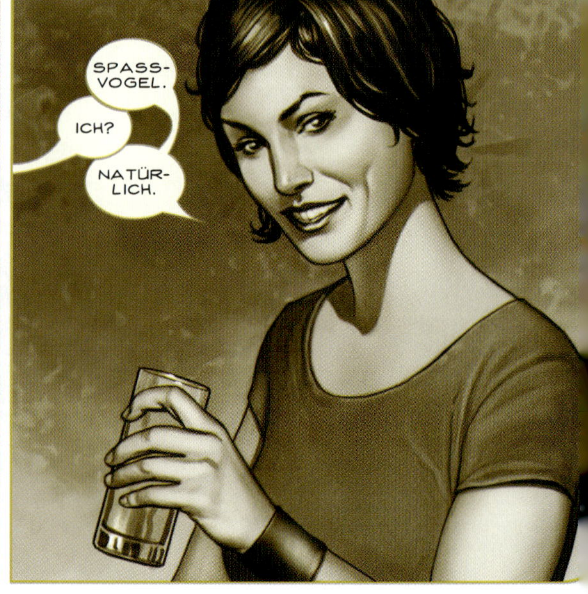
SPASSVOGEL.
ICH?
NATÜRLICH.

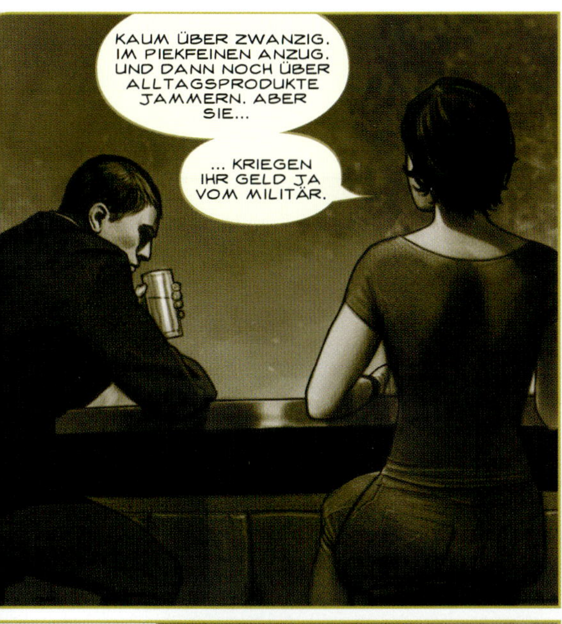
KAUM ÜBER ZWANZIG. IM PIEKFEINEN ANZUG. UND DANN NOCH ÜBER ALLTAGSPRODUKTE JAMMERN. ABER SIE...
... KRIEGEN IHR GELD JA VOM MILITÄR.

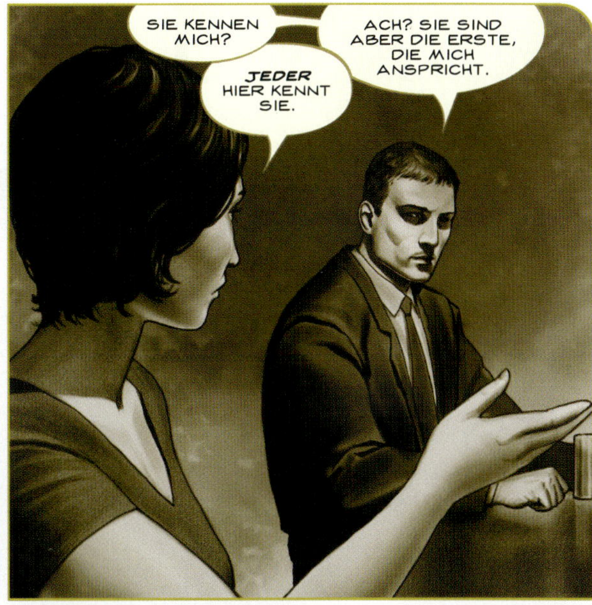
SIE KENNEN MICH?
JEDER HIER KENNT SIE.
ACH? SIE SIND ABER DIE ERSTE, DIE MICH ANSPRICHT.

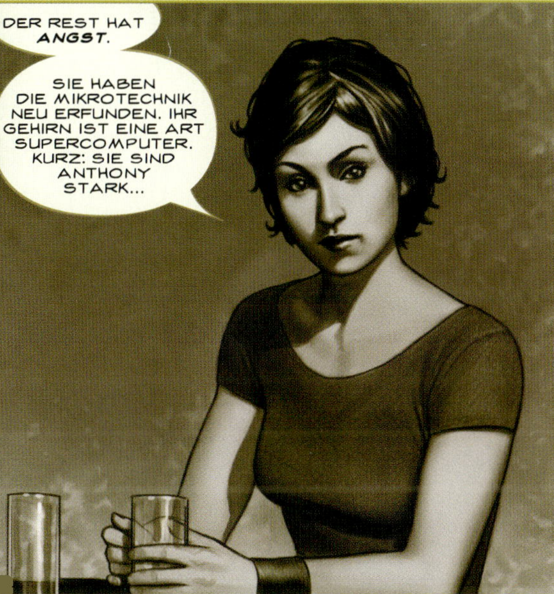
DER REST HAT ANGST.
SIE HABEN DIE MIKROTECHNIK NEU ERFUNDEN. IHR GEHIRN IST EINE ART SUPERCOMPUTER. KURZ: SIE SIND ANTHONY STARK...

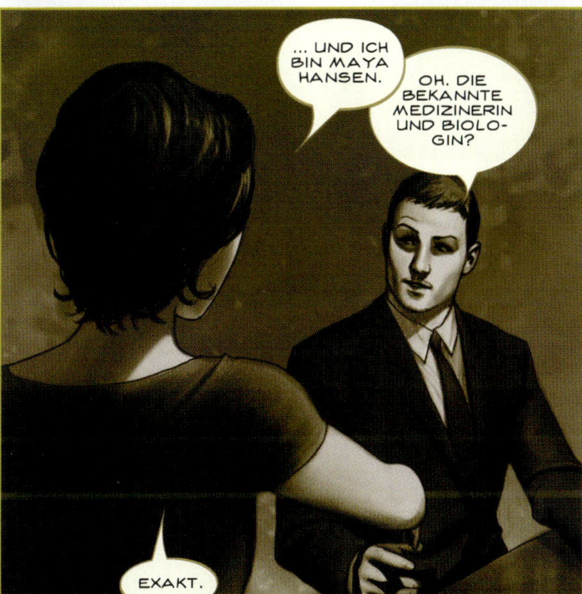
... UND ICH BIN MAYA HANSEN.
OH. DIE BEKANNTE MEDIZINERIN UND BIOLO-GIN?
EXAKT.

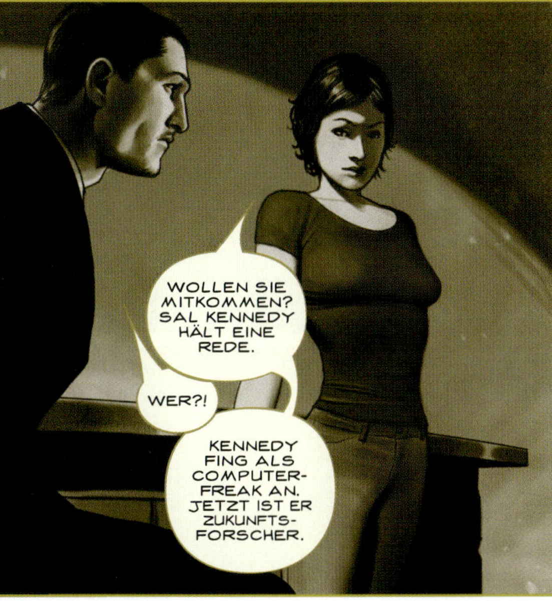
WOLLEN SIE MITKOMMEN? SAL KENNEDY HÄLT EINE REDE.
WER?!
KENNEDY FING ALS COMPUTER-FREAK AN. JETZT IST ER ZUKUNFTS-FORSCHER.

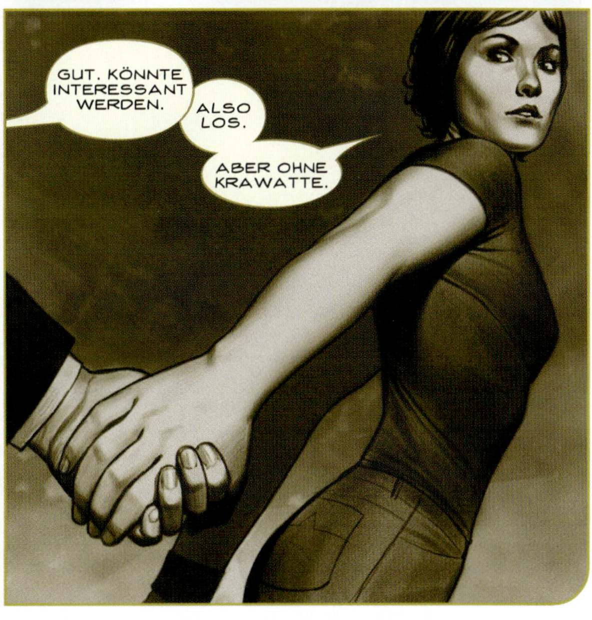
GUT. KÖNNTE INTERESSANT WERDEN.
ALSO LOS.
ABER OHNE KRAWATTE.

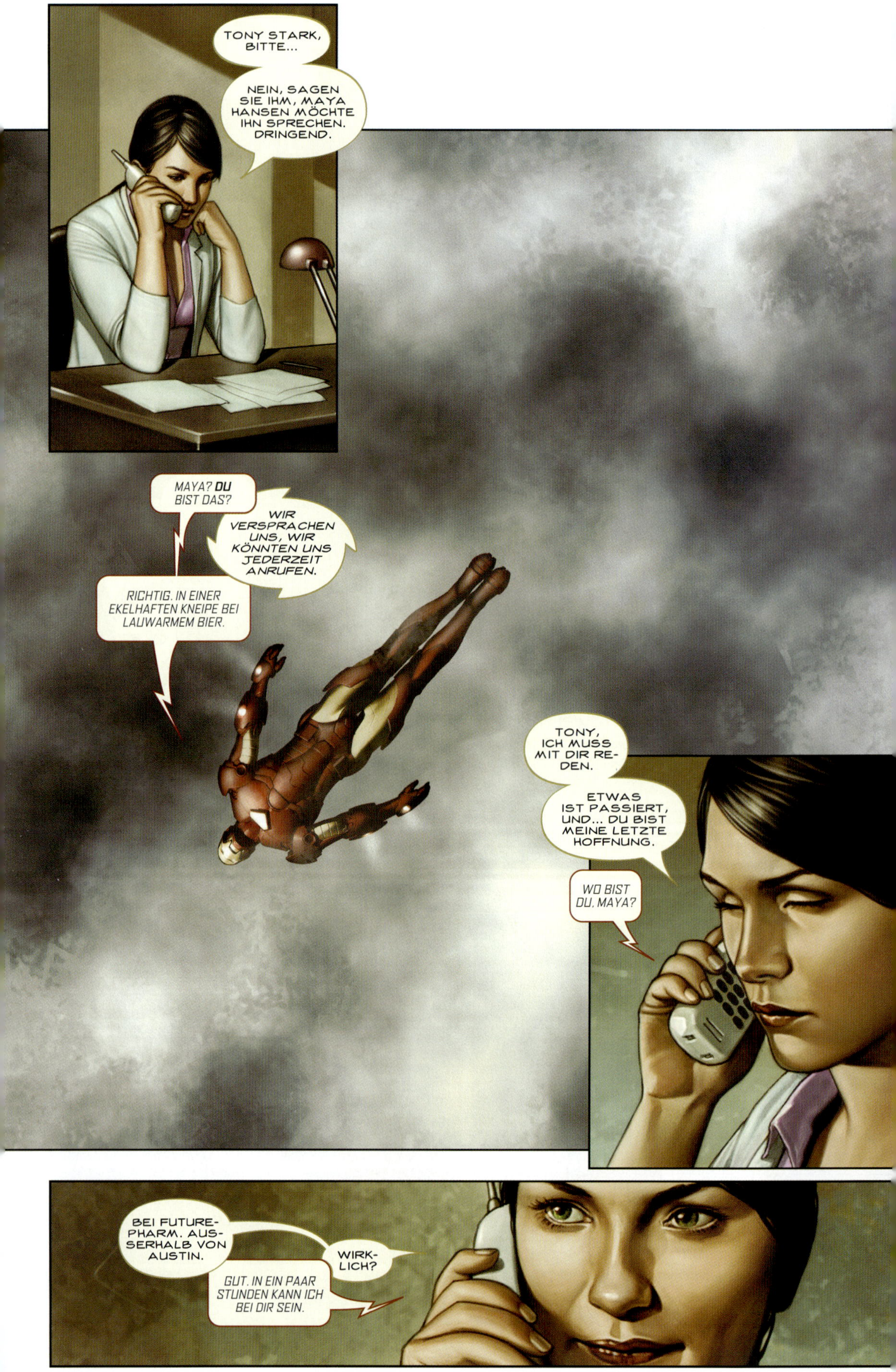

TONY STARK, BITTE...

NEIN, SAGEN SIE IHM, MAYA HANSEN MÖCHTE IHN SPRECHEN. DRINGEND.

MAYA? **DU** BIST DAS?

WIR VERSPRACHEN UNS, WIR KÖNNTEN UNS JEDERZEIT ANRUFEN.

RICHTIG. IN EINER EKELHAFTEN KNEIPE BEI LAUWARMEM BIER.

TONY, ICH MUSS MIT DIR REDEN.

ETWAS IST PASSIERT, UND... DU BIST MEINE LETZTE HOFFNUNG.

WO BIST DU, MAYA?

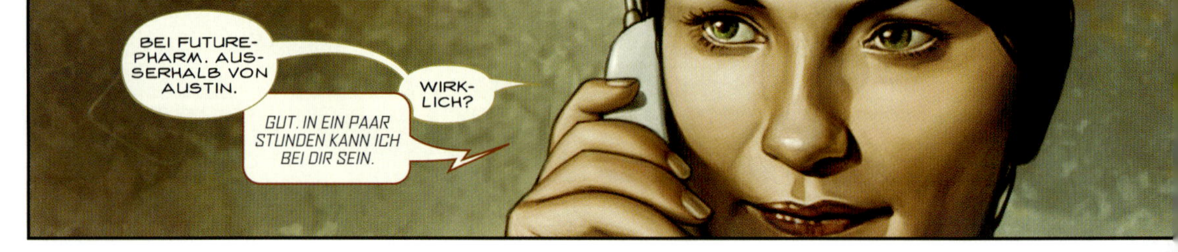

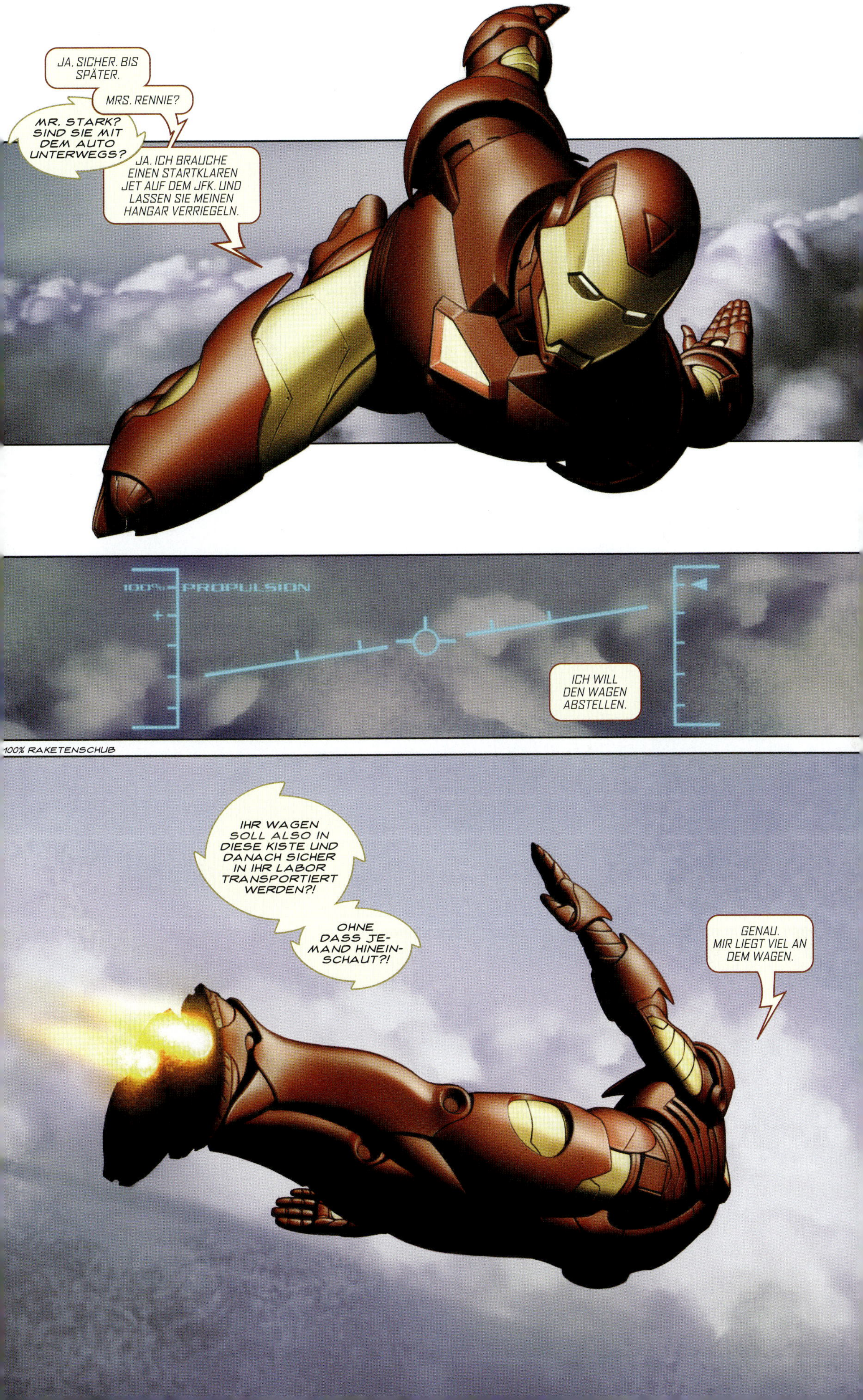

JA. SICHER. BIS SPÄTER.

MRS. RENNIE?

MR. STARK? SIND SIE MIT DEM AUTO UNTERWEGS?

JA. ICH BRAUCHE EINEN STARTKLAREN JET AUF DEM JFK. UND LASSEN SIE MEINEN HANGAR VERRIEGELN.

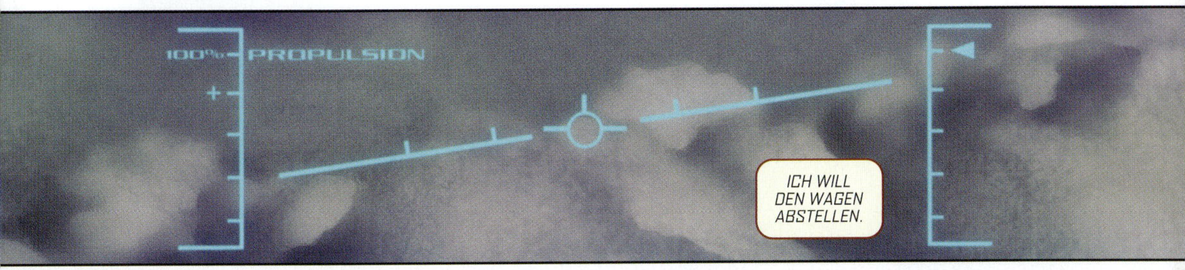

100% RAKETENSCHUB

IHR WAGEN SOLL ALSO IN DIESE KISTE UND DANACH SICHER IN IHR LABOR TRANSPORTIERT WERDEN?!

OHNE DASS JE-MAND HINEIN-SCHAUT?!

GENAU. MIR LIEGT VIEL AN DEM WAGEN.

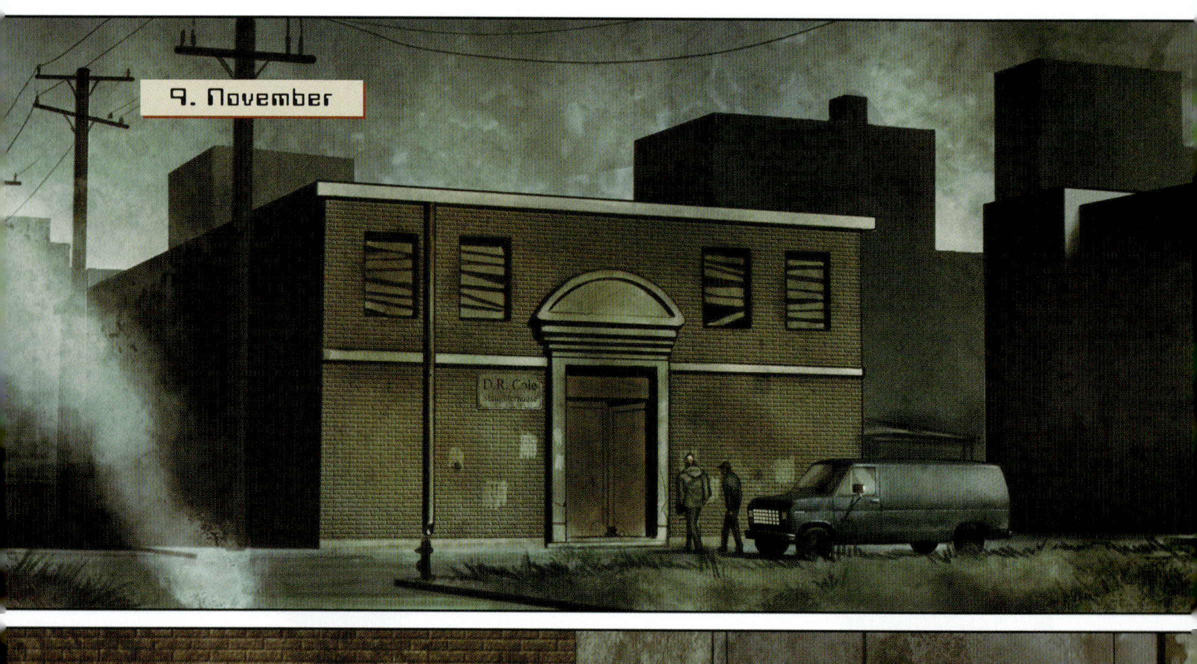
9. November
D.R. Cole

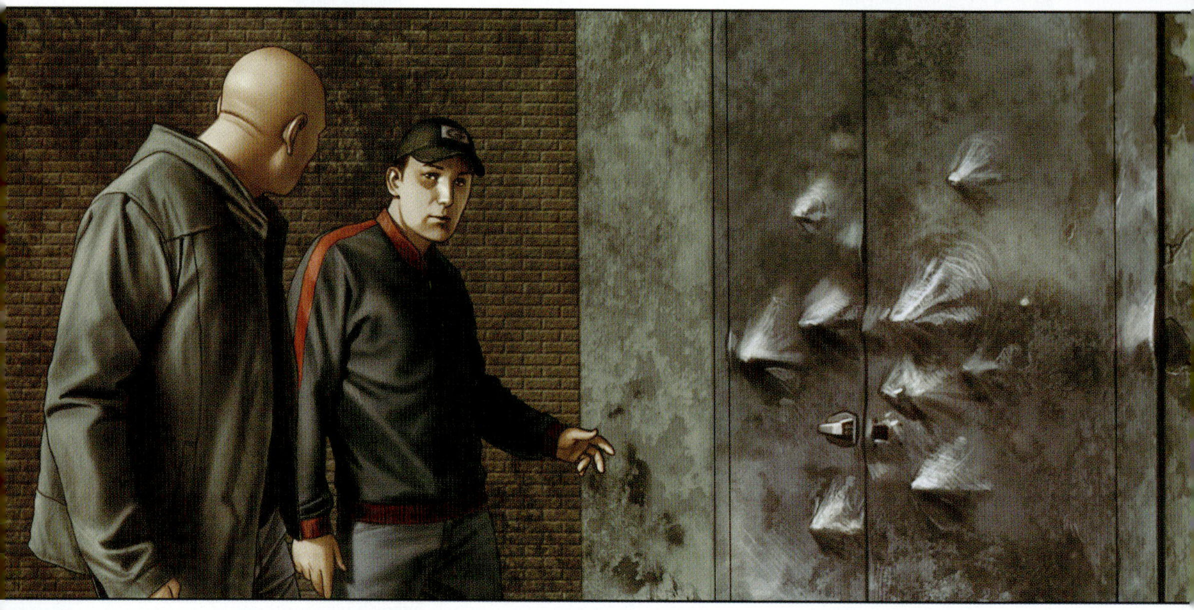

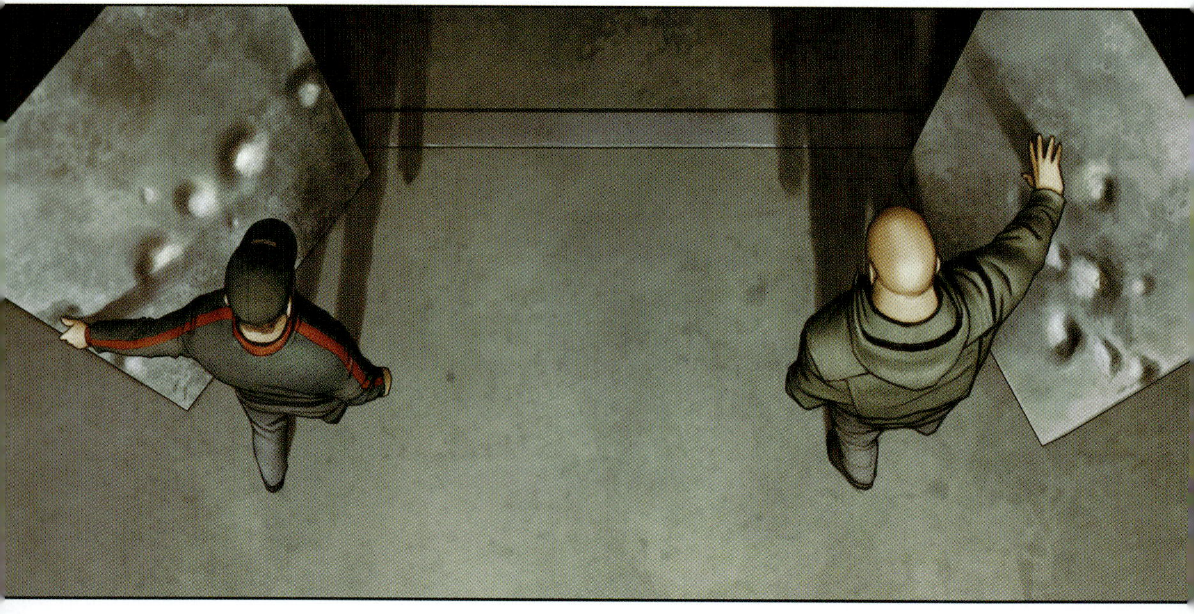

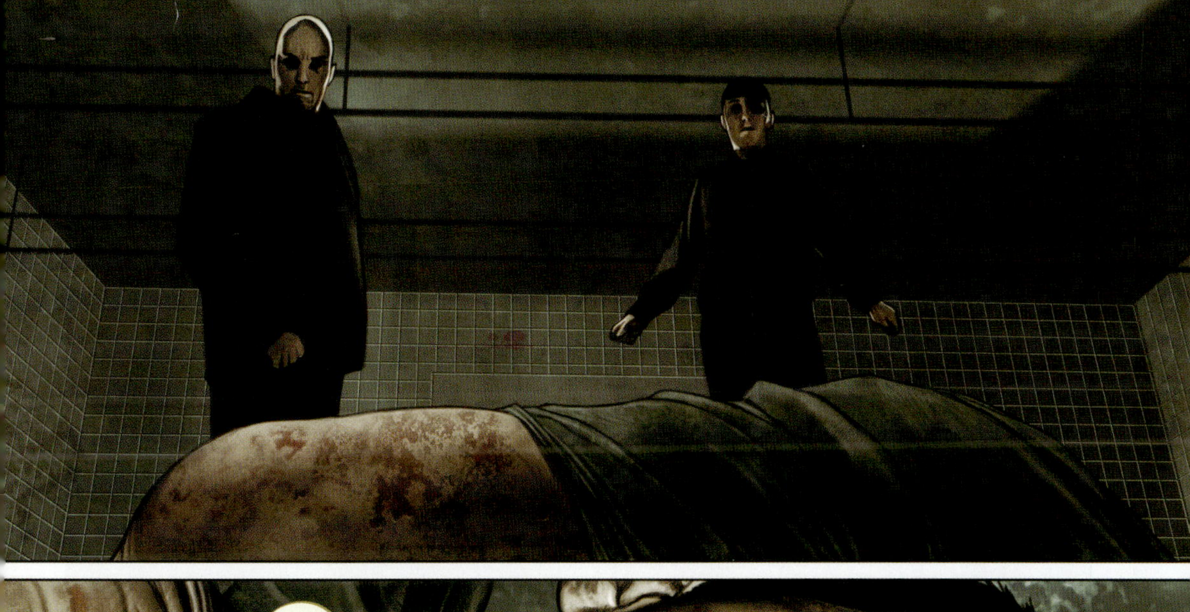

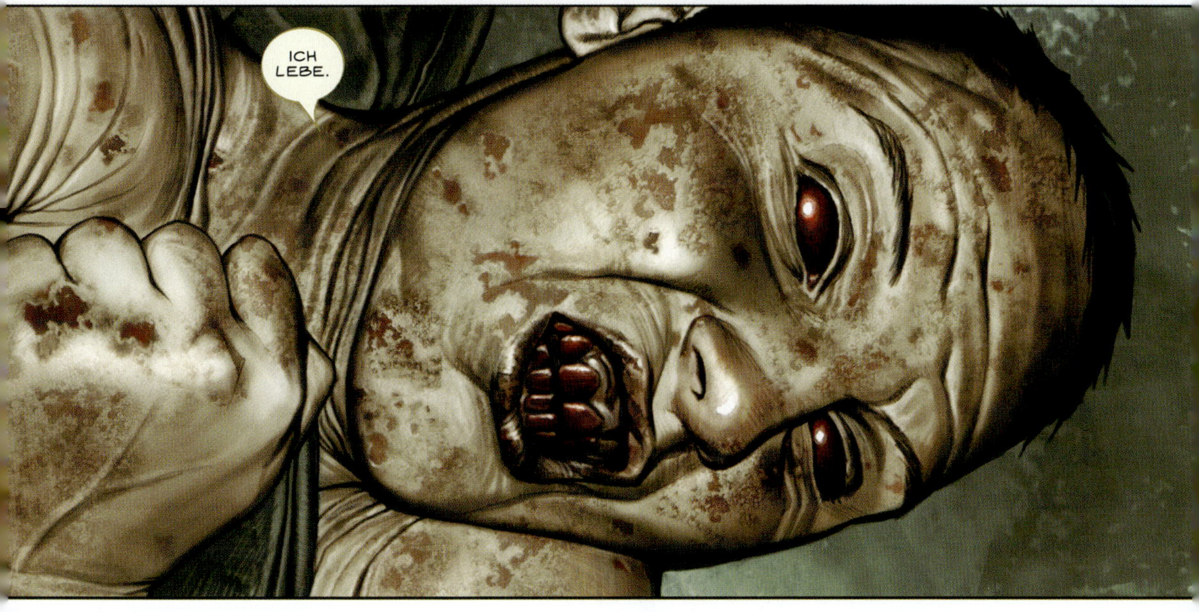
ICH LEBE.

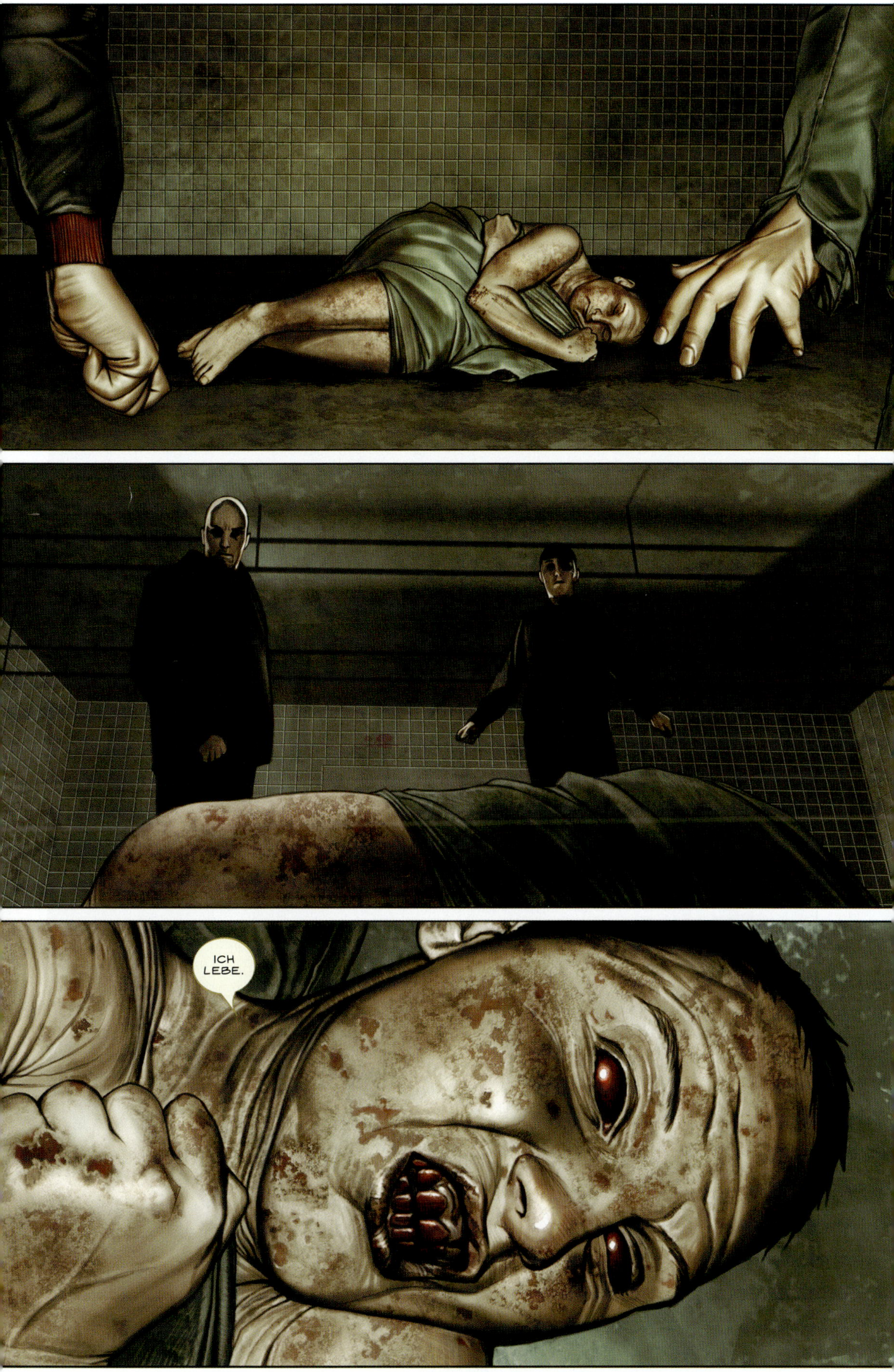

EXTREMIS, TEIL 2

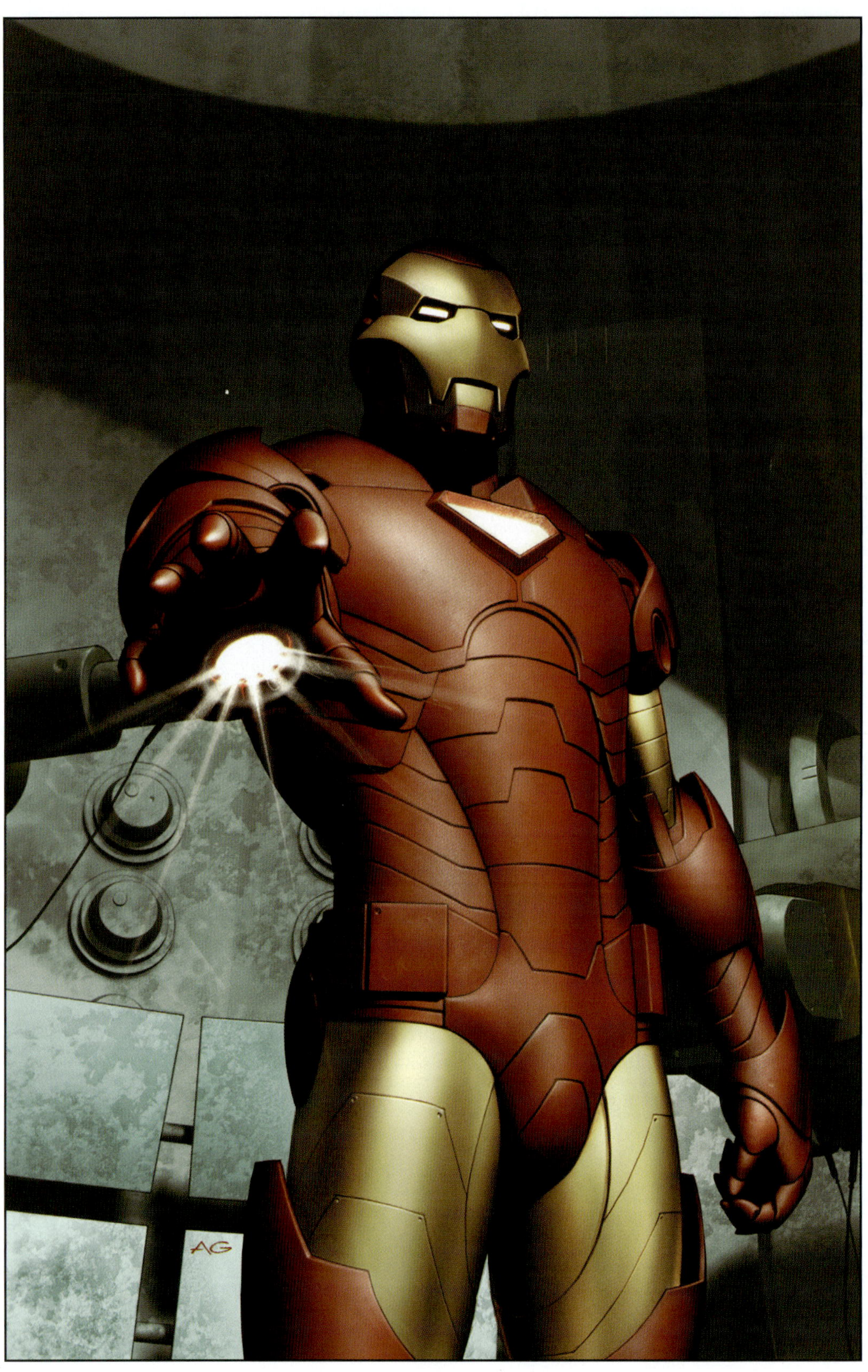

Iron Man (2005) 2
Cover von **ADI GRANOV**

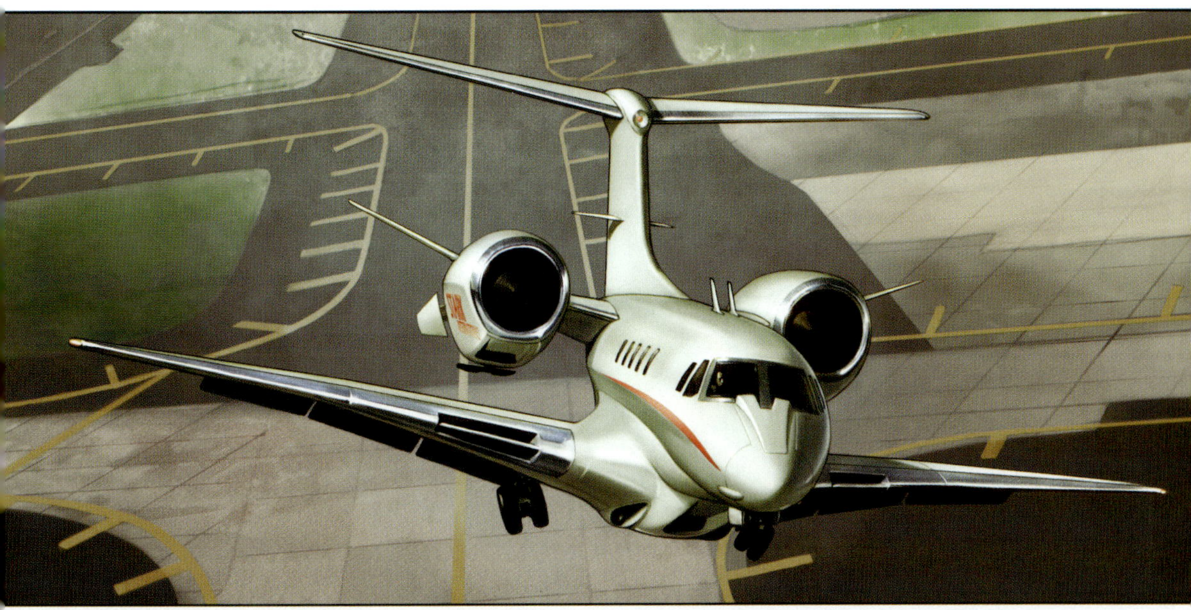

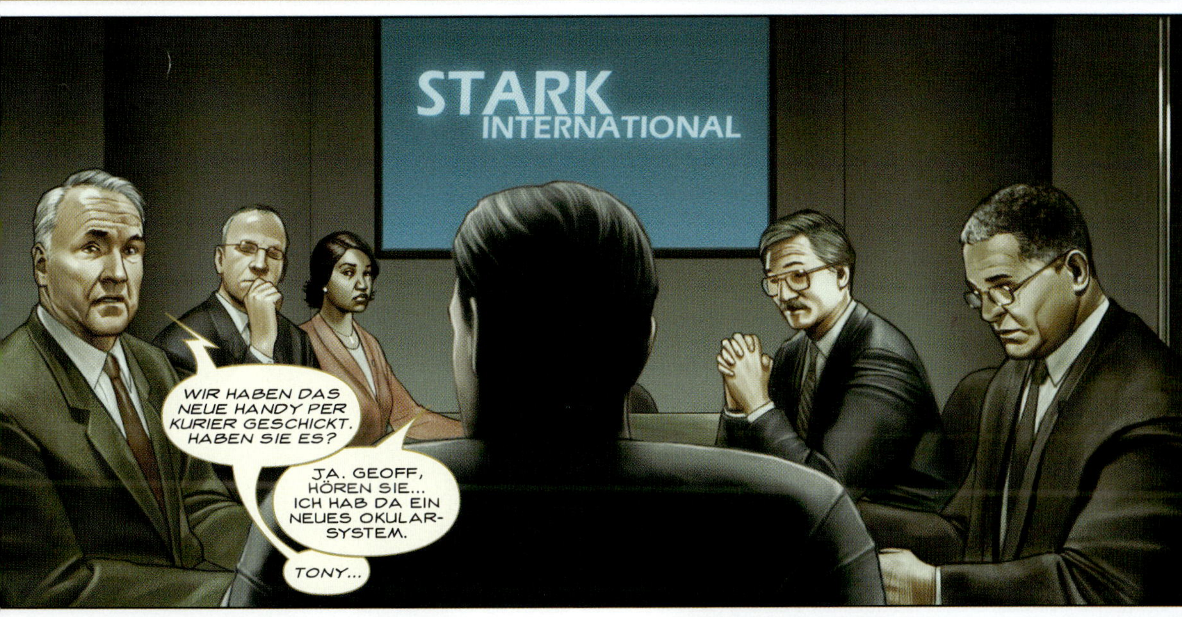
STARK INTERNATIONAL
WIR HABEN DAS NEUE HANDY PER KURIER GESCHICKT. HABEN SIE ES?
JA. GEOFF, HÖREN SIE... ICH HAB DA EIN NEUES OKULAR-SYSTEM.
TONY...

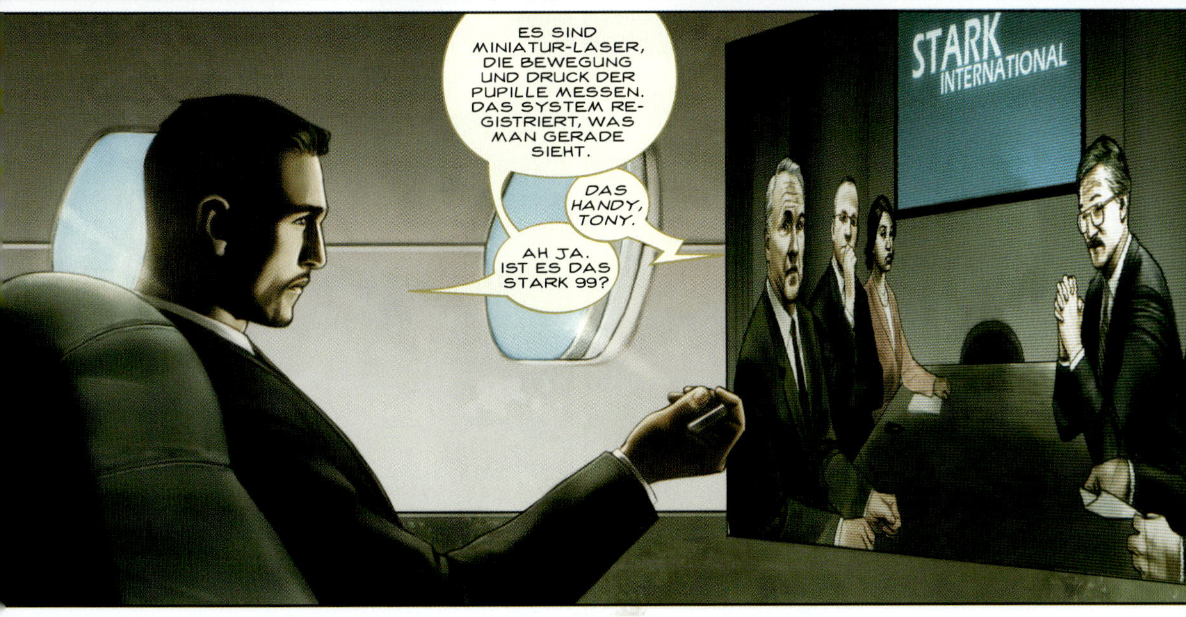
STARK INTERNATIONAL
ES SIND MINIATUR-LASER, DIE BEWEGUNG UND DRUCK DER PUPILLE MESSEN. DAS SYSTEM REGISTRIERT, WAS MAN GERADE SIEHT.
DAS HANDY, TONY.
AH JA. IST ES DAS STARK 99?

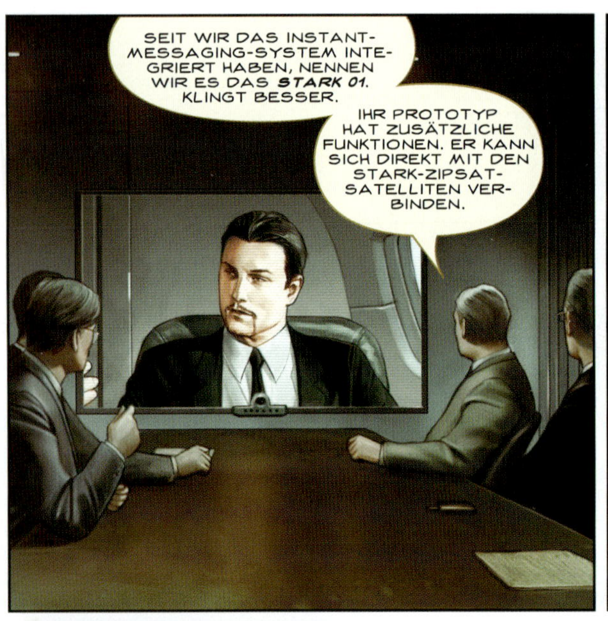
SEIT WIR DAS INSTANT-MESSAGING-SYSTEM INTEGRIERT HABEN, NENNEN WIR ES DAS STARK 01. KLINGT BESSER.
IHR PROTOTYP HAT ZUSÄTZLICHE FUNKTIONEN. ER KANN SICH DIREKT MIT DEN STARK-ZIPSAT-SATELLITEN VERBINDEN.

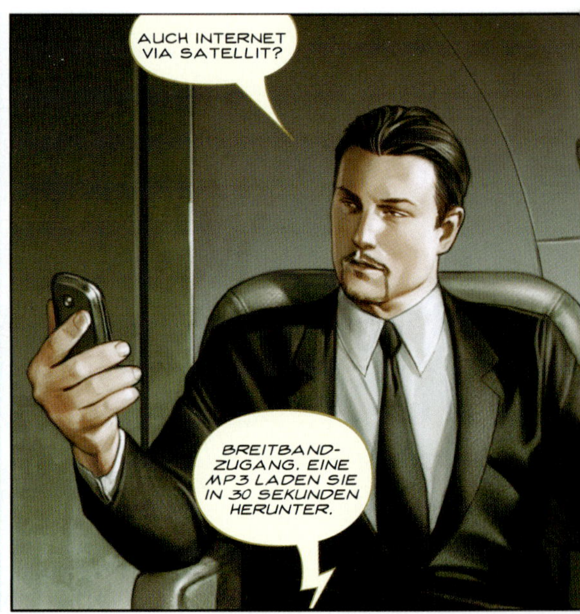
AUCH INTERNET VIA SATELLIT?
BREITBAND-ZUGANG. EINE MP3 LADEN SIE IN 30 SEKUNDEN HERUNTER.

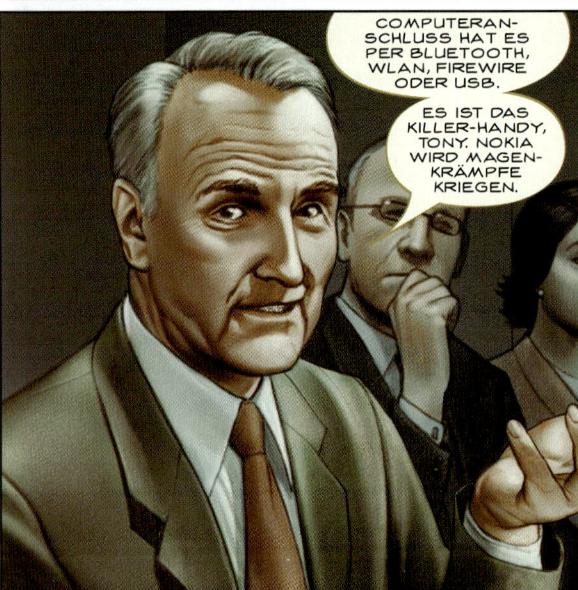
COMPUTERANSCHLUSS HAT ES PER BLUETOOTH, WLAN, FIREWIRE ODER USB.
ES IST DAS KILLER-HANDY, TONY. NOKIA WIRD MAGENKRÄMPFE KRIEGEN.

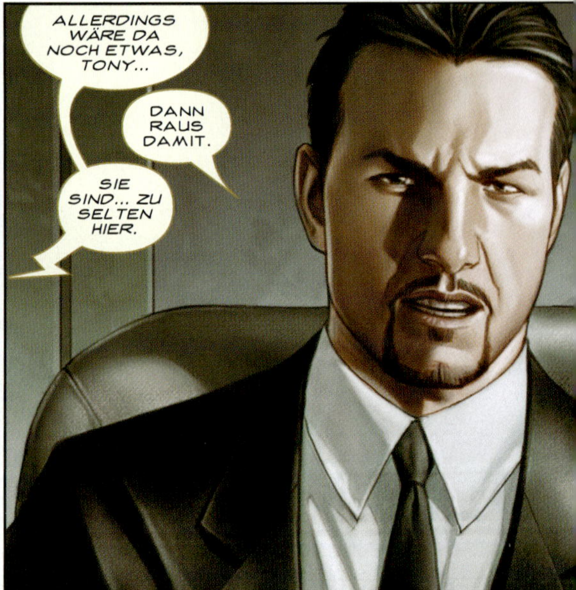
ALLERDINGS WÄRE DA NOCH ETWAS, TONY...
DANN RAUS DAMIT.
SIE SIND... ZU SELTEN HIER.

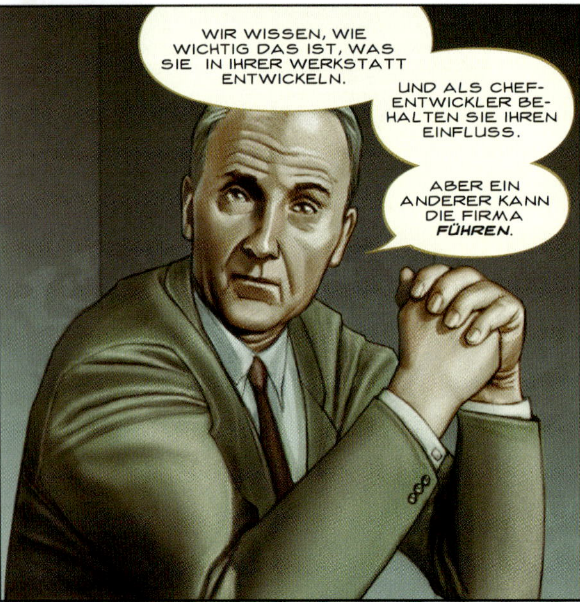
WIR WISSEN, WIE WICHTIG DAS IST, WAS SIE IN IHRER WERKSTATT ENTWICKELN.
UND ALS CHEFENTWICKLER BEHALTEN SIE IHREN EINFLUSS.
ABER EIN ANDERER KANN DIE FIRMA FÜHREN.

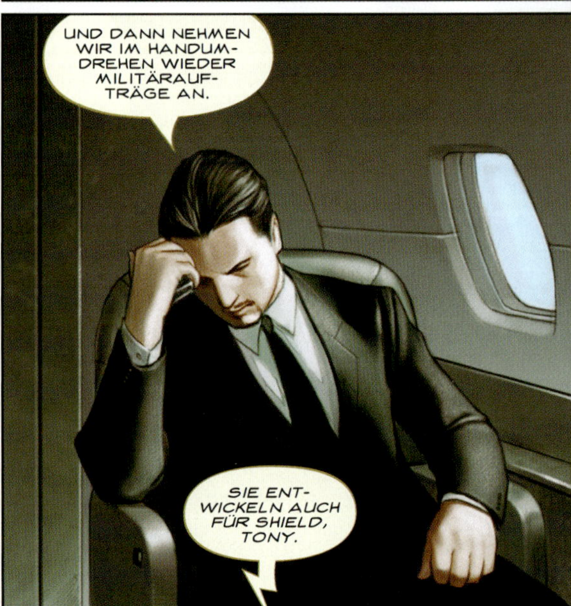
UND DANN NEHMEN WIR IM HANDUMDREHEN WIEDER MILITÄRAUFTRÄGE AN.
SIE ENTWICKELN AUCH FÜR SHIELD, TONY.

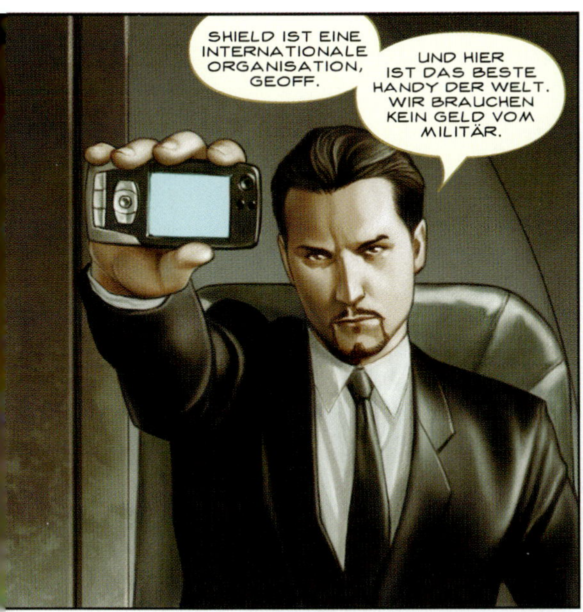
SHIELD IST EINE INTERNATIONALE ORGANISATION, GEOFF.
UND HIER IST DAS BESTE HANDY DER WELT. WIR BRAUCHEN KEIN GELD VOM MILITÄR.

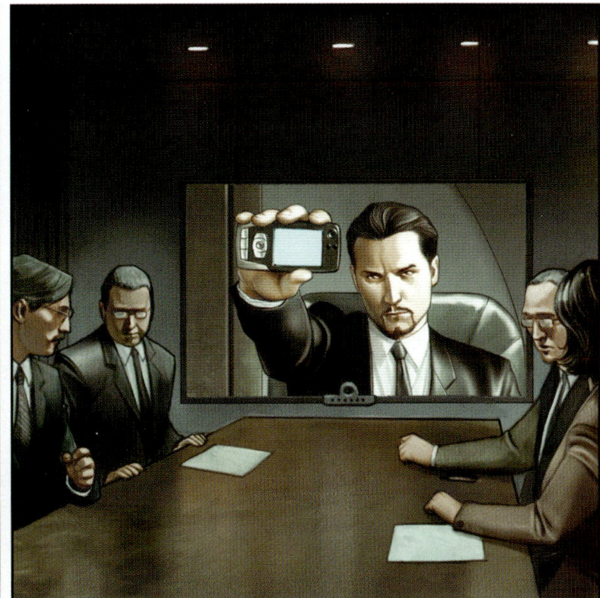

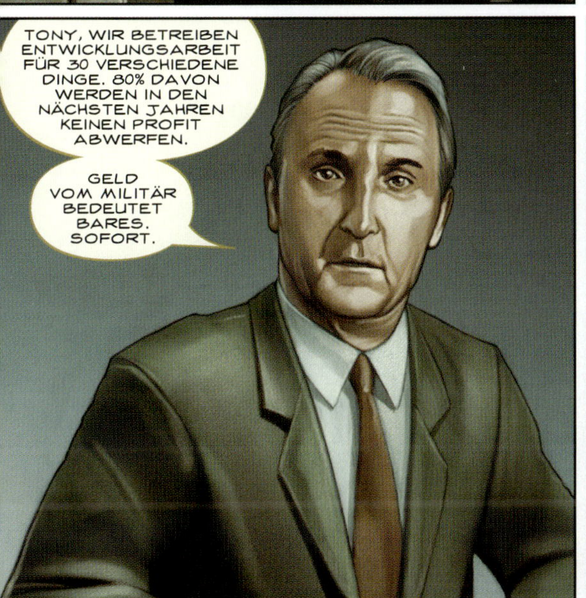
TONY, WIR BETREIBEN ENTWICKLUNGSARBEIT FÜR 30 VERSCHIEDENE DINGE. 80% DAVON WERDEN IN DEN NÄCHSTEN JAHREN KEINEN PROFIT ABWERFEN.
GELD VOM MILITÄR BEDEUTET BARES. SOFORT.

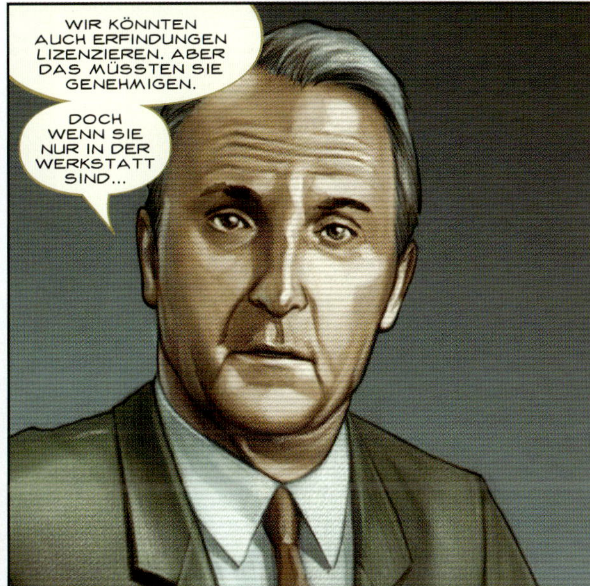
WIR KÖNNTEN AUCH ERFINDUNGEN LIZENZIEREN. ABER DAS MÜSSTEN SIE GENEHMIGEN.
DOCH WENN SIE NUR IN DER WERKSTATT SIND...

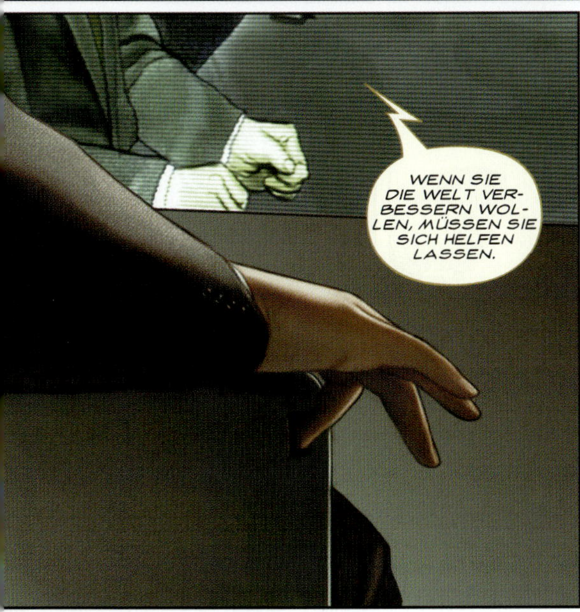
WENN SIE DIE WELT VERBESSERN WOLLEN, MÜSSEN SIE SICH HELFEN LASSEN.

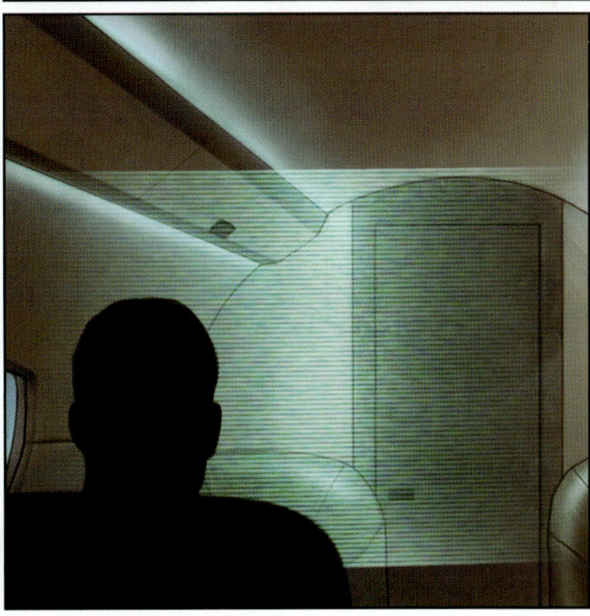

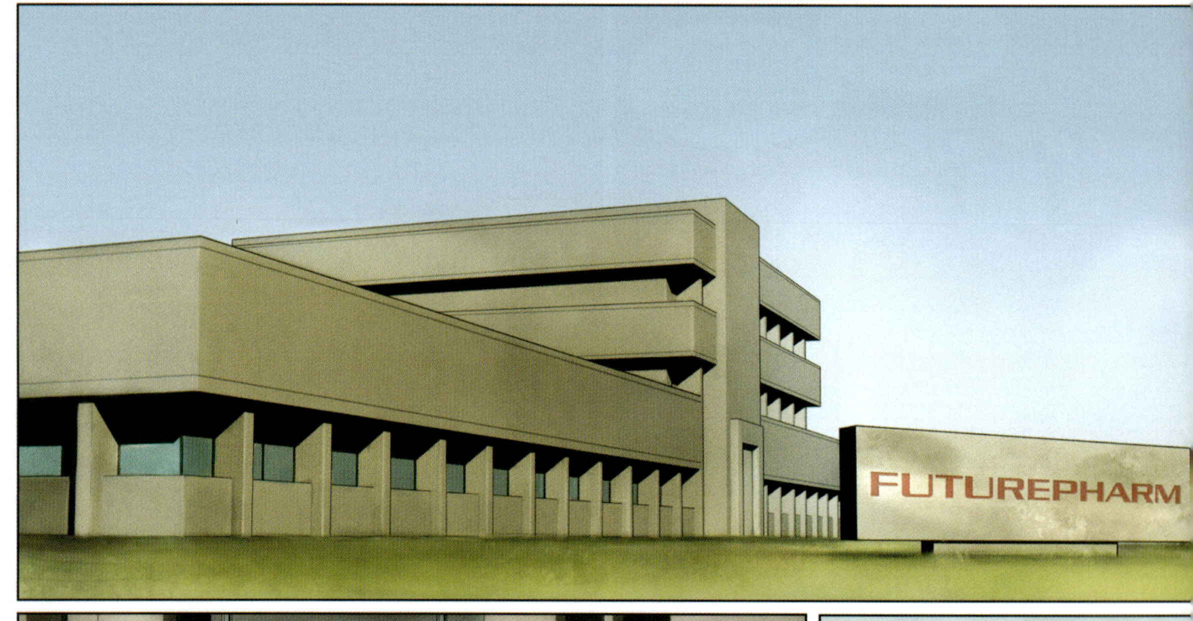
FUTUREPHARM

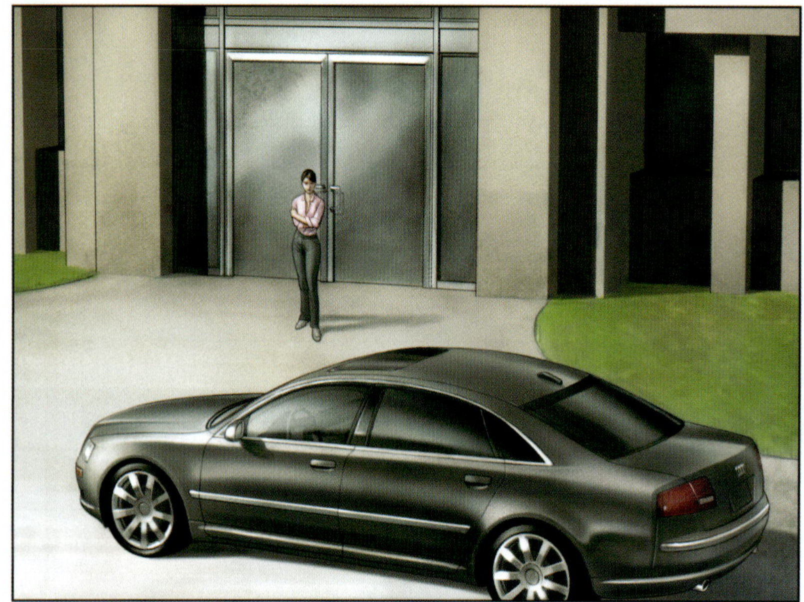

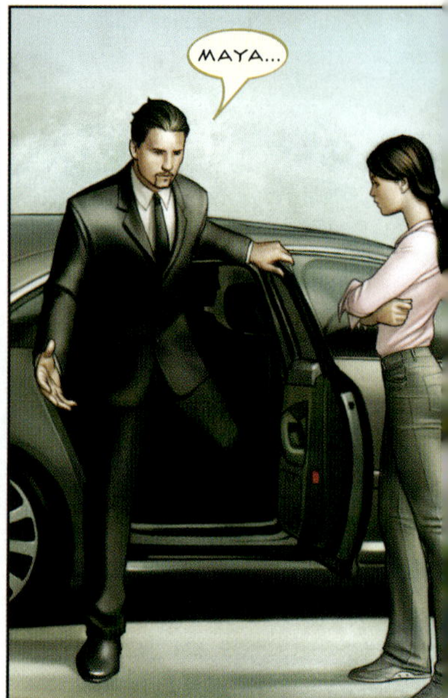
MAYA...

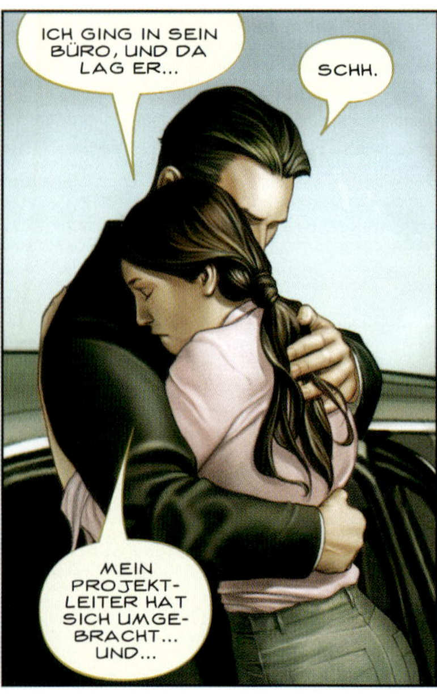
ICH GING IN SEIN BÜRO, UND DA LAG ER...
SCHH.
MEIN PROJEKT-LEITER HAT SICH UMGE-BRACHT... UND...

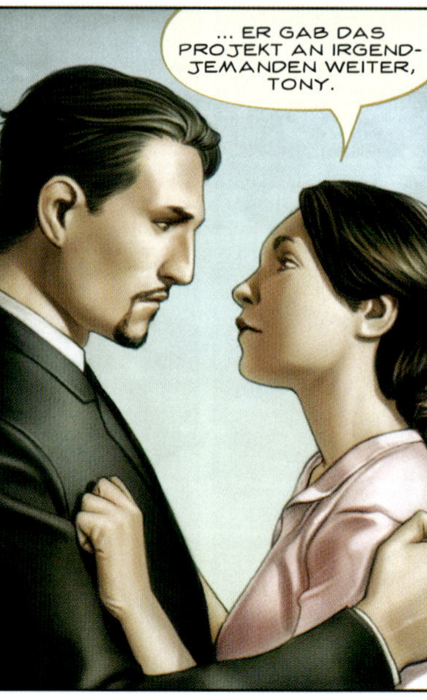
... ER GAB DAS PROJEKT AN IRGEND-JEMANDEN WEITER, TONY.

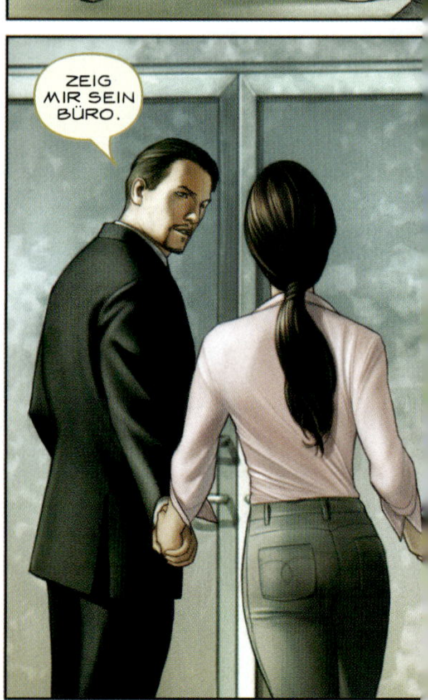
ZEIG MIR SEIN BÜRO.

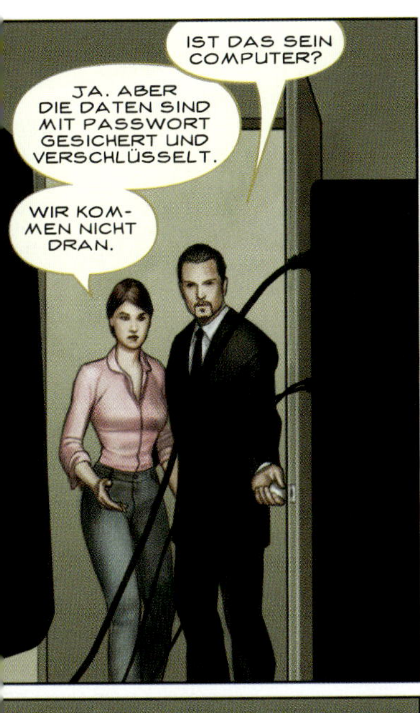
IST DAS SEIN COMPUTER?
JA. ABER DIE DATEN SIND MIT PASSWORT GESICHERT UND VERSCHLÜSSELT.
WIR KOMMEN NICHT DRAN.

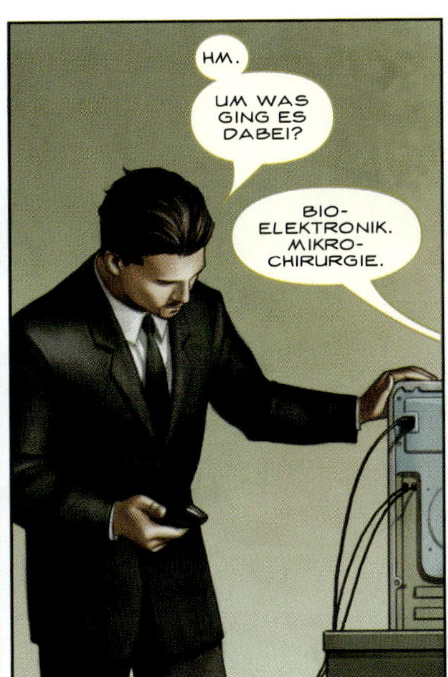
HM.
UM WAS GING ES DABEI?
BIO-ELEKTRONIK. MIKRO-CHIRURGIE.

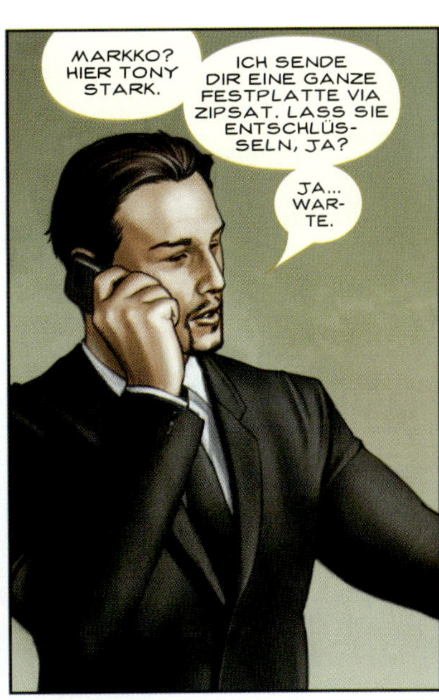
MARKKO? HIER TONY STARK.
ICH SENDE DIR EINE GANZE FESTPLATTE VIA ZIPSAT. LASS SIE ENTSCHLÜSSELN, JA?
JA... WARTE.

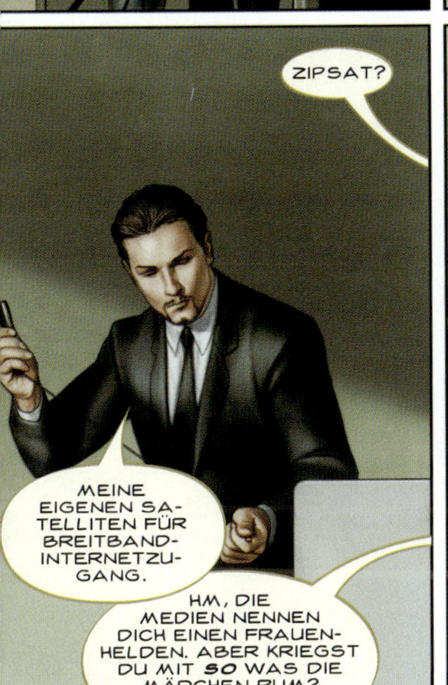
ZIPSAT?
MEINE EIGENEN SATELLITEN FÜR BREITBAND-INTERNETZUGANG.
HM, DIE MEDIEN NENNEN DICH EINEN FRAUENHELDEN. ABER KRIEGST DU MIT *SO* WAS DIE MÄDCHEN RUM?

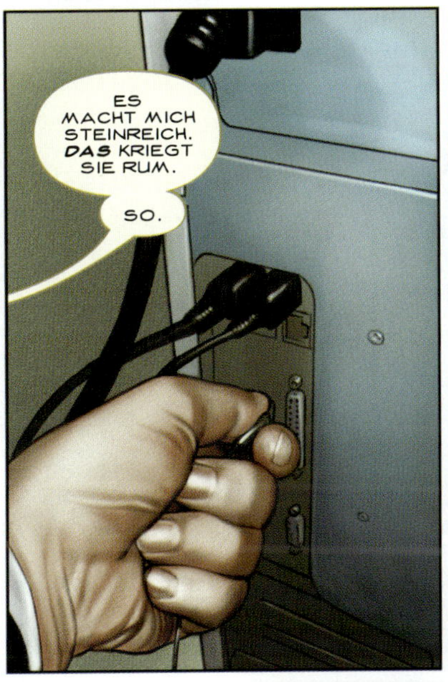
ES MACHT MICH STEINREICH. **DAS** KRIEGT SIE RUM.
SO.

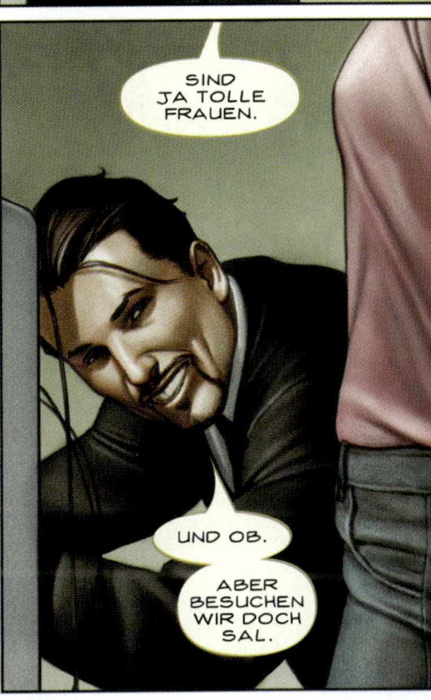
SIND JA TOLLE FRAUEN.
UND OB.
ABER BESUCHEN WIR DOCH SAL.

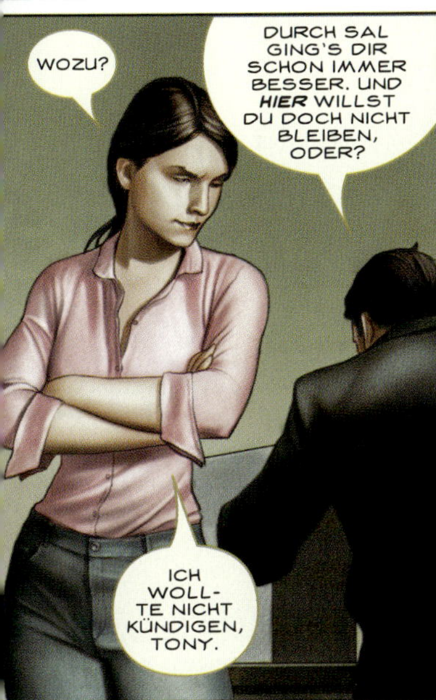
WOZU?
DURCH SAL GING'S DIR SCHON IMMER BESSER. UND *HIER* WILLST DU DOCH NICHT BLEIBEN, ODER?
ICH WOLLTE NICHT KÜNDIGEN, TONY.

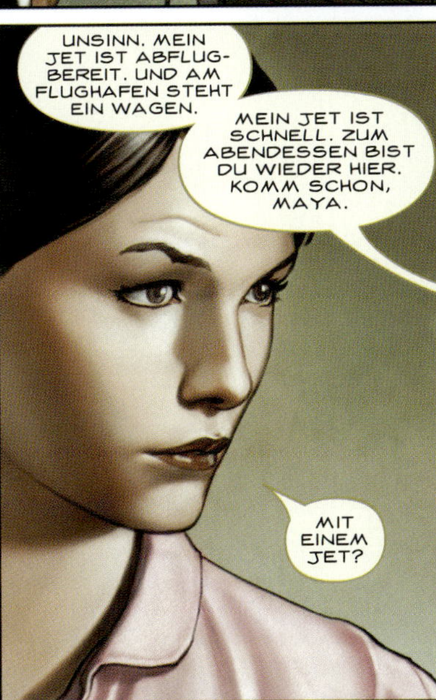
UNSINN. MEIN JET IST ABFLUGBEREIT. UND AM FLUGHAFEN STEHT EIN WAGEN.
MEIN JET IST SCHNELL. ZUM ABENDESSEN BIST DU WIEDER HIER. KOMM SCHON, MAYA.
MIT EINEM JET?

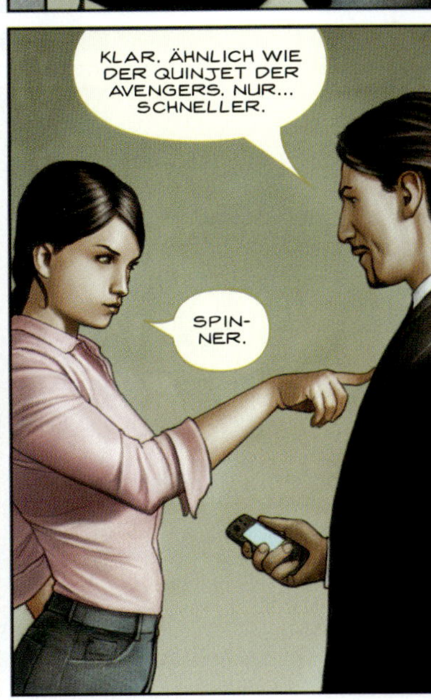
KLAR. ÄHNLICH WIE DER QUINJET DER AVENGERS. NUR... SCHNELLER.
SPINNER.

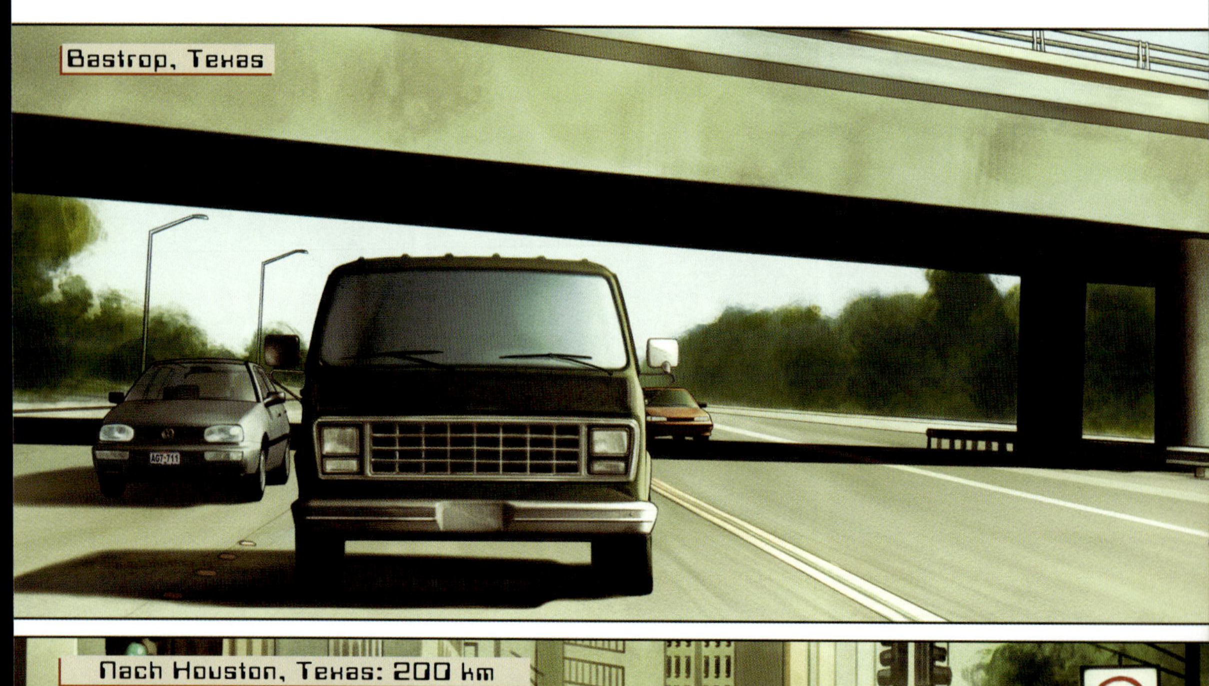
Bastrop, Texas

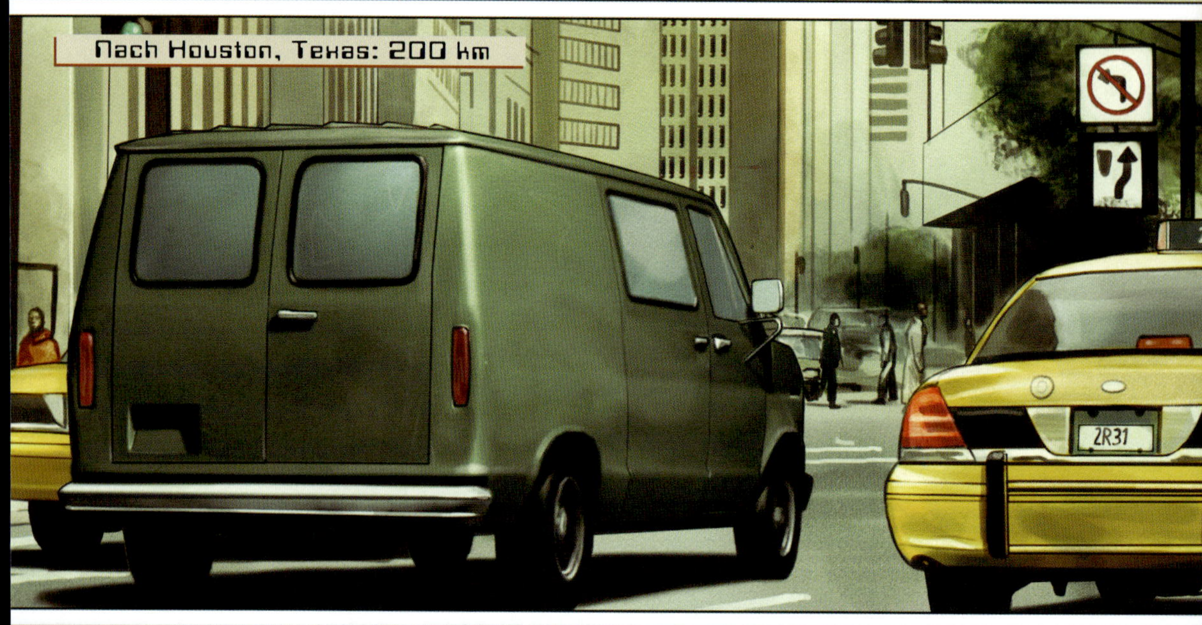
Nach Houston, Texas: 200 km
2R31

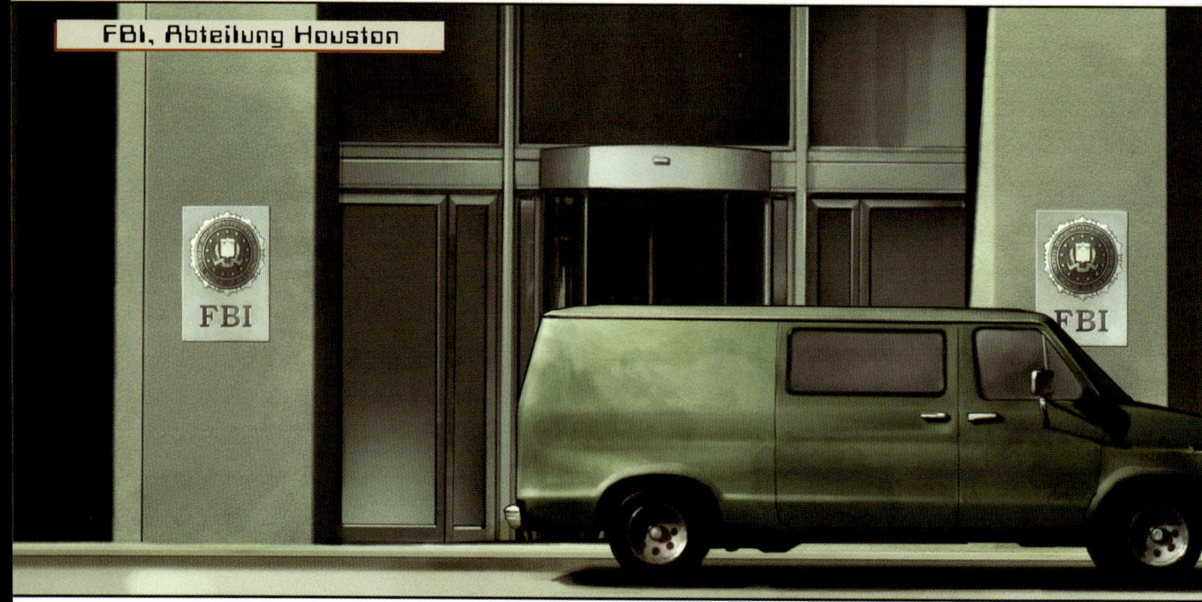
FBI, Abteilung Houston
FBI
FBI

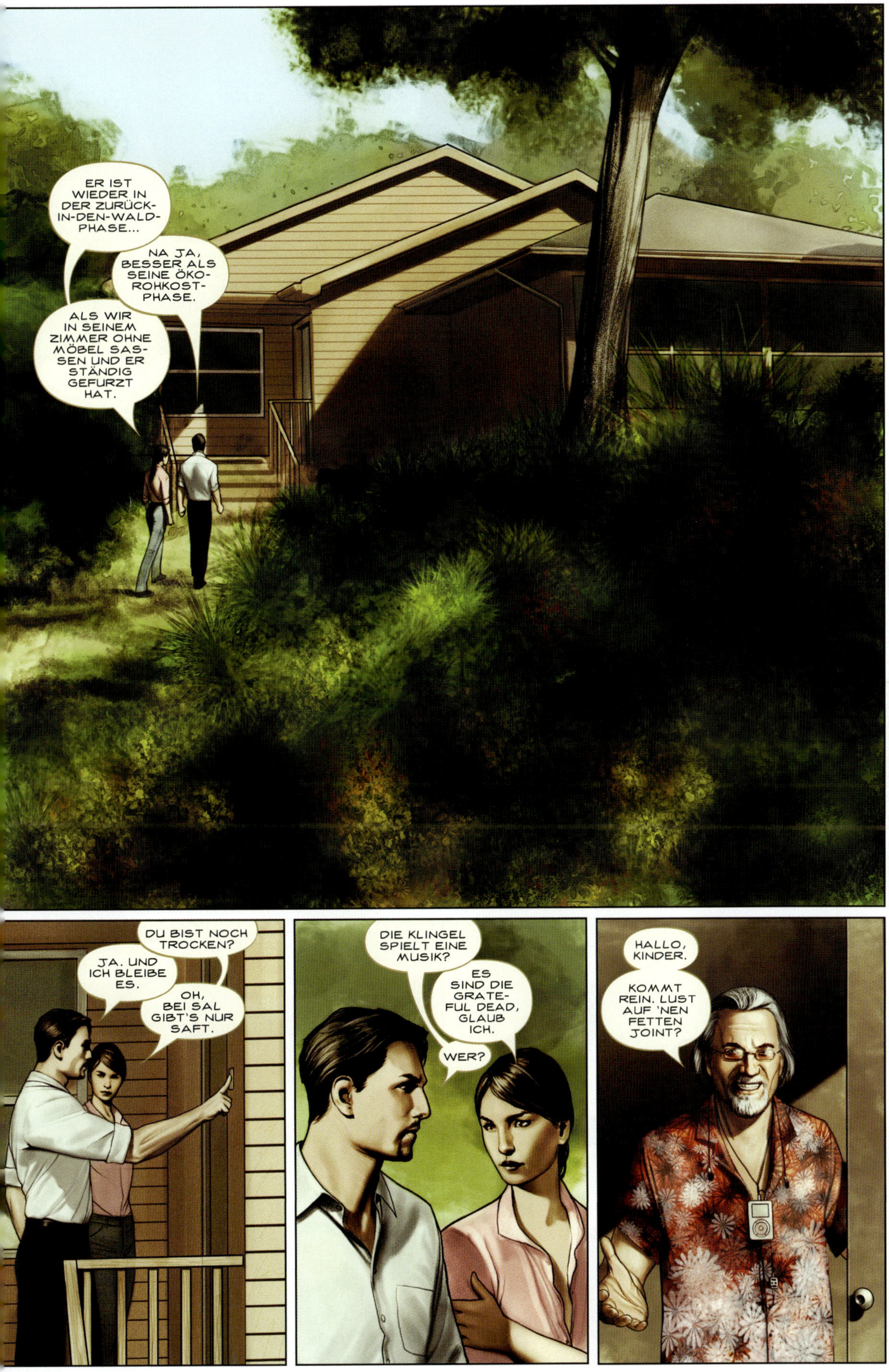

ER IST WIEDER IN DER ZURÜCK-IN-DEN-WALD-PHASE...
NA JA, BESSER ALS SEINE ÖKO-ROHKOST-PHASE.
ALS WIR IN SEINEM ZIMMER OHNE MÖBEL SASSEN UND ER STÄNDIG GEFURZT HAT.

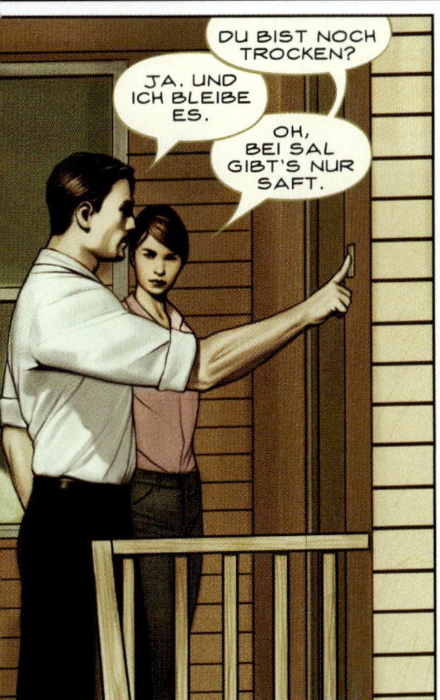
DU BIST NOCH TROCKEN?
JA. UND ICH BLEIBE ES.
OH, BEI SAL GIBT'S NUR SAFT.

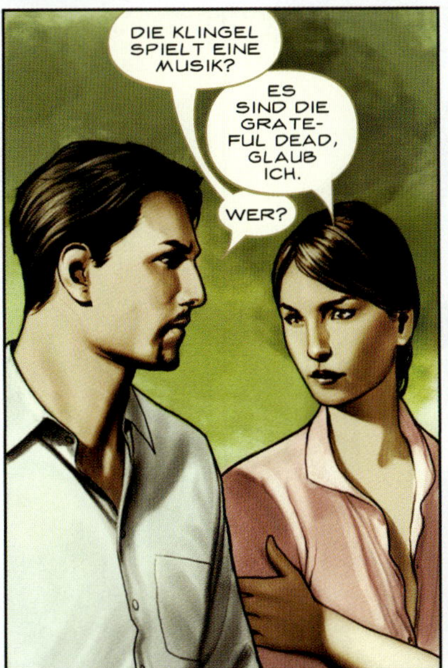
DIE KLINGEL SPIELT EINE MUSIK?
ES SIND DIE GRATEFUL DEAD, GLAUB ICH.
WER?

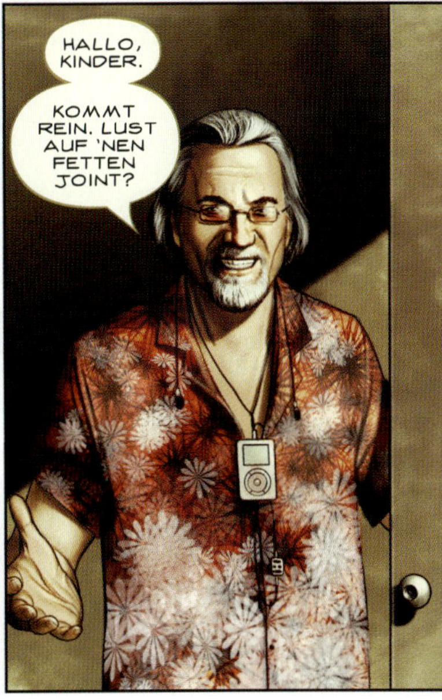
HALLO, KINDER.
KOMMT REIN. LUST AUF 'NEN FETTEN JOINT?

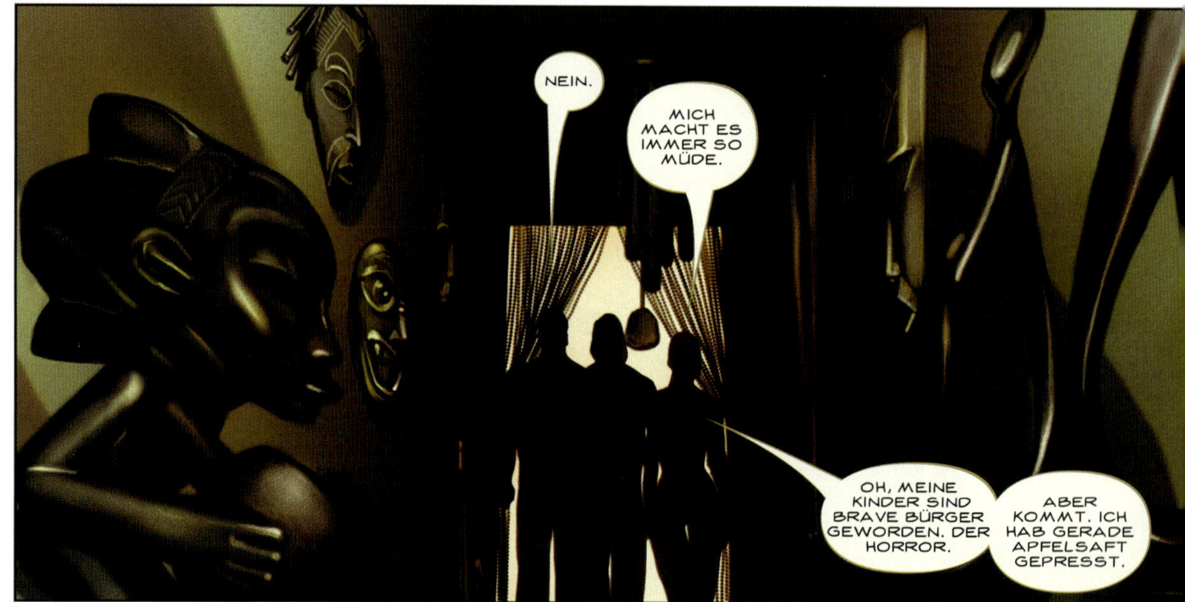
NEIN.
MICH MACHT ES IMMER SO MÜDE.
OH, MEINE KINDER SIND BRAVE BÜRGER GEWORDEN. DER HORROR.
ABER KOMMT. ICH HAB GERADE APFELSAFT GEPRESST.

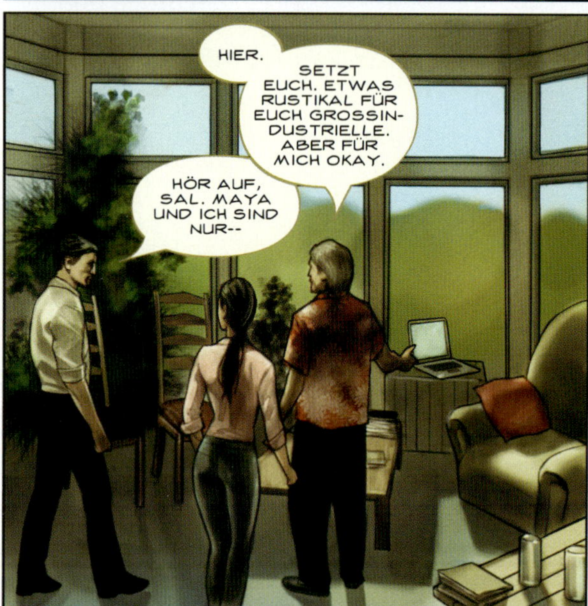
HIER.
SETZT EUCH. ETWAS RUSTIKAL FÜR EUCH GROSSIN-DUSTRIELLE. ABER FÜR MICH OKAY.
HÖR AUF, SAL. MAYA UND ICH SIND NUR--

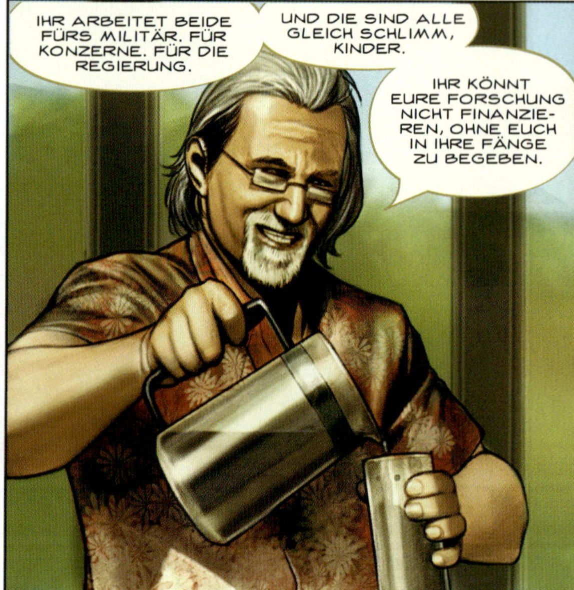
IHR ARBEITET BEIDE FÜRS MILITÄR. FÜR KONZERNE. FÜR DIE REGIERUNG.
UND DIE SIND ALLE GLEICH SCHLIMM, KINDER.
IHR KÖNNT EURE FORSCHUNG NICHT FINANZIE-REN, OHNE EUCH IN IHRE FÄNGE ZU BEGEBEN.

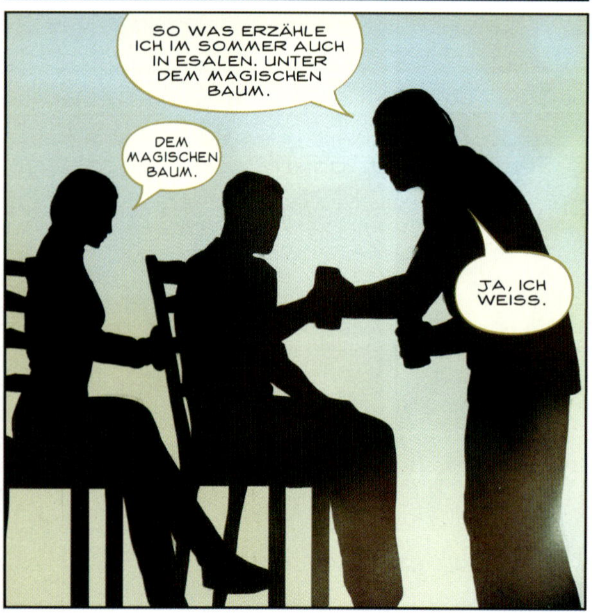
SO WAS ERZÄHLE ICH IM SOMMER AUCH IN ESALEN. UNTER DEM MAGISCHEN BAUM.
DEM MAGISCHEN BAUM.
JA, ICH WEISS.

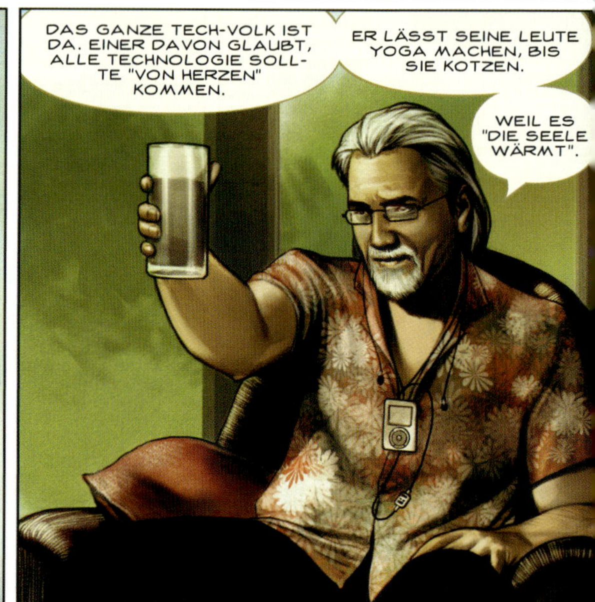
DAS GANZE TECH-VOLK IST DA. EINER DAVON GLAUBT, ALLE TECHNOLOGIE SOLL-TE "VON HERZEN" KOMMEN.
ER LÄSST SEINE LEUTE YOGA MACHEN, BIS SIE KOTZEN.
WEIL ES "DIE SEELE WÄRMT".

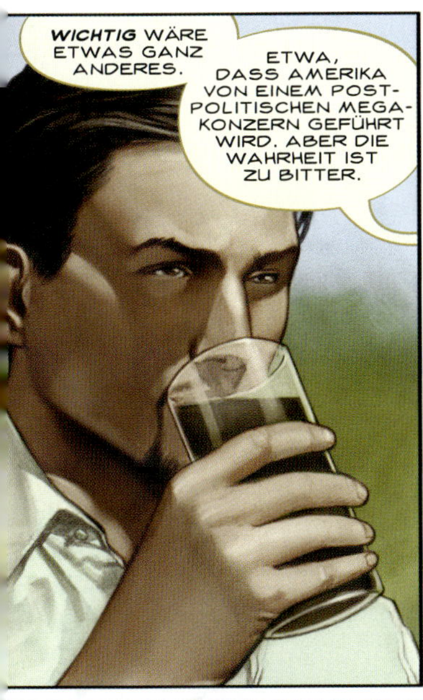
WICHTIG WÄRE ETWAS GANZ ANDERES.
ETWA, DASS AMERIKA VON EINEM POST-POLITISCHEN MEGA-KONZERN GEFÜHRT WIRD. ABER DIE WAHRHEIT IST ZU BITTER.

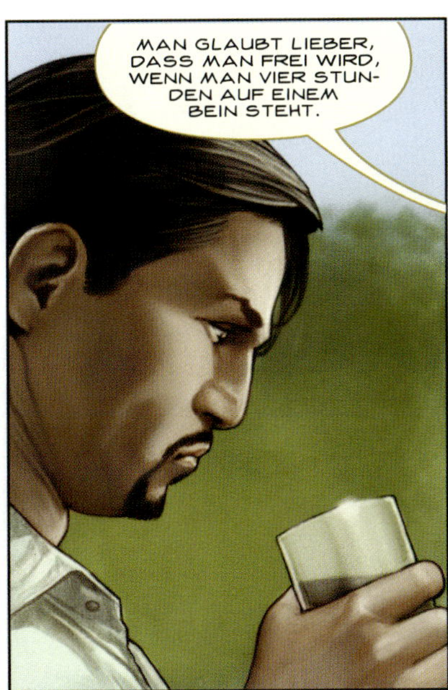
MAN GLAUBT LIEBER, DASS MAN FREI WIRD, WENN MAN VIER STUN-DEN AUF EINEM BEIN STEHT.

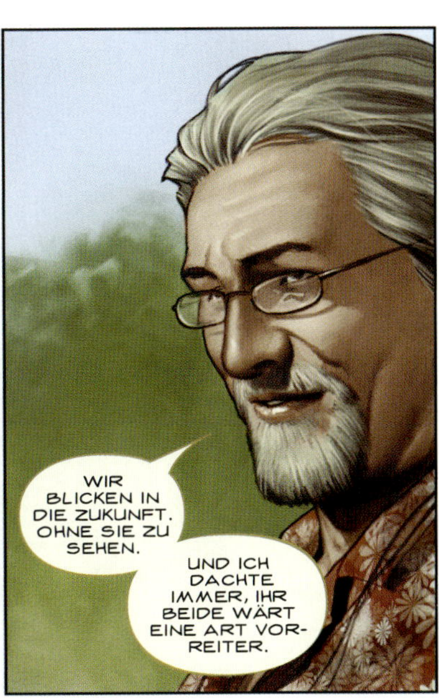
WIR BLICKEN IN DIE ZUKUNFT. OHNE SIE ZU SEHEN.
UND ICH DACHTE IMMER, IHR BEIDE WÄRT EINE ART VOR-REITER.

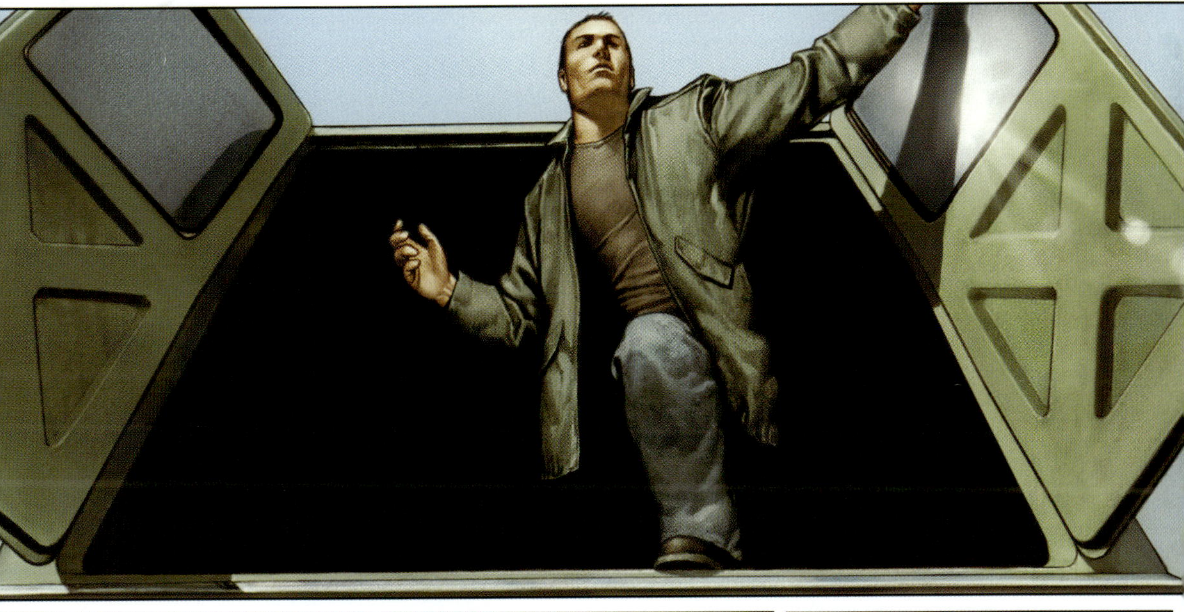

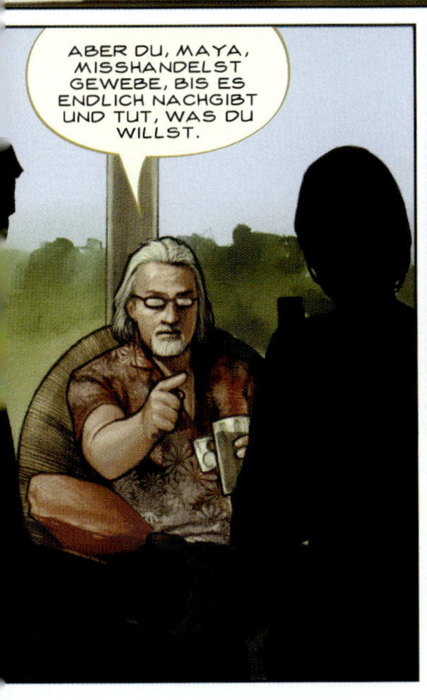
ABER DU, MAYA, MISSHANDELST GEWEBE, BIS ES ENDLICH NACHGIBT UND TUT, WAS DU WILLST.

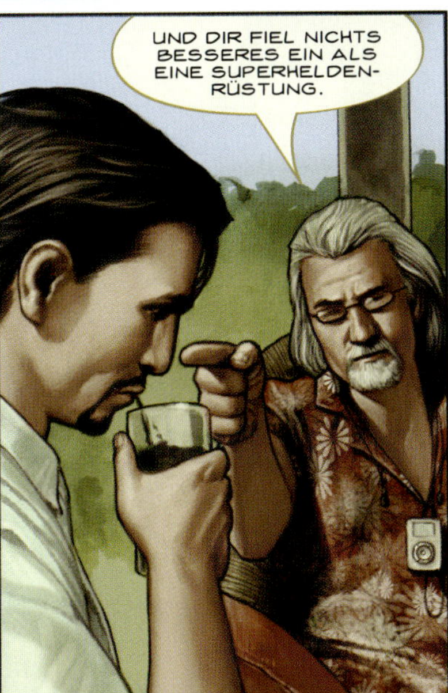
UND DIR FIEL NICHTS BESSERES EIN ALS EINE SUPERHELDEN-RÜSTUNG.

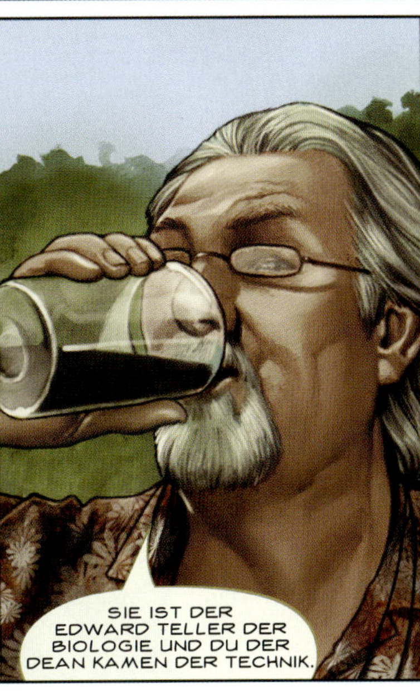
SIE IST DER EDWARD TELLER DER BIOLOGIE UND DU DER DEAN KAMEN DER TECHNIK.

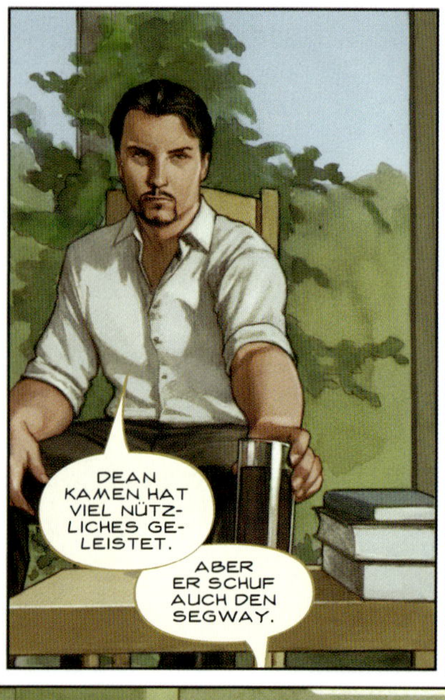
DEAN KAMEN HAT VIEL NÜTZLICHES GELEISTET.
ABER ER SCHUF AUCH DEN SEGWAY.
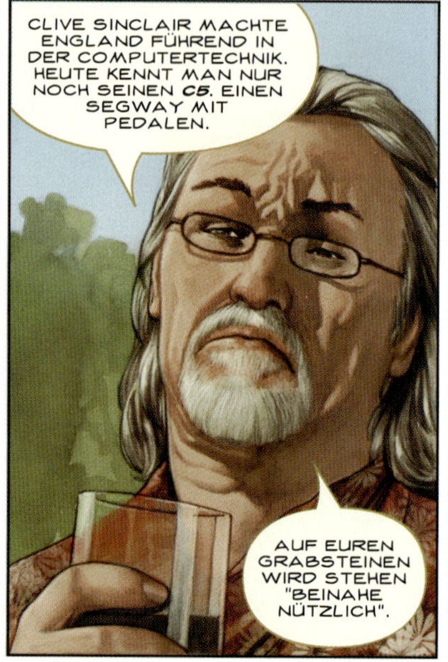
CLIVE SINCLAIR MACHTE ENGLAND FÜHREND IN DER COMPUTERTECHNIK. HEUTE KENNT MAN NUR NOCH SEINEN C5. EINEN SEGWAY MIT PEDALEN.
AUF EUREN GRABSTEINEN WIRD STEHEN "BEINAHE NÜTZLICH".
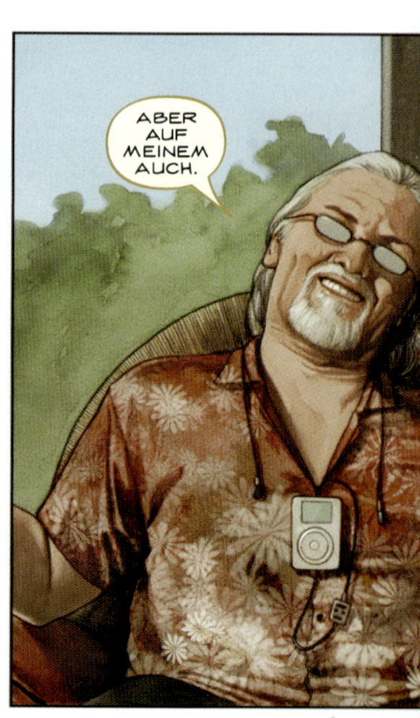
ABER AUF MEINEM AUCH.
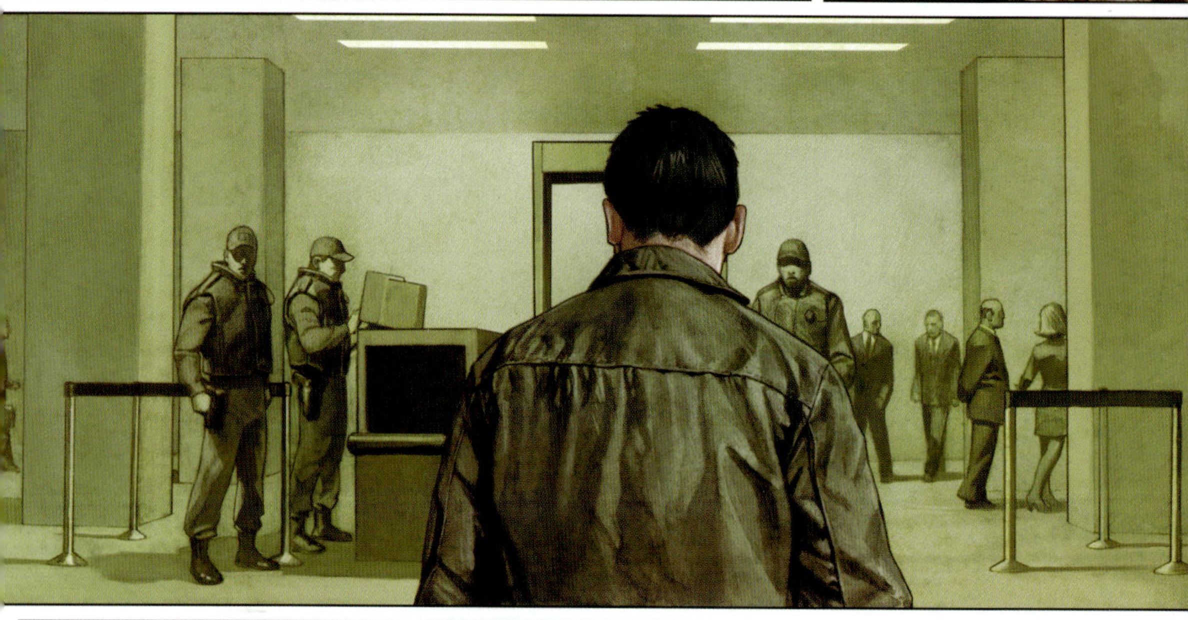
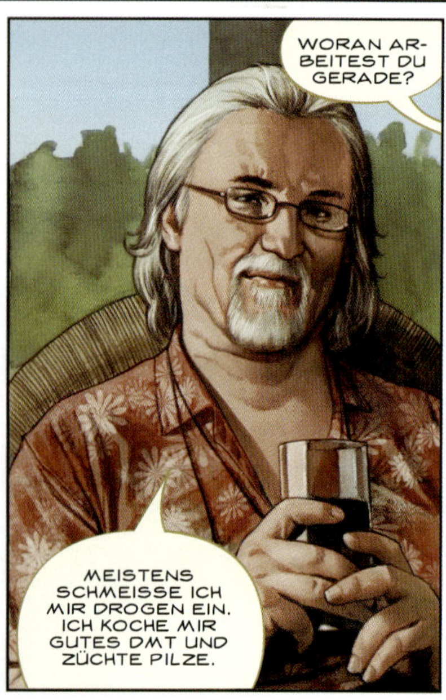
WORAN ARBEITEST DU GERADE?
MEISTENS SCHMEISSE ICH MIR DROGEN EIN. ICH KOCHE MIR GUTES DMT UND ZÜCHTE PILZE.
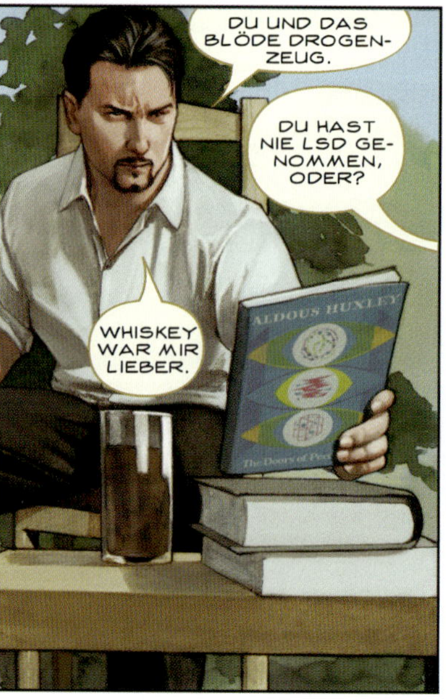
DU UND DAS BLÖDE DROGENZEUG.
DU HAST NIE LSD GENOMMEN, ODER?
WHISKEY WAR MIR LIEBER.
ALDOUS HUXLEY
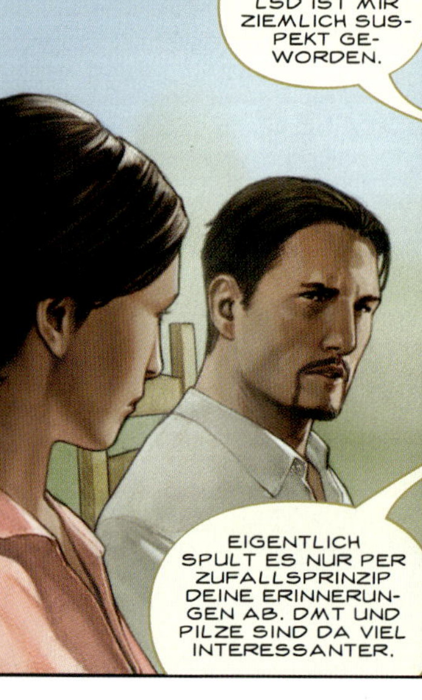
SCHÖN. DENN LSD IST MIR ZIEMLICH SUSPEKT GEWORDEN.
EIGENTLICH SPULT ES NUR PER ZUFALLSPRINZIP DEINE ERINNERUNGEN AB. DMT UND PILZE SIND DA VIEL INTERESSANTER.

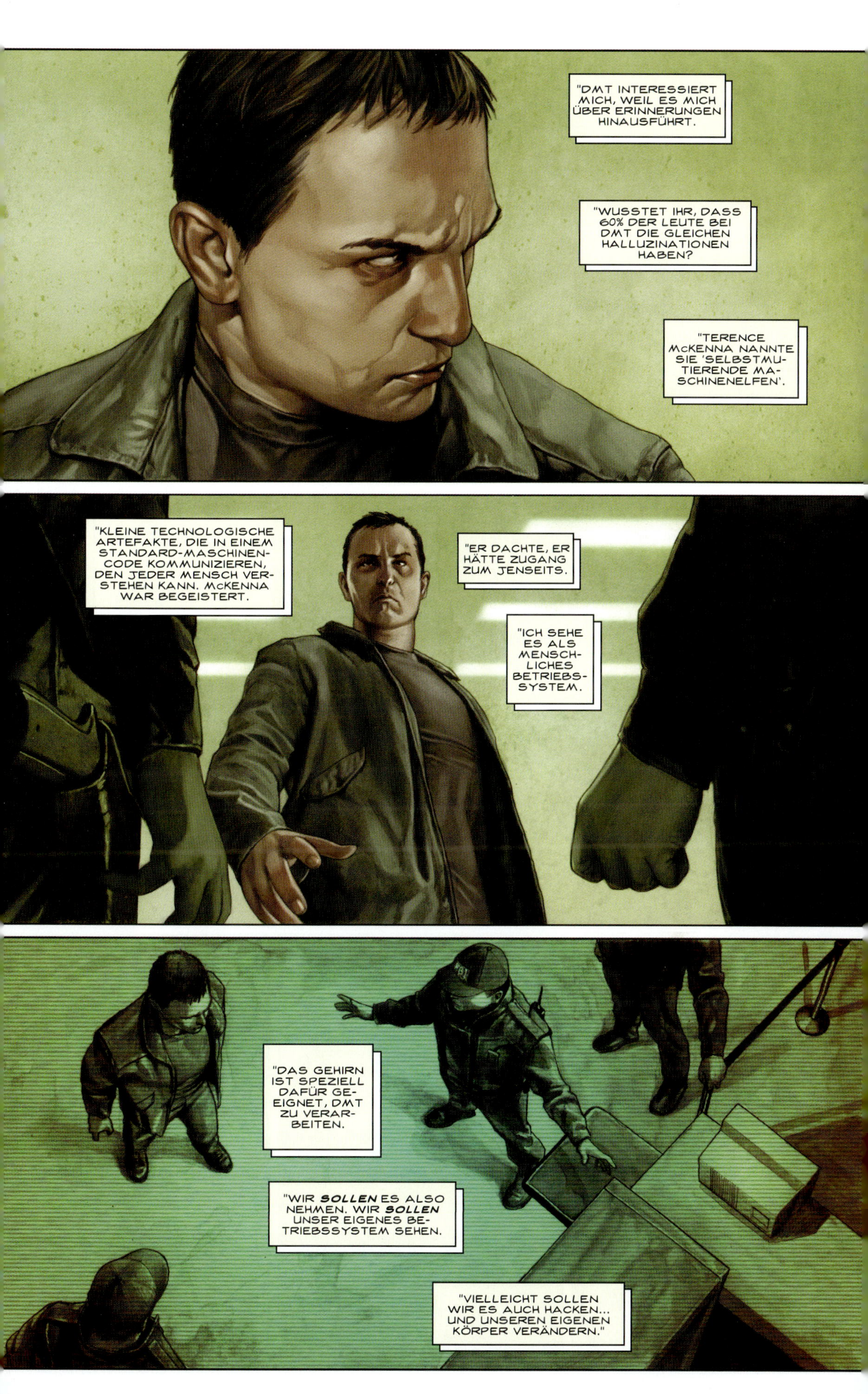
"DMT INTERESSIERT MICH, WEIL ES MICH ÜBER ERINNERUNGEN HINAUSFÜHRT.
"WUSSTET IHR, DASS 60% DER LEUTE BEI DMT DIE GLEICHEN HALLUZINATIONEN HABEN?
"TERENCE McKENNA NANNTE SIE 'SELBSTMU-TIERENDE MA-SCHINENELFEN'.
"KLEINE TECHNOLOGISCHE ARTEFAKTE, DIE IN EINEM STANDARD-MASCHINEN-CODE KOMMUNIZIEREN, DEN JEDER MENSCH VER-STEHEN KANN. McKENNA WAR BEGEISTERT.
"ER DACHTE, ER HÄTTE ZUGANG ZUM JENSEITS.
"ICH SEHE ES ALS MENSCH-LICHES BETRIEBS-SYSTEM.
"DAS GEHIRN IST SPEZIELL DAFÜR GE-EIGNET, DMT ZU VERAR-BEITEN.
"WIR ***SOLLEN*** ES ALSO NEHMEN. WIR ***SOLLEN*** UNSER EIGENES BE-TRIEBSSYSTEM SEHEN.
"VIELLEICHT SOLLEN WIR ES AUCH HACKEN... UND UNSEREN EIGENEN KÖRPER VERÄNDERN."

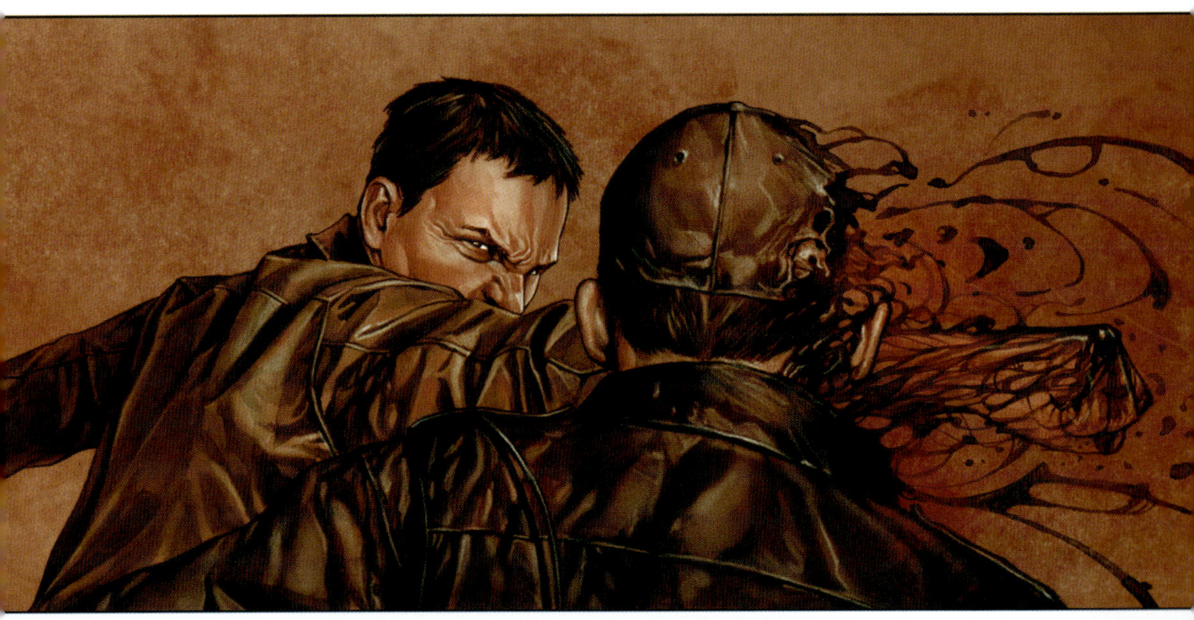

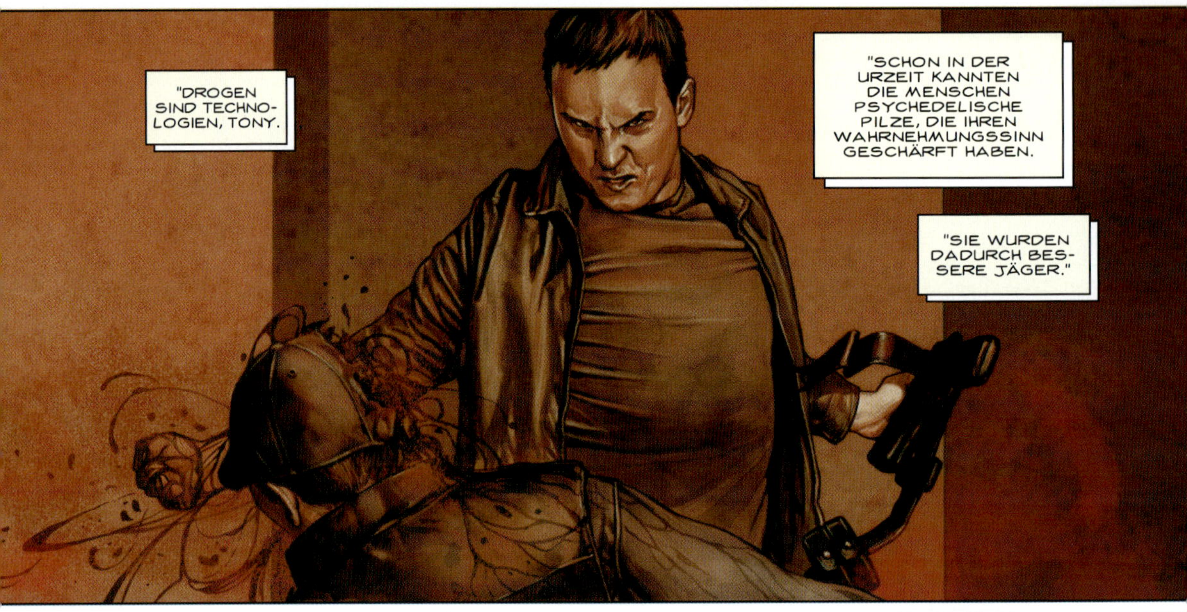
"DROGEN SIND TECHNOLOGIEN, TONY.
"SCHON IN DER URZEIT KANNTEN DIE MENSCHEN PSYCHEDELISCHE PILZE, DIE IHREN WAHRNEHMUNGSSINN GESCHÄRFT HABEN.
"SIE WURDEN DADURCH BESSERE JÄGER."

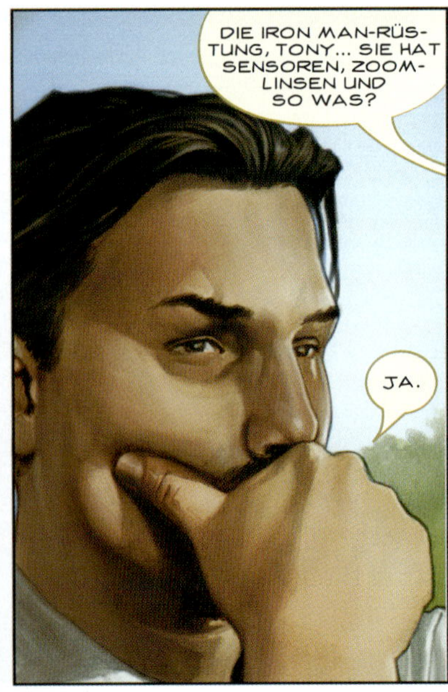
DIE IRON MAN-RÜSTUNG, TONY... SIE HAT SENSOREN, ZOOMLINSEN UND SO WAS?
JA.

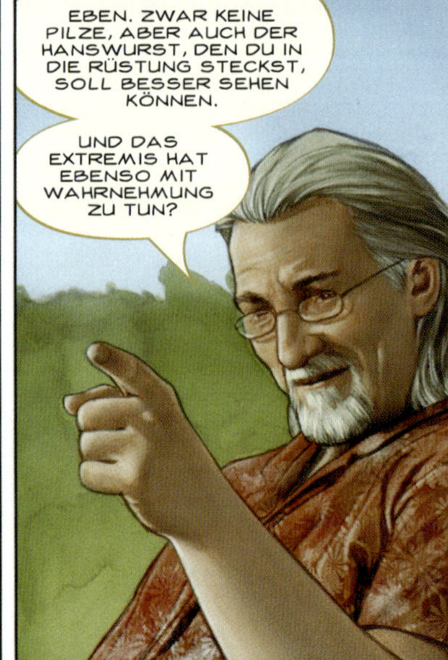
EBEN. ZWAR KEINE PILZE, ABER AUCH DER HANSWURST, DEN DU IN DIE RÜSTUNG STECKST, SOLL BESSER SEHEN KÖNNEN.
UND DAS EXTREMIS HAT EBENSO MIT WAHRNEHMUNG ZU TUN?

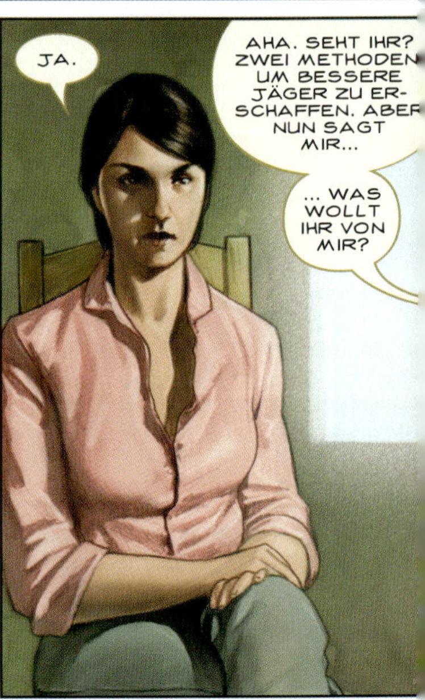
JA.
AHA. SEHT IHR? ZWEI METHODEN UM BESSERE JÄGER ZU ERSCHAFFEN. ABER NUN SAGT MIR...
... WAS WOLLT IHR VON MIR?

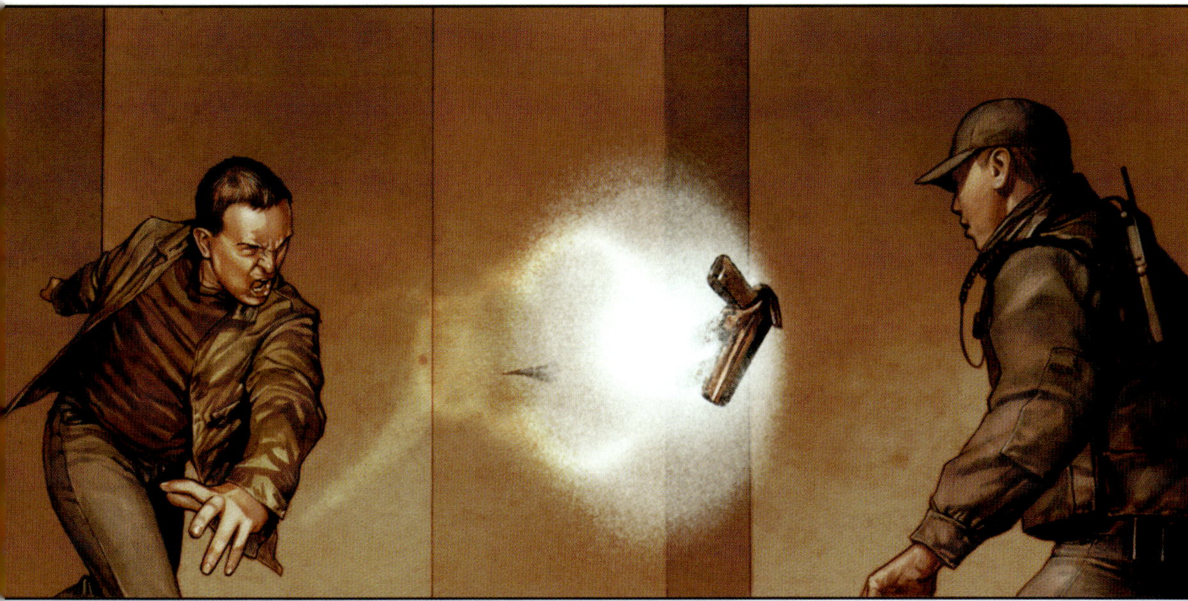

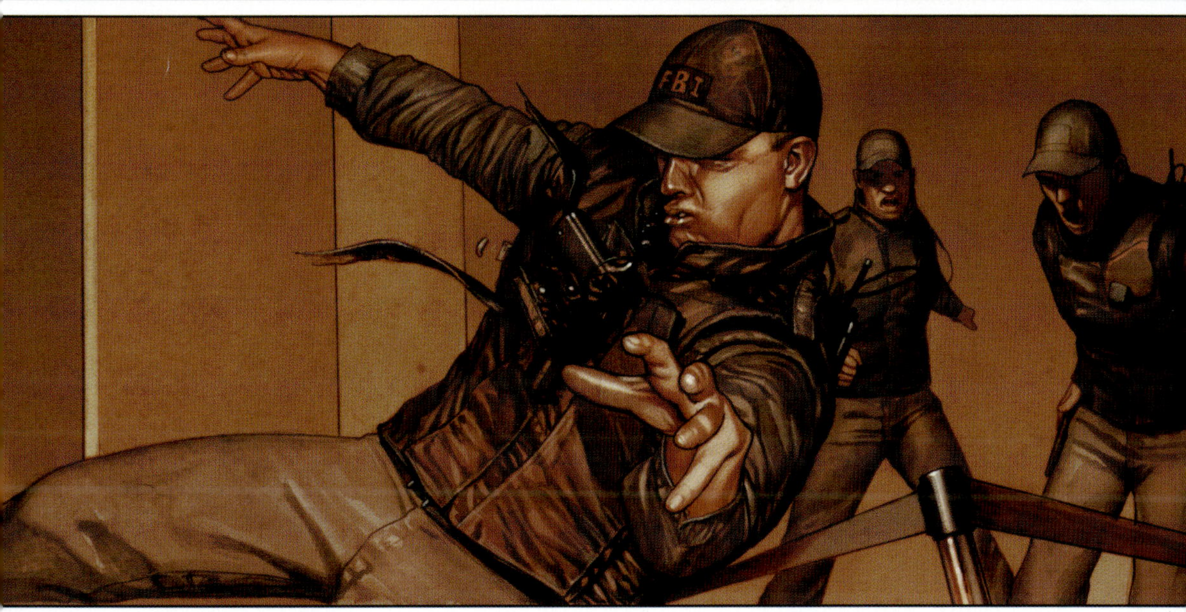
FBI

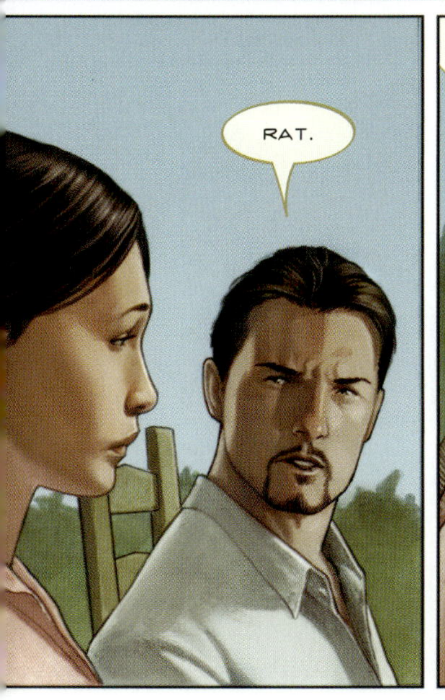
RAT.

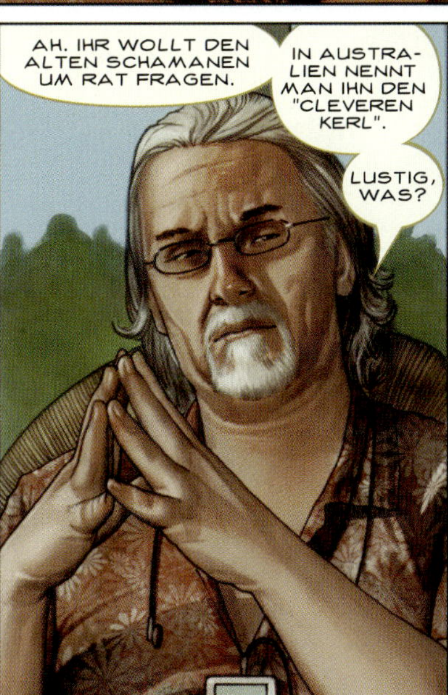
AH. IHR WOLLT DEN ALTEN SCHAMANEN UM RAT FRAGEN.
IN AUSTRA-LIEN NENNT MAN IHN DEN "CLEVEREN KERL".
LUSTIG, WAS?

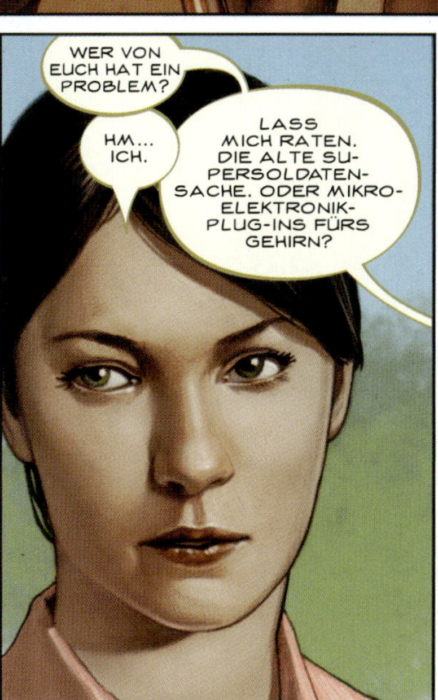
WER VON EUCH HAT EIN PROBLEM?
HM... ICH.
LASS MICH RATEN. DIE ALTE SU-PERSOLDATEN-SACHE. ODER MIKRO-ELEKTRONIK-PLUG-INS FÜRS GEHIRN?

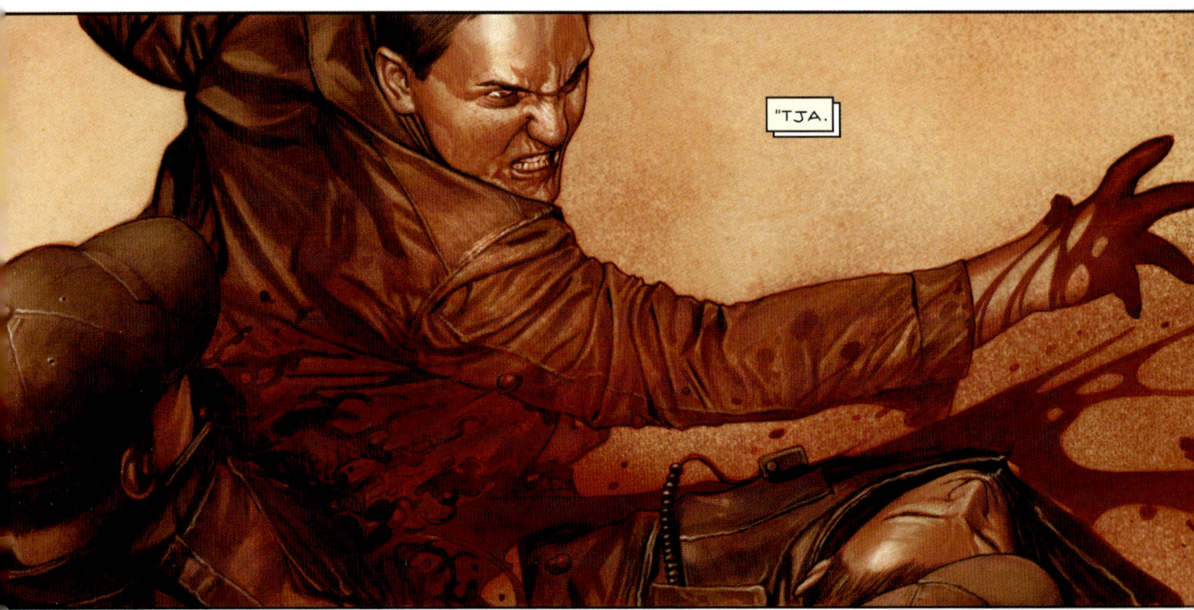
"TJA.

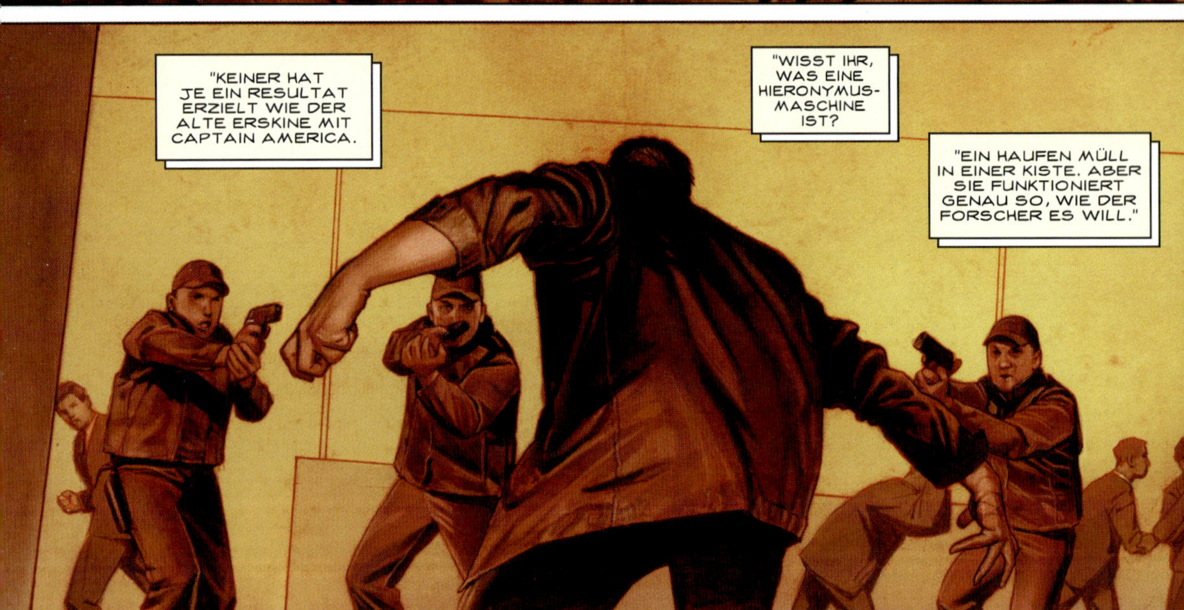
"KEINER HAT JE EIN RESULTAT ERZIELT WIE DER ALTE ERSKINE MIT CAPTAIN AMERICA.
"WISST IHR, WAS EINE HIERONYMUS-MASCHINE IST?
"EIN HAUFEN MÜLL IN EINER KISTE. ABER SIE FUNKTIONIERT GENAU SO, WIE DER FORSCHER ES WILL."

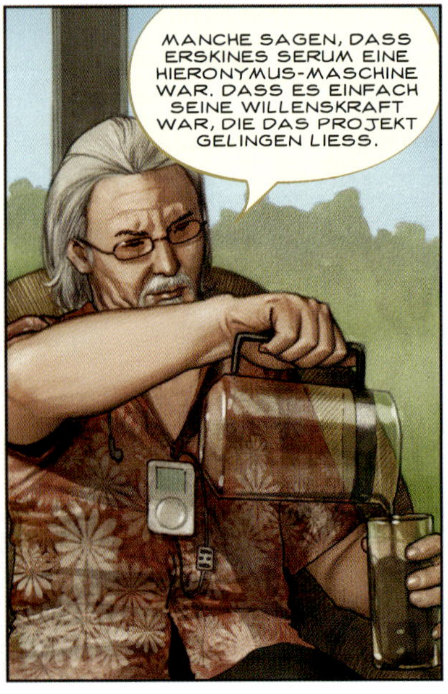
MANCHE SAGEN, DASS ERSKINES SERUM EINE HIERONYMUS-MASCHINE WAR. DASS ES EINFACH SEINE WILLENSKRAFT WAR, DIE DAS PROJEKT GELINGEN LIESS.

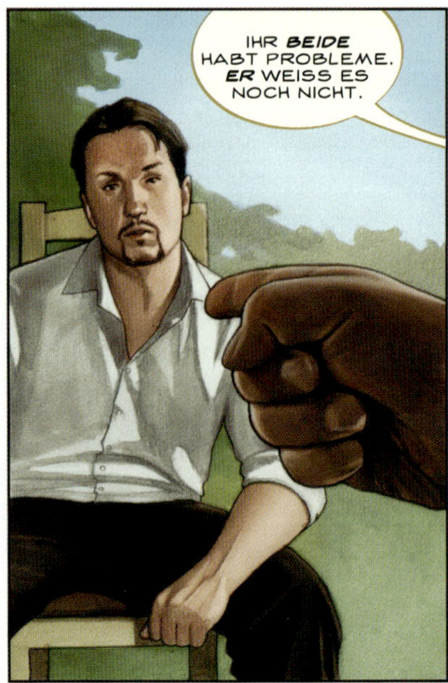
IHR **BEIDE** HABT PROBLEME. **ER** WEISS ES NOCH NICHT.

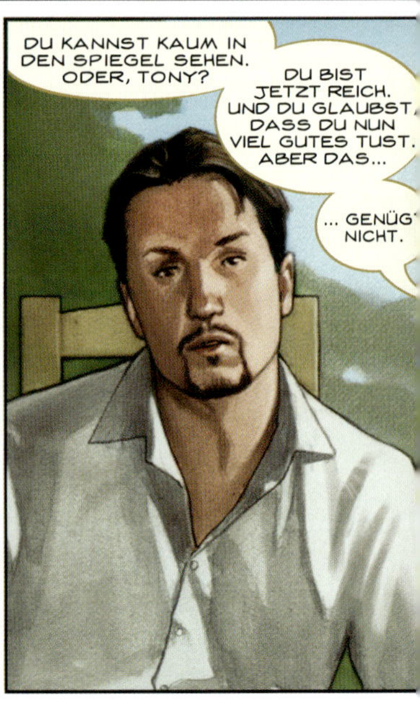
DU KANNST KAUM IN DEN SPIEGEL SEHEN. ODER, TONY?
DU BIST JETZT REICH. UND DU GLAUBST, DASS DU NUN VIEL GUTES TUST. ABER DAS...
... GENÜGT NICHT.

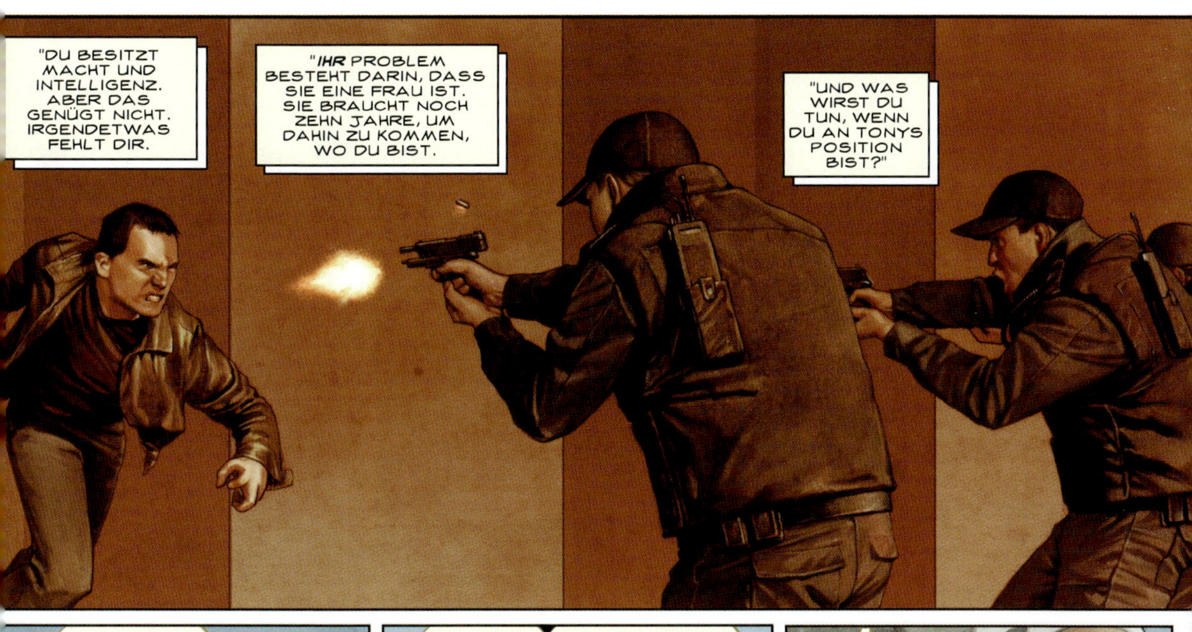
"DU BESITZT MACHT UND INTELLIGENZ. ABER DAS GENÜGT NICHT. IRGENDETWAS FEHLT DIR.
"*IHR* PROBLEM BESTEHT DARIN, DASS SIE EINE FRAU IST. SIE BRAUCHT NOCH ZEHN JAHRE, UM DAHIN ZU KOMMEN, WO DU BIST.
"UND WAS WIRST DU TUN, WENN DU AN TONYS POSITION BIST?"

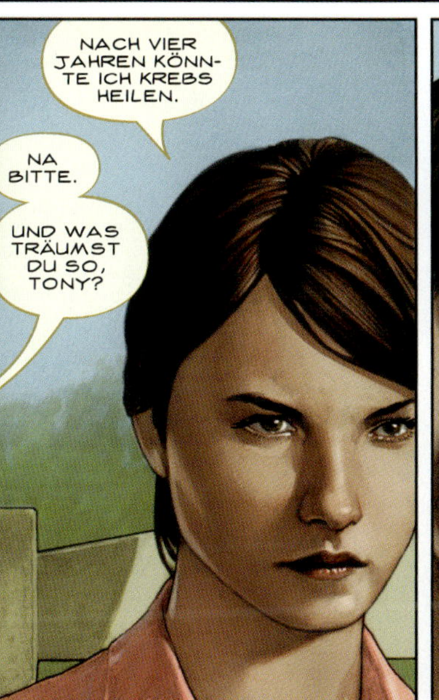
NACH VIER JAHREN KÖNNTE ICH KREBS HEILEN.
NA BITTE.
UND WAS TRÄUMST DU SO, TONY?

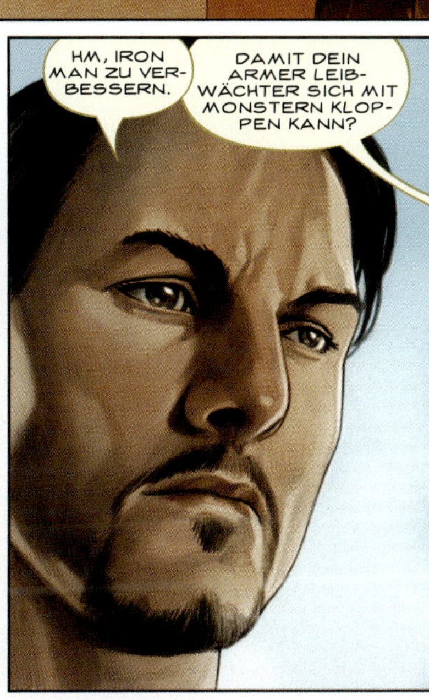
HM, IRON MAN ZU VERBESSERN.
DAMIT DEIN ARMER LEIBWÄCHTER SICH MIT MONSTERN KLOPPEN KANN?

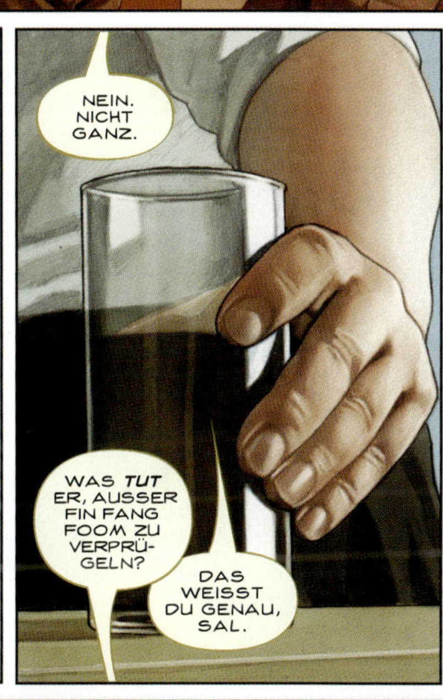
NEIN. NICHT GANZ.
WAS *TUT* ER, AUSSER FIN FANG FOOM ZU VERPRÜGELN?
DAS WEISST DU GENAU, SAL.

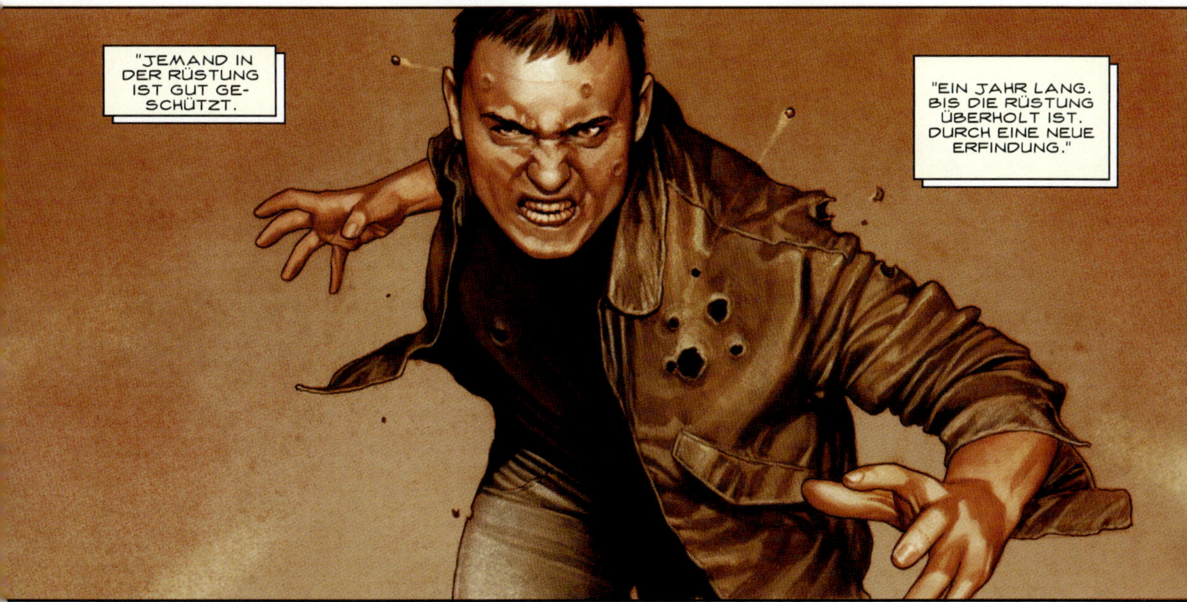
"JEMAND IN DER RÜSTUNG IST GUT GESCHÜTZT.
"EIN JAHR LANG. BIS DIE RÜSTUNG ÜBERHOLT IST. DURCH EINE NEUE ERFINDUNG."

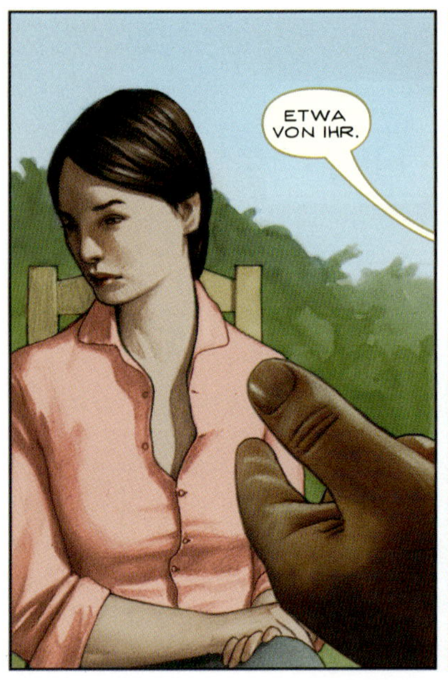
ETWA
VON IHR.

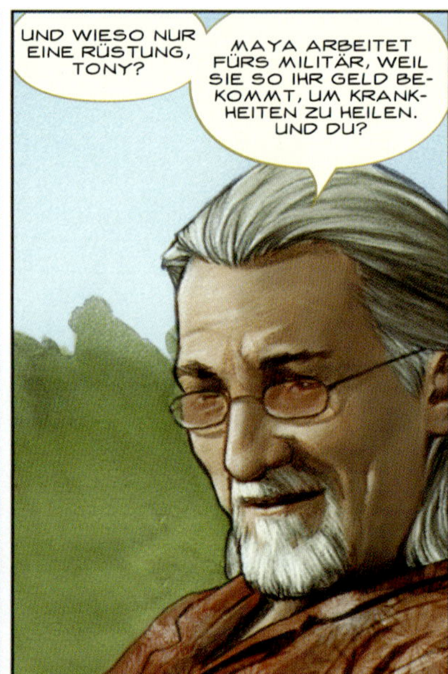
UND WIESO NUR
EINE RÜSTUNG,
TONY?
MAYA ARBEITET
FÜRS MILITÄR, WEIL
SIE SO IHR GELD BE-
KOMMT, UM KRANK-
HEITEN ZU HEILEN.
UND DU?

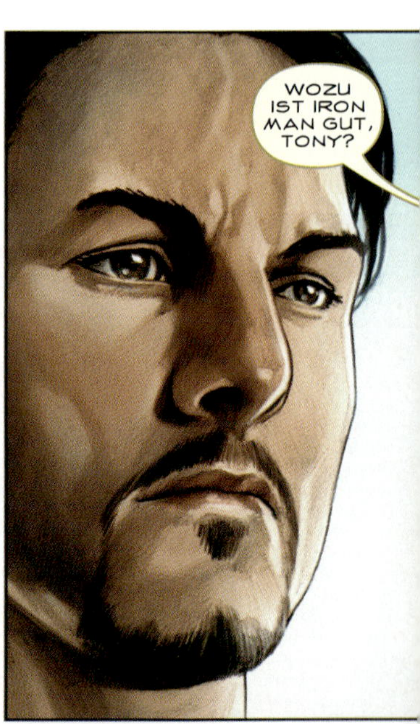
WOZU
IST IRON
MAN GUT,
TONY?

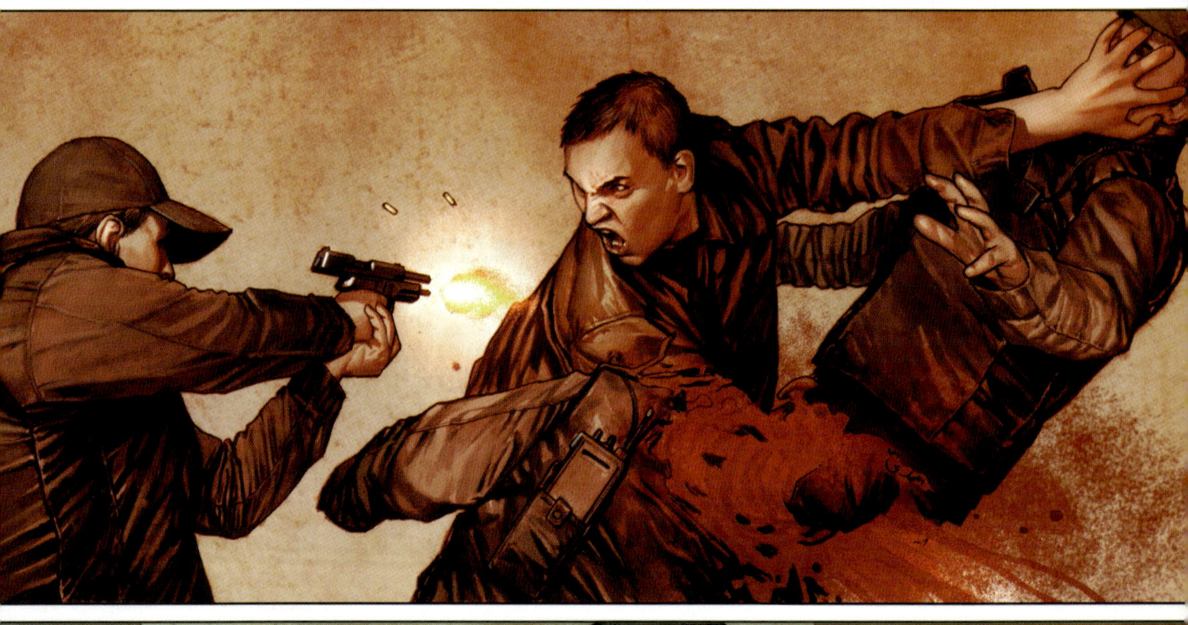

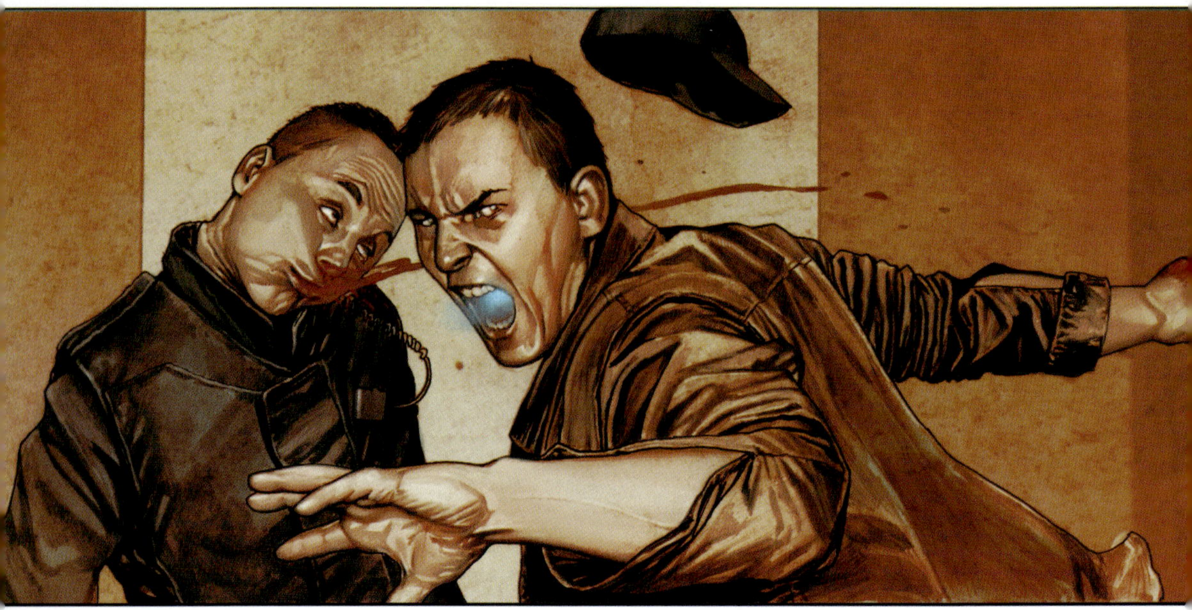

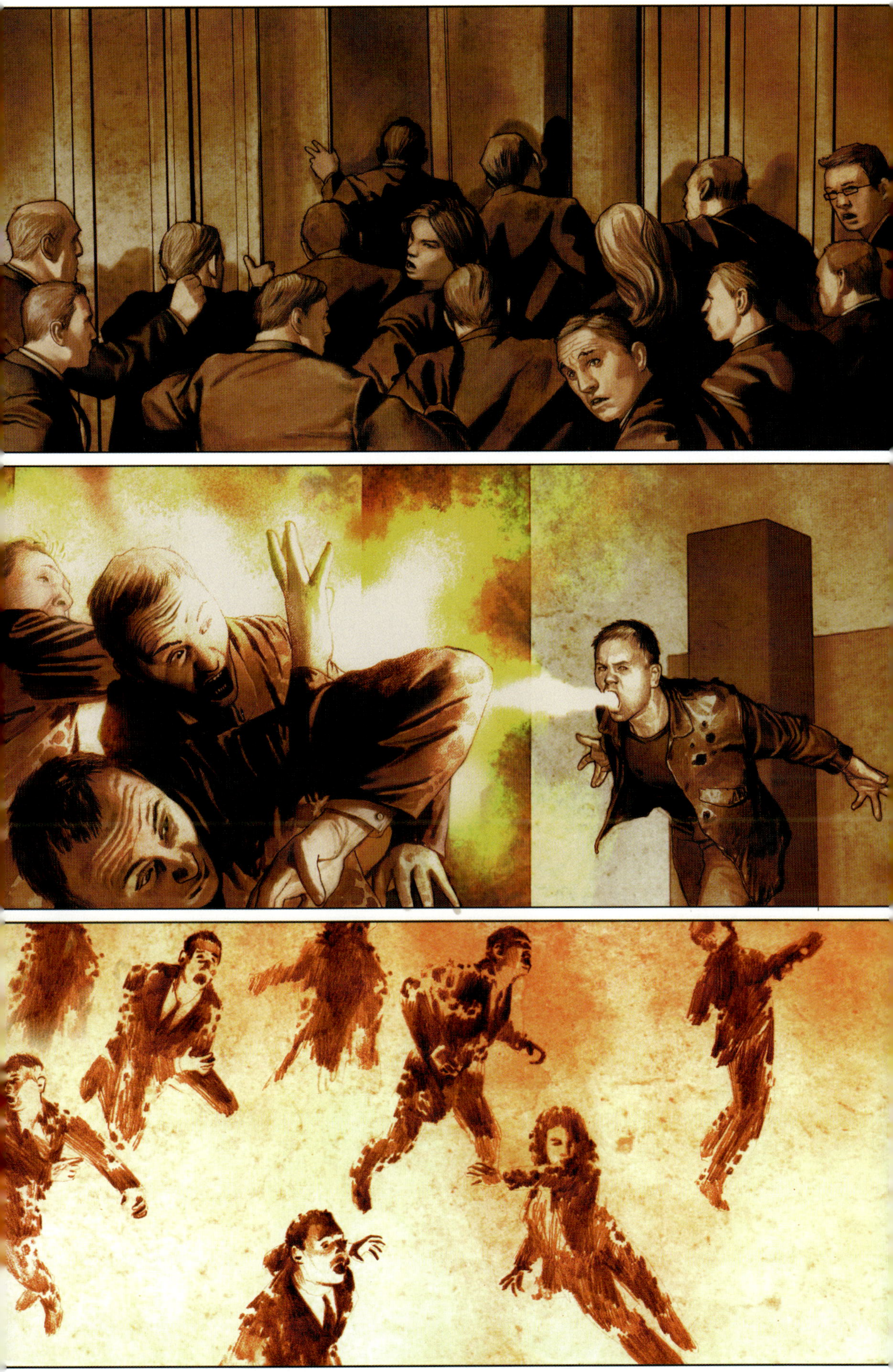

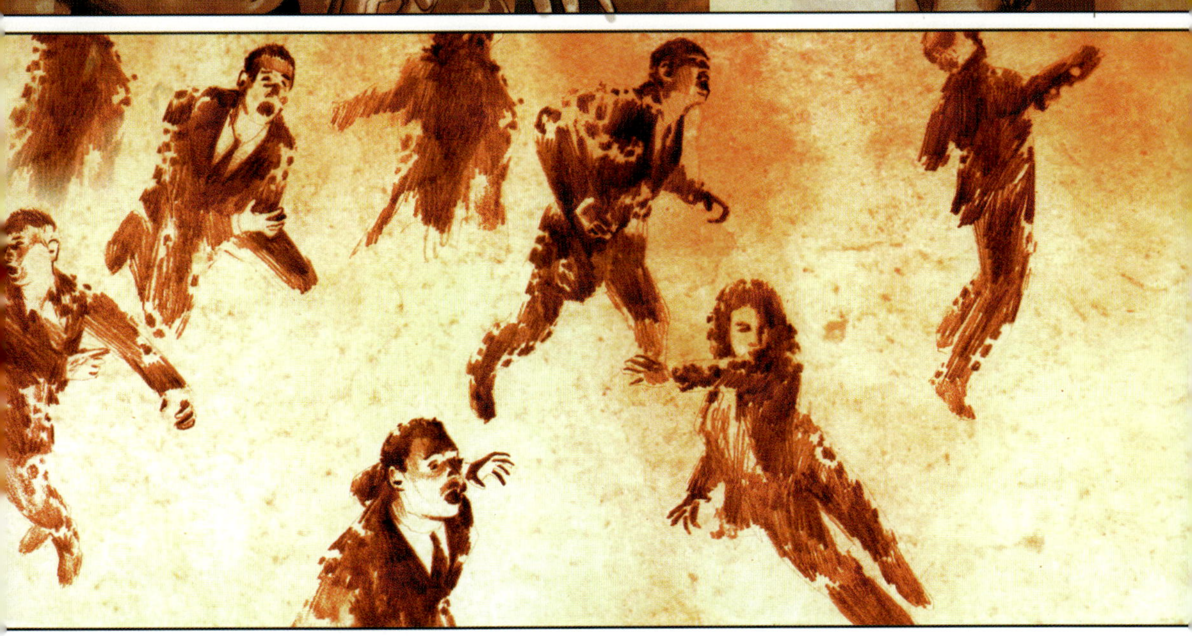

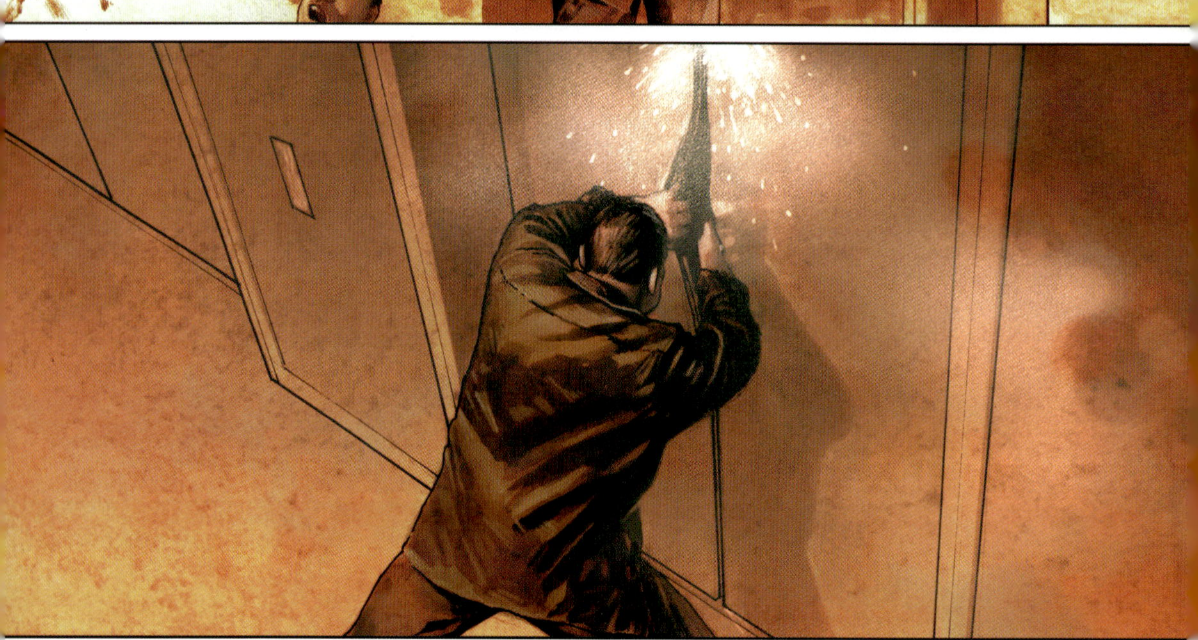

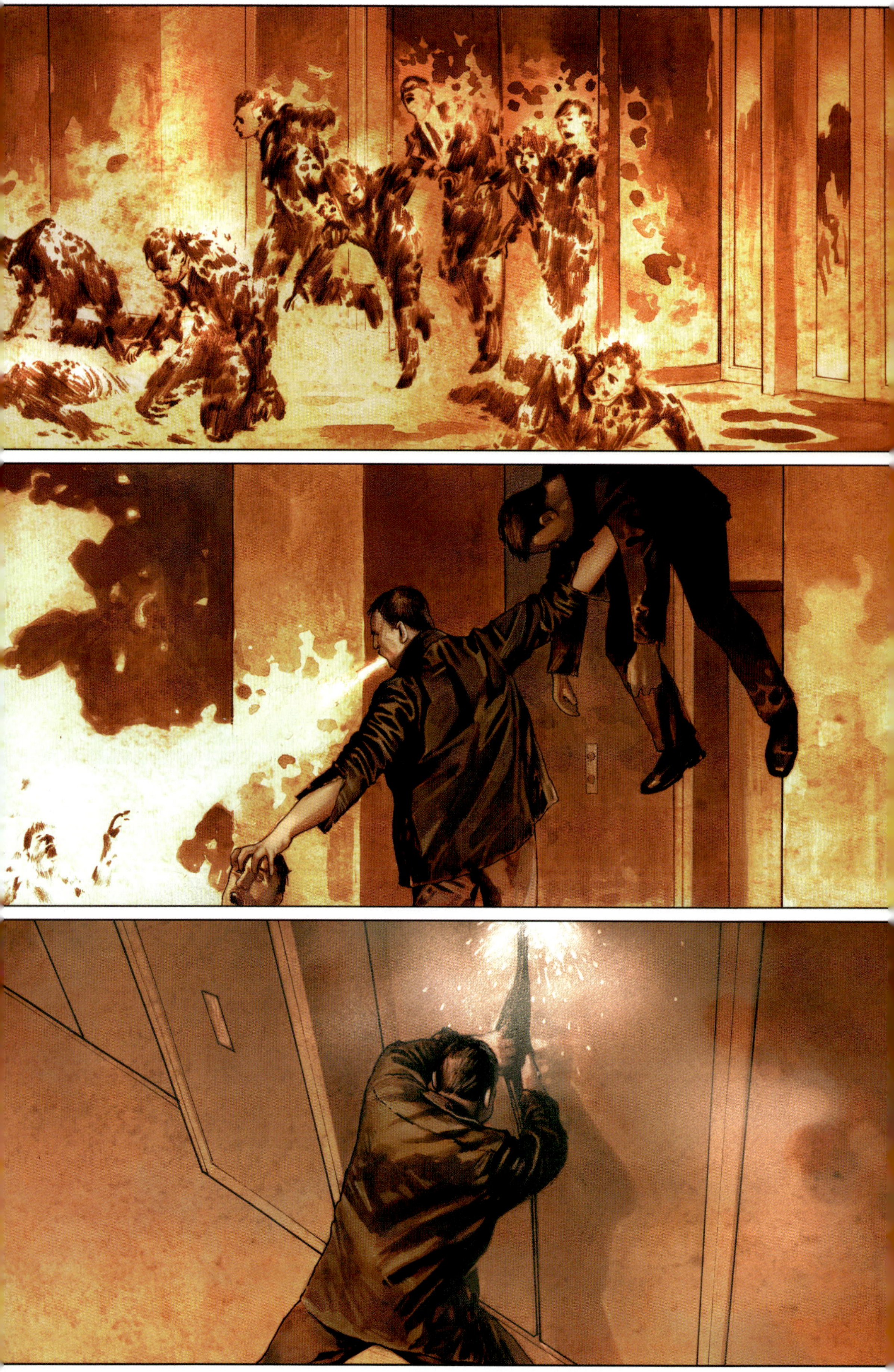

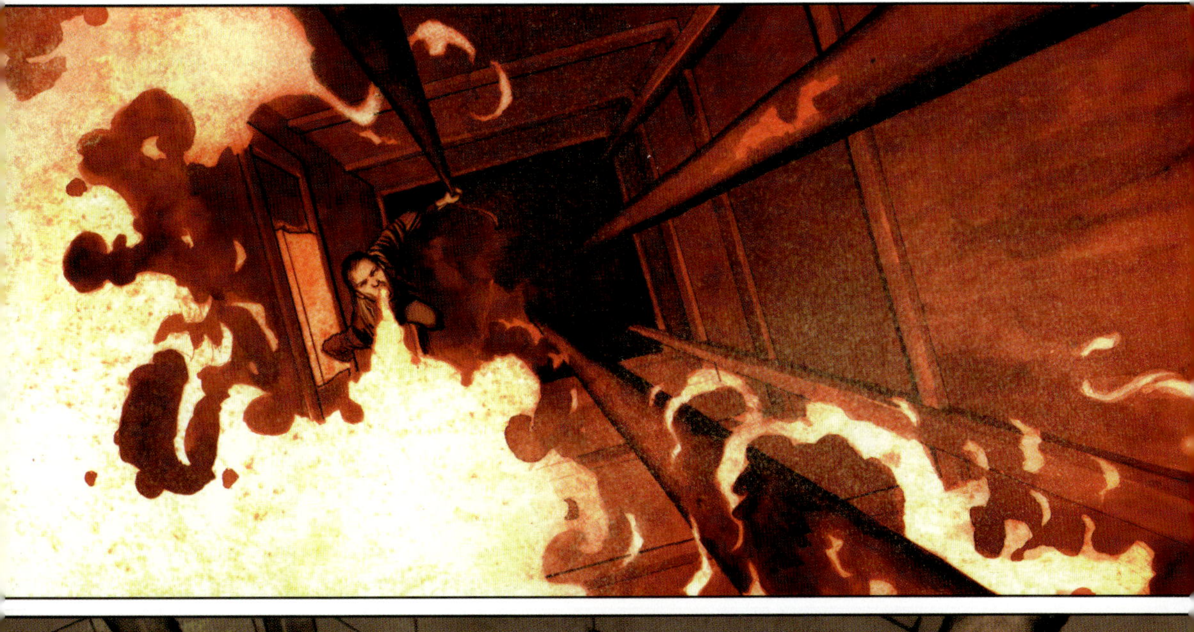

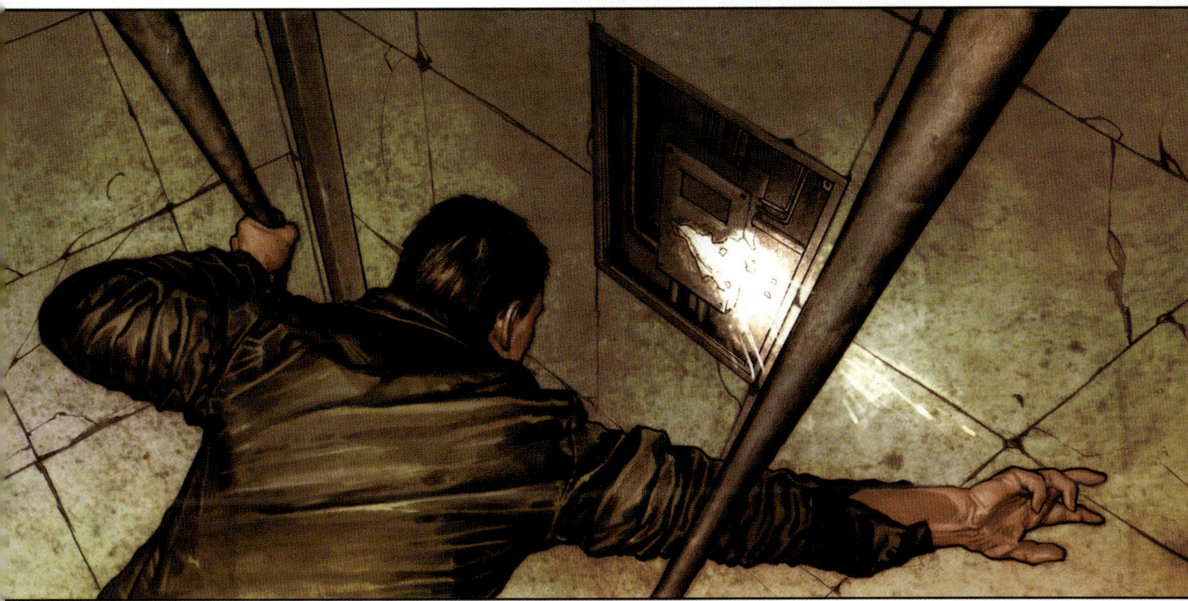

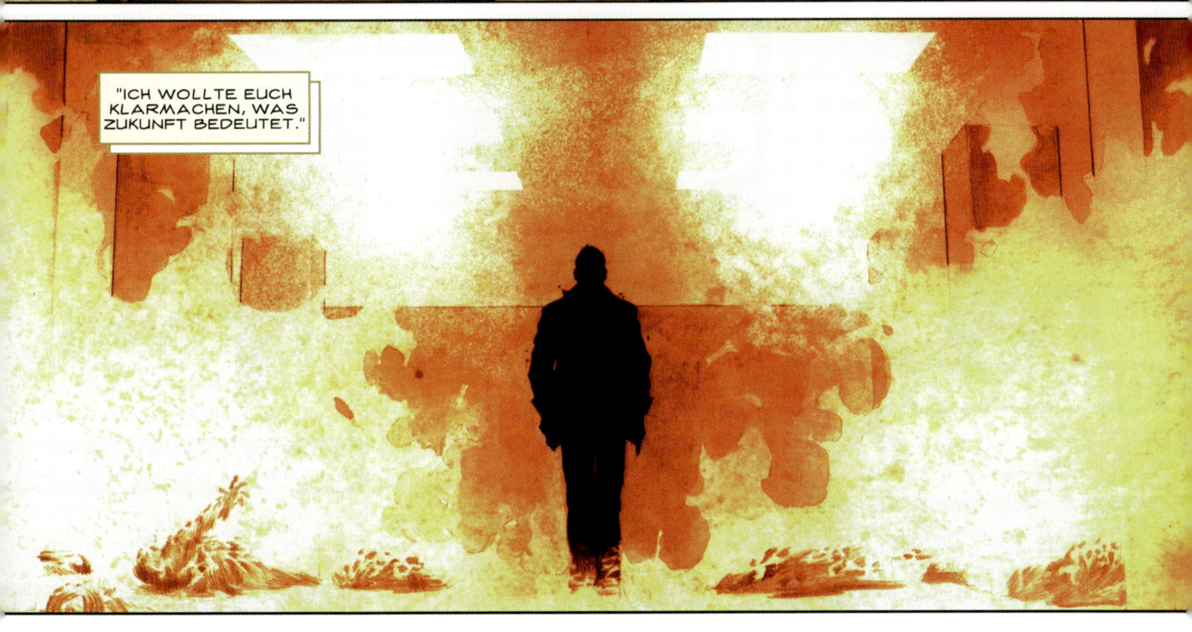
"ICH WOLLTE EUCH KLARMACHEN, WAS ZUKUNFT BEDEUTET."

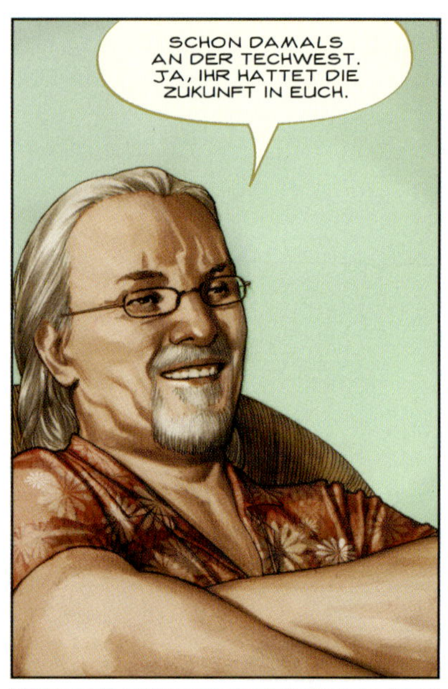
SCHON DAMALS AN DER TECHWEST. JA, IHR HATTET DIE ZUKUNFT IN EUCH.

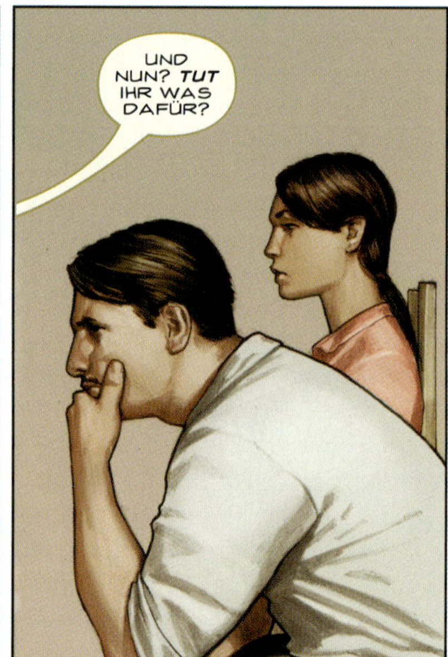
UND NUN? *TUT* IHR WAS DAFÜR?

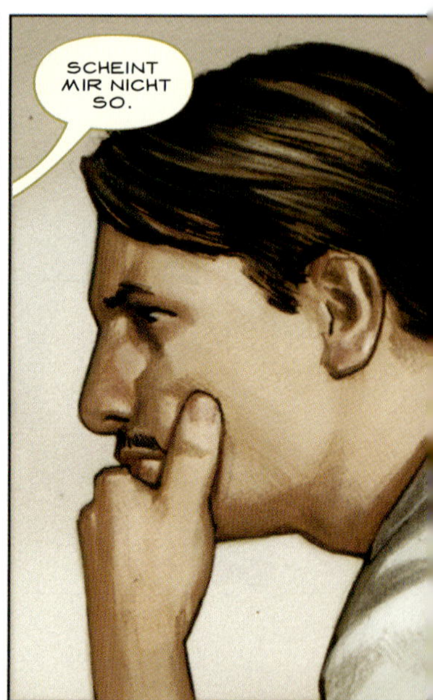
SCHEINT MIR NICHT SO.

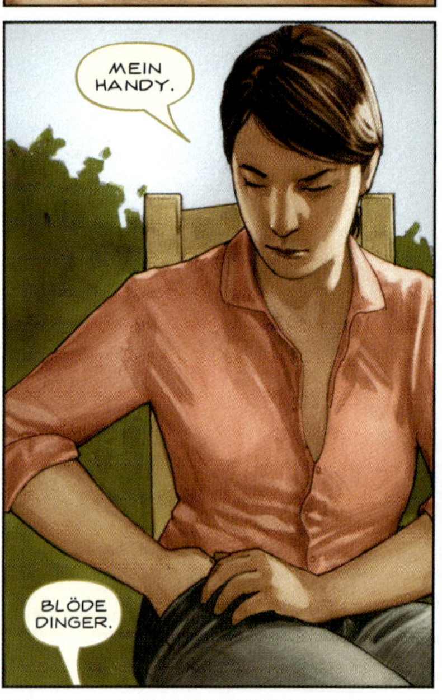
MEIN HANDY.
BLÖDE DINGER.

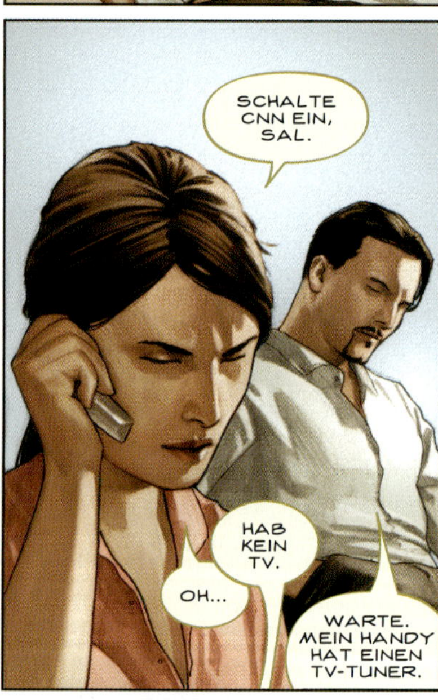
SCHALTE CNN EIN, SAL.
OH...
HAB KEIN TV.
WARTE. MEIN HANDY HAT EINEN TV-TUNER.

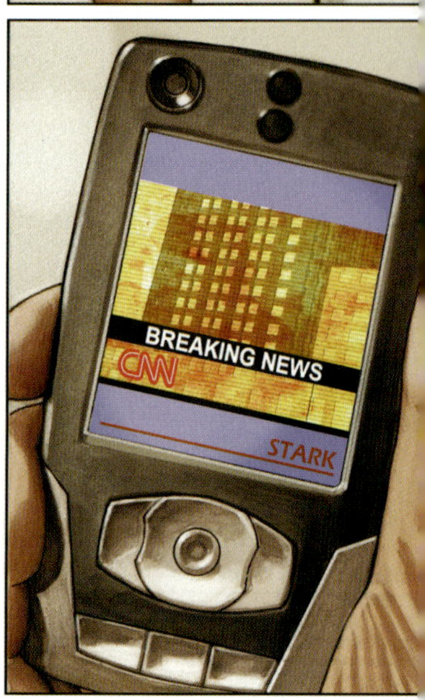
BREAKING NEWS
CNN
STARK

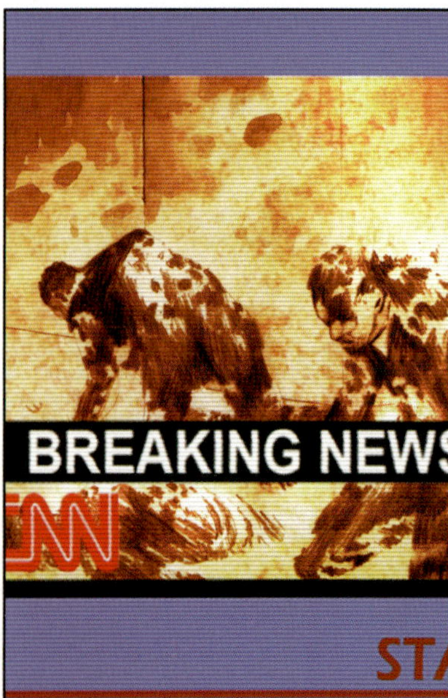
BREAKING NEWS
CNN

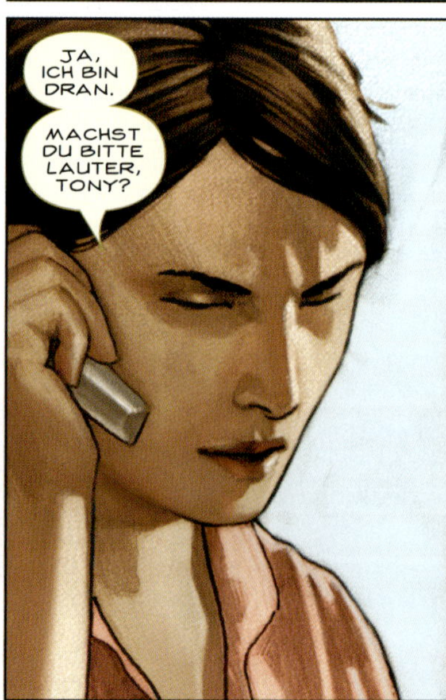
JA, ICH BIN DRAN.
MACHST DU BITTE LAUTER, TONY?

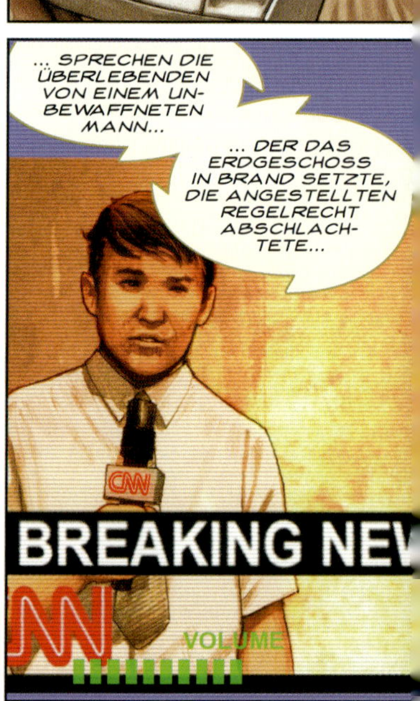
... SPRECHEN DIE ÜBERLEBENDEN VON EINEM UNBEWAFFNETEN MANN...
... DER DAS ERDGESCHOSS IN BRAND SETZTE, DIE ANGESTELLTEN REGELRECHT ABSCHLACHTETE...
CNN
VOLUME

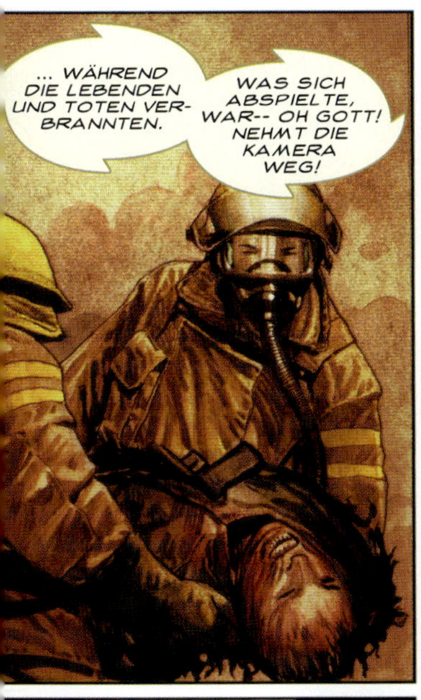
... WÄHREND DIE LEBENDEN UND TOTEN VERBRANNTEN.
WAS SICH ABSPIELTE, WAR-- OH GOTT! NEHMT DIE KAMERA WEG!
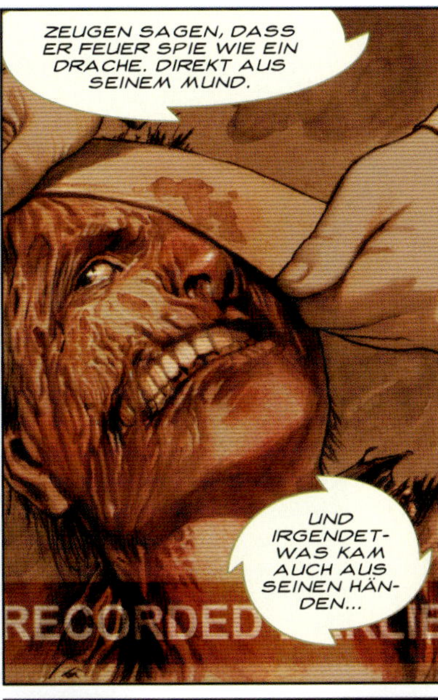
ZEUGEN SAGEN, DASS ER FEUER SPIE WIE EIN DRACHE. DIREKT AUS SEINEM MUND.
UND IRGENDETWAS KAM AUCH AUS SEINEN HÄNDEN...
RECORDED
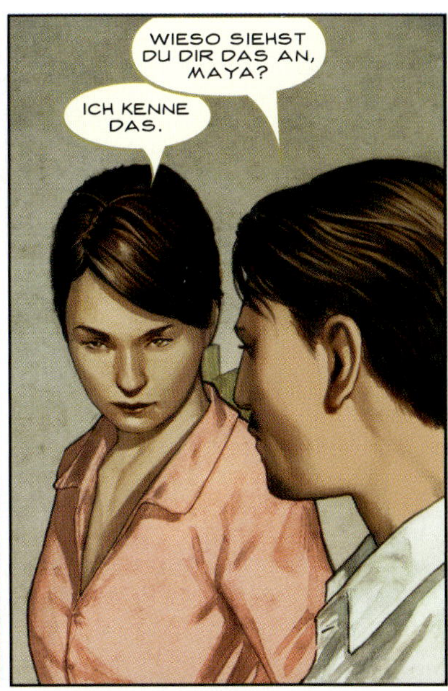
WIESO SIEHST DU DIR DAS AN, MAYA?
ICH KENNE DAS.
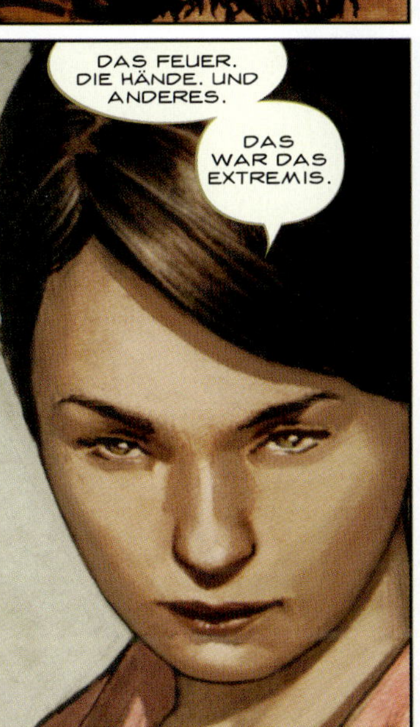
DAS FEUER. DIE HÄNDE. UND ANDERES.
DAS WAR DAS EXTREMIS.
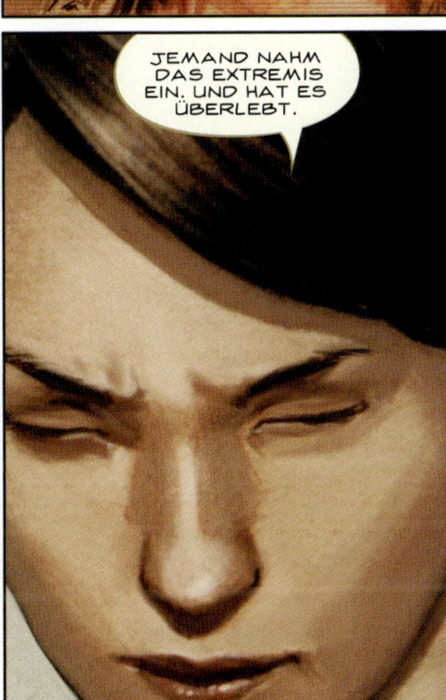
JEMAND NAHM DAS EXTREMIS EIN. UND HAT ES ÜBERLEBT.
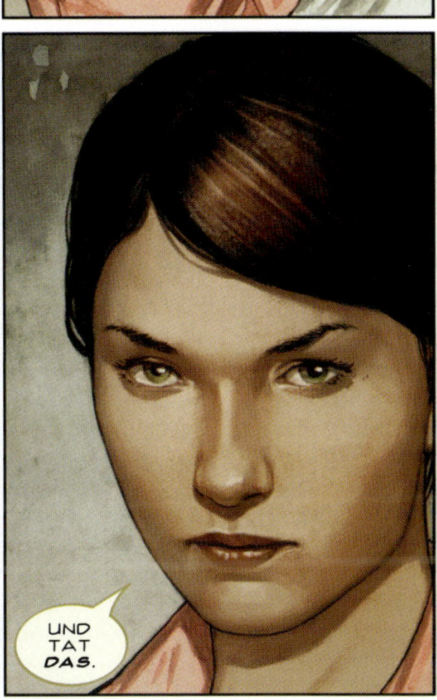
UND TAT *DAS*.
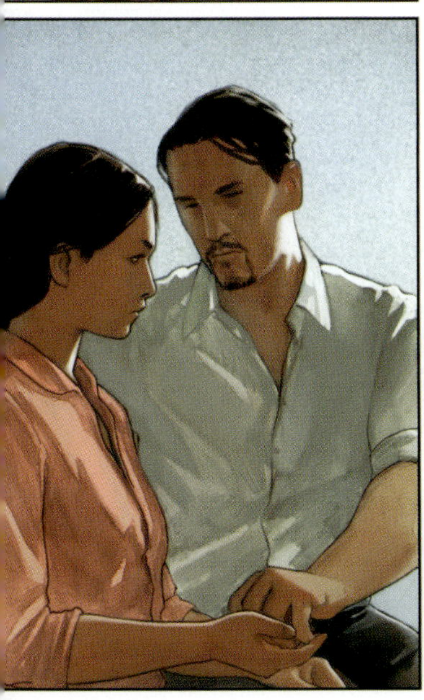
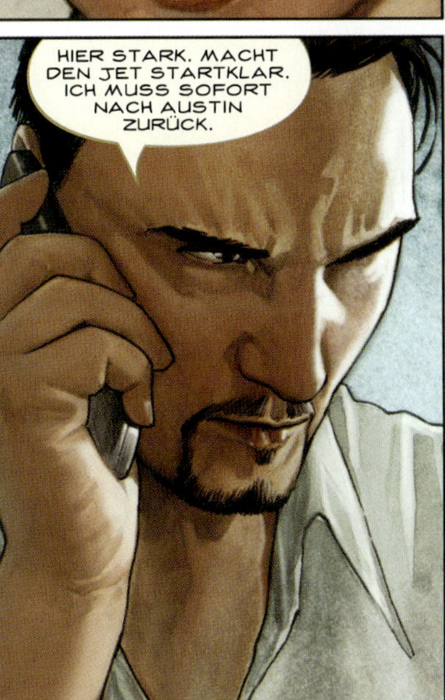
HIER STARK. MACHT DEN JET STARTKLAR. ICH MUSS SOFORT NACH AUSTIN ZURÜCK.
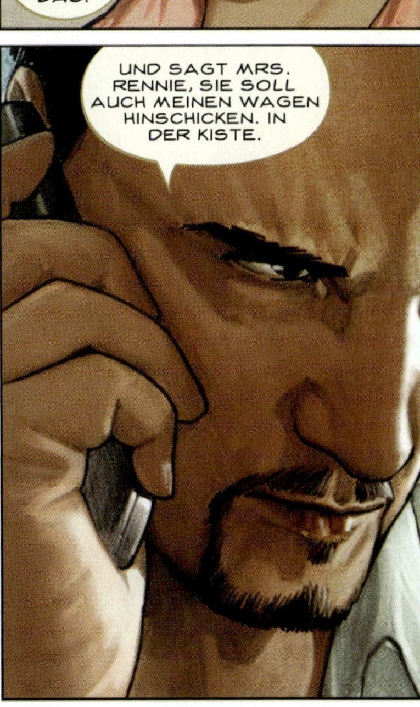
UND SAGT MRS. RENNIE, SIE SOLL AUCH MEINEN WAGEN HINSCHICKEN. IN DER KISTE.

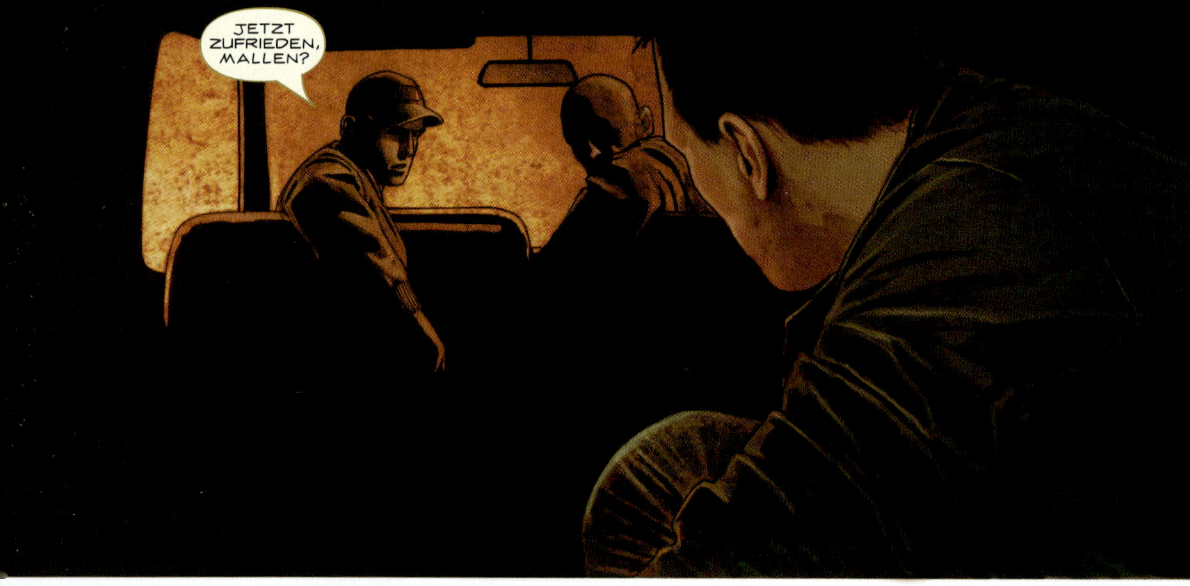
JETZT ZUFRIEDEN, MALLEN?

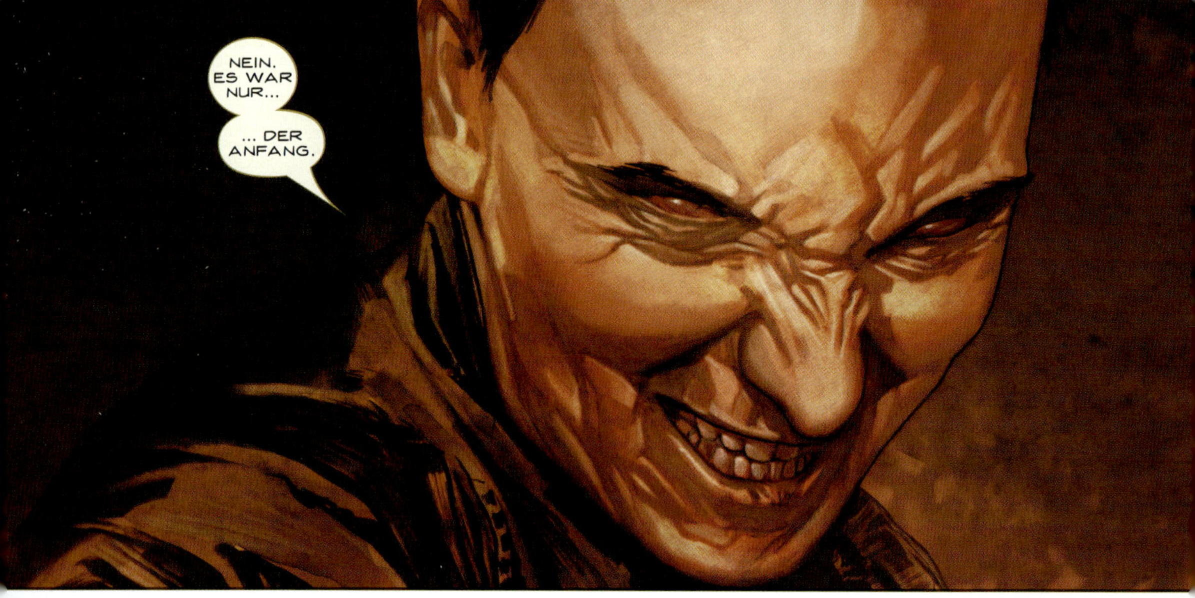
NEIN. ES WAR NUR...
... DER ANFANG.

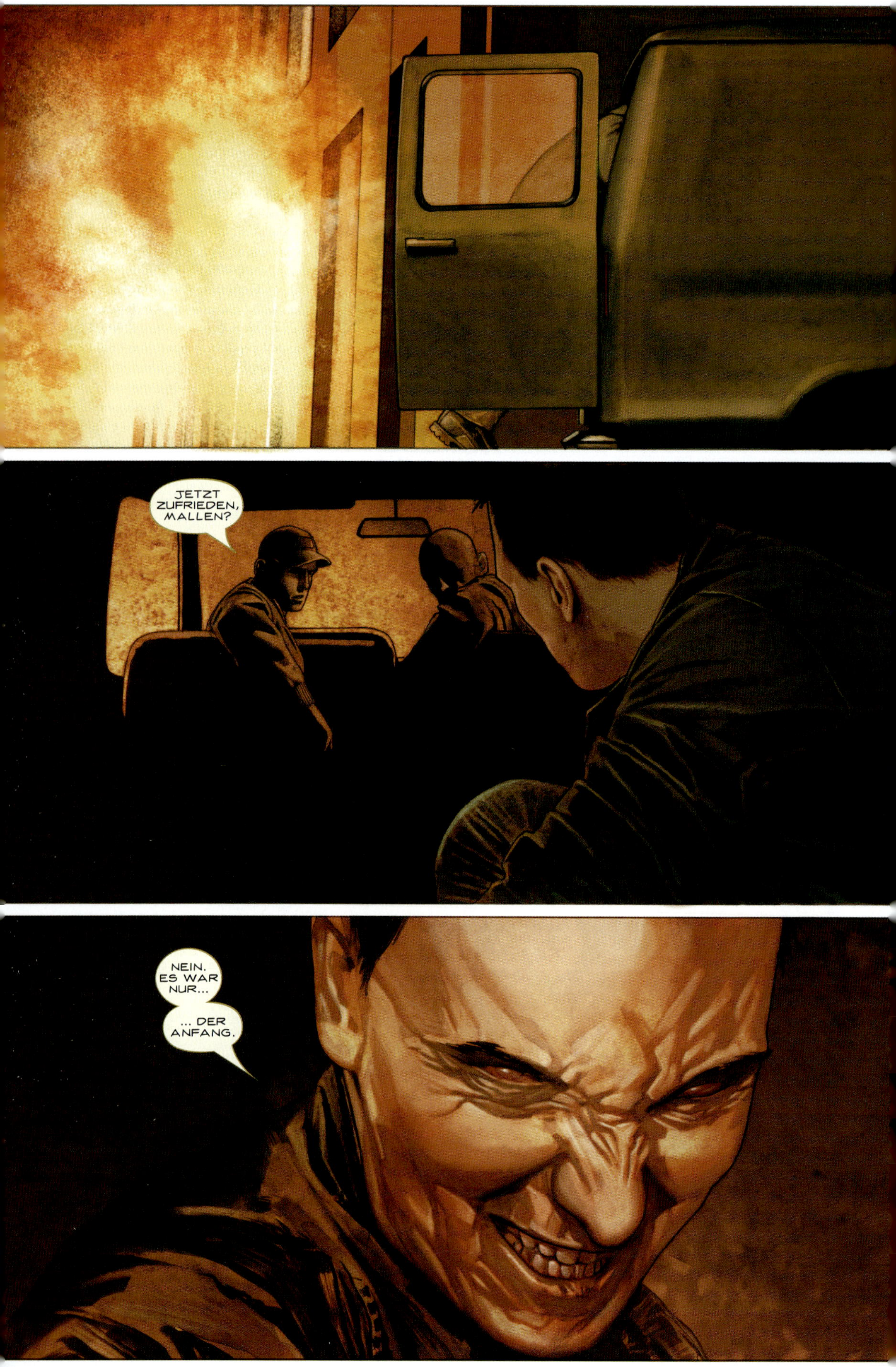

EXTREMIS, TEIL 3

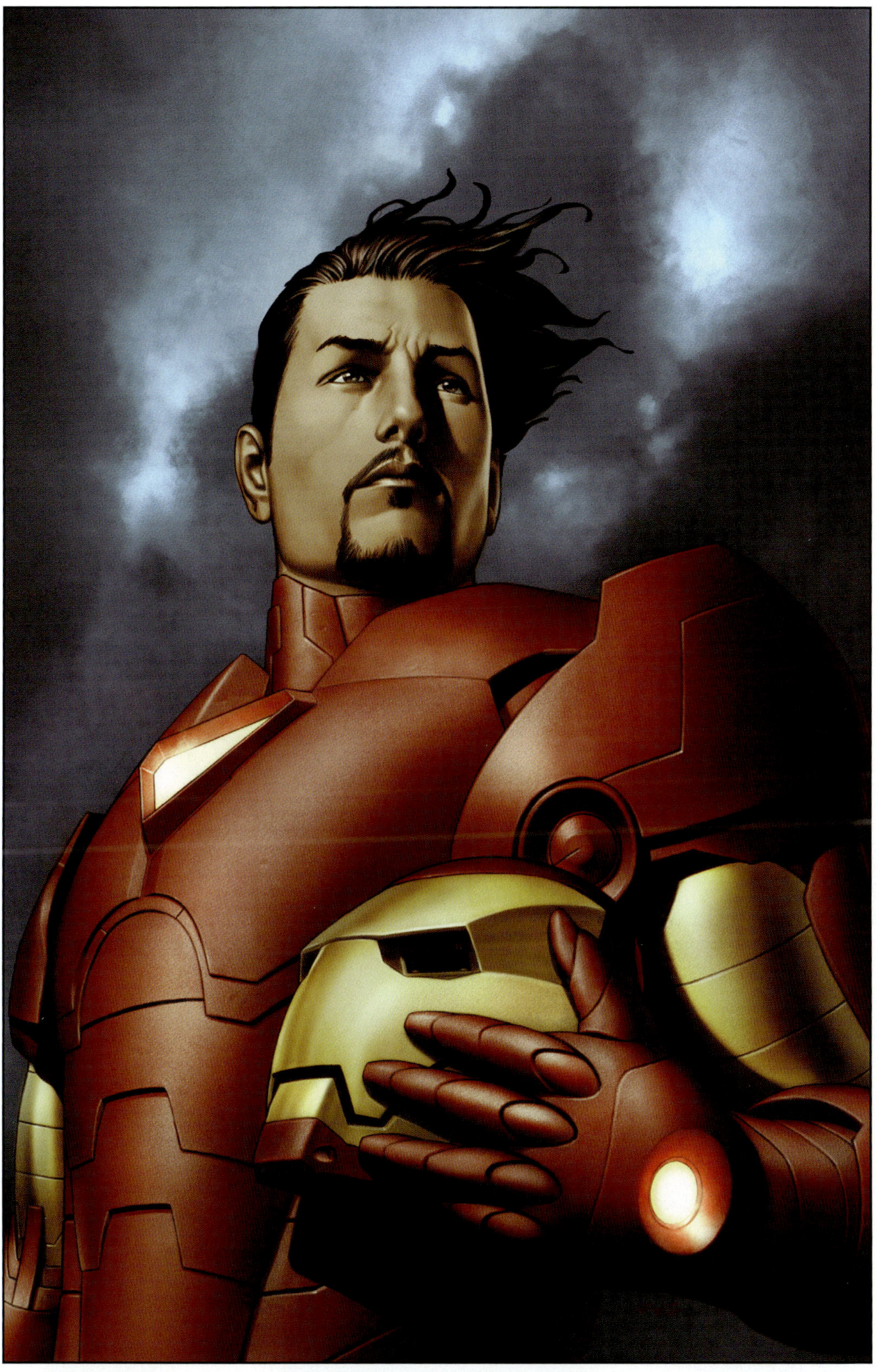

Iron Man (2005) 3
Cover von **ADI GRANOV**

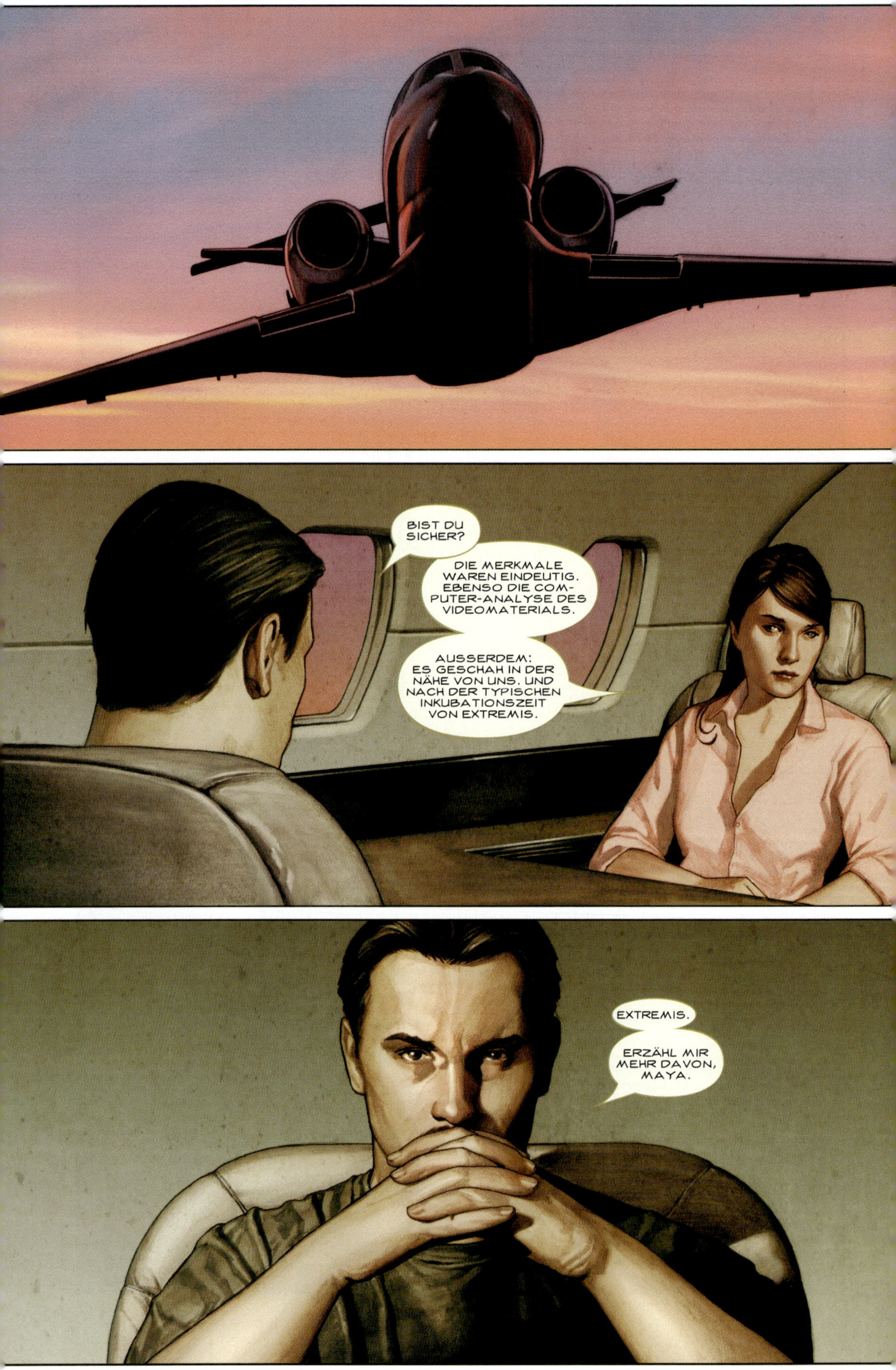

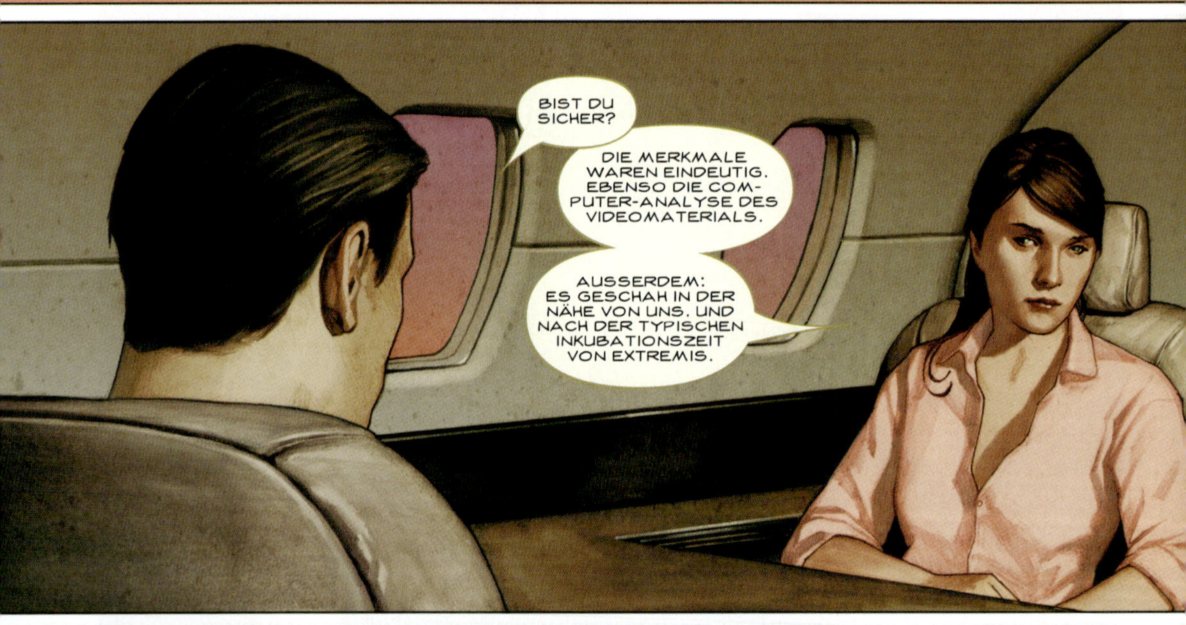
BIST DU SICHER?
DIE MERKMALE WAREN EINDEUTIG. EBENSO DIE COM-PUTER-ANALYSE DES VIDEOMATERIALS.
AUSSERDEM: ES GESCHAH IN DER NÄHE VON UNS. UND NACH DER TYPISCHEN INKUBATIONSZEIT VON EXTREMIS.

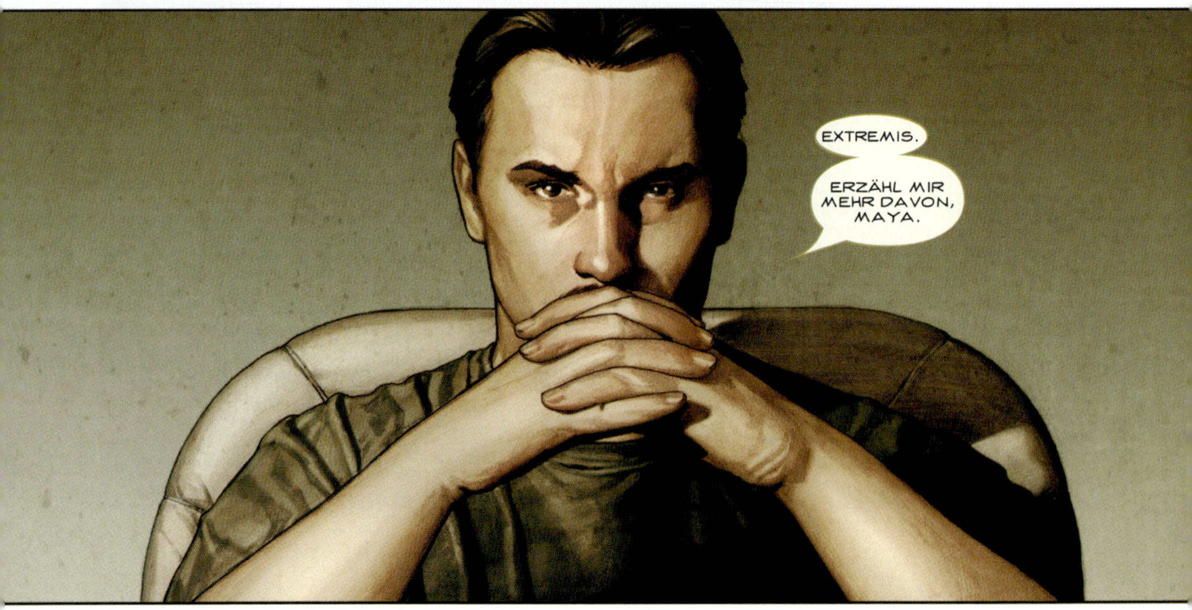
EXTREMIS.
ERZÄHL MIR MEHR DAVON, MAYA.

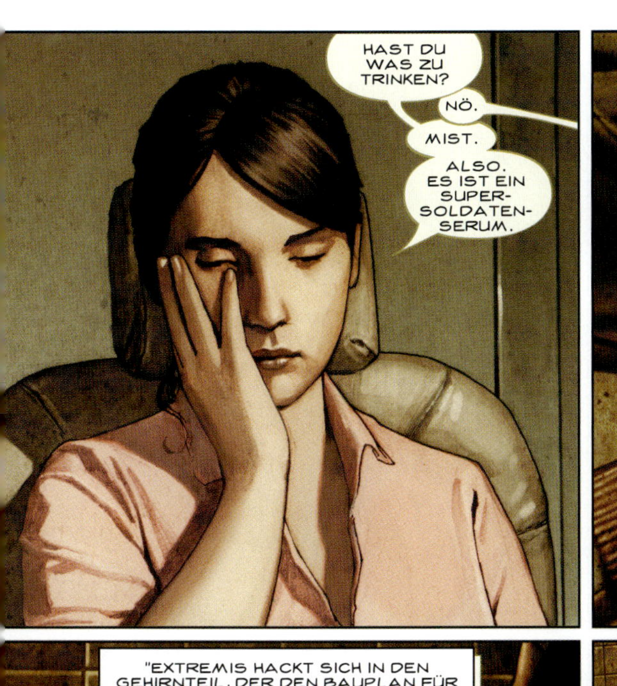
HAST DU WAS ZU TRINKEN?
NÖ.
MIST.
ALSO. ES IST EIN SUPER-SOLDATEN-SERUM.

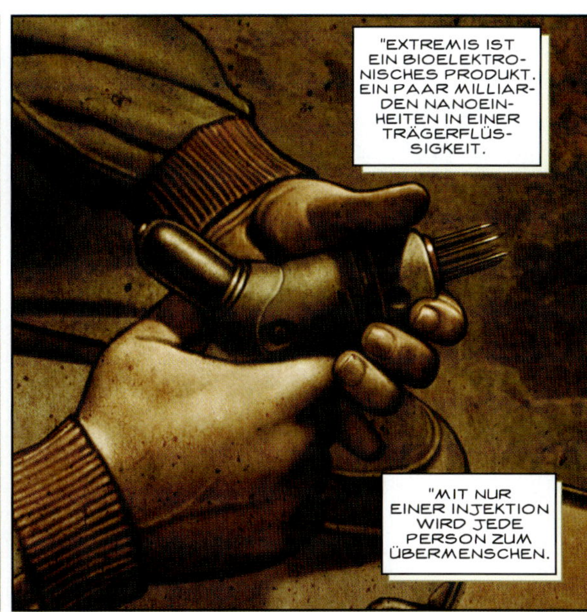
"EXTREMIS IST EIN BIOELEKTRO-NISCHES PRODUKT. EIN PAAR MILLIAR-DEN NANOEIN-HEITEN IN EINER TRÄGERFLÜS-SIGKEIT.
"MIT NUR EINER INJEKTION WIRD JEDE PERSON ZUM ÜBERMENSCHEN.

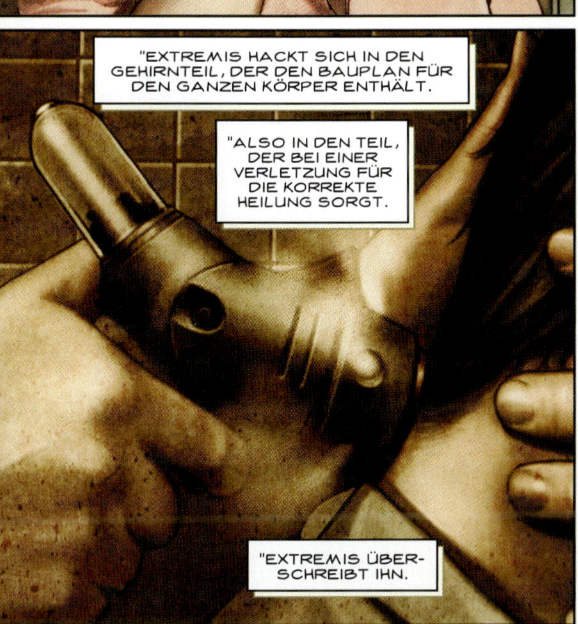
"EXTREMIS HACKT SICH IN DEN GEHIRNTEIL, DER DEN BAUPLAN FÜR DEN GANZEN KÖRPER ENTHÄLT.
"ALSO IN DEN TEIL, DER BEI EINER VERLETZUNG FÜR DIE KORREKTE HEILUNG SORGT.
"EXTREMIS ÜBER-SCHREIBT IHN.

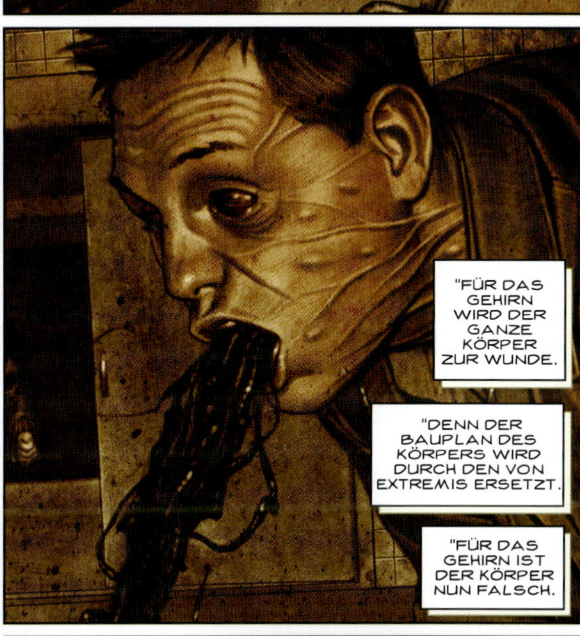
"FÜR DAS GEHIRN WIRD DER GANZE KÖRPER ZUR WUNDE.
"DENN DER BAUPLAN DES KÖRPERS WIRD DURCH DEN VON EXTREMIS ERSETZT.
"FÜR DAS GEHIRN IST DER KÖRPER NUN FALSCH.

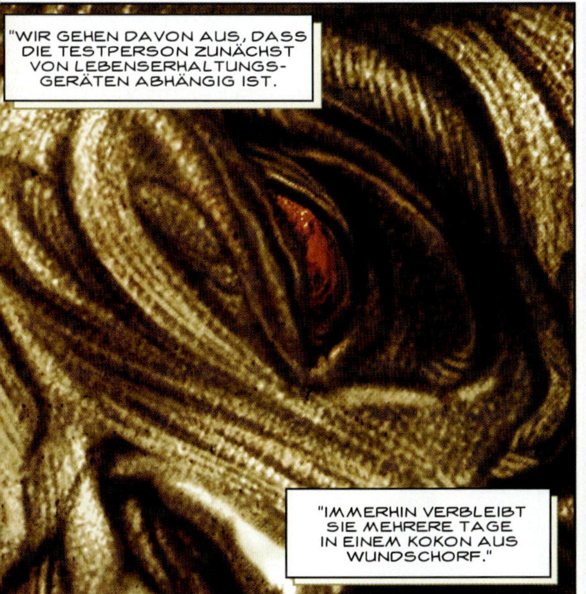
"WIR GEHEN DAVON AUS, DASS DIE TESTPERSON ZUNÄCHST VON LEBENSERHALTUNGS-GERÄTEN ABHÄNGIG IST.
"IMMERHIN VERBLEIBT SIE MEHRERE TAGE IN EINEM KOKON AUS WUNDSCHORF."

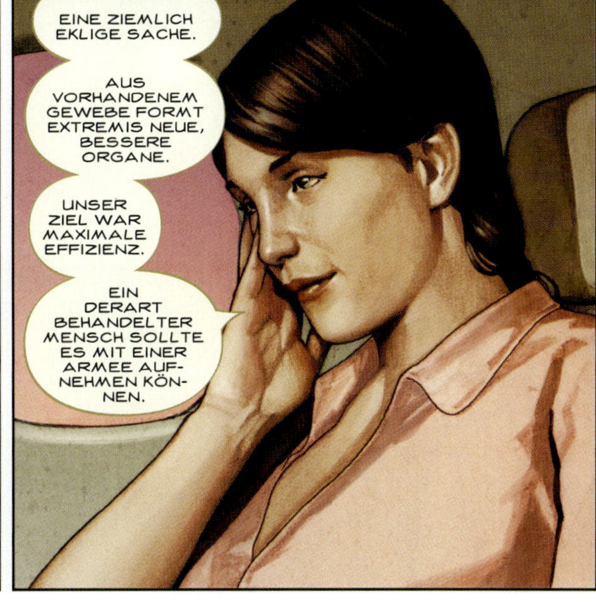
EINE ZIEMLICH EKLIGE SACHE.
AUS VORHANDENEM GEWEBE FORMT EXTREMIS NEUE, BESSERE ORGANE.
UNSER ZIEL WAR MAXIMALE EFFIZIENZ.
EIN DERART BEHANDELTER MENSCH SOLLTE ES MIT EINER ARMEE AUF-NEHMEN KÖN-NEN.

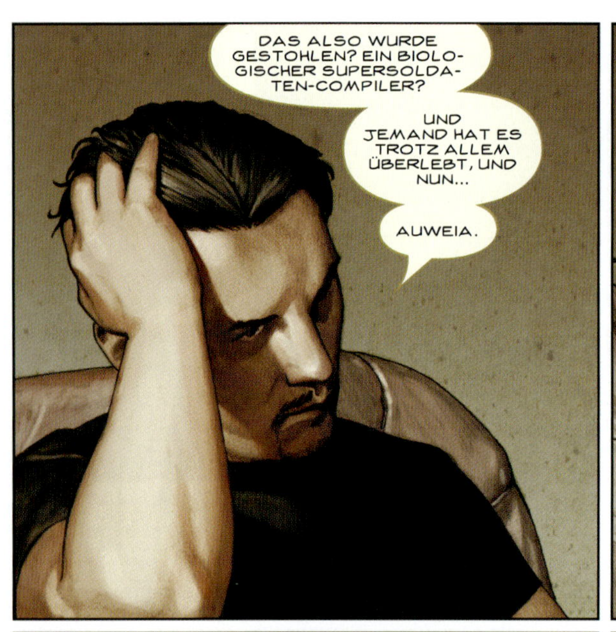
DAS ALSO WURDE GESTOHLEN? EIN BIOLOGISCHER SUPERSOLDATEN-COMPILER?
UND JEMAND HAT ES TROTZ ALLEM ÜBERLEBT, UND NUN...
AUWEIA.

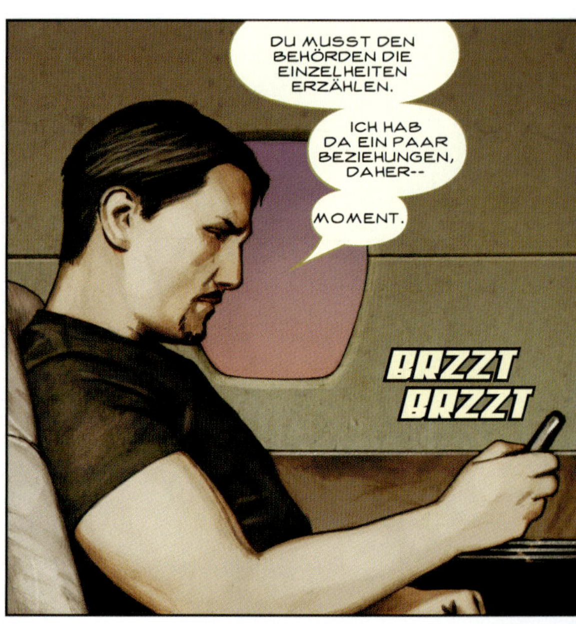
DU MUSST DEN BEHÖRDEN DIE EINZELHEITEN ERZÄHLEN.
ICH HAB DA EIN PAAR BEZIEHUNGEN, DAHER--
MOMENT.
BRZZT BRZZT

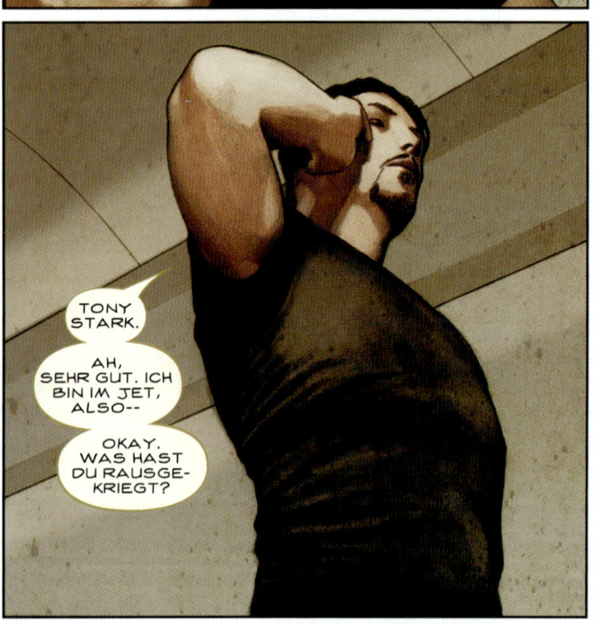
TONY STARK.
AH, SEHR GUT. ICH BIN IM JET, ALSO--
OKAY. WAS HAST DU RAUSGEKRIEGT?

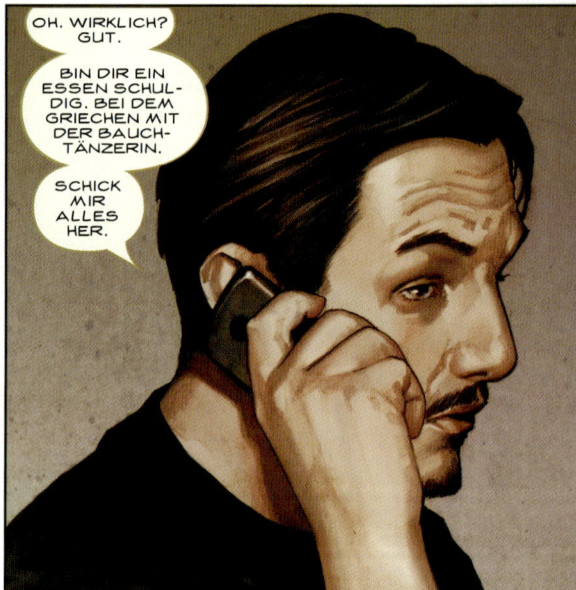
OH. WIRKLICH? GUT.
BIN DIR EIN ESSEN SCHULDIG. BEI DEM GRIECHEN MIT DER BAUCHTÄNZERIN.
SCHICK MIR ALLES HER.

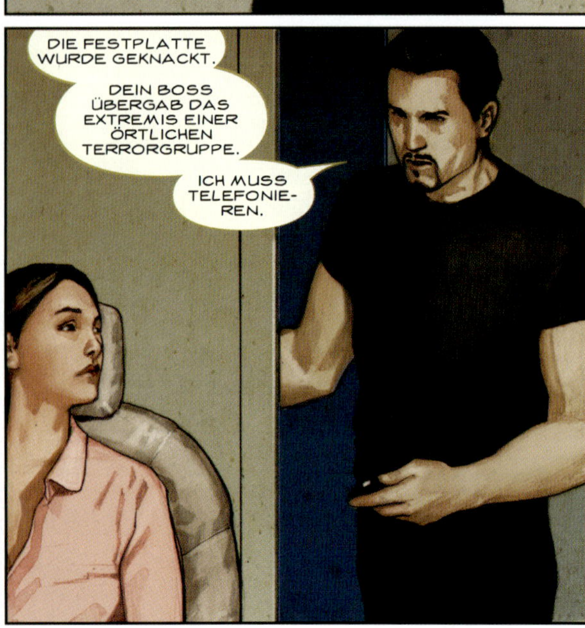
DIE FESTPLATTE WURDE GEKNACKT.
DEIN BOSS ÜBERGAB DAS EXTREMIS EINER ÖRTLICHEN TERRORGRUPPE.
ICH MUSS TELEFONIEREN.

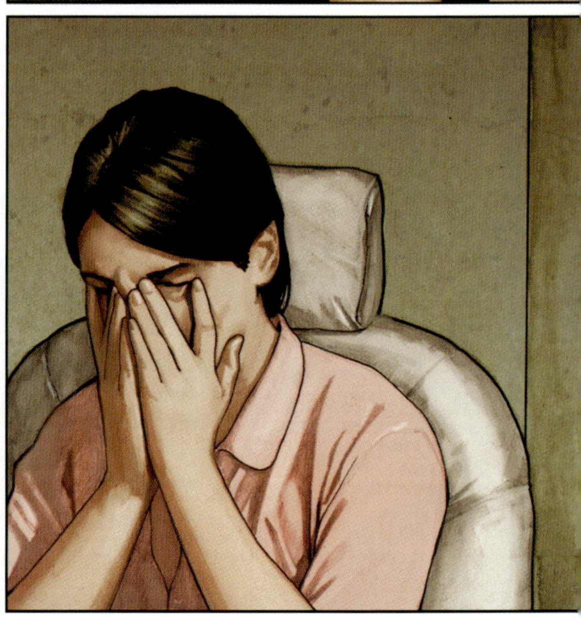

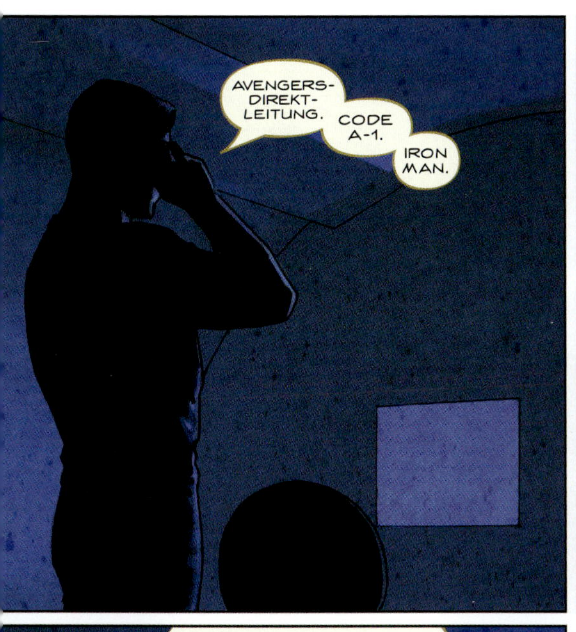
AVENGERS-DIREKT-LEITUNG.
CODE A-1.
IRON MAN.

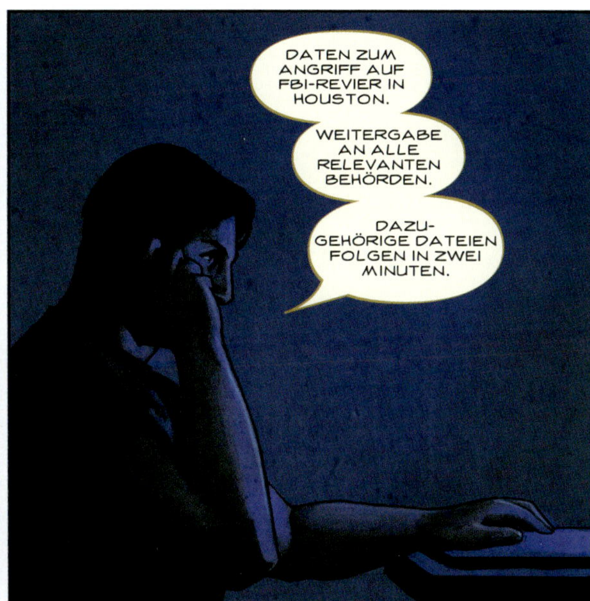
DATEN ZUM ANGRIFF AUF FBI-REVIER IN HOUSTON.
WEITERGABE AN ALLE RELEVANTEN BEHÖRDEN.
DAZU-GEHÖRIGE DATEIEN FOLGEN IN ZWEI MINUTEN.

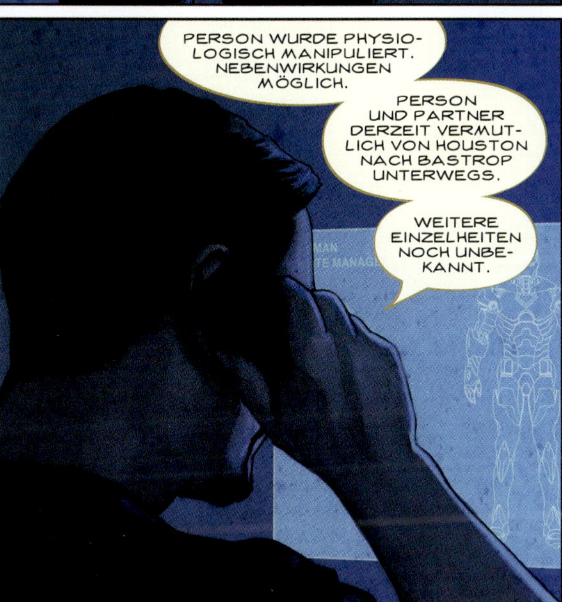
PERSON WURDE PHYSIO-LOGISCH MANIPULIERT. NEBENWIRKUNGEN MÖGLICH.
PERSON UND PARTNER DERZEIT VERMUT-LICH VON HOUSTON NACH BASTROP UNTERWEGS.
WEITERE EINZELHEITEN NOCH UNBE-KANNT.

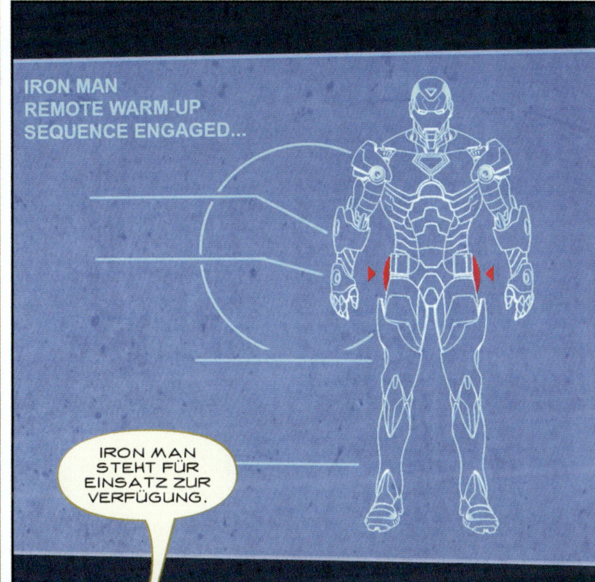
IRON MAN
REMOTE WARM-UP
SEQUENCE ENGAGED...
IRON MAN STEHT FÜR EINSATZ ZUR VERFÜGUNG.

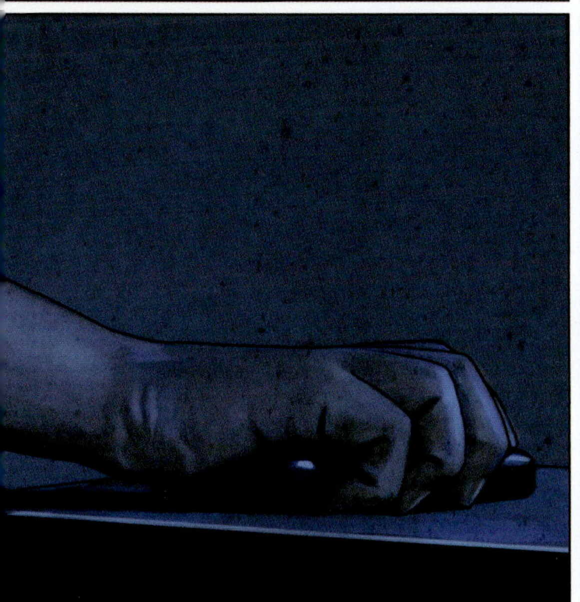

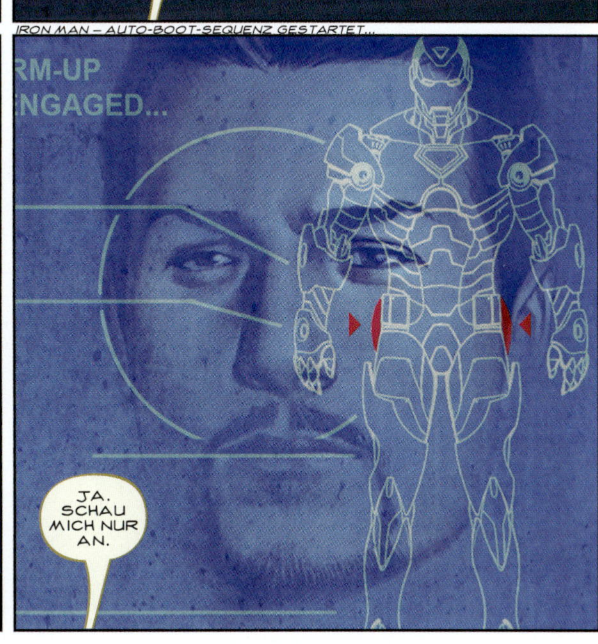
IRON MAN – AUTO-BOOT-SEQUENZ GESTARTET...
JA. SCHAU MICH NUR AN.

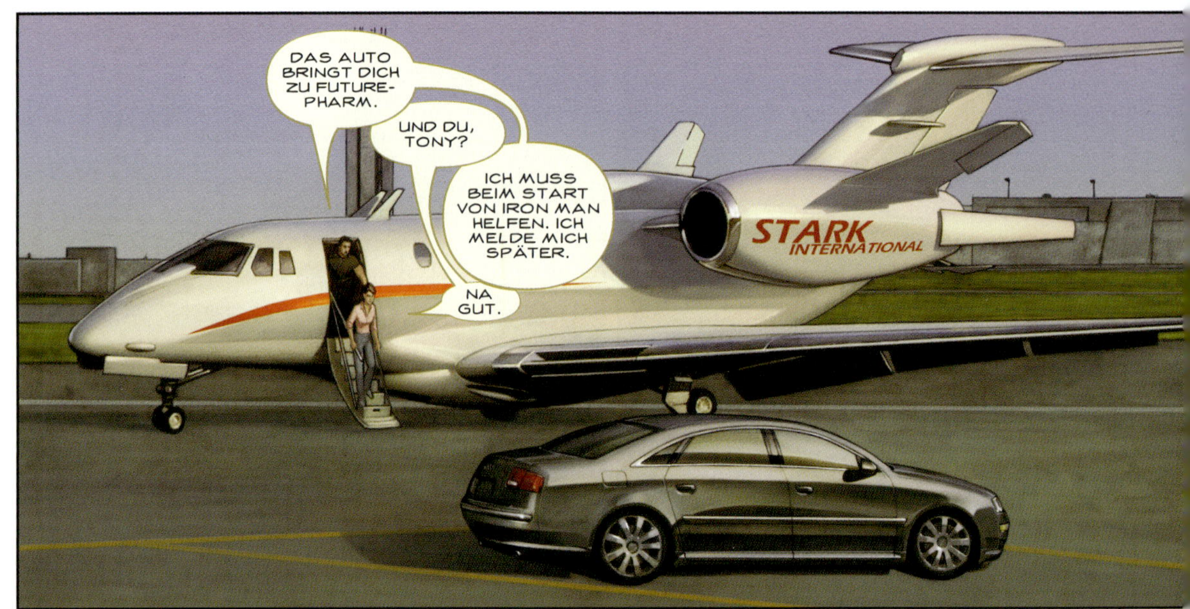
DAS AUTO BRINGT DICH ZU FUTURE-PHARM.
UND DU, TONY?
ICH MUSS BEIM START VON IRON MAN HELFEN. ICH MELDE MICH SPÄTER.
NA GUT.
STARK INTERNATIONAL
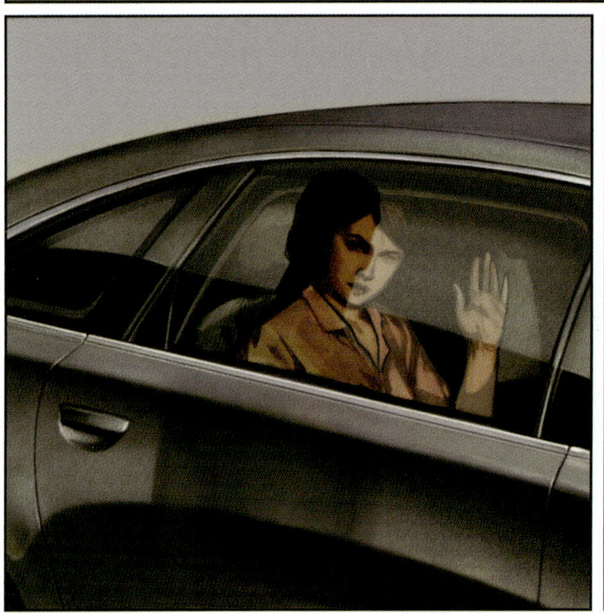
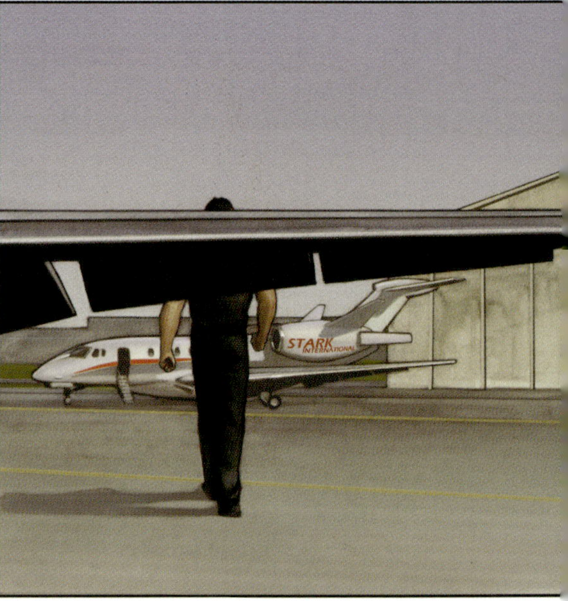
STARK INTERNATIONAL
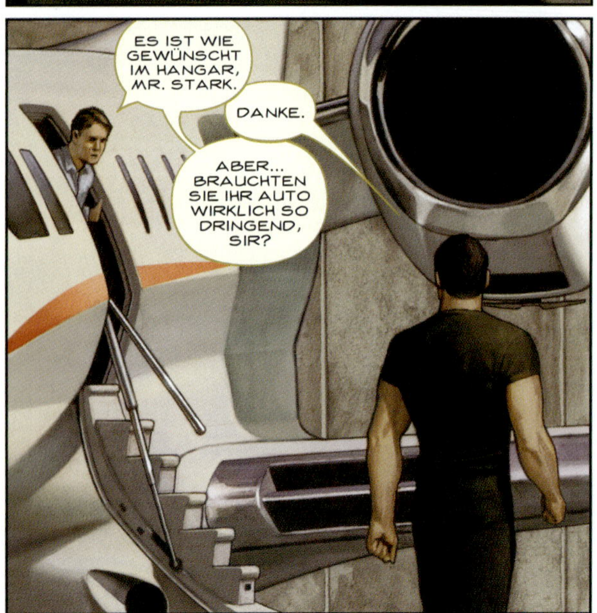
ES IST WIE GEWÜNSCHT IM HANGAR, MR. STARK.
DANKE.
ABER... BRAUCHTEN SIE IHR AUTO WIRKLICH SO DRINGEND, SIR?
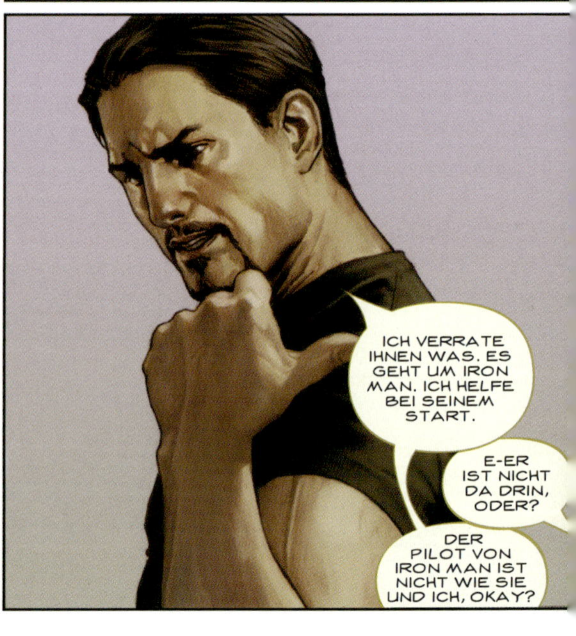
ICH VERRATE IHNEN WAS. ES GEHT UM IRON MAN. ICH HELFE BEI SEINEM START.
E-ER IST NICHT DA DRIN, ODER?
DER PILOT VON IRON MAN IST NICHT WIE SIE UND ICH, OKAY?

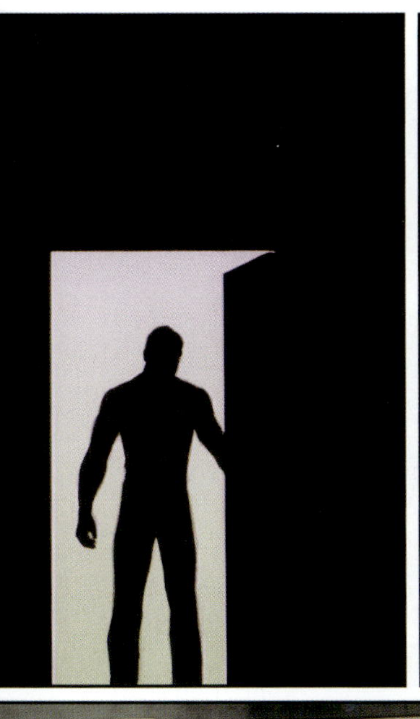
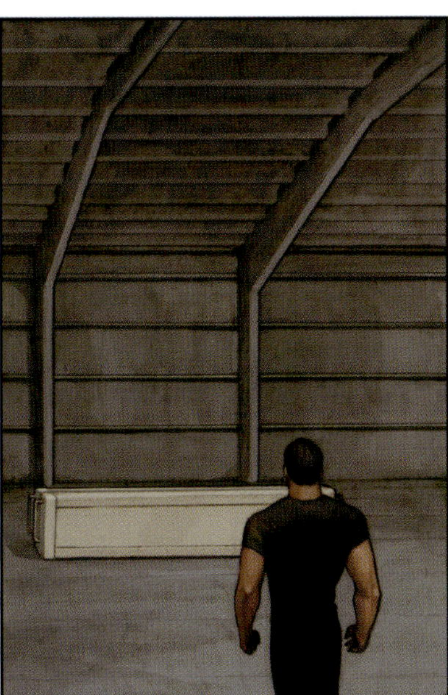
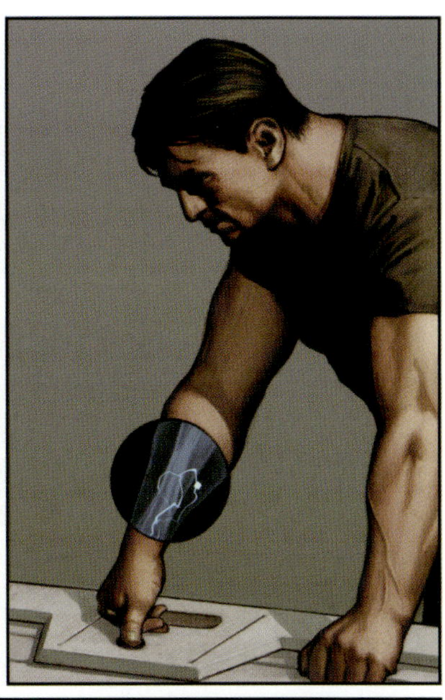
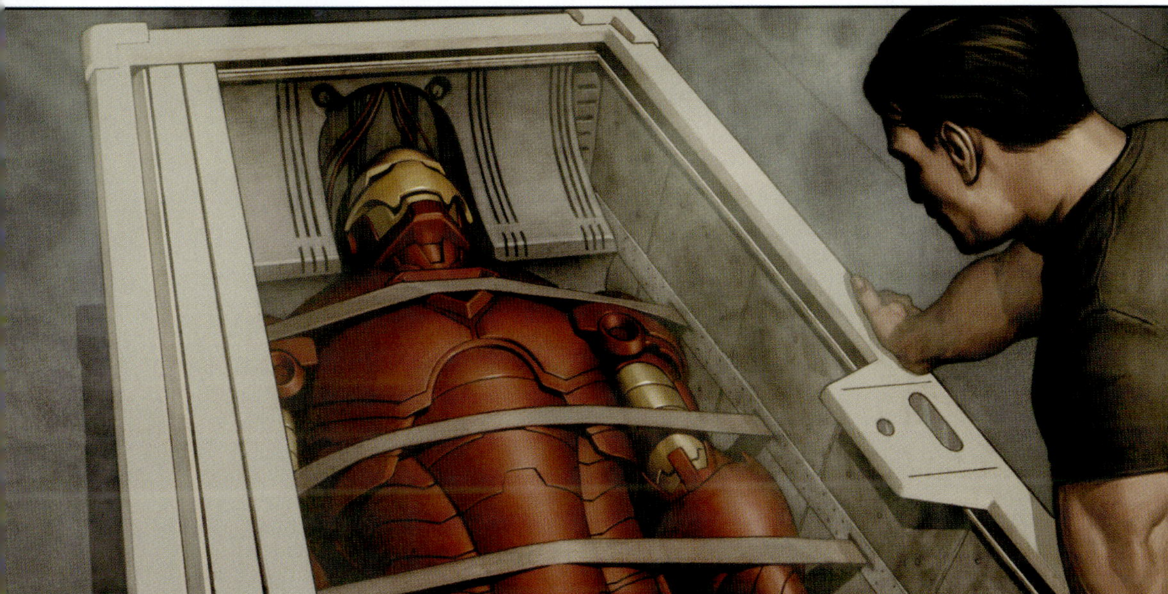
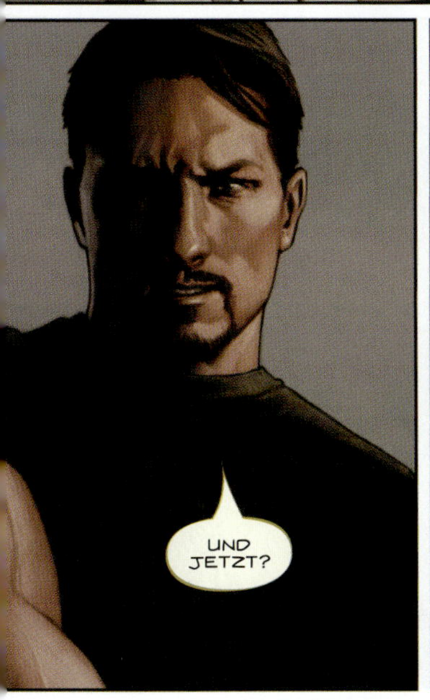
UND JETZT?
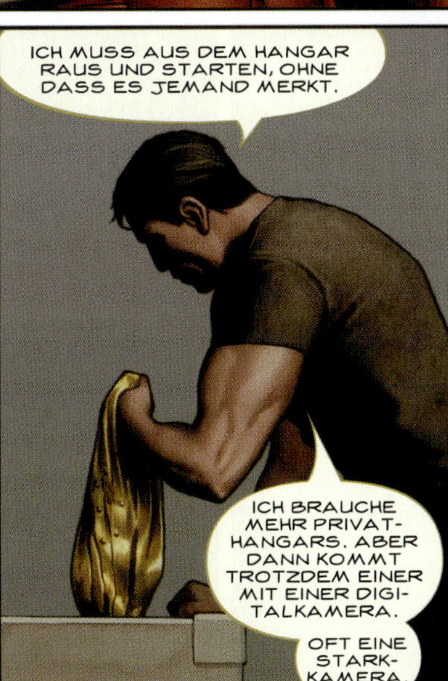
ICH MUSS AUS DEM HANGAR RAUS UND STARTEN, OHNE DASS ES JEMAND MERKT.
ICH BRAUCHE MEHR PRIVAT-HANGARS. ABER DANN KOMMT TROTZDEM EINER MIT EINER DIGI-TALKAMERA.
OFT EINE STARK-KAMERA.

UND NOCH WAS: ICH SOLLTE DIE TÜR ABSCHLIESSEN. SONST SIEHT MAN IRON MAN SPLITTERNACKT.

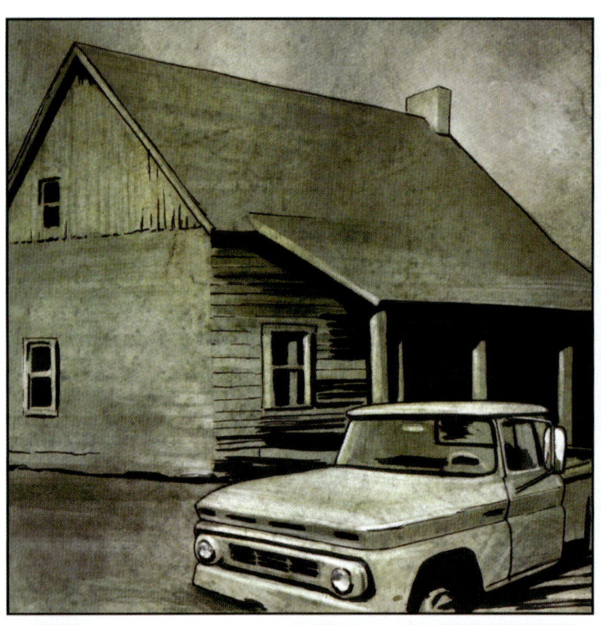

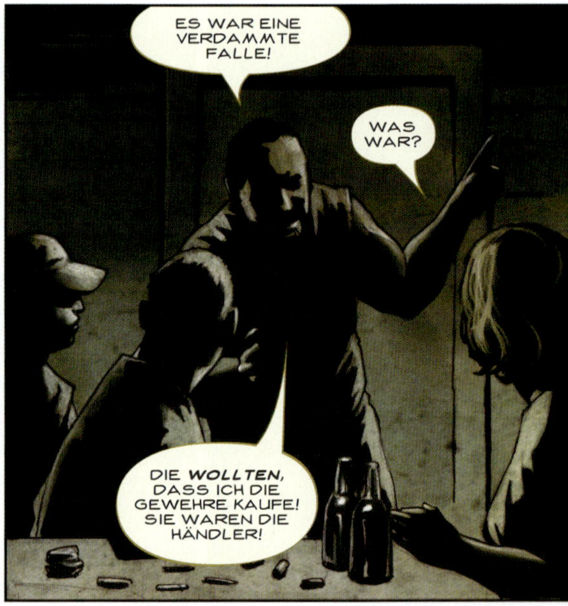
ES WAR EINE VERDAMMTE FALLE!
WAS WAR?
DIE **WOLLTEN**, DASS ICH DIE GEWEHRE KAUFE! SIE WAREN DIE HÄNDLER!

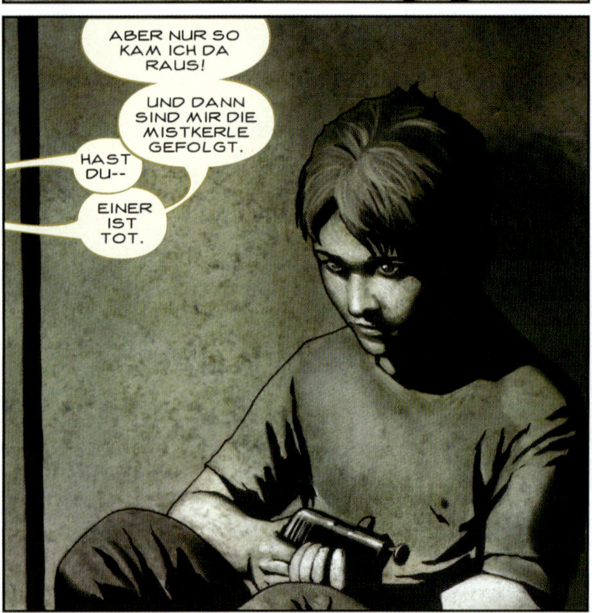
ABER NUR SO KAM ICH DA RAUS!
UND DANN SIND MIR DIE MISTKERLE GEFOLGT.
HAST DU--
EINER IST TOT.

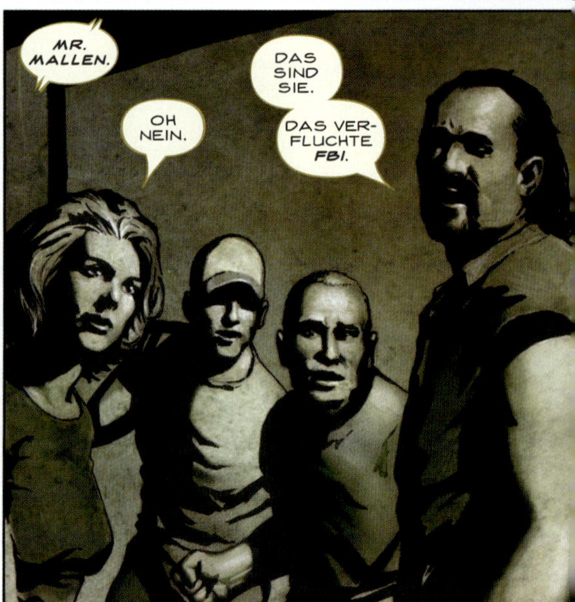
MR. MALLEN.
OH NEIN.
DAS SIND SIE.
DAS VERFLUCHTE **FBI**.

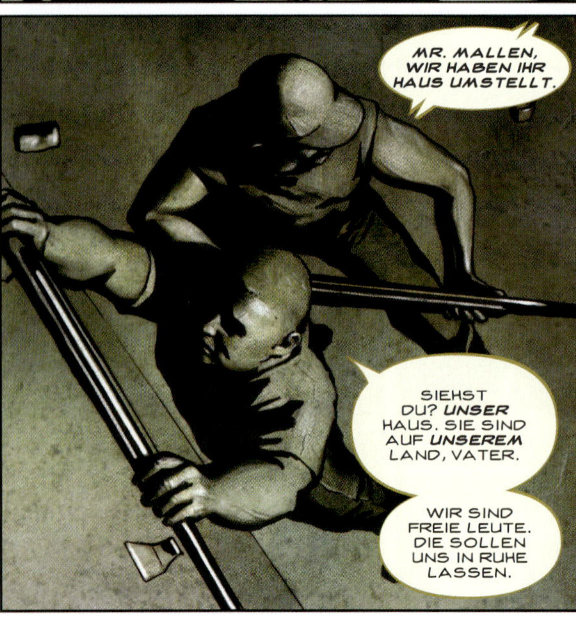
MR. MALLEN, WIR HABEN IHR HAUS UMSTELLT.
SIEHST DU? **UNSER** HAUS. SIE SIND AUF **UNSEREM** LAND, VATER.
WIR SIND FREIE LEUTE. DIE SOLLEN UNS IN RUHE LASSEN.

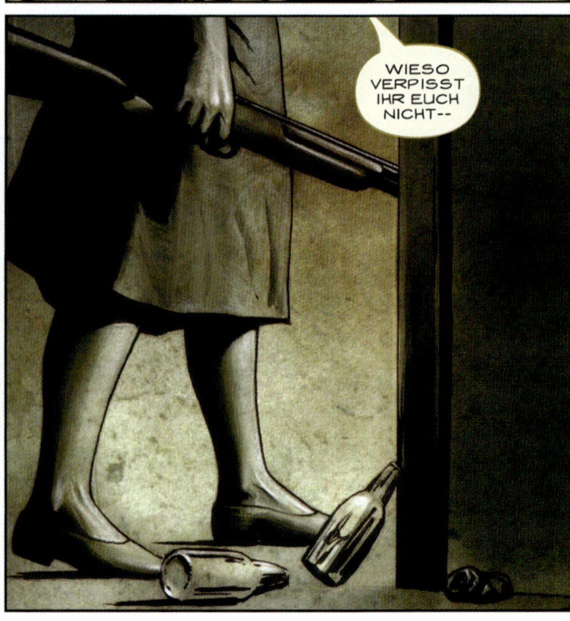
WIESO VERPISST IHR EUCH NICHT--

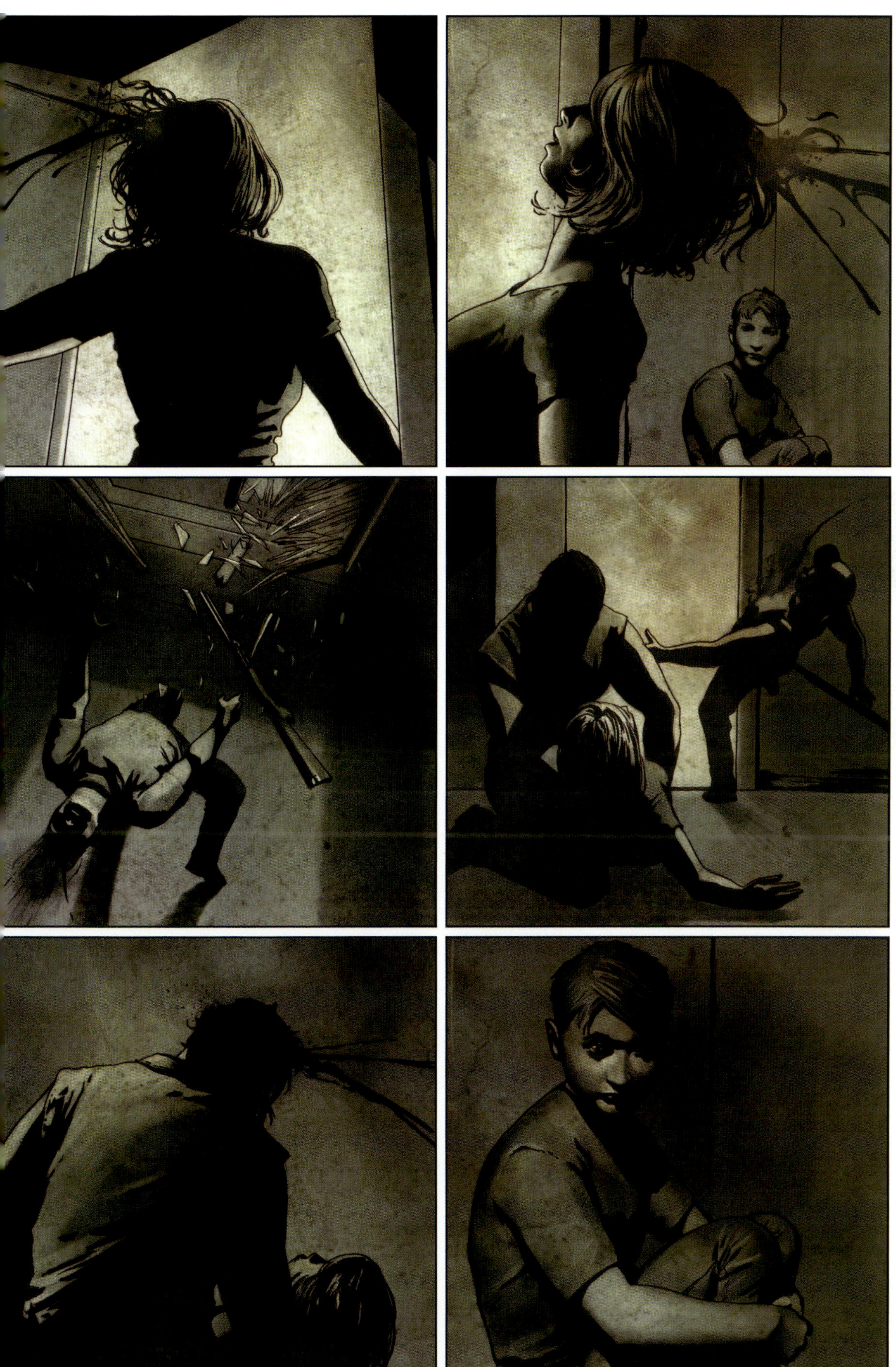

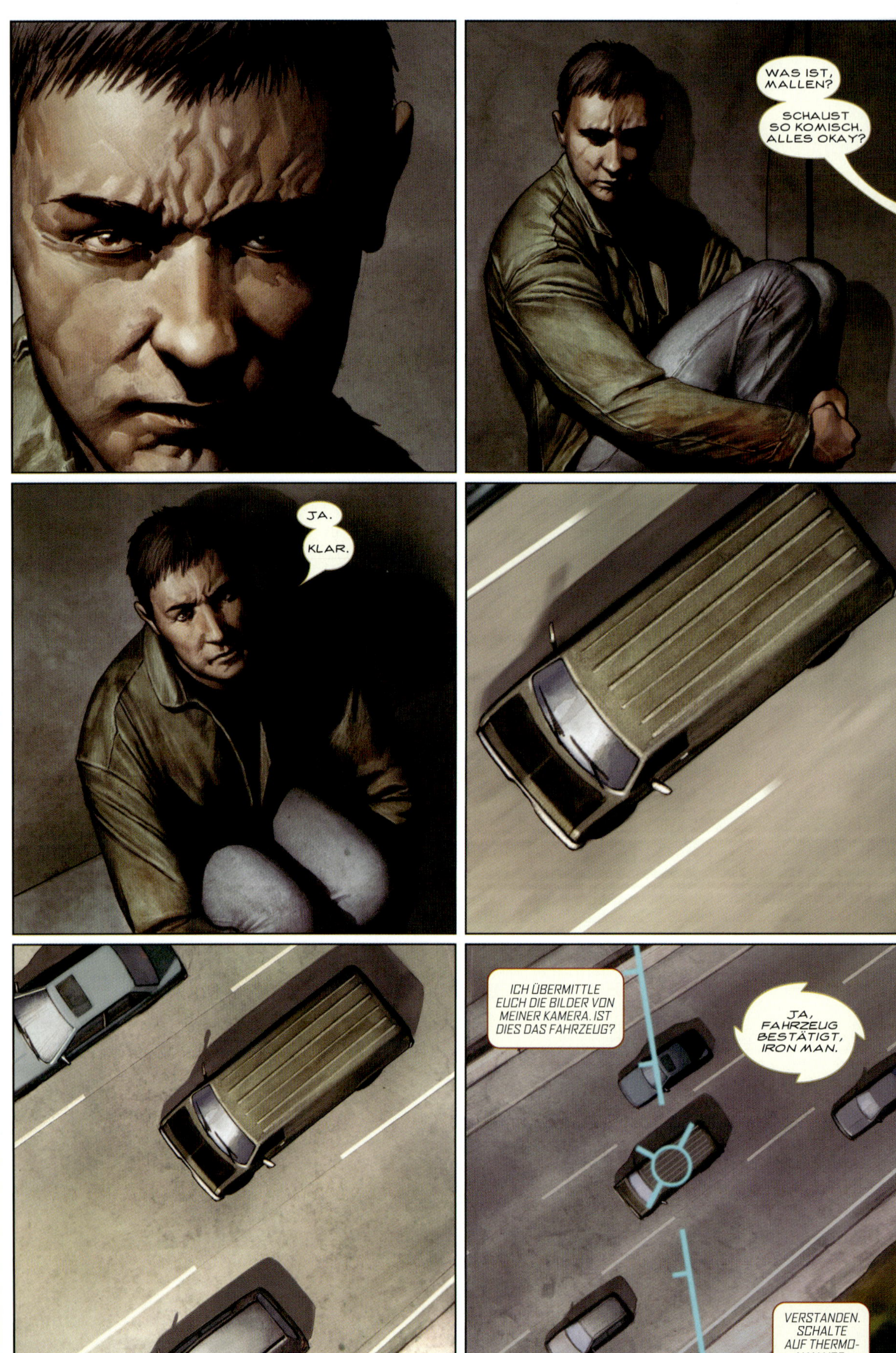
WAS IST, MALLEN?
SCHAUST SO KOMISCH. ALLES OKAY?
JA.
KLAR.
ICH ÜBERMITTLE EUCH DIE BILDER VON MEINER KAMERA. IST DIES DAS FAHRZEUG?
JA, FAHRZEUG BESTÄTIGT, IRON MAN.
VERSTANDEN. SCHALTE AUF THERMO-ANALYSE...

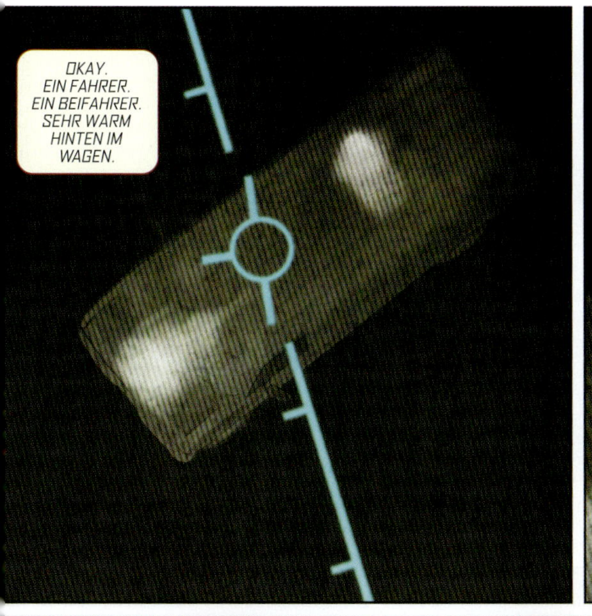
OKAY.
EIN FAHRER.
EIN BEIFAHRER.
SEHR WARM
HINTEN IM
WAGEN.

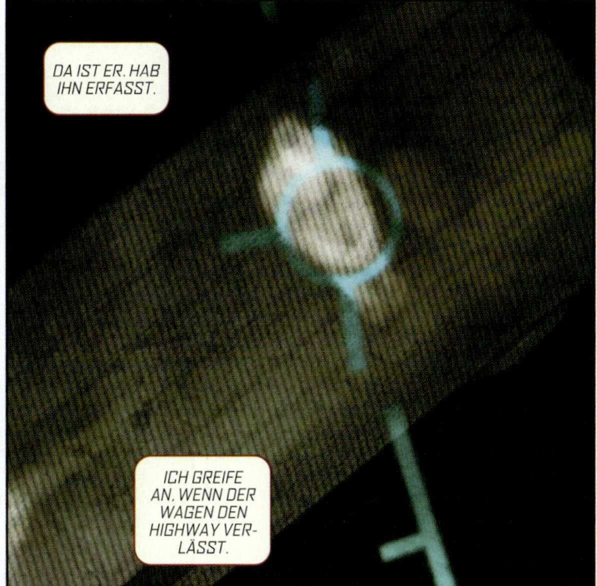
DA IST ER. HAB
IHN ERFASST.
ICH GREIFE
AN, WENN DER
WAGEN DEN
HIGHWAY VER-
LÄSST.

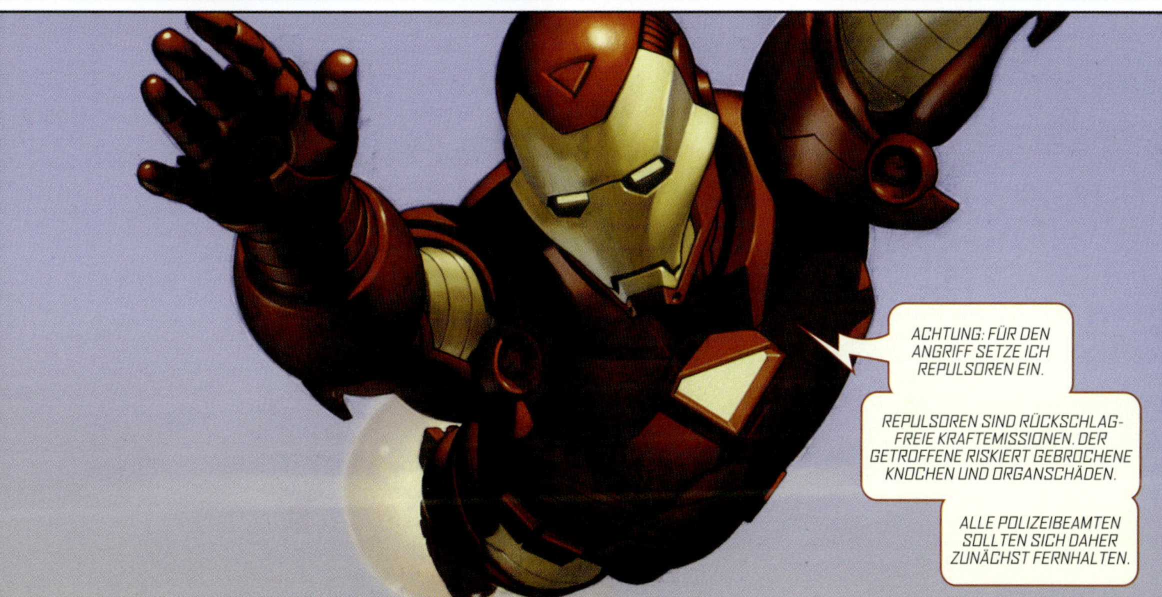
ACHTUNG: FÜR DEN
ANGRIFF SETZE ICH
REPULSOREN EIN.
REPULSOREN SIND RÜCKSCHLAG-
FREIE KRAFTEMISSIONEN. DER
GETROFFENE RISKIERT GEBROCHENE
KNOCHEN UND ORGANSCHÄDEN.
ALLE POLIZEIBEAMTEN
SOLLTEN SICH DAHER
ZUNÄCHST FERNHALTEN.

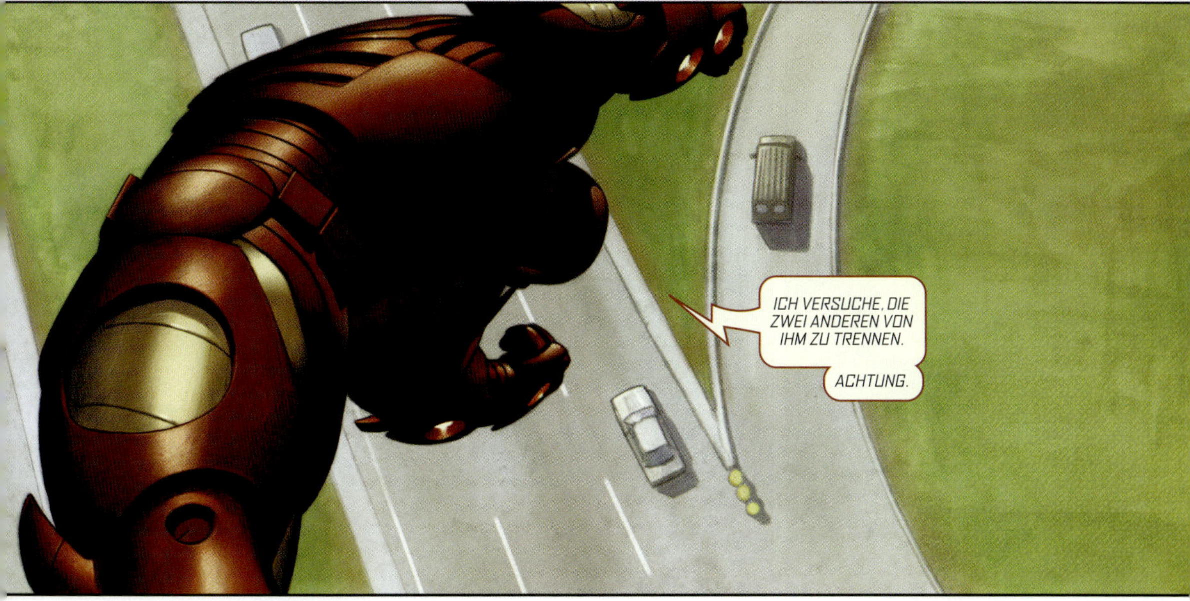
ICH VERSUCHE, DIE
ZWEI ANDEREN VON
IHM ZU TRENNEN.
ACHTUNG.

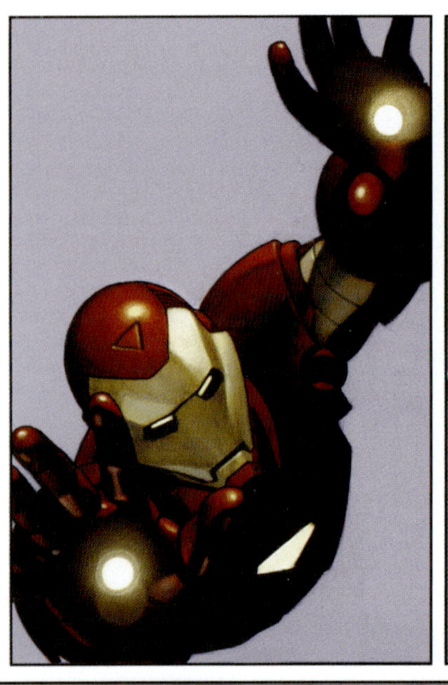

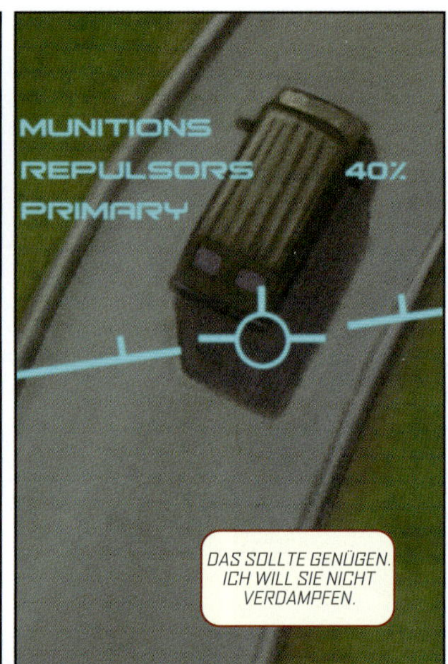

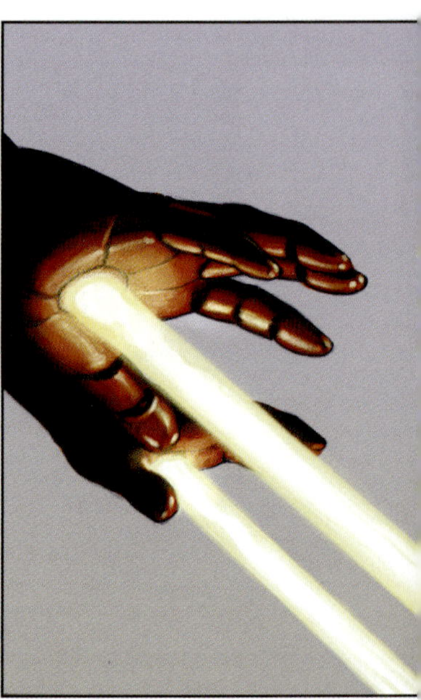

WAFFEN – REPULSOREN 40% – AKTIVIERT

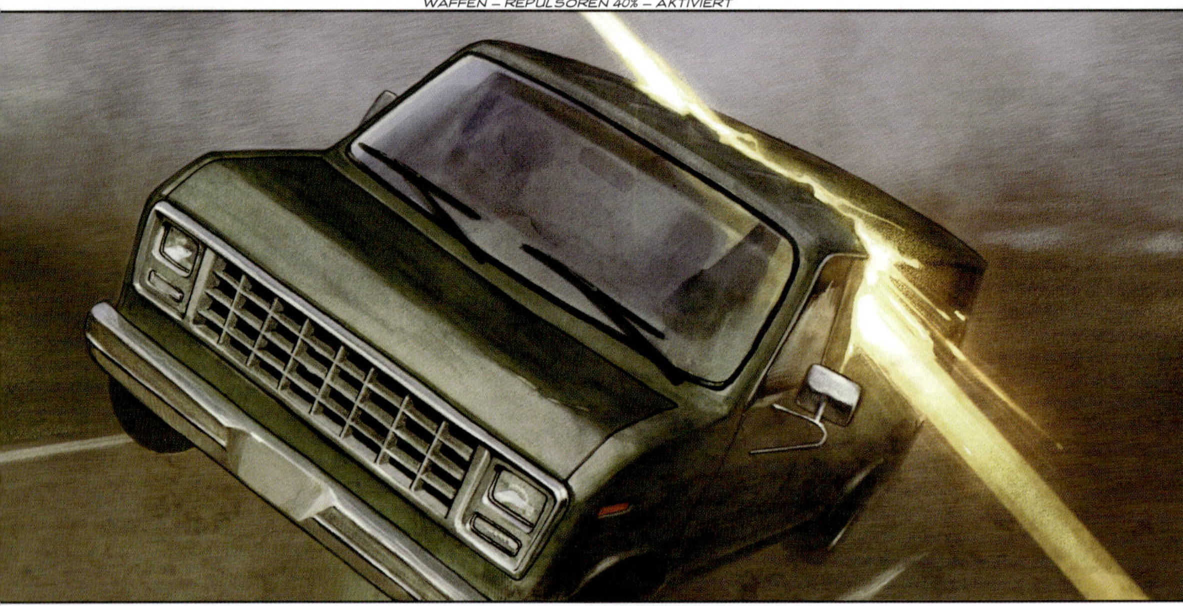

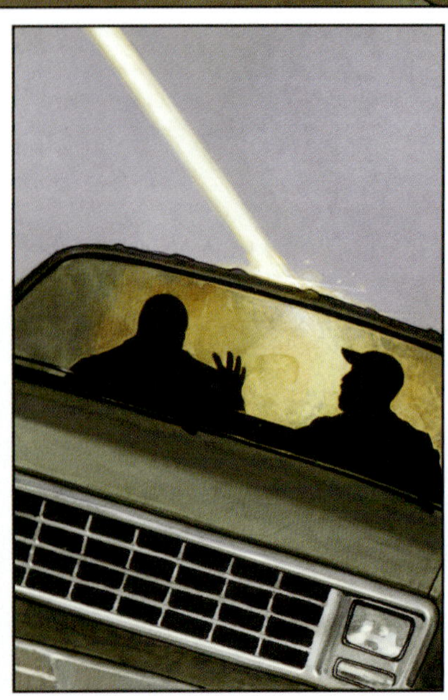

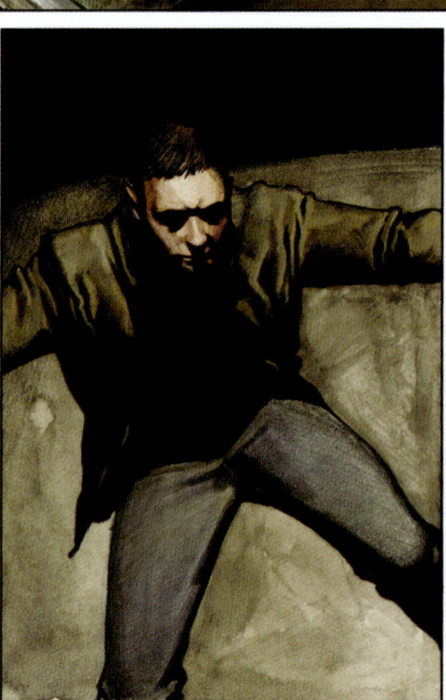

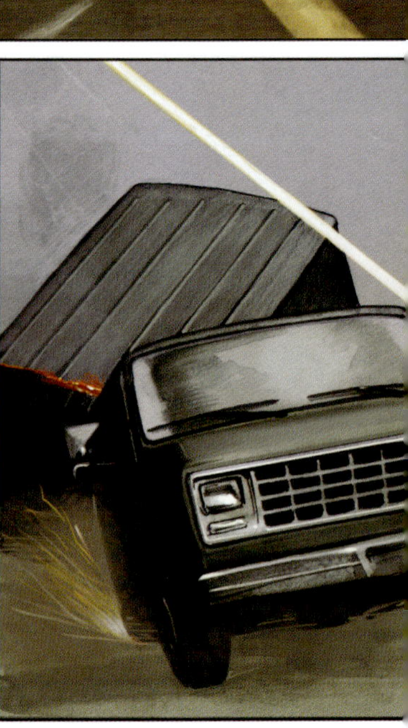

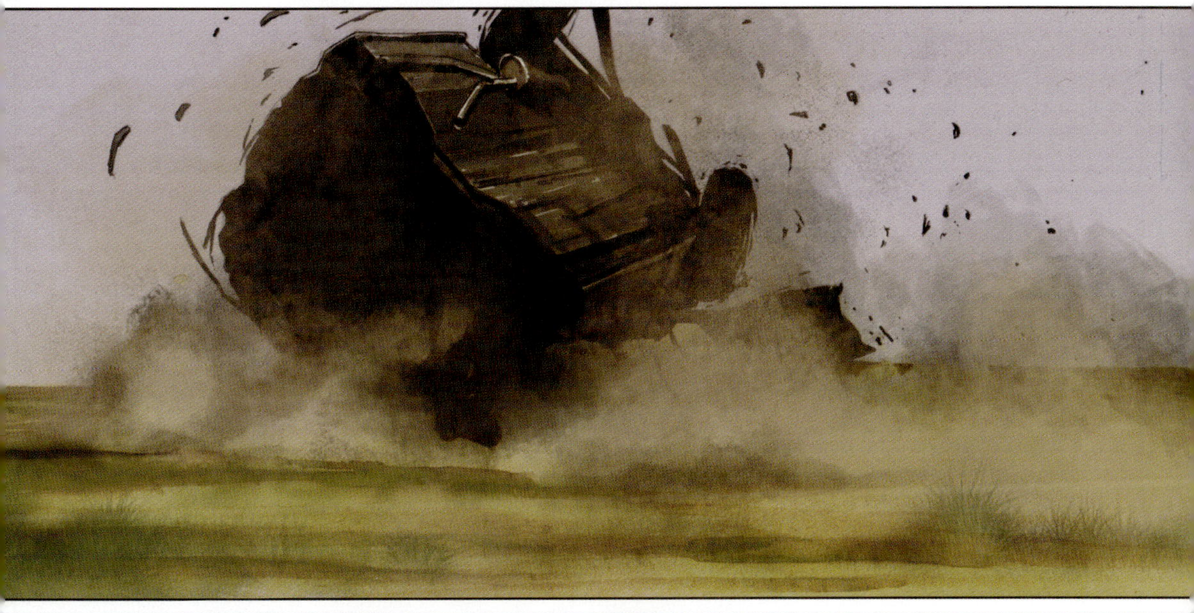

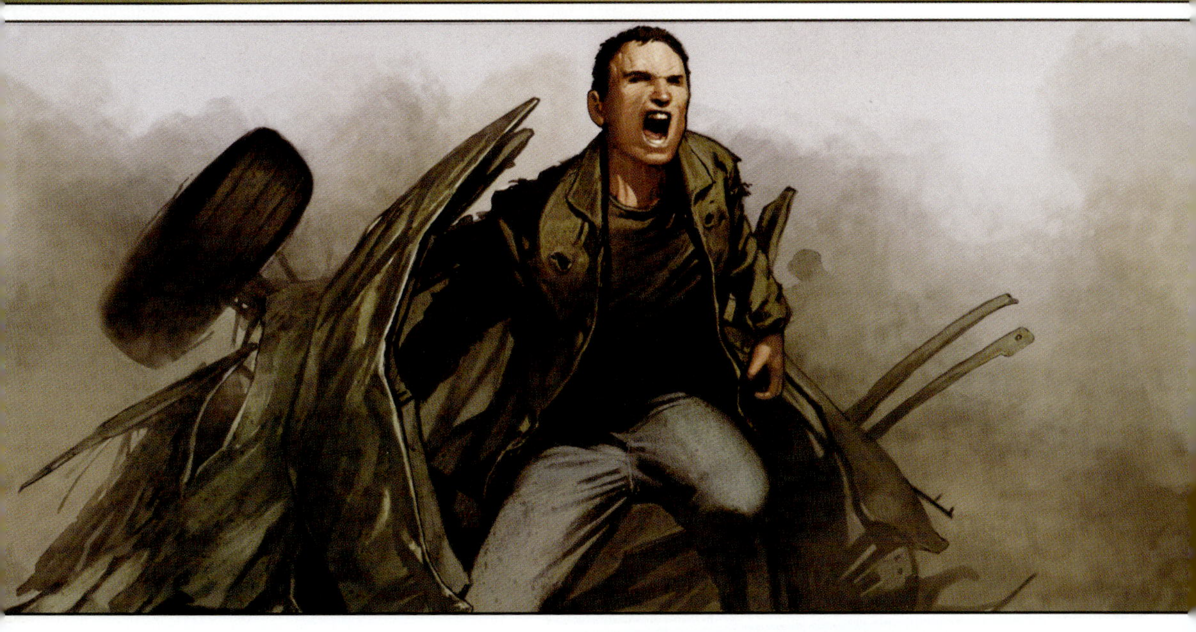

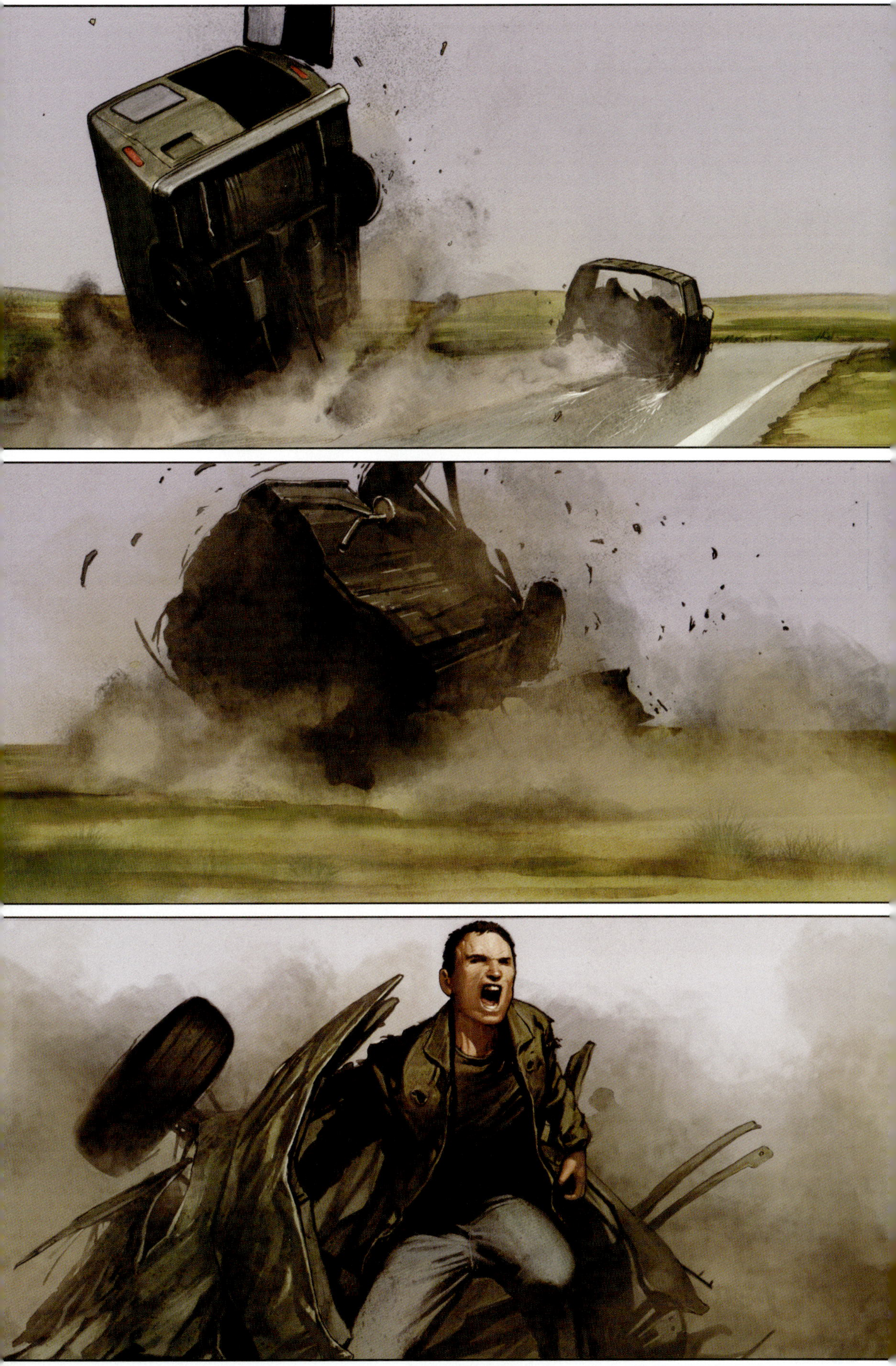

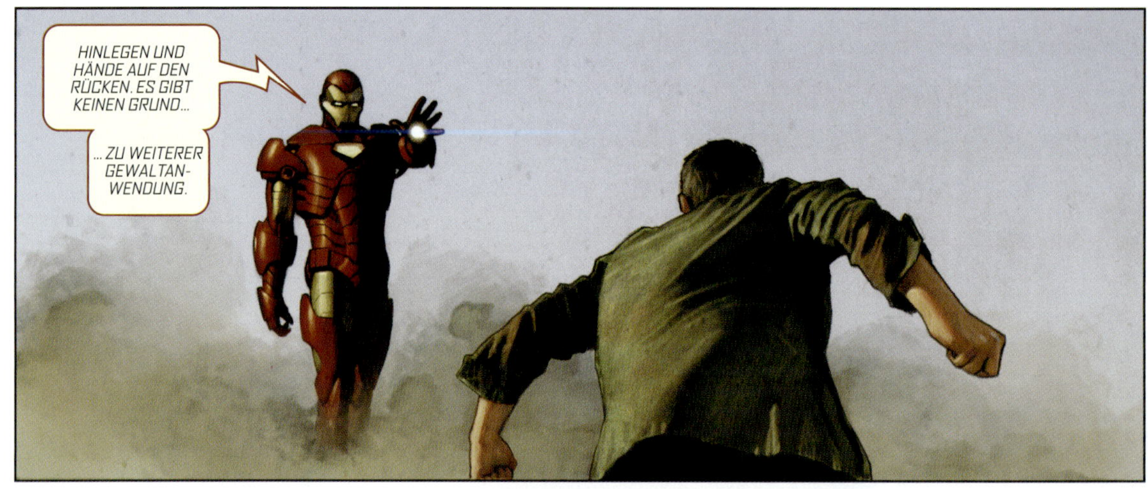

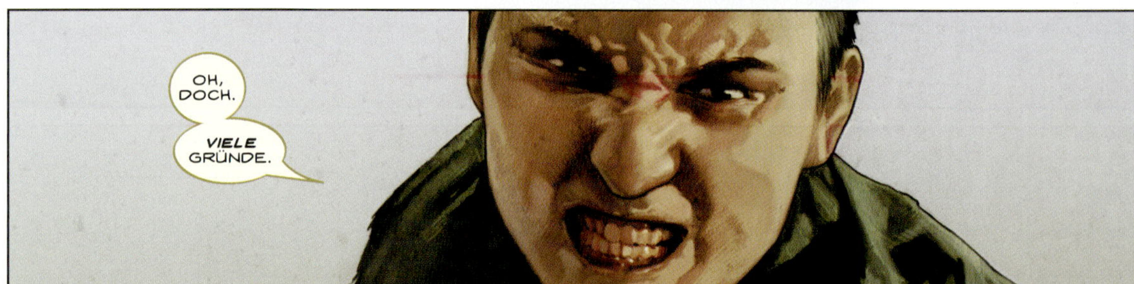

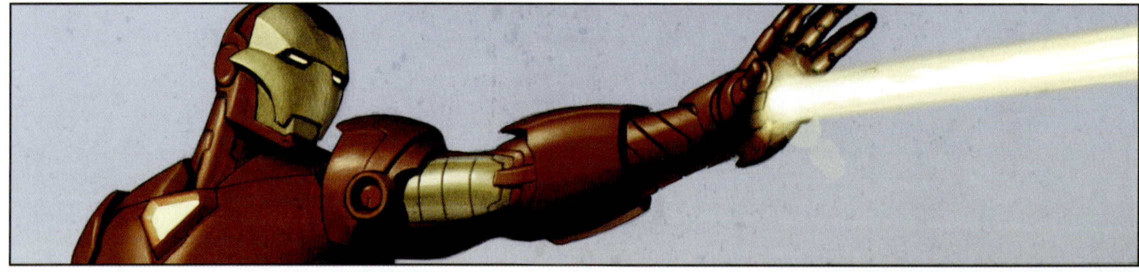

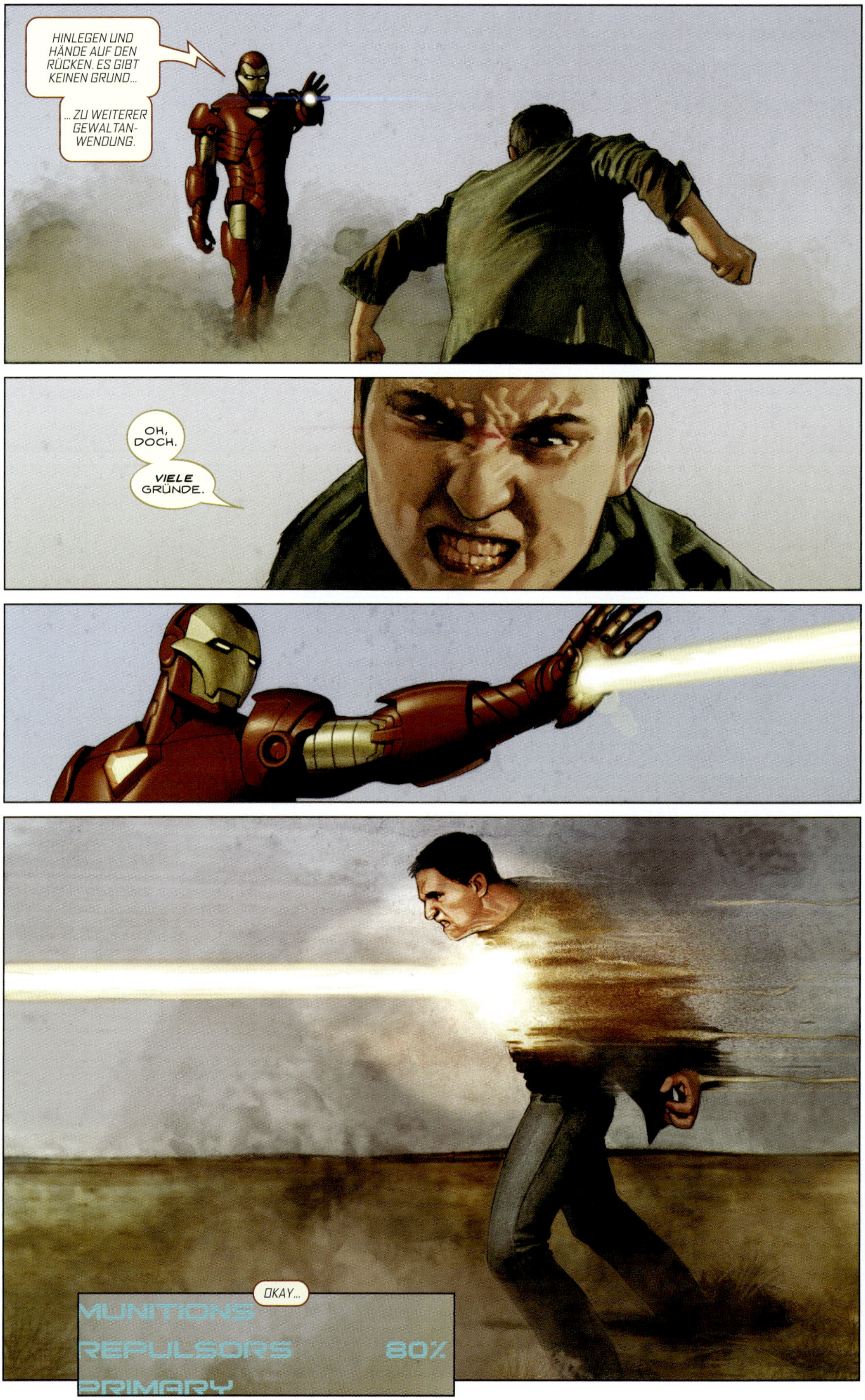

OKAY...

MUNITIONS

REPULSORS 80%

PRIMARY

WAFFEN – REPULSOREN 80% – AKTIVIERT

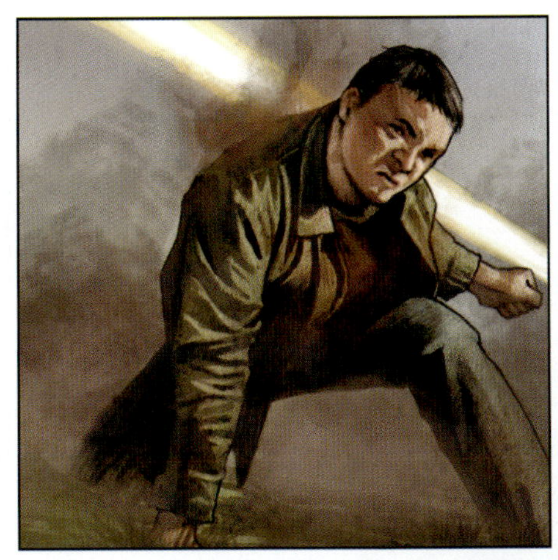
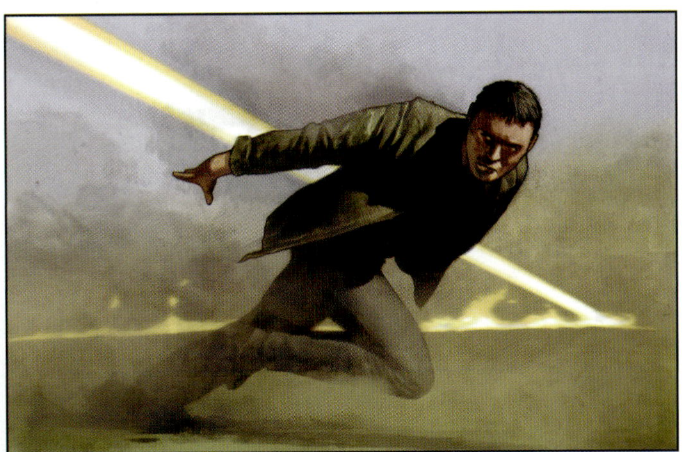
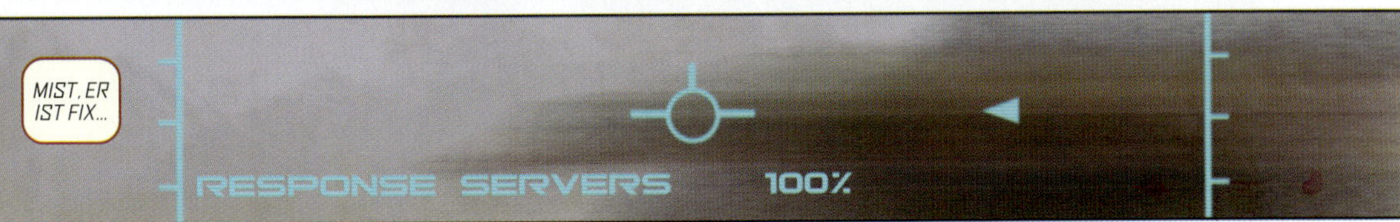

REAKTIONSSERVER 100%

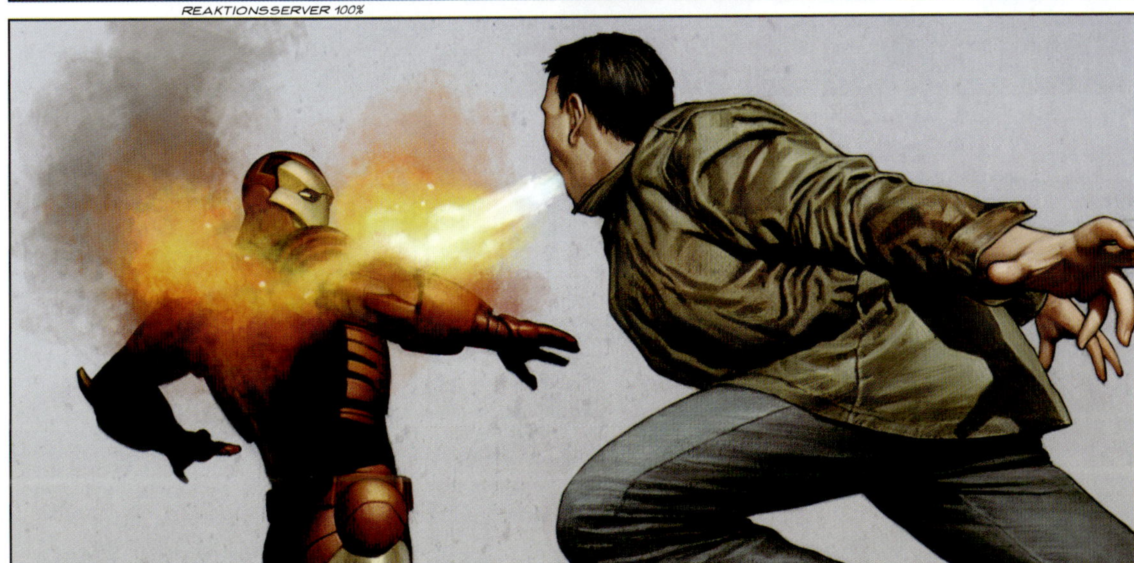
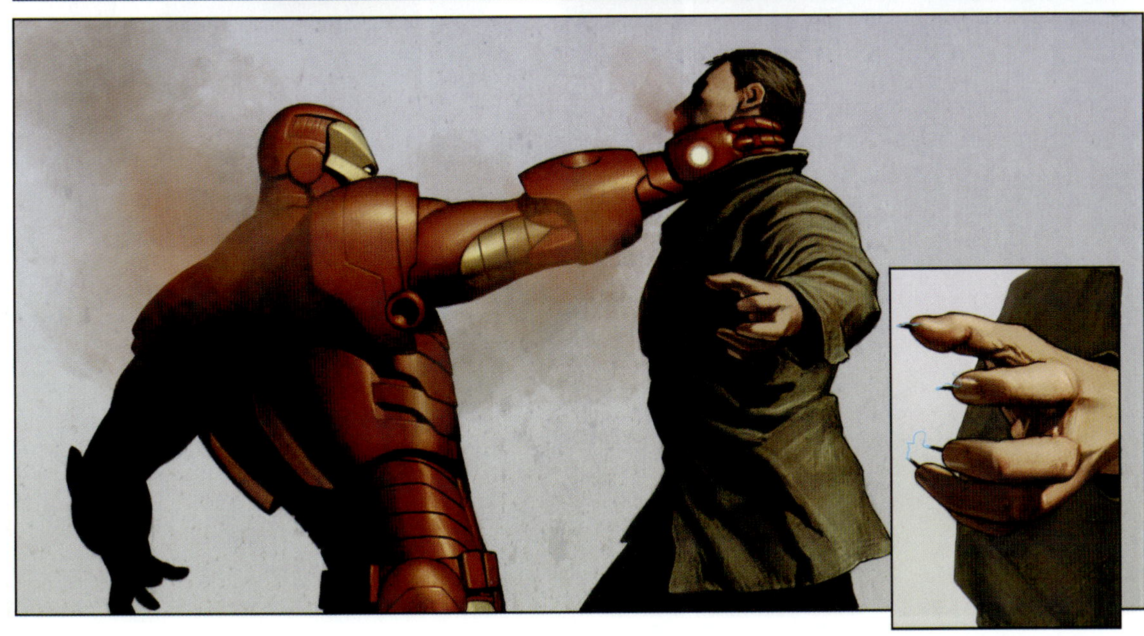

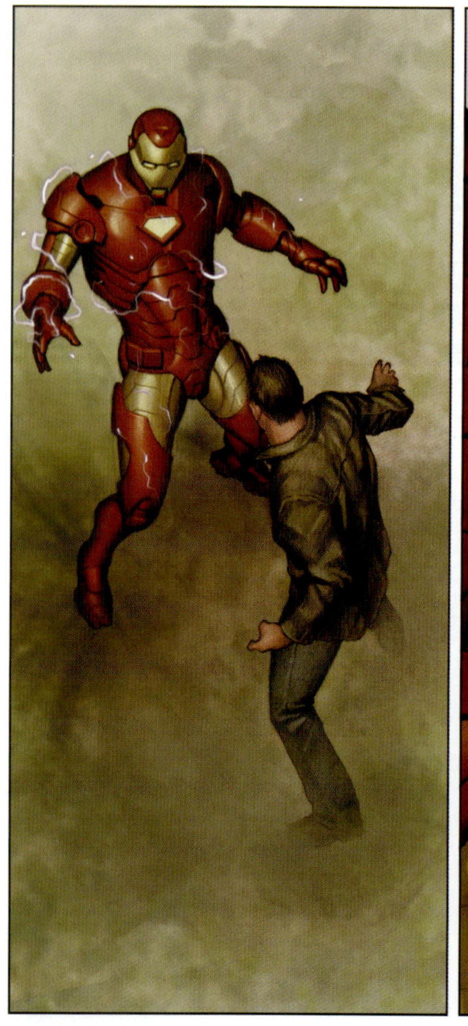

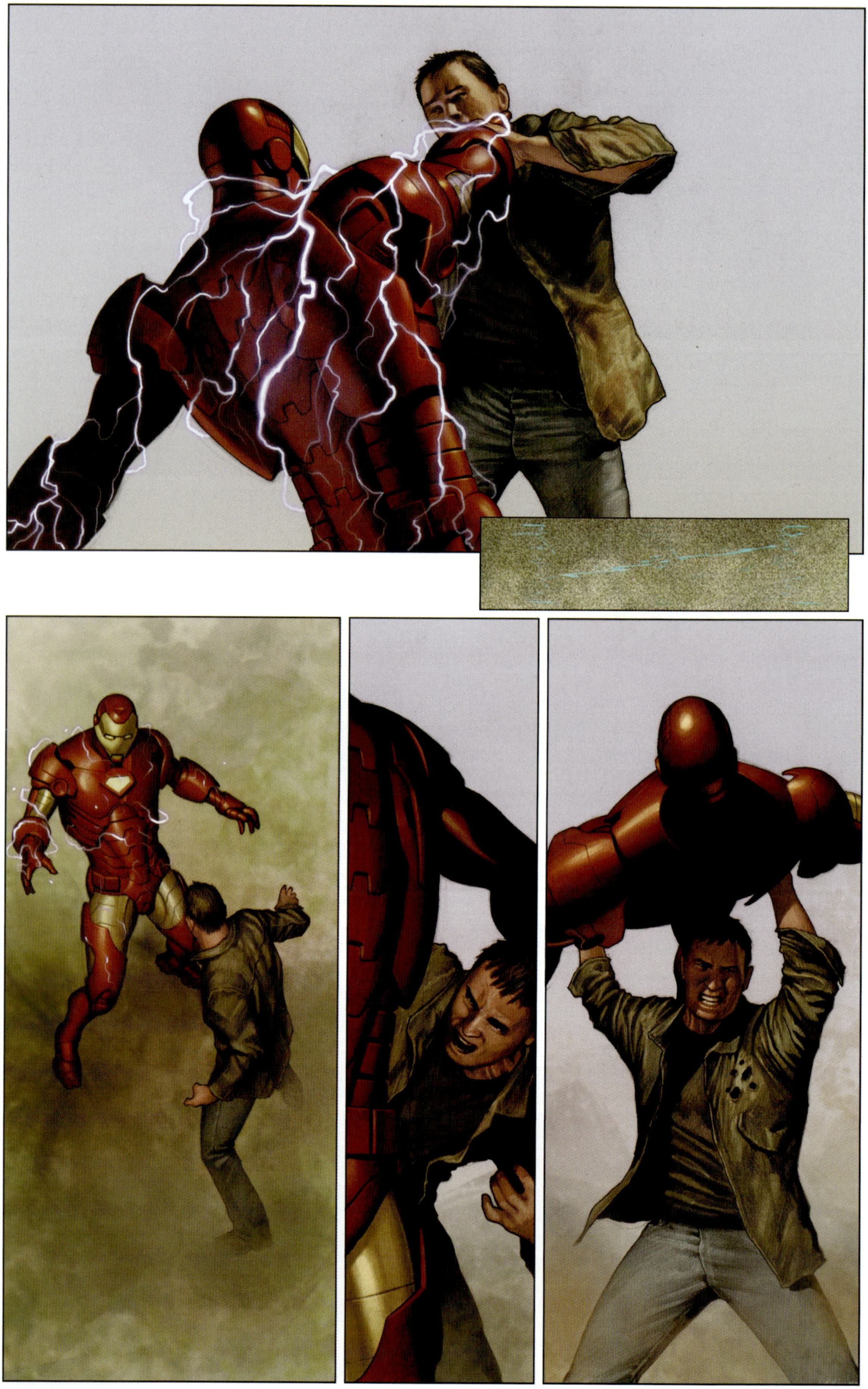

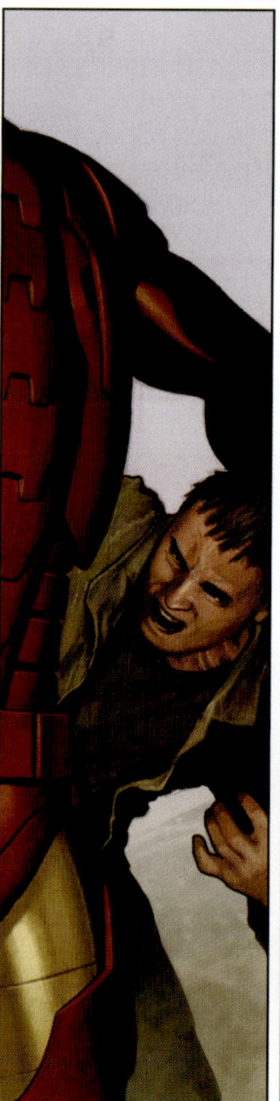

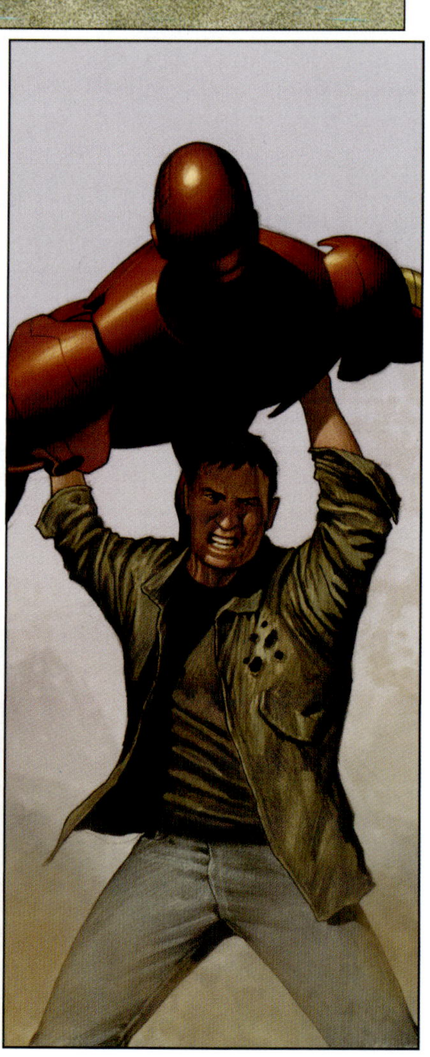

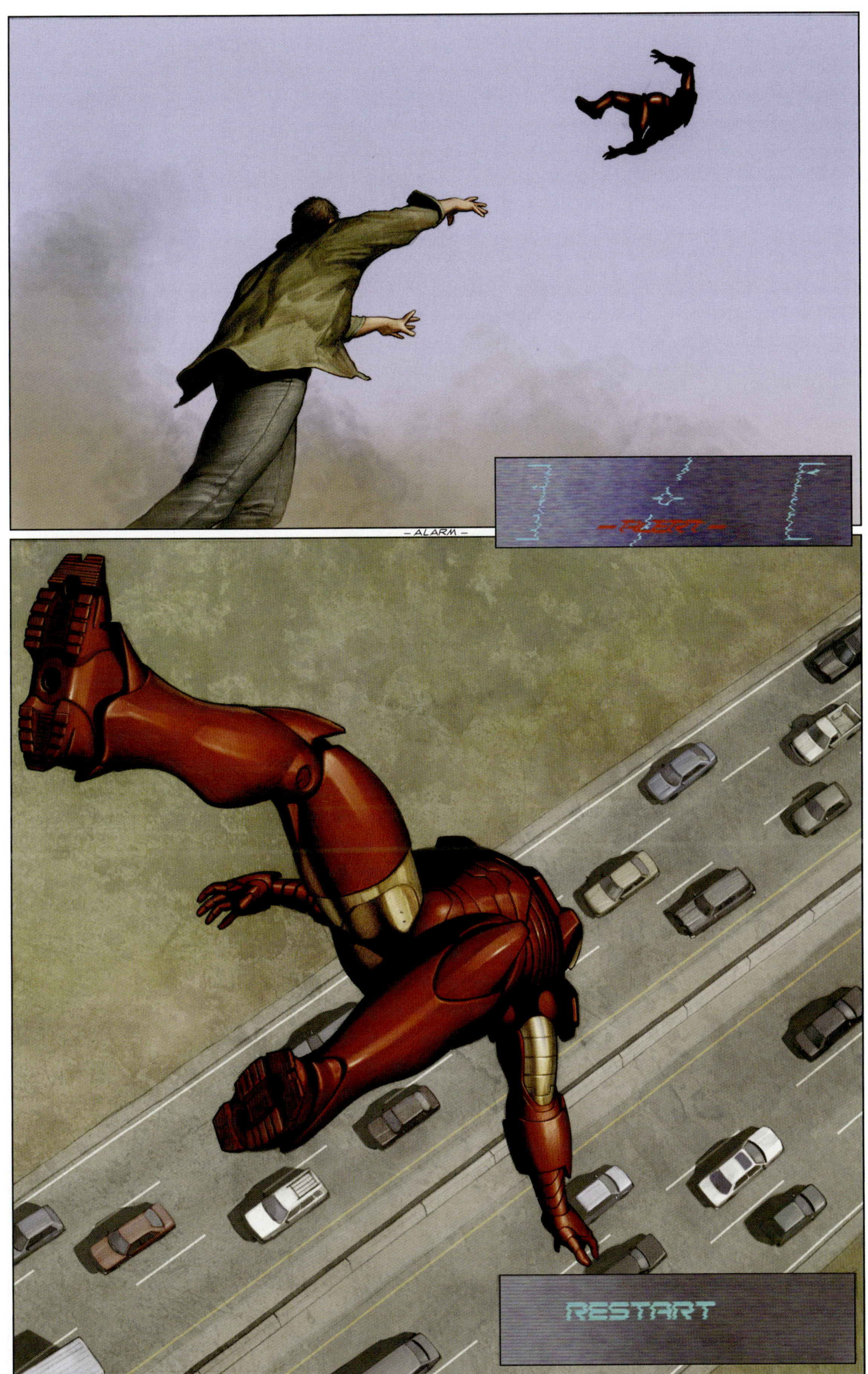
-ALERT-
- ALARM -
RESTART
NEUSTART

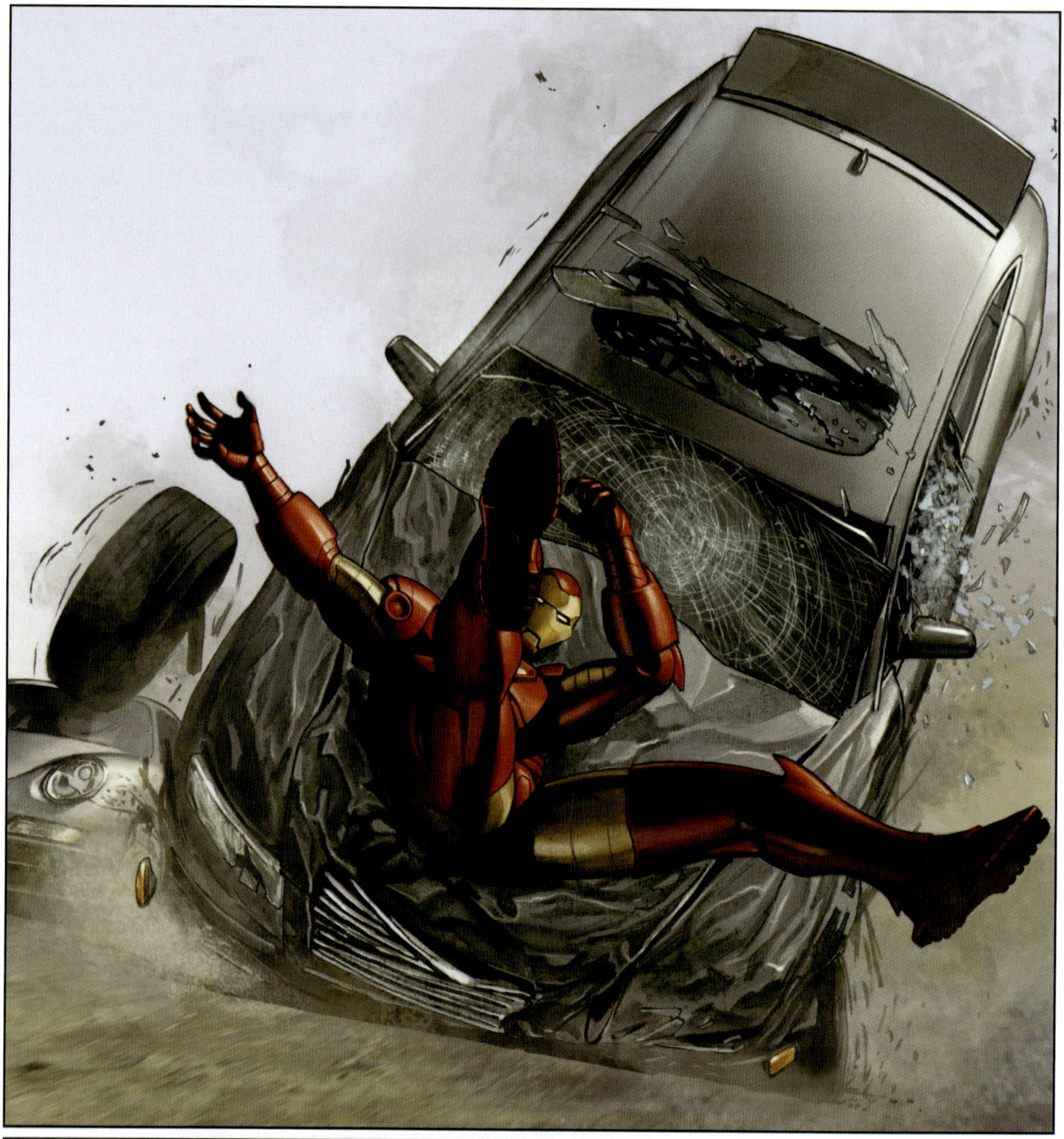

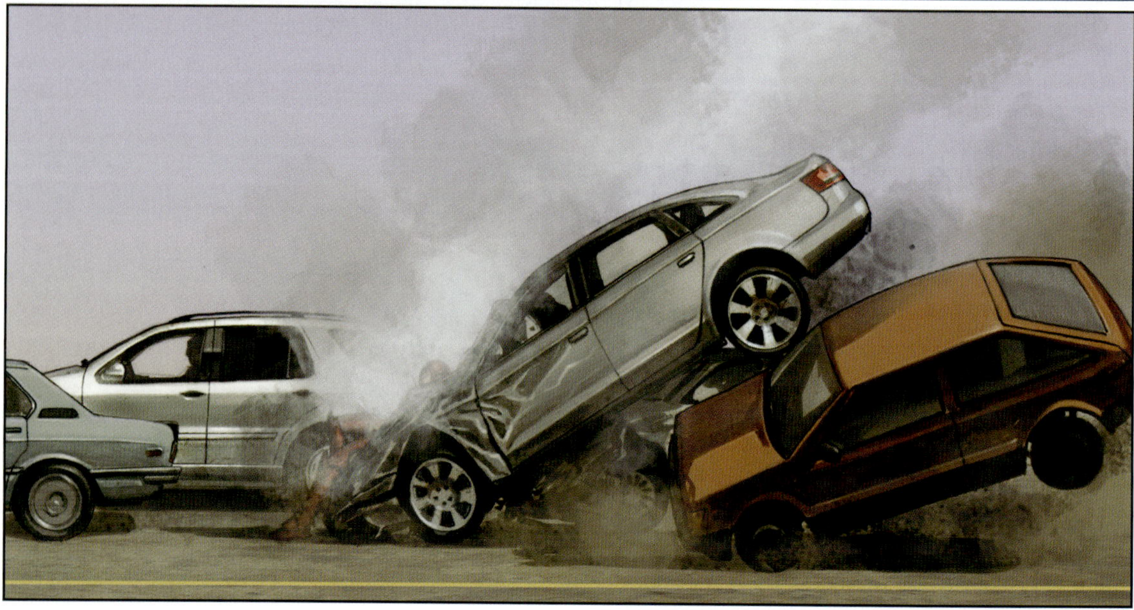

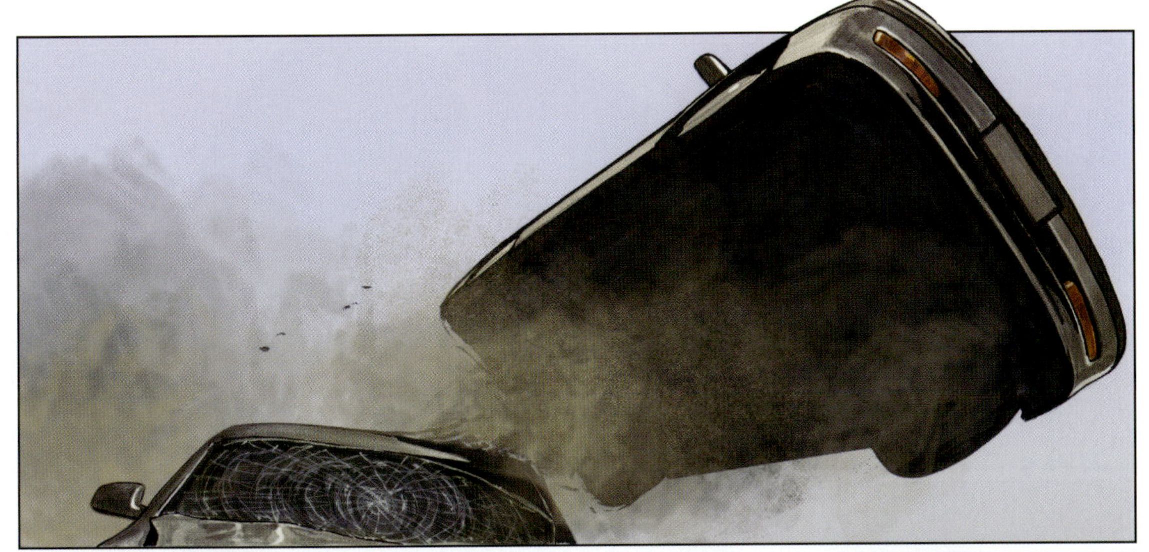

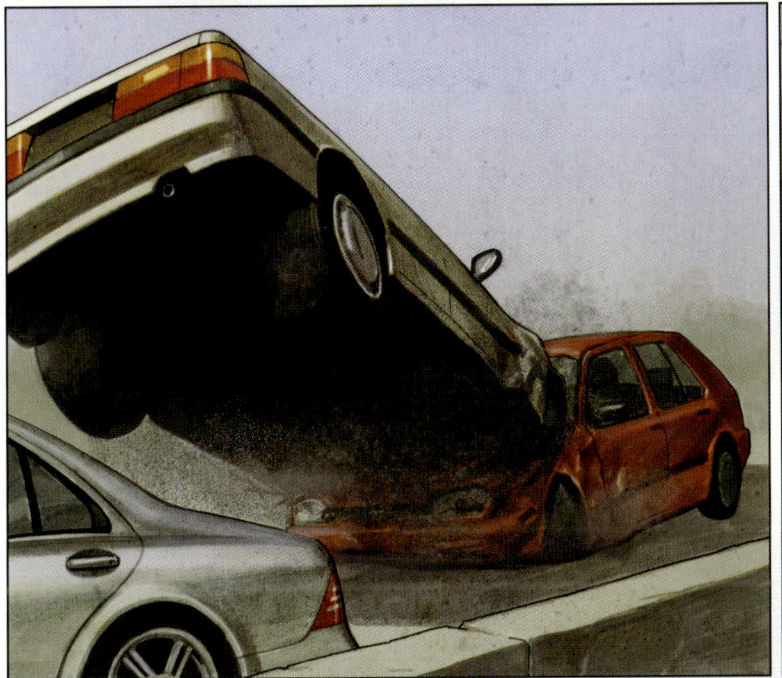

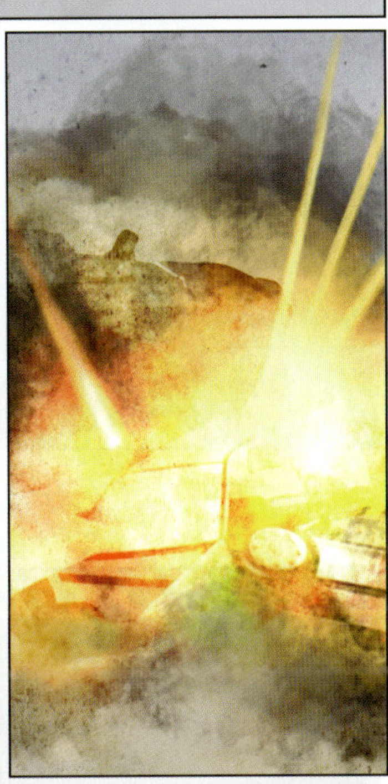

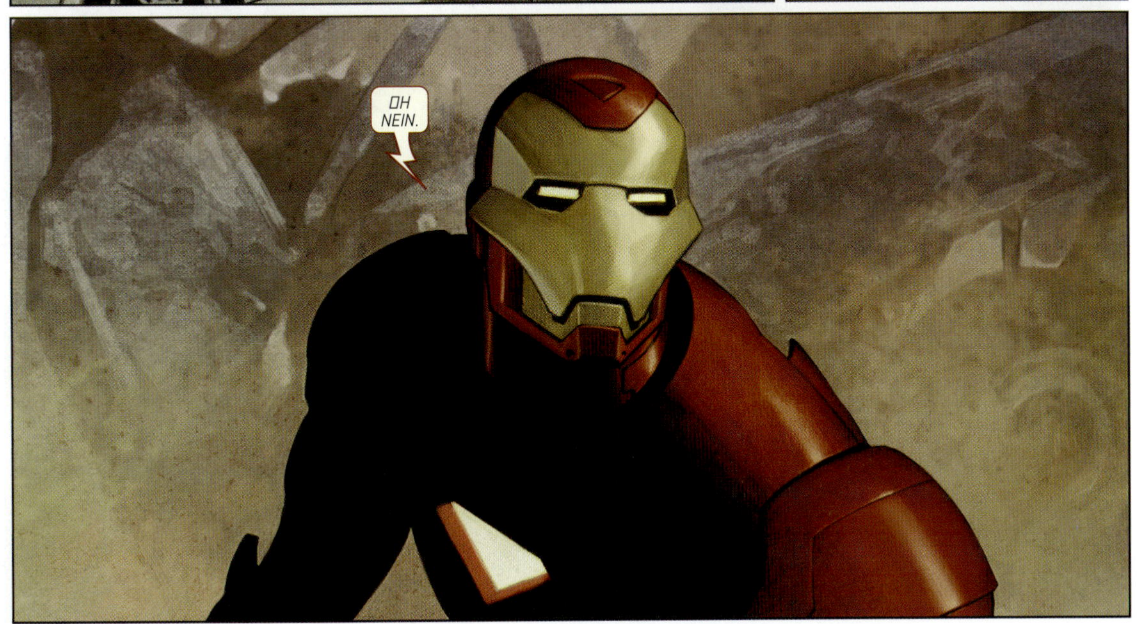
OH NEIN.

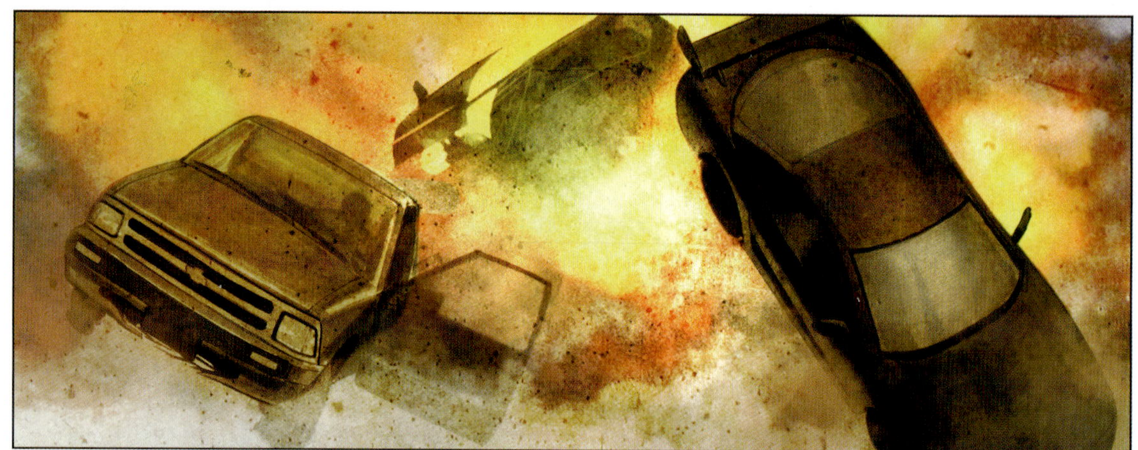

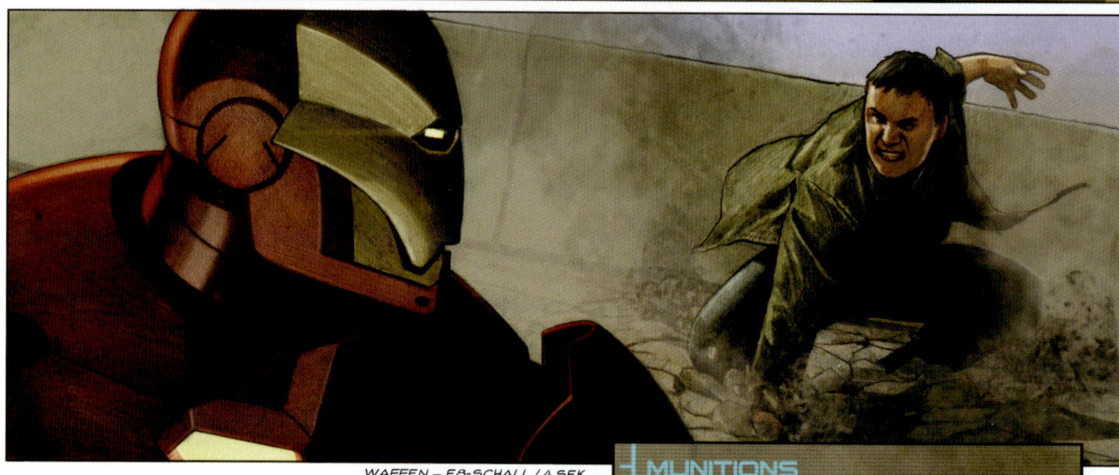

WAFFEN – E8-SCHALL / 4 SEK.

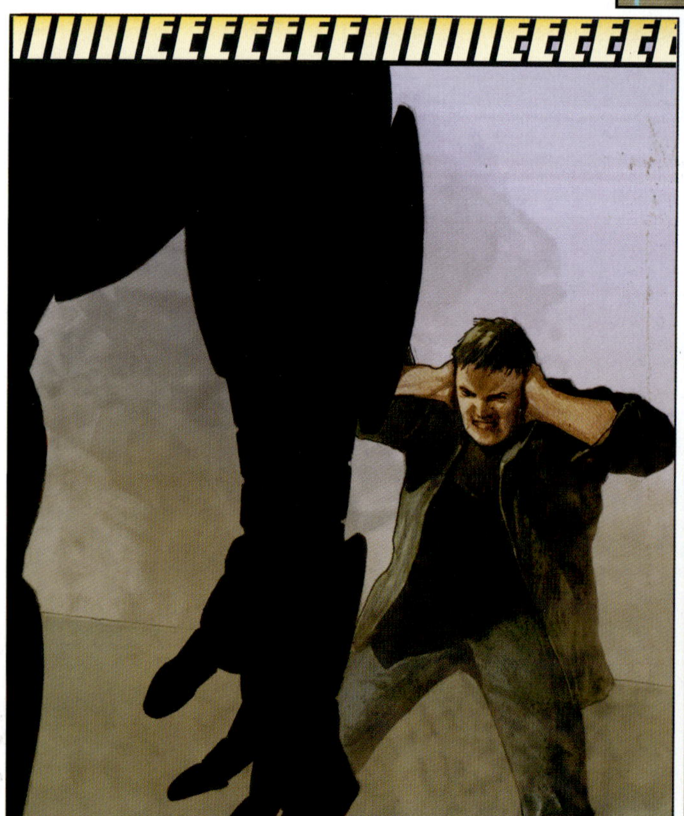

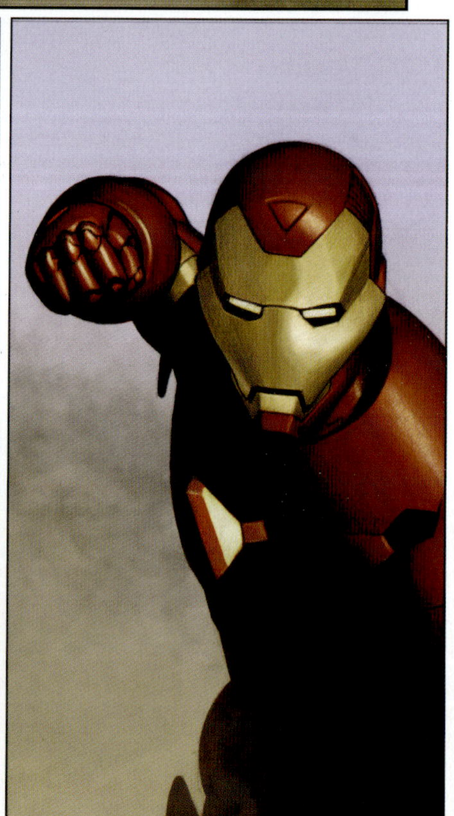

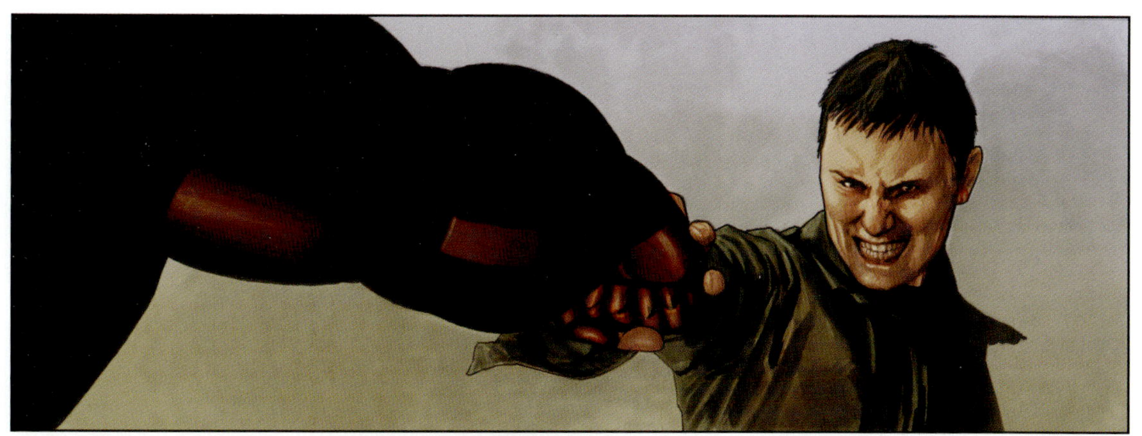

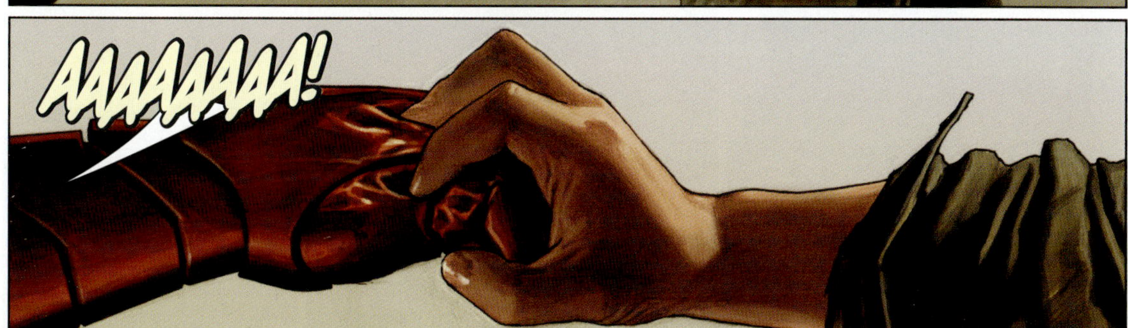
AAAAAAAA!

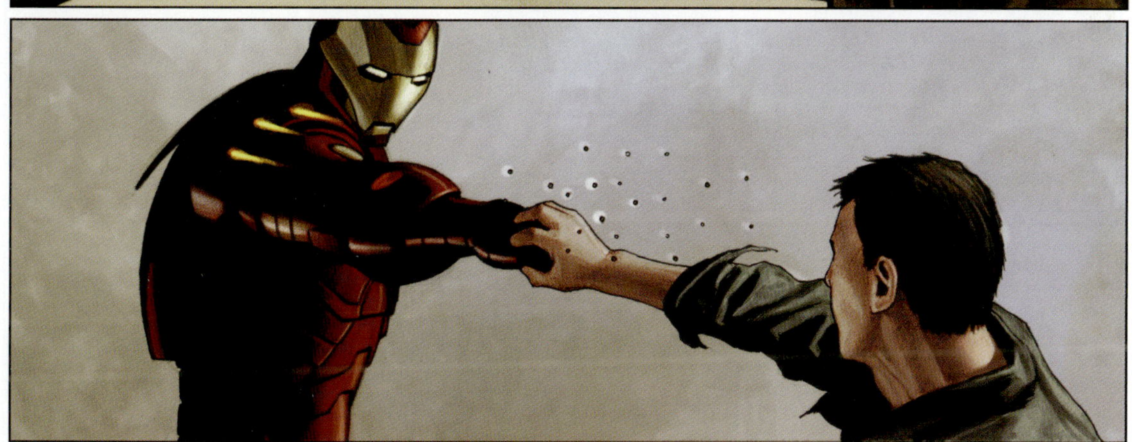

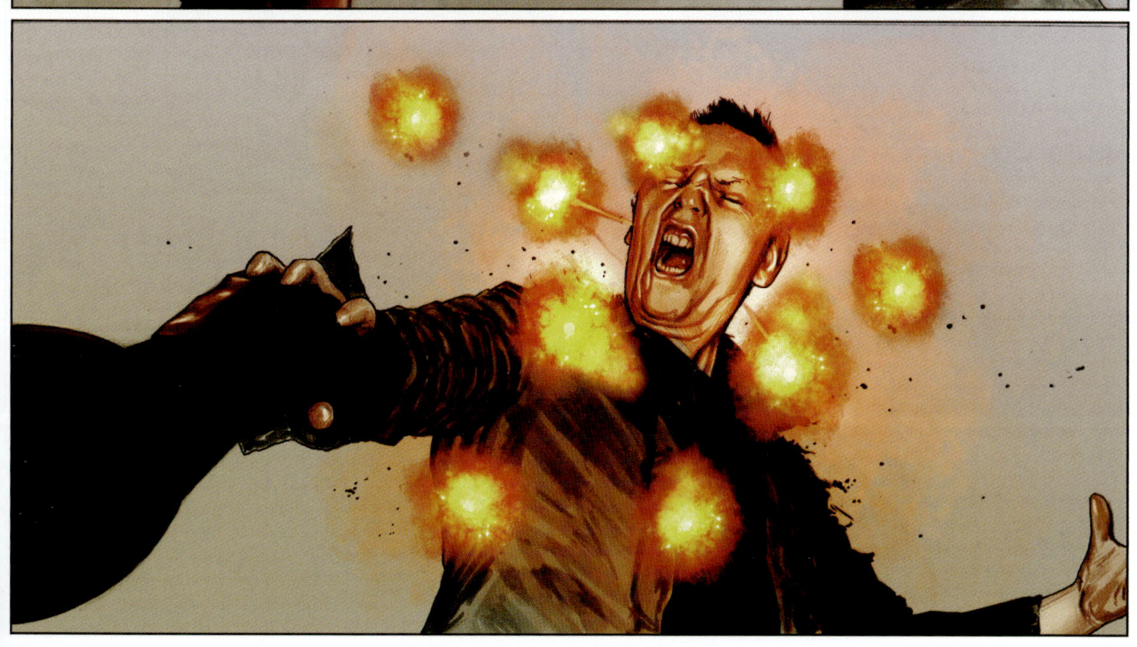

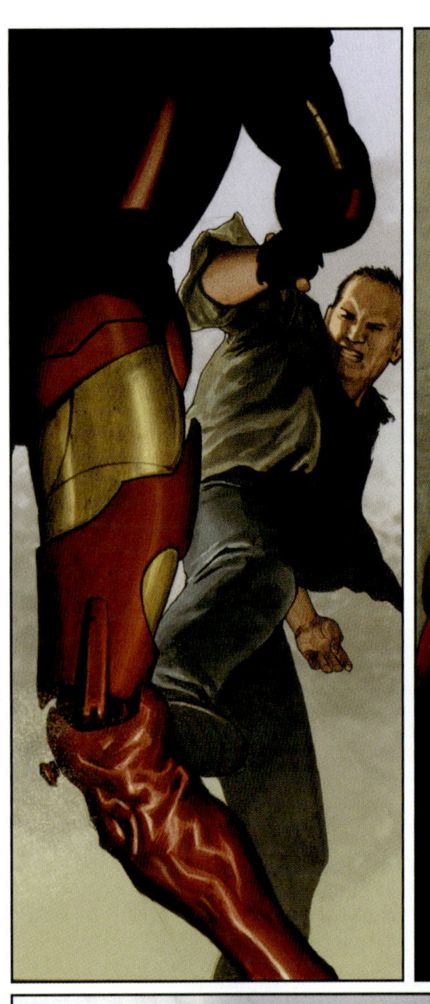
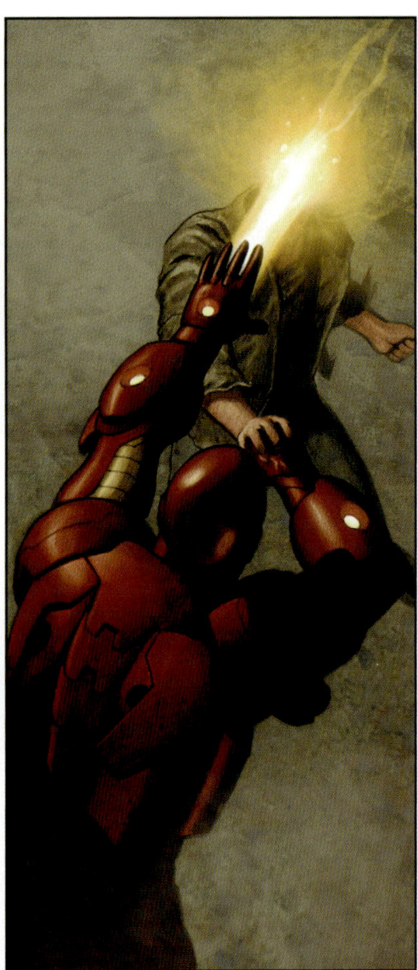
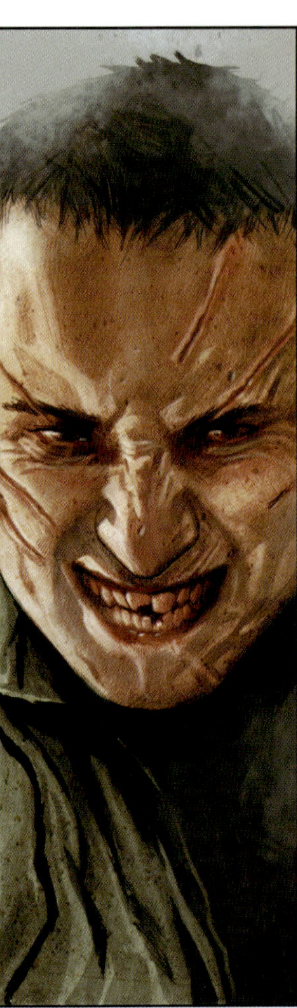
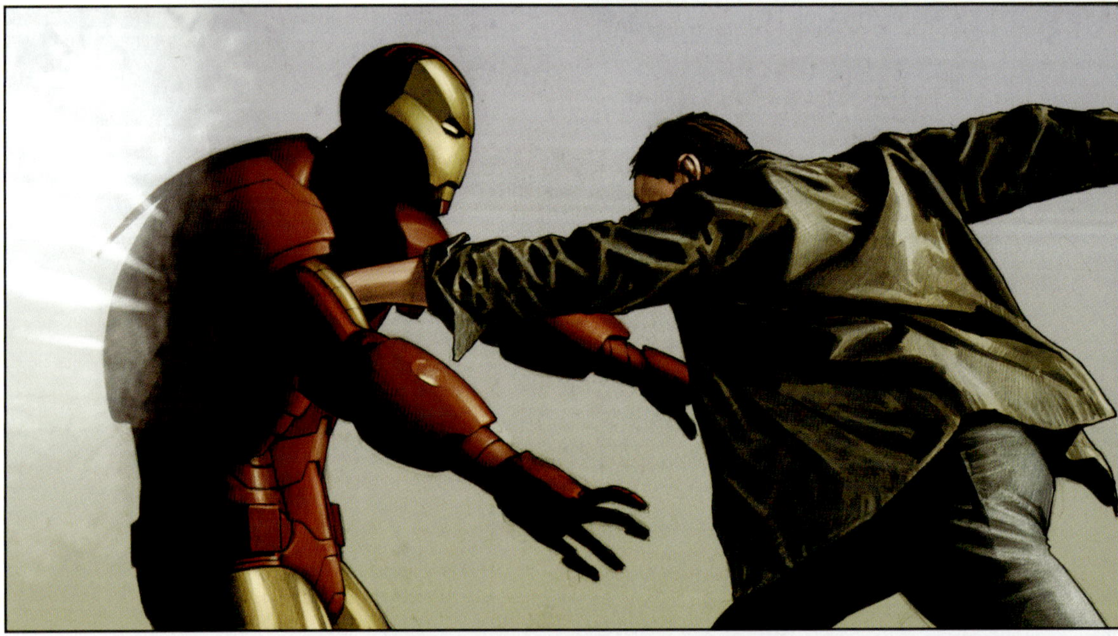
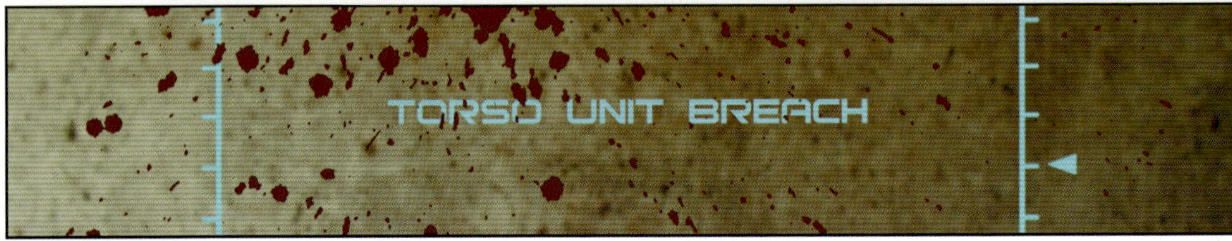

BRUSTPLATTE: FRAKTUR

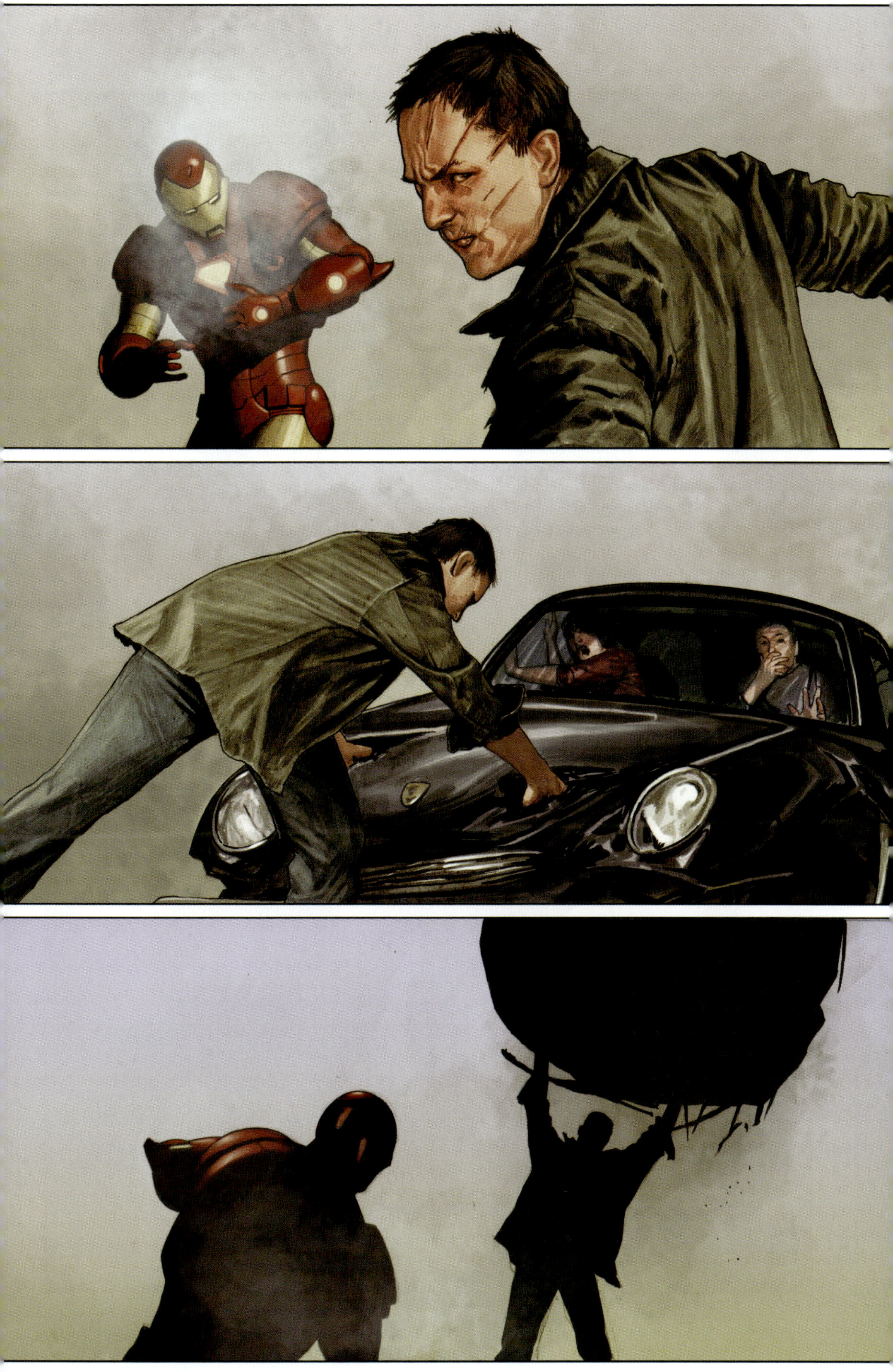

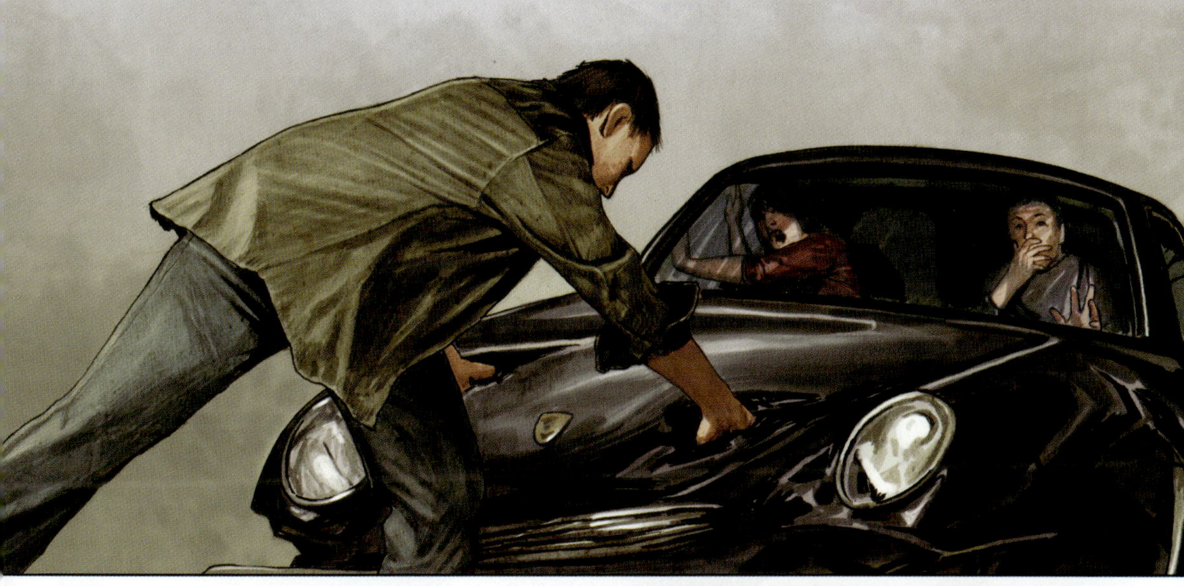

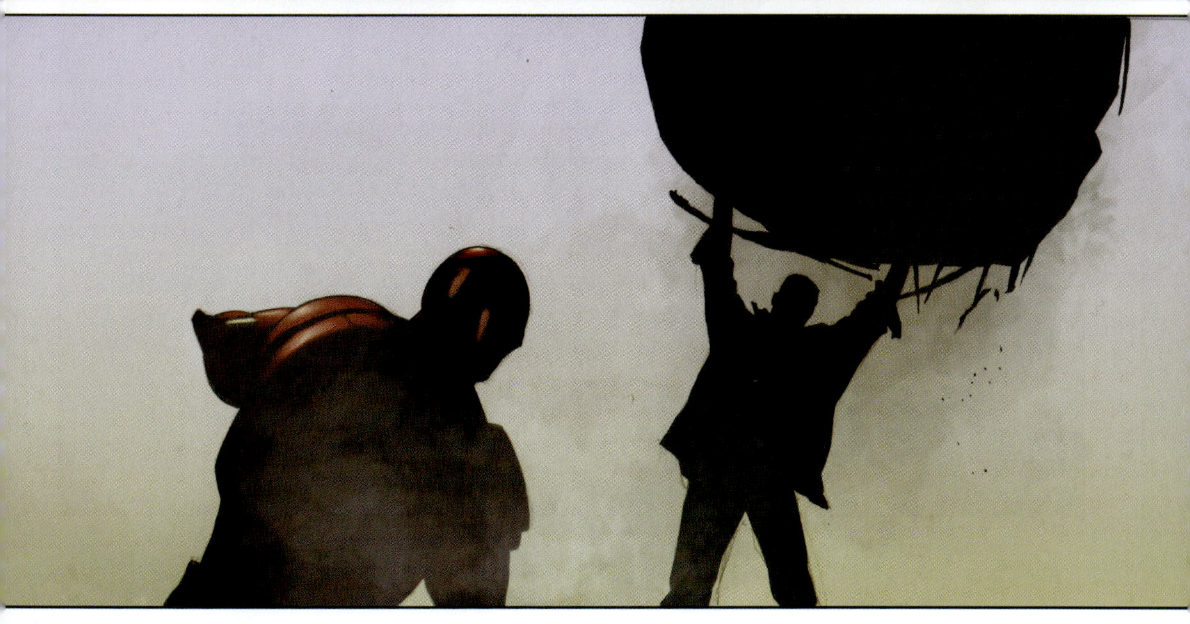

EXTREMIS, TEIL 4

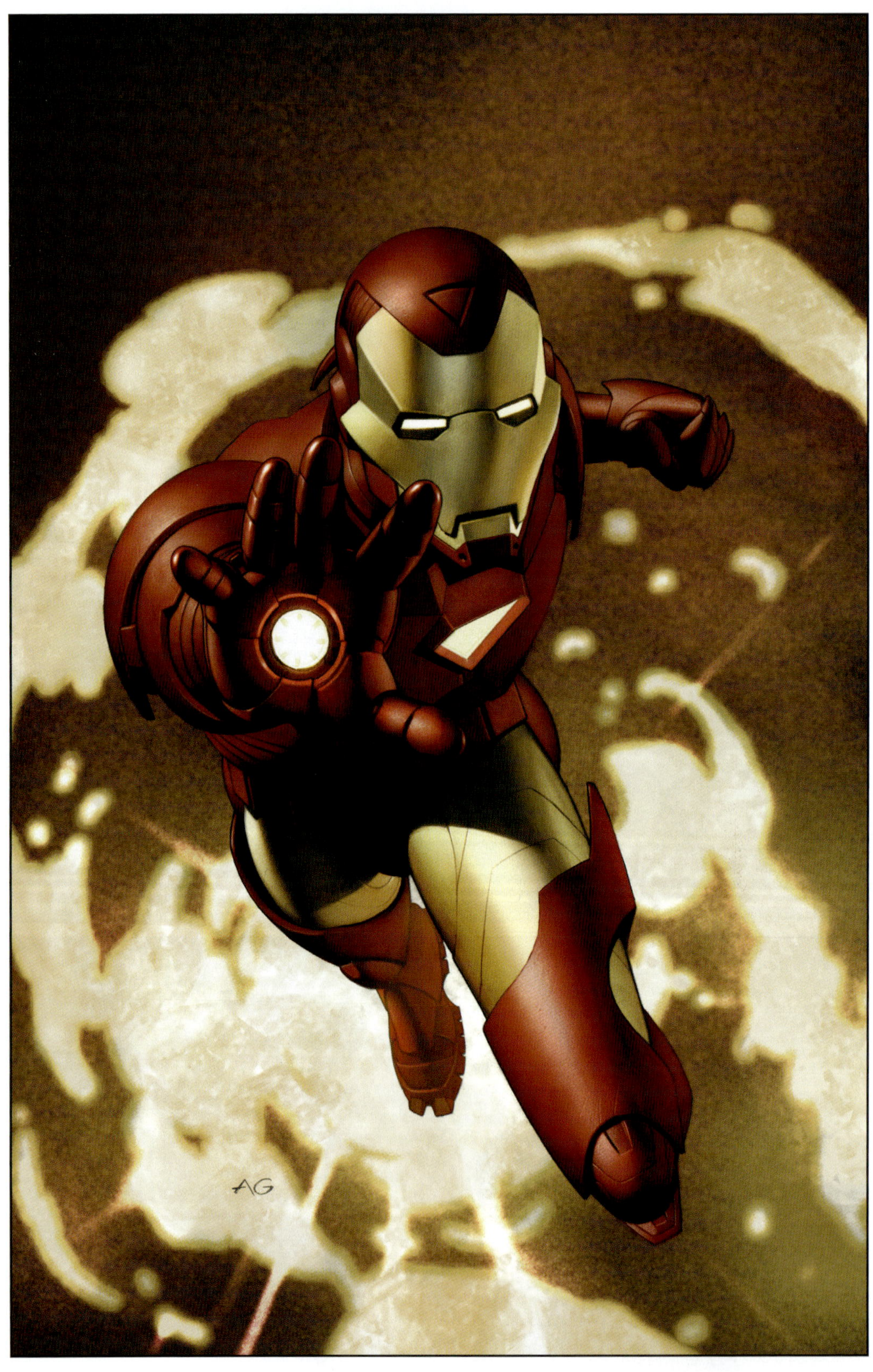

Iron Man (2005) 4
Cover von **ADI GRANOV**

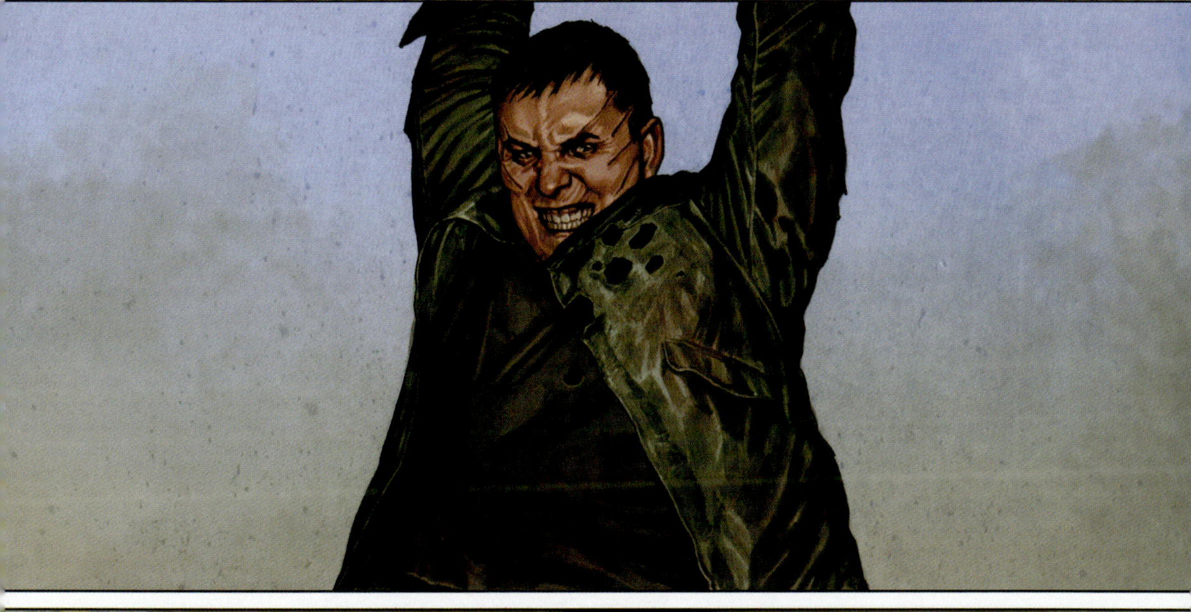

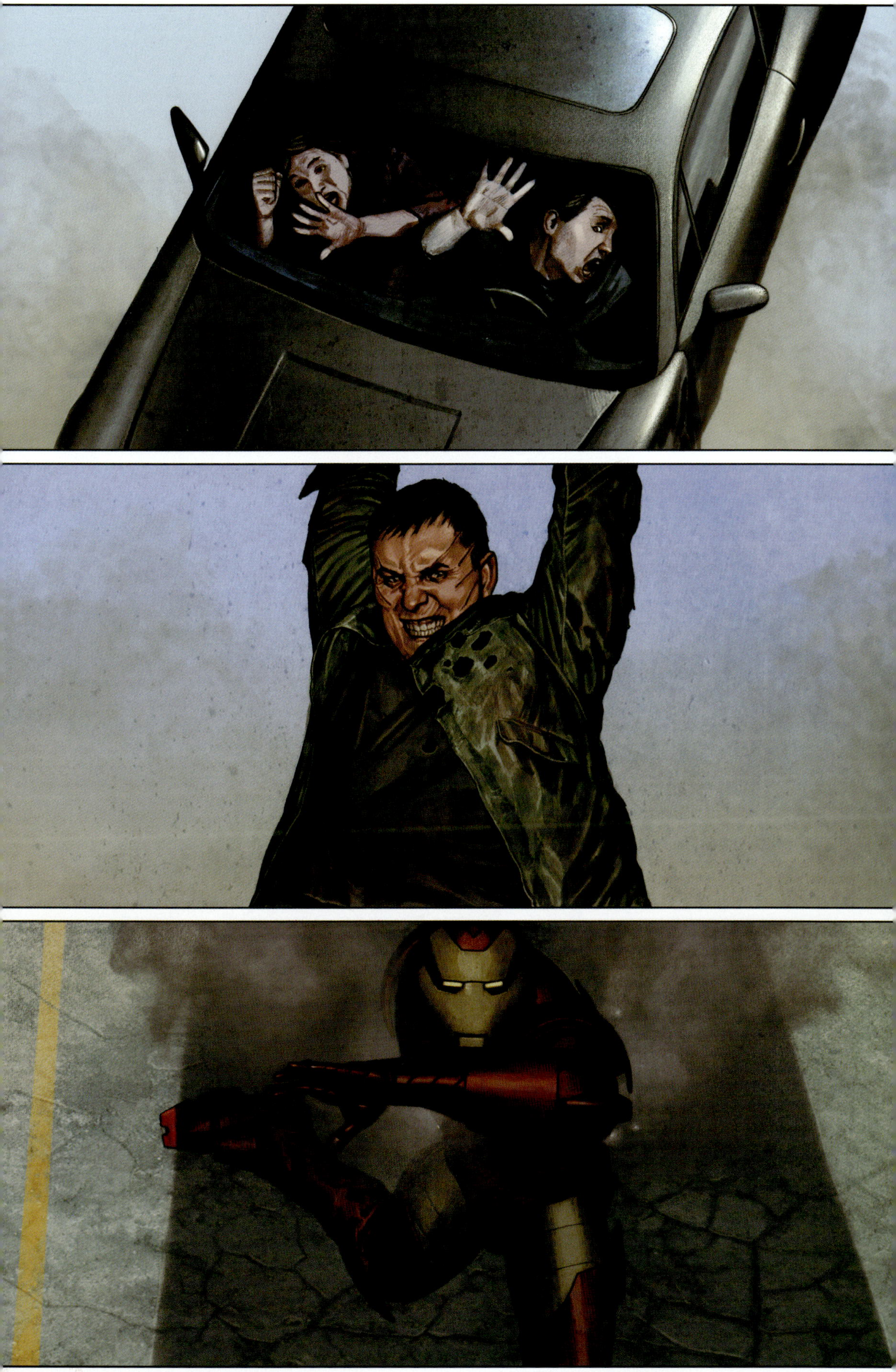

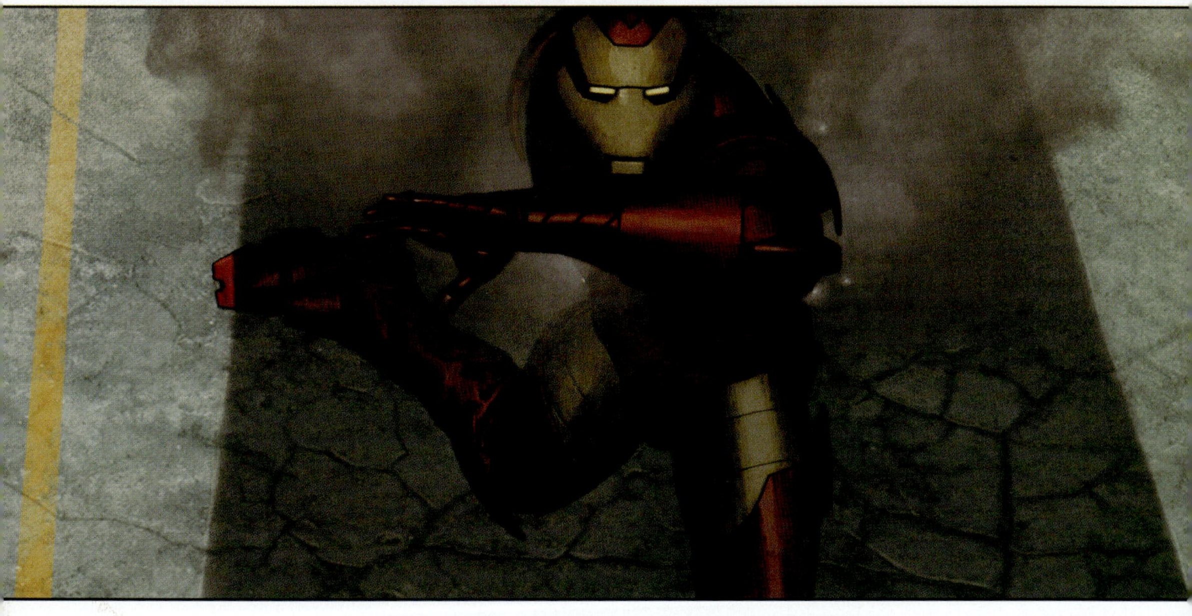

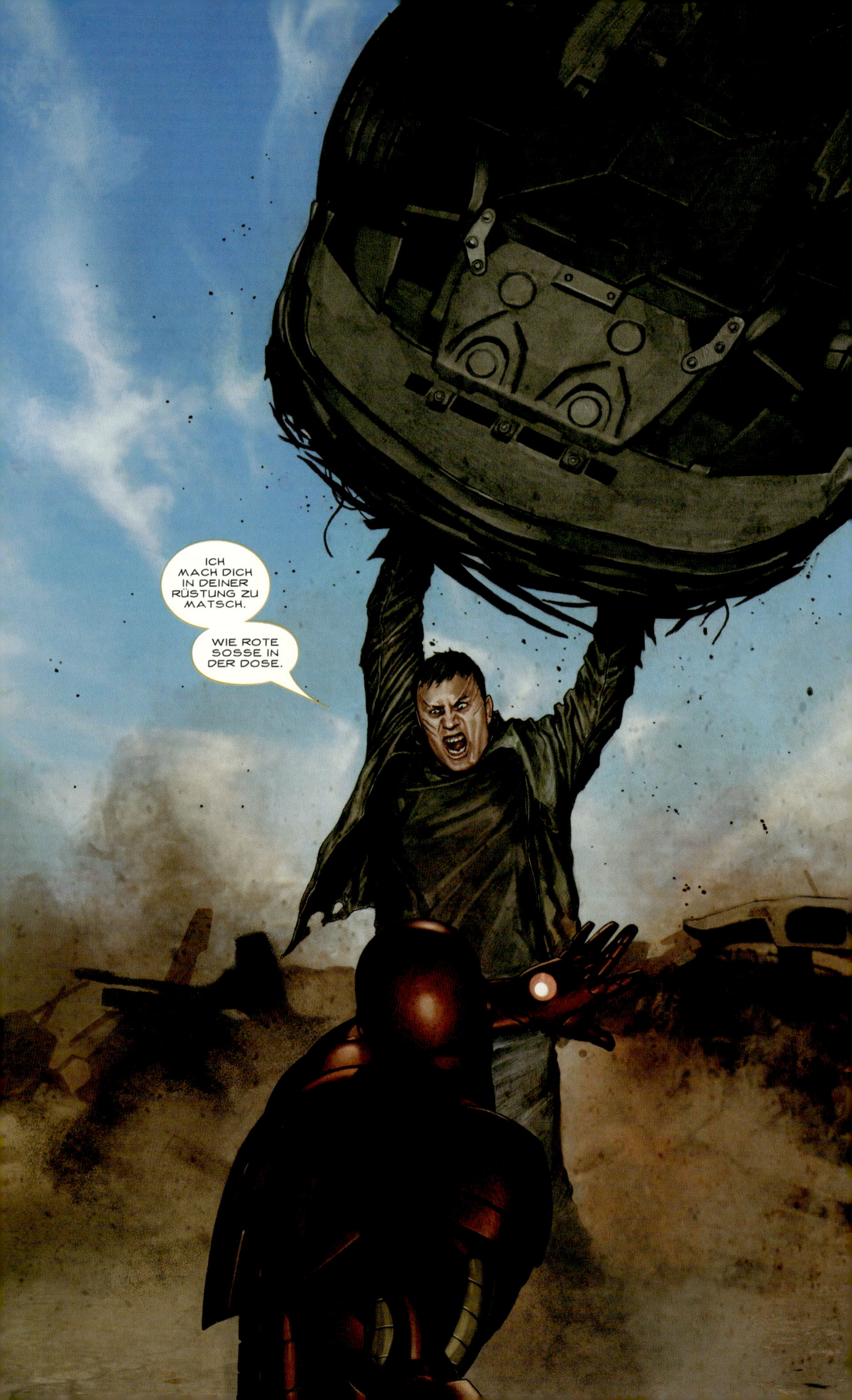
ICH MACH DICH IN DEINER RÜSTUNG ZU MATSCH.
WIE ROTE SOSSE IN DER DOSE.

ENERGIE-KONZENTRATION: BRUSTSTRAHL

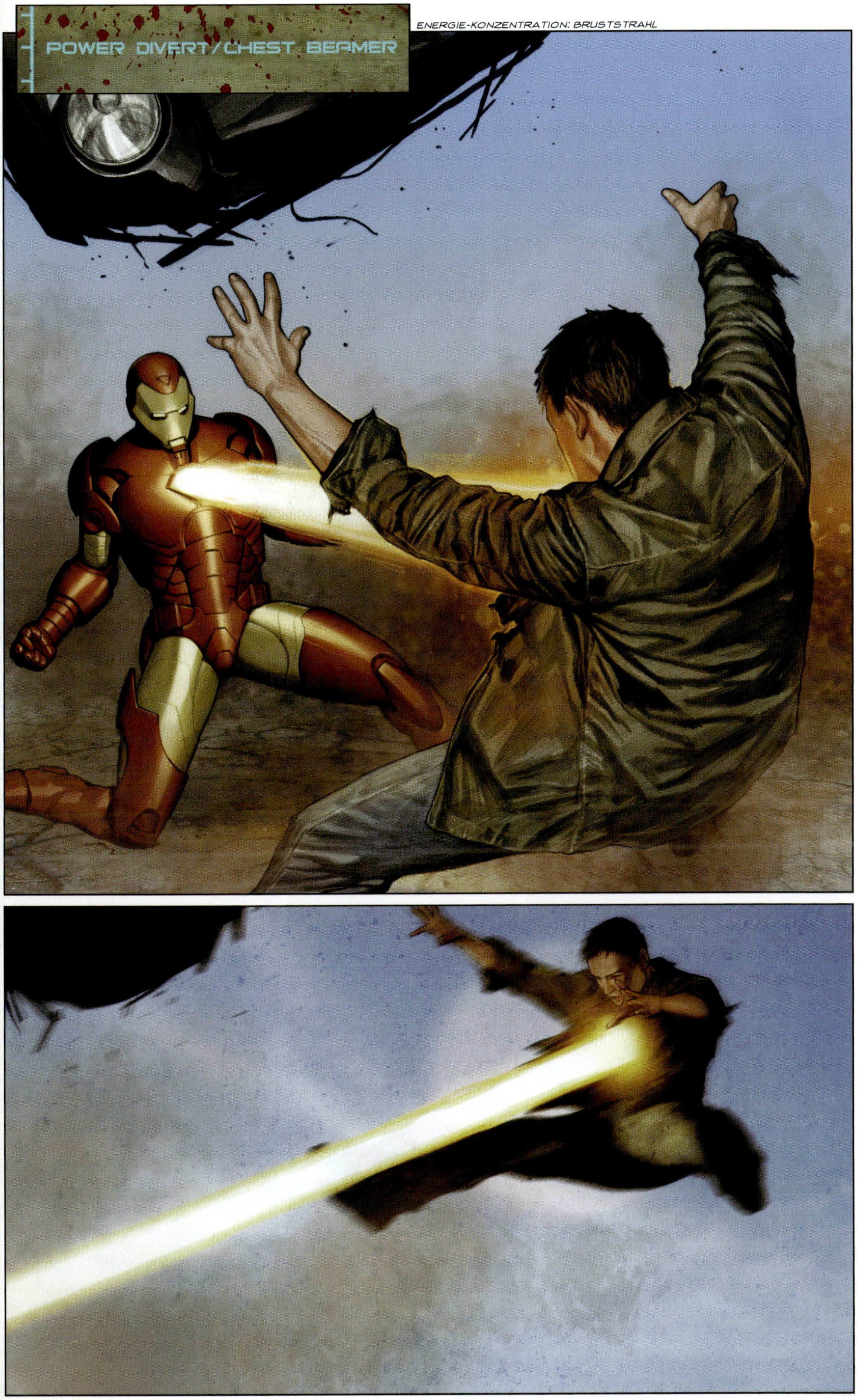

POWER DIVERT/CHEST BEAMER

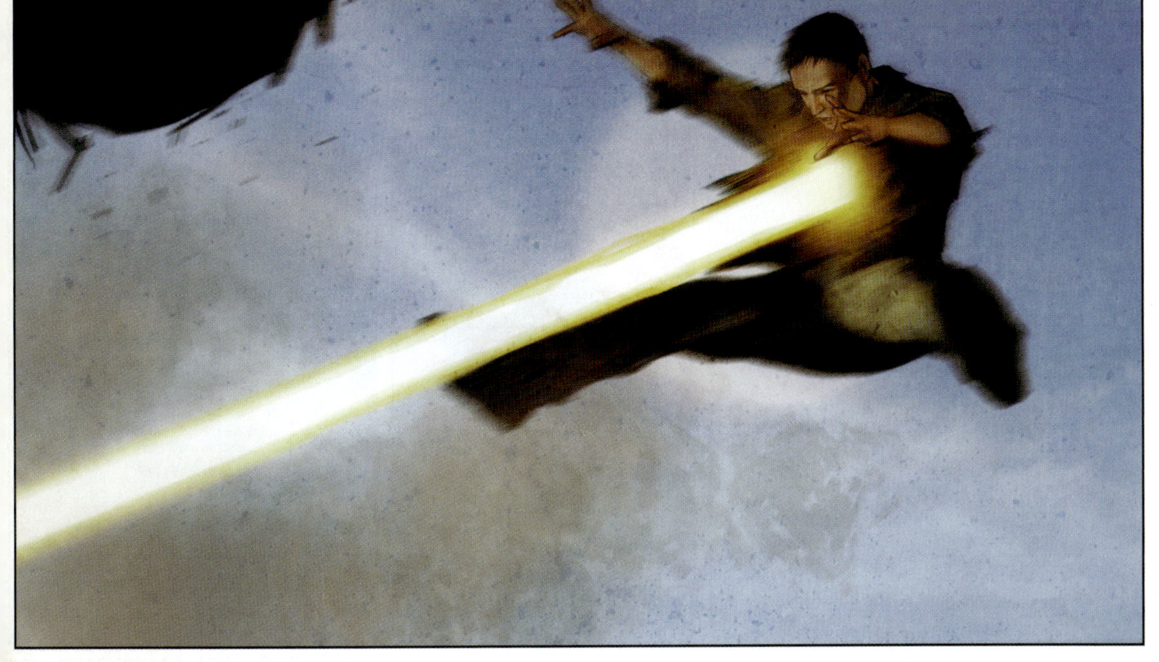

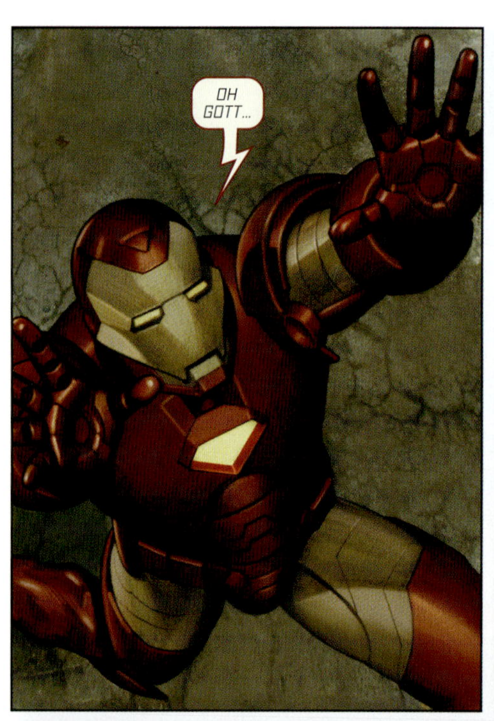

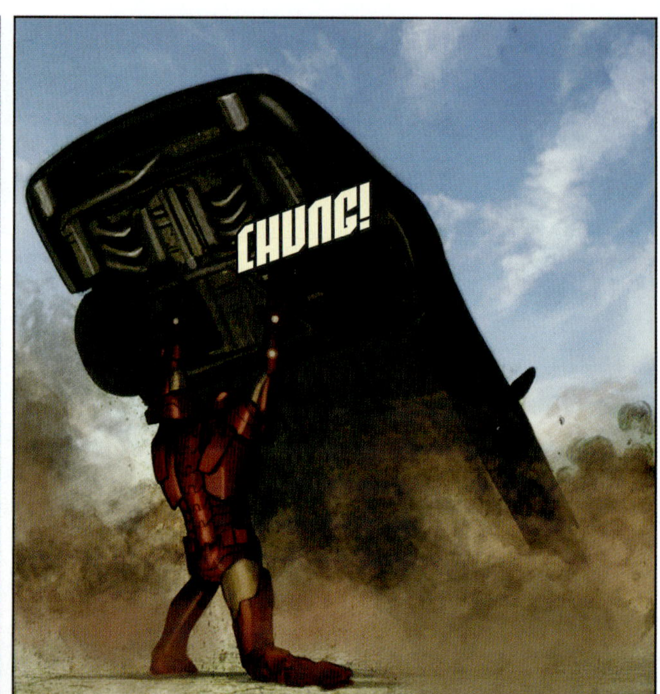

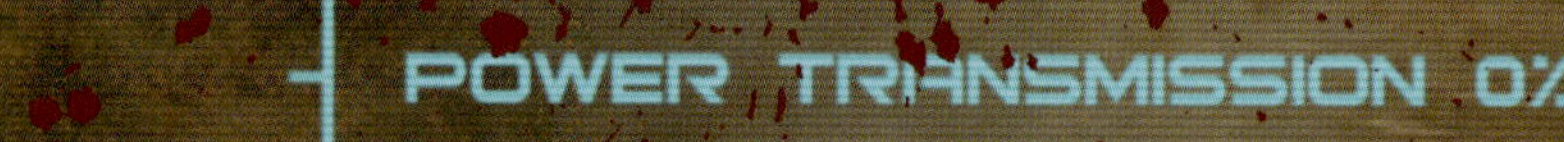

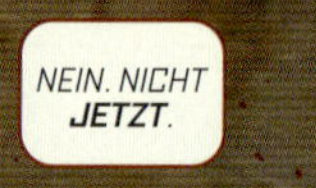

ENERGIEZUFUHR 0%

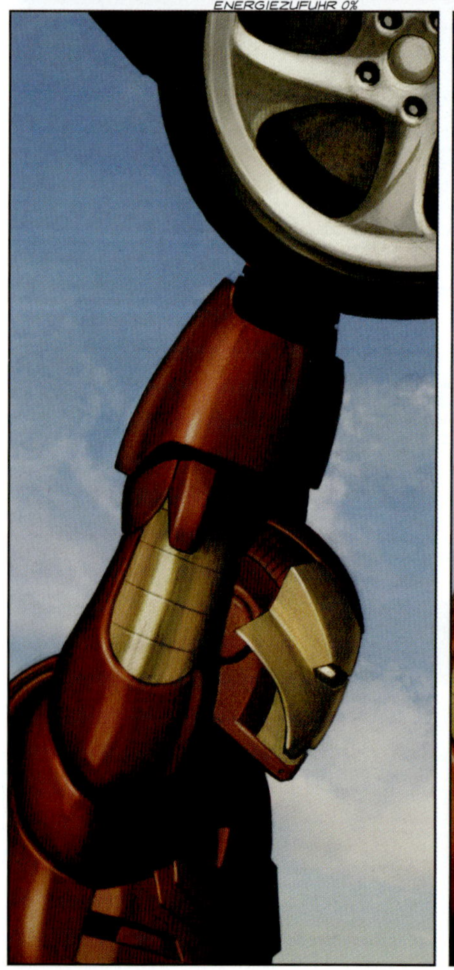

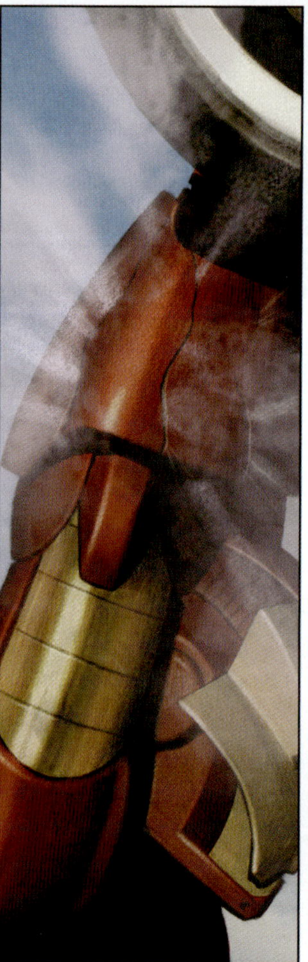

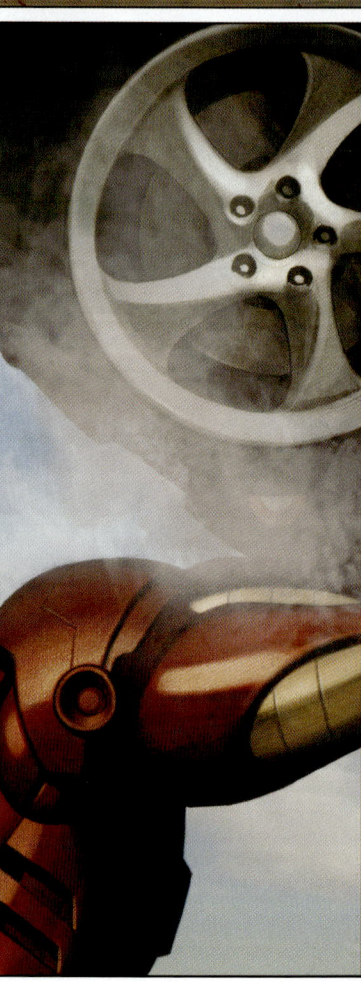

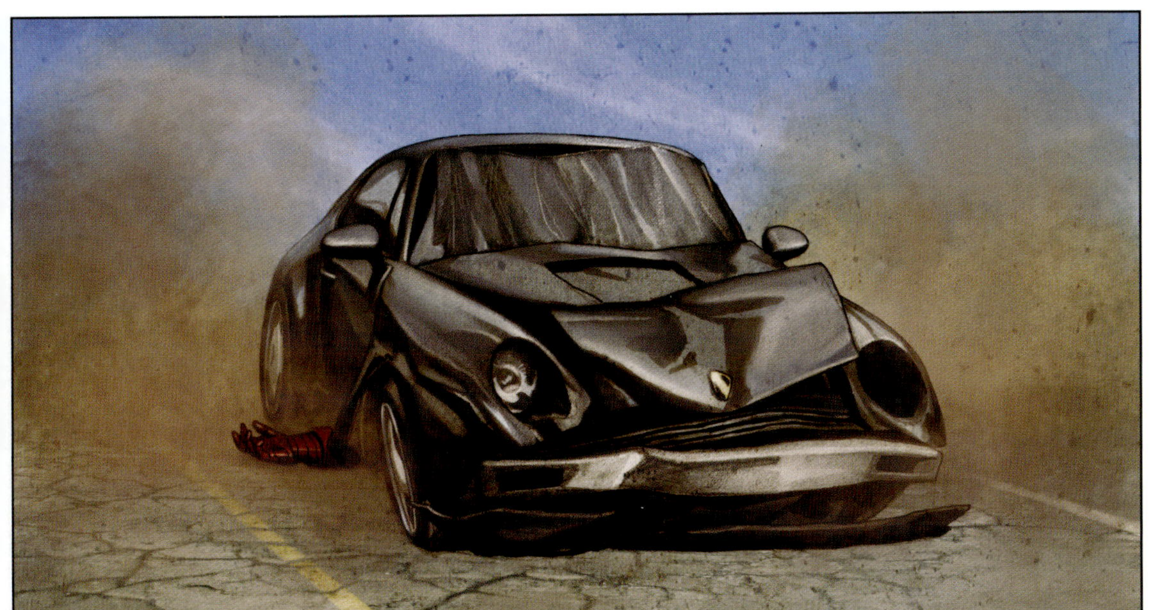
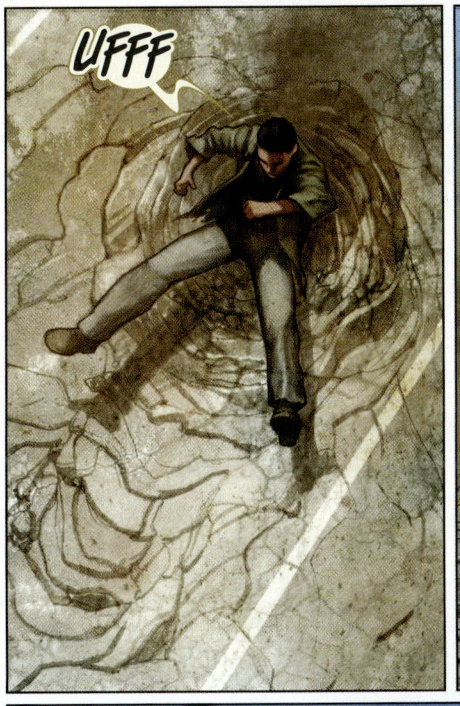
UFFF
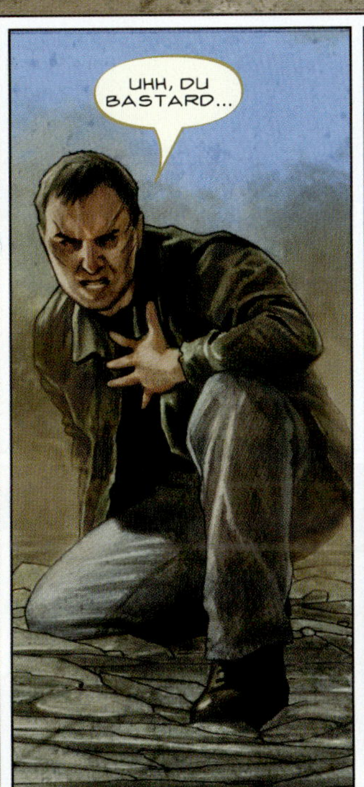
UHH, DU BASTARD...
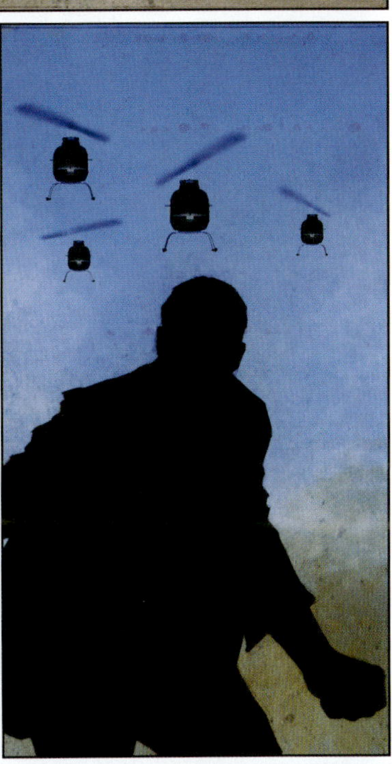
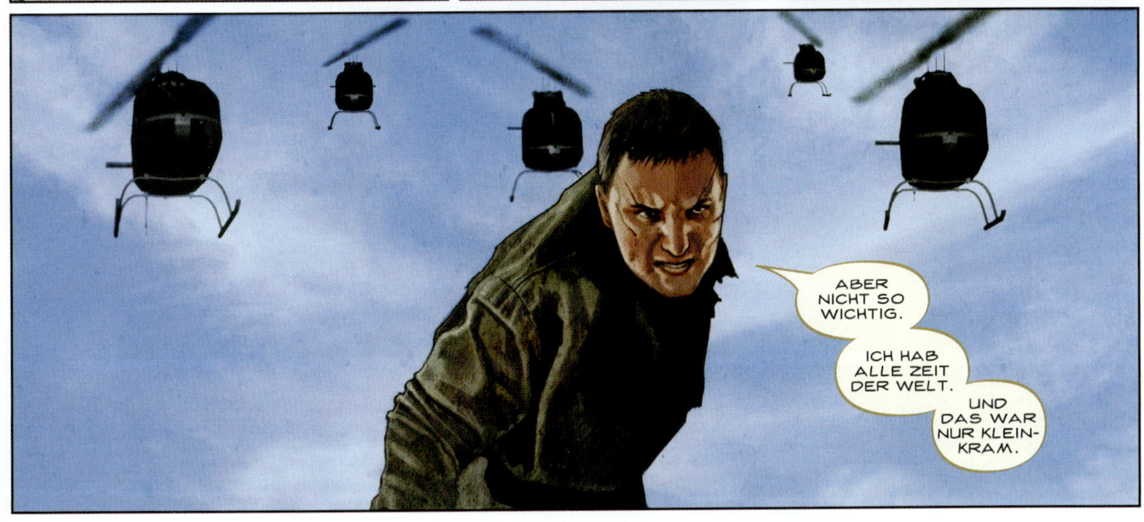
ABER NICHT SO WICHTIG.
ICH HAB ALLE ZEIT DER WELT.
UND DAS WAR NUR KLEIN-KRAM.

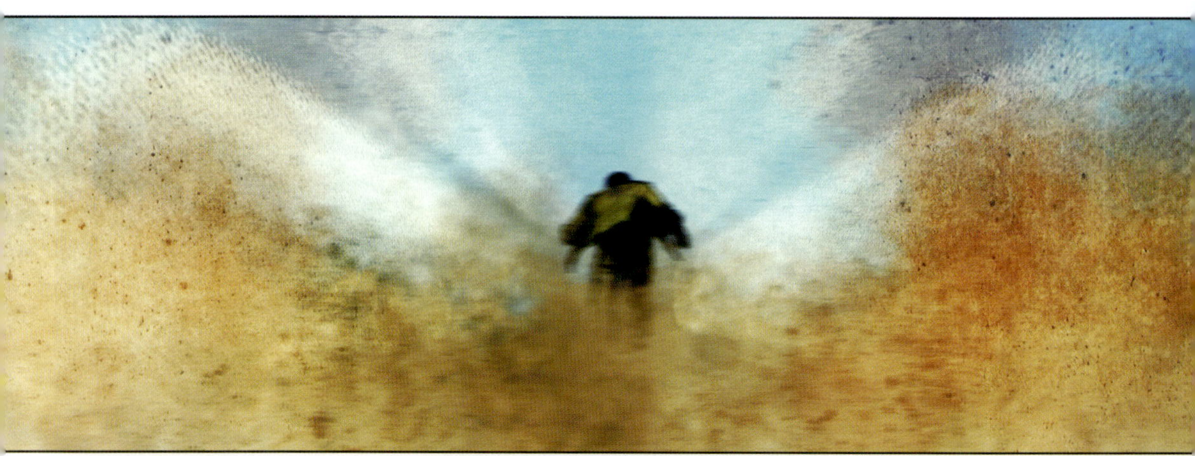

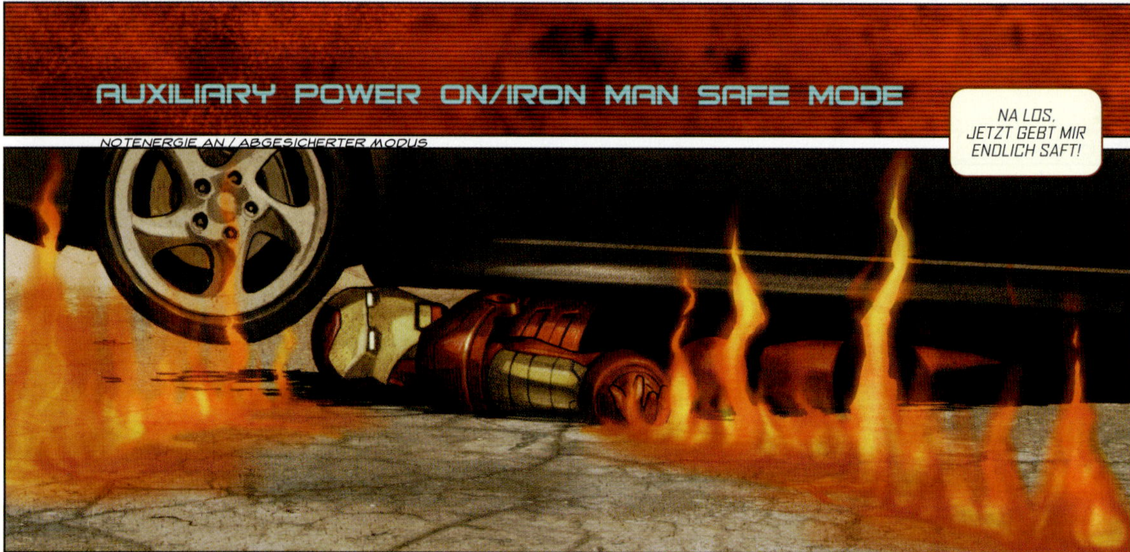

AUXILIARY POWER ON/IRON MAN SAFE MODE
NOTENERGIE AN / ABGESICHERTER MODUS
NA LOS, JETZT GEBT MIR ENDLICH SAFT!

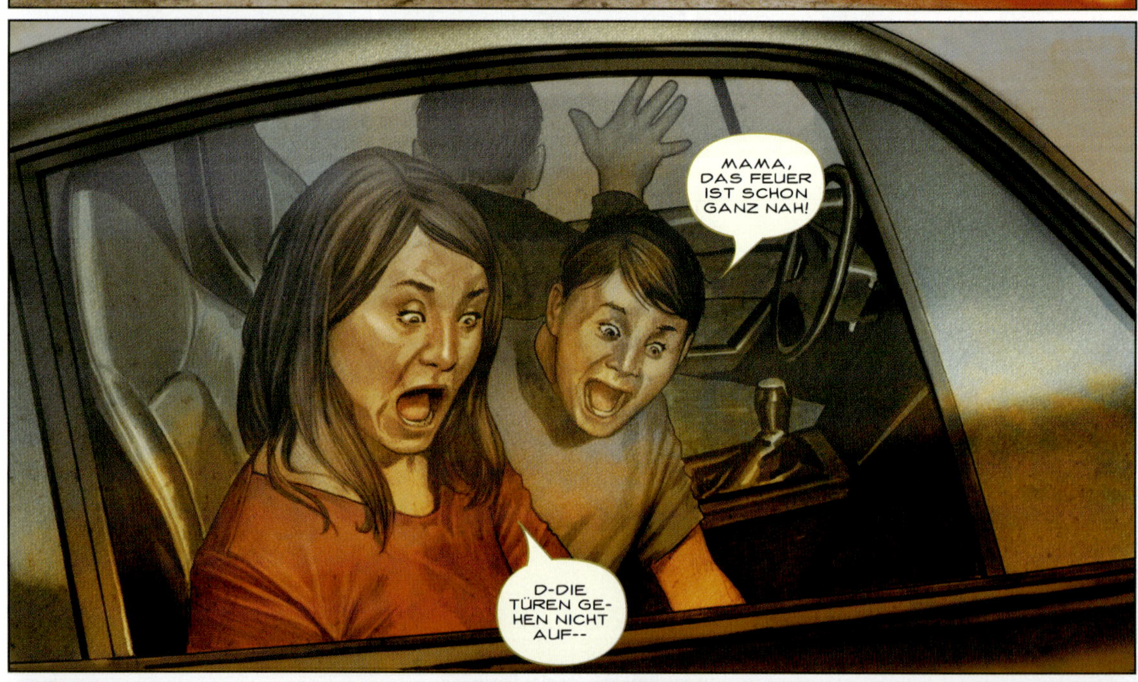

MAMA, DAS FEUER IST SCHON GANZ NAH!
D-DIE TÜREN GEHEN NICHT AUF--
THERMOCOUPLE/HEAT-INDUCTIVE TRANSFER FIELD
THERMO-ABSORPTIONSGENERATOREN AN

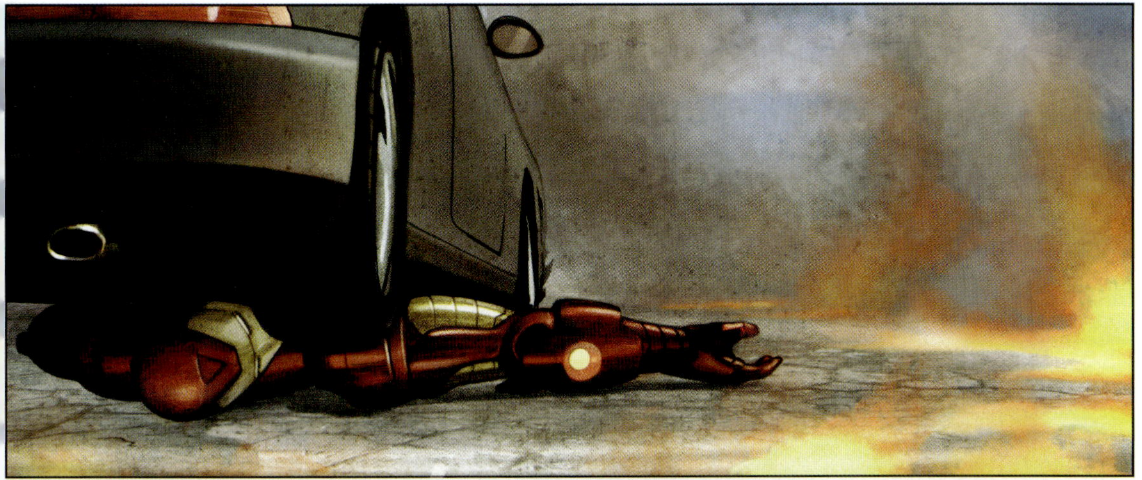

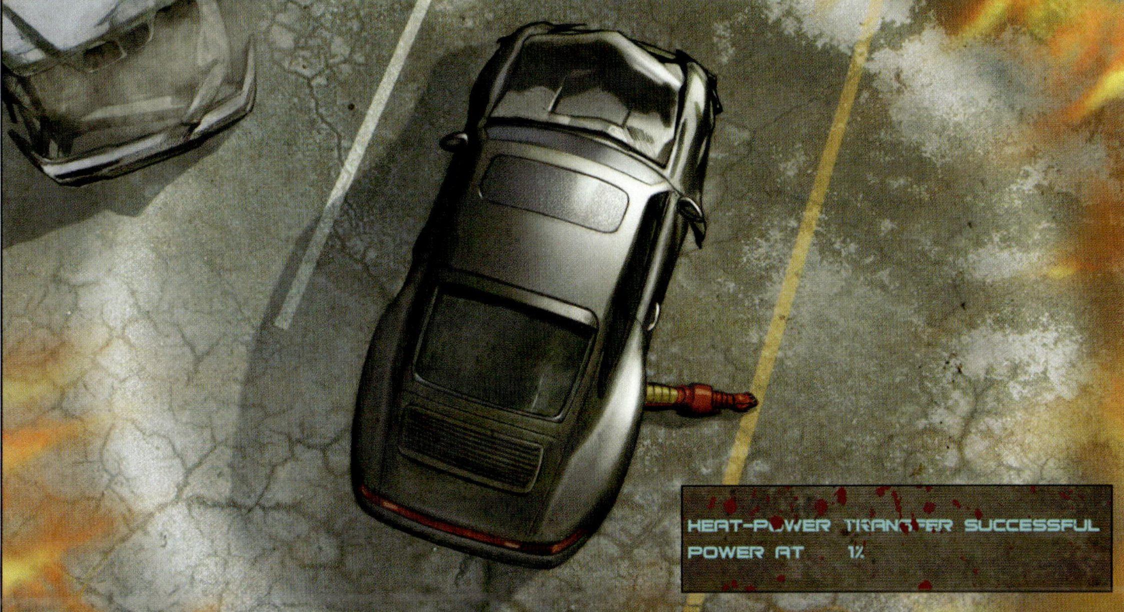

WÄRMEENERGIE-TRANSFER ERFOLGREICH – ENERGIE BEI 1%

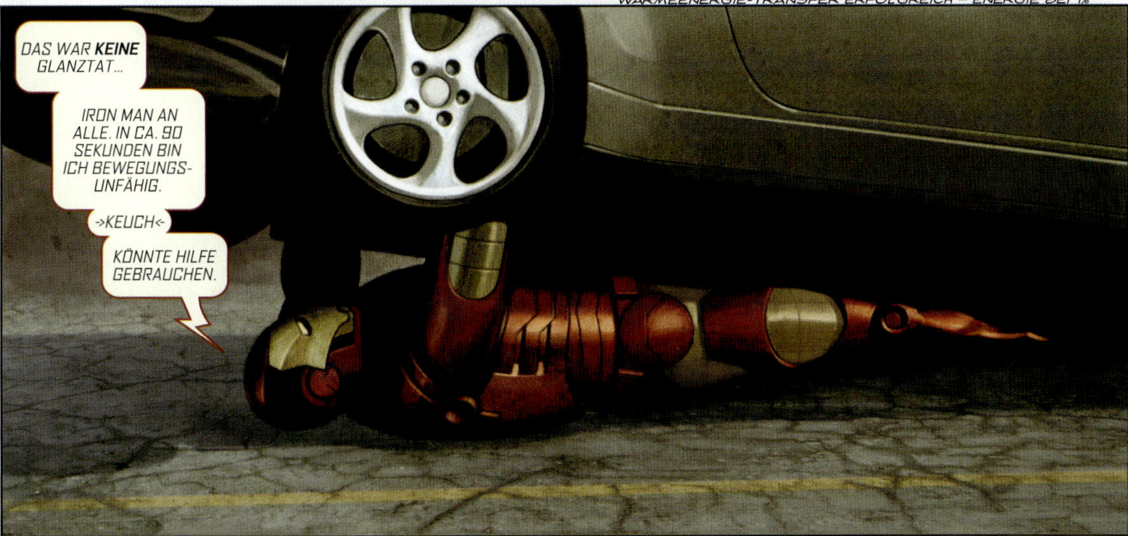

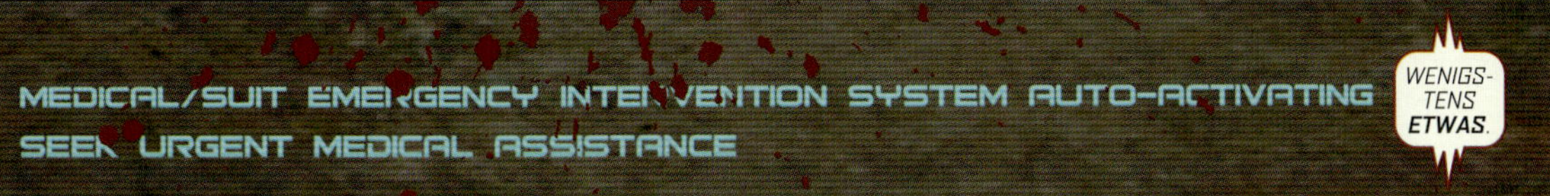

NOTVERSORGUNG SANITÄTSSYSTEM AUTO-AKTIVIERT – STARTE MEDIZINISCHE SOFORTMASSNAHMEN

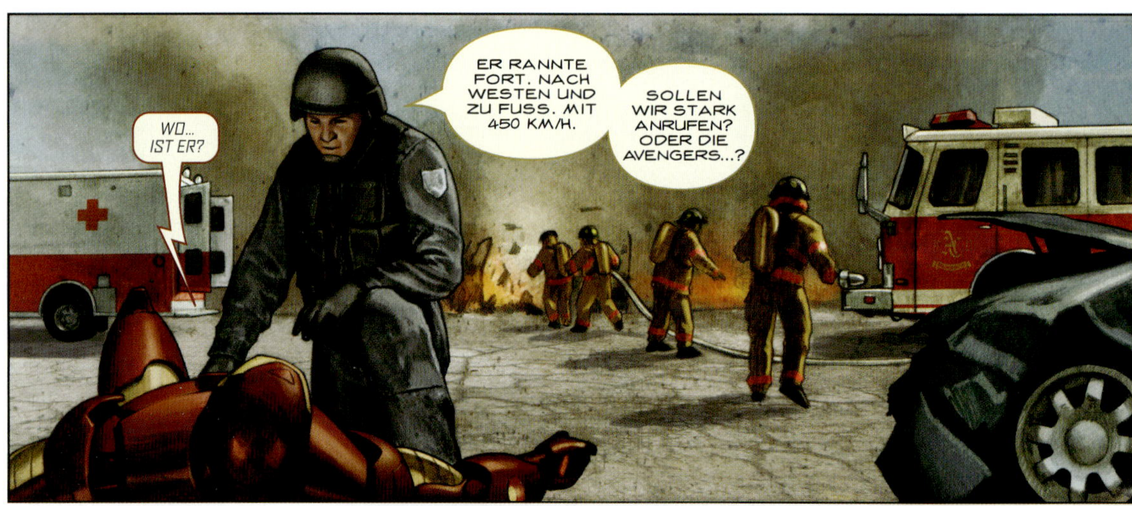
WO... IST ER?
ER RANNTE FORT. NACH WESTEN UND ZU FUSS. MIT 450 KM/H.
SOLLEN WIR STARK ANRUFEN? ODER DIE AVENGERS...?

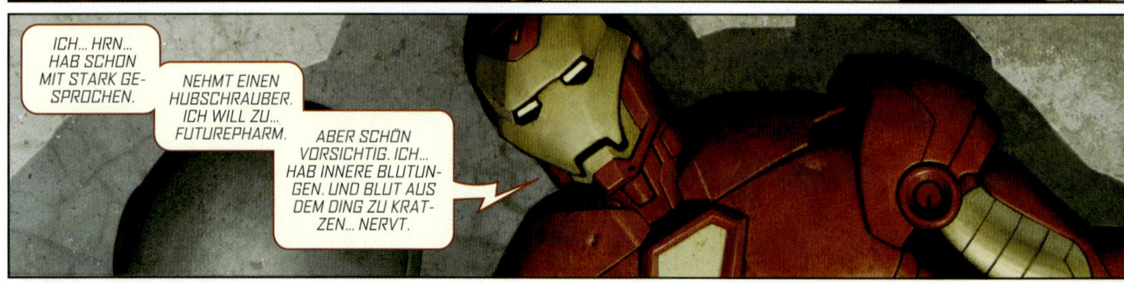
ICH... HRN... HAB SCHON MIT STARK GE-SPROCHEN.
NEHMT EINEN HUBSCHRAUBER. ICH WILL ZU... FUTUREPHARM.
ABER SCHÖN VORSICHTIG. ICH... HAB INNERE BLUTUN-GEN. UND BLUT AUS DEM DING ZU KRAT-ZEN... NERVT.

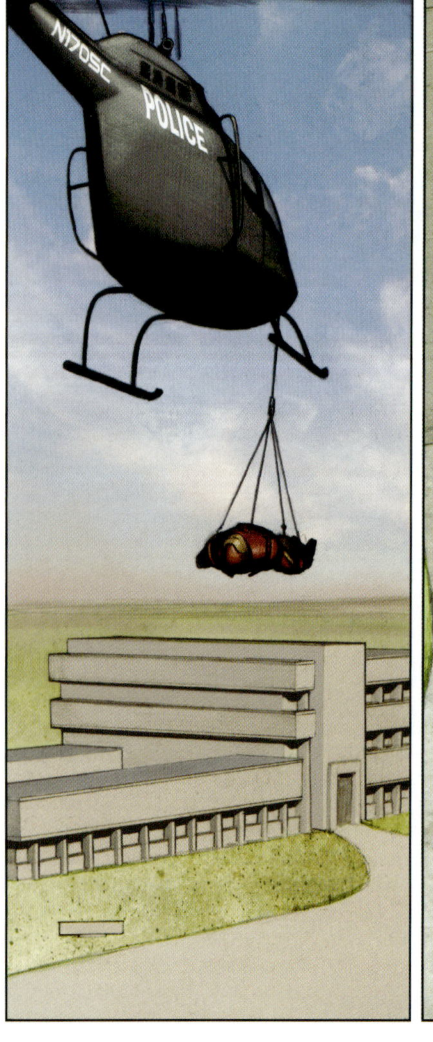
N170SC
POLICE

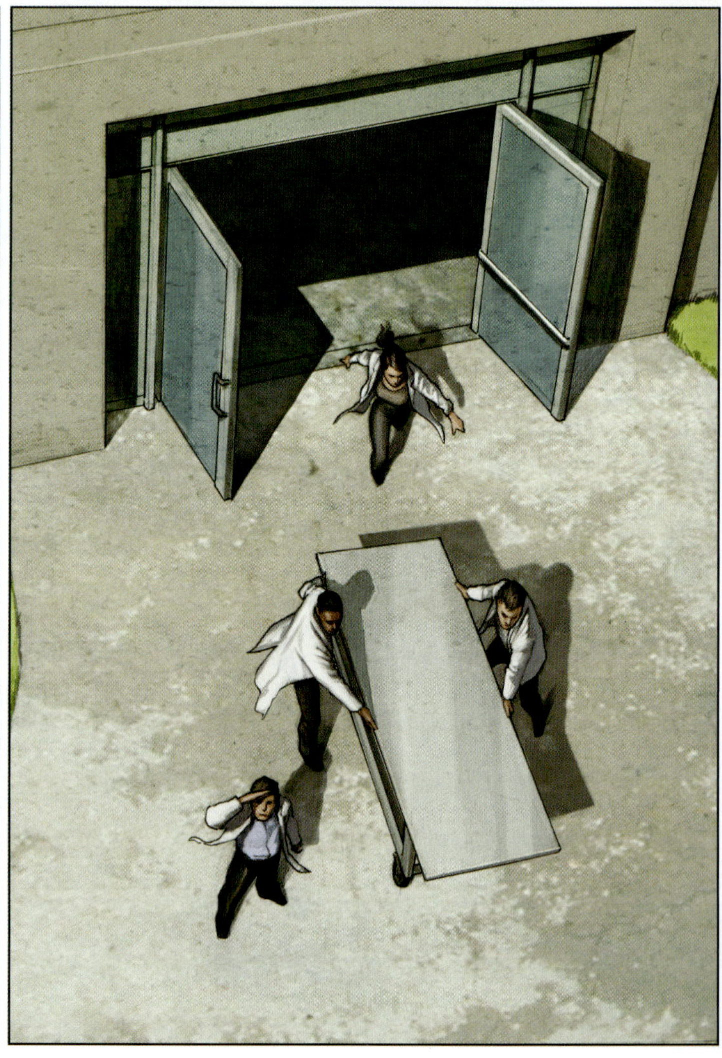

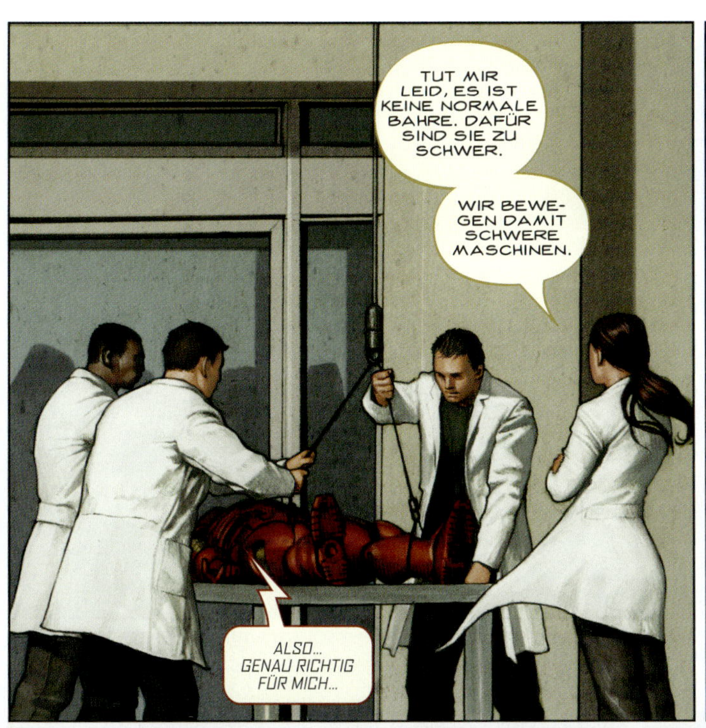
TUT MIR LEID, ES IST KEINE NORMALE BAHRE. DAFÜR SIND SIE ZU SCHWER.
WIR BEWEGEN DAMIT SCHWERE MASCHINEN.
ALSO... GENAU RICHTIG FÜR MICH...

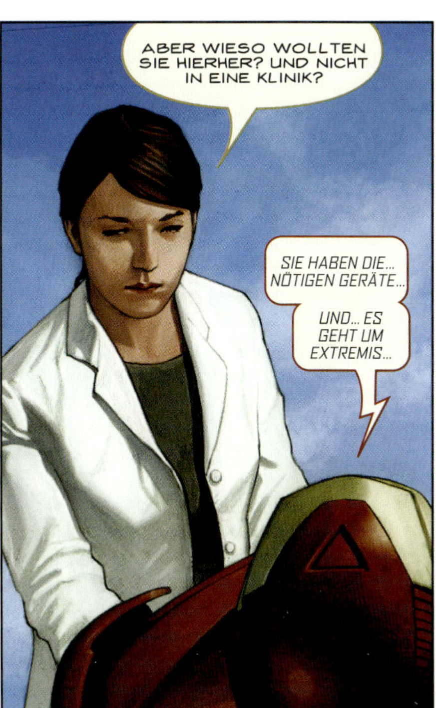
ABER WIESO WOLLTEN SIE HIERHER? UND NICHT IN EINE KLINIK?
SIE HABEN DIE... NÖTIGEN GERÄTE...
UND... ES GEHT UM EXTREMIS...

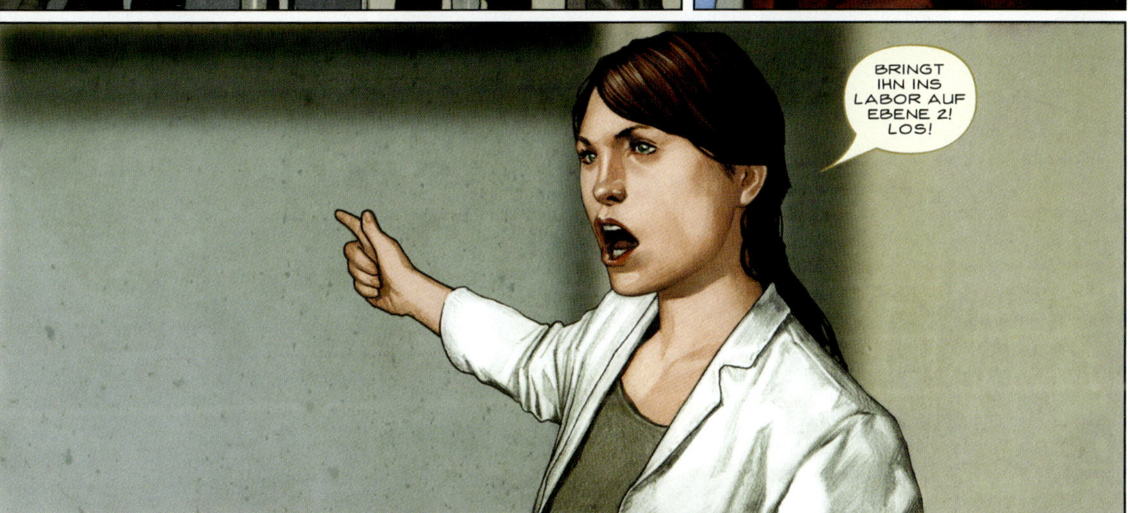
BRINGT IHN INS LABOR AUF EBENE 2! LOS!

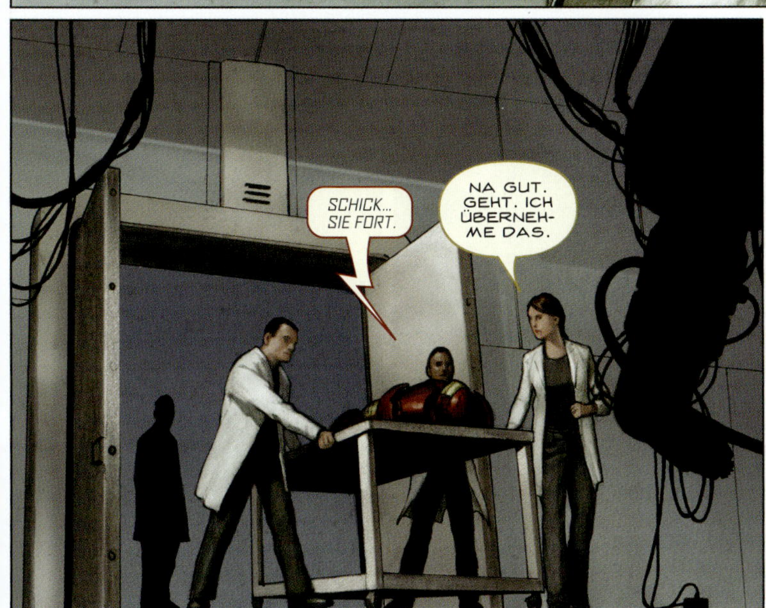
SCHICK... SIE FORT.
NA GUT. GEHT. ICH ÜBERNEHME DAS.

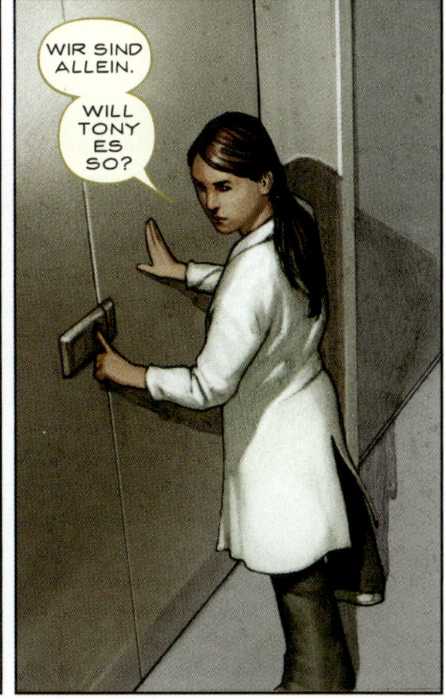
WIR SIND ALLEIN.
WILL TONY ES SO?

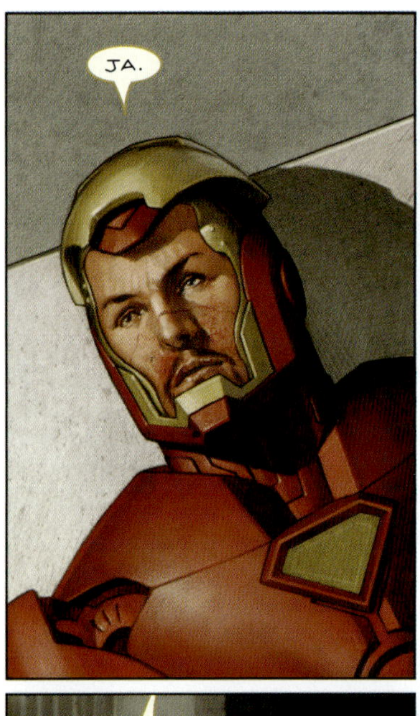
JA.

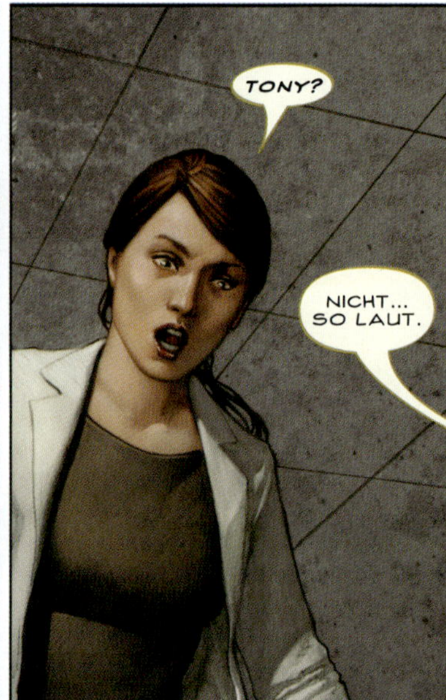
TONY?
NICHT... SO LAUT.

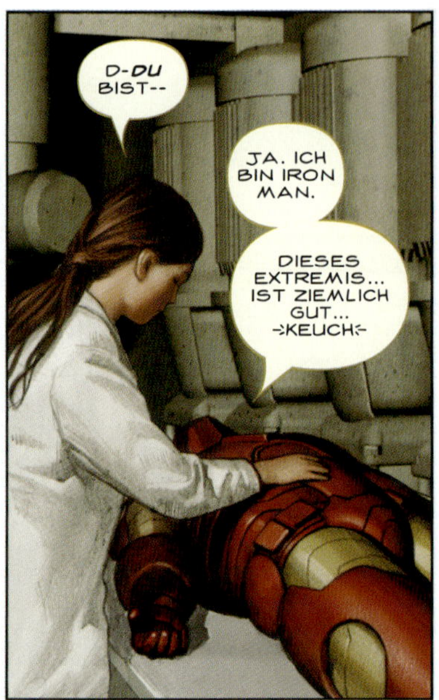
D-*DU* BIST--
JA. ICH BIN IRON MAN.
DIESES EXTREMIS... IST ZIEMLICH GUT... -KEUCH-

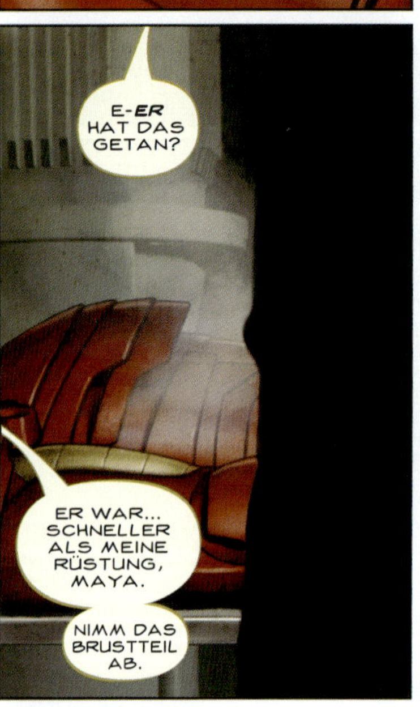
E-*ER* HAT DAS GETAN?
ER WAR... SCHNELLER ALS MEINE RÜSTUNG, MAYA.
NIMM DAS BRUSTTEIL AB.

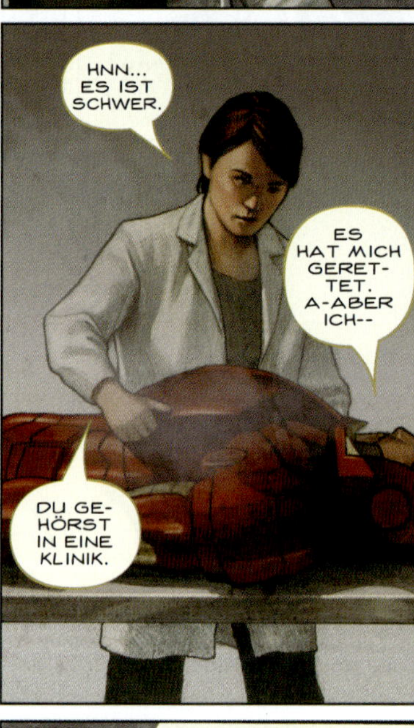
HNN... ES IST SCHWER.
ES HAT MICH GERET-TET. A-ABER ICH--
DU GE-HÖRST IN EINE KLINIK.

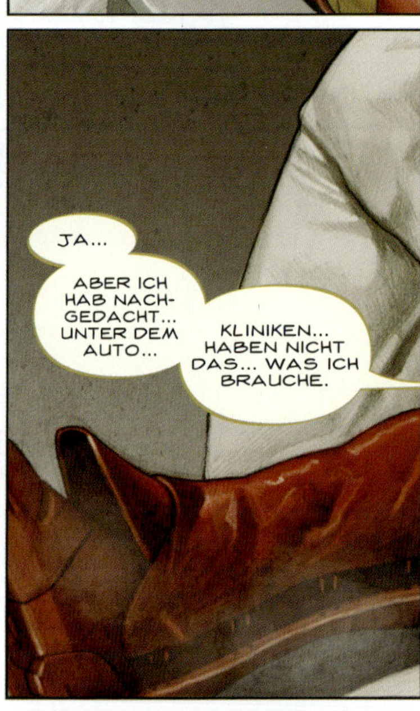
JA...
ABER ICH HAB NACH-GEDACHT... UNTER DEM AUTO...
KLINIKEN... HABEN NICHT DAS... WAS ICH BRAUCHE.

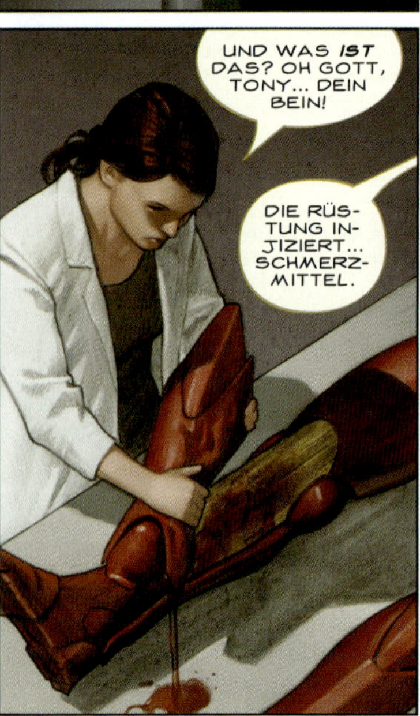
UND WAS *IST* DAS? OH GOTT, TONY... DEIN BEIN!
DIE RÜS-TUNG IN-JIZIERT... SCHMERZ-MITTEL.

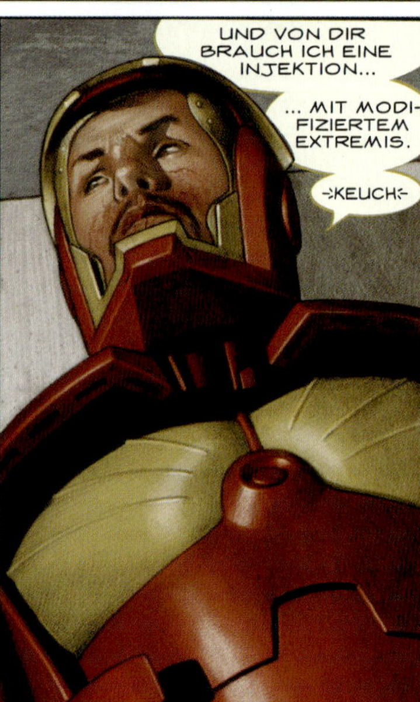
UND VON DIR BRAUCH ICH EINE INJEKTION...
... MIT MODI-FIZIERTEM EXTREMIS.
-KEUCH-

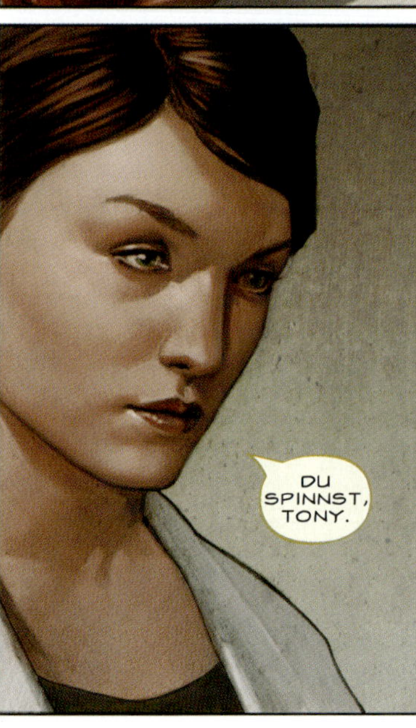
DU SPINNST, TONY.

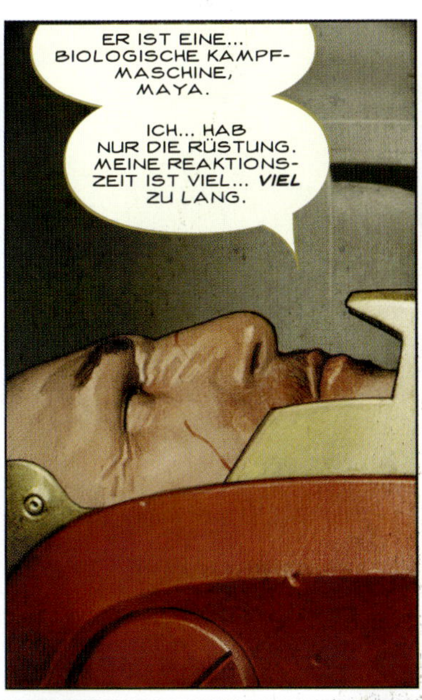
ER IST EINE... BIOLOGISCHE KAMPF-MASCHINE, MAYA.
ICH... HAB NUR DIE RÜSTUNG. MEINE REAKTIONS-ZEIT IST VIEL... *VIEL* ZU LANG.

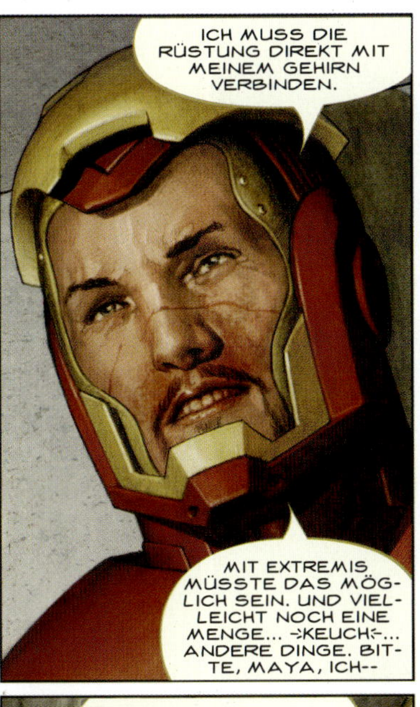
ICH MUSS DIE RÜSTUNG DIREKT MIT MEINEM GEHIRN VERBINDEN.
MIT EXTREMIS MÜSSTE DAS MÖG-LICH SEIN. UND VIEL-LEICHT NOCH EINE MENGE... *KEUCH*... ANDERE DINGE. BIT-TE, MAYA, ICH--

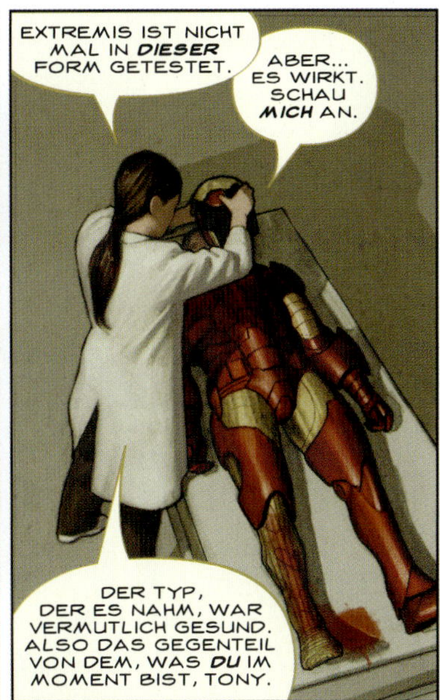
EXTREMIS IST NICHT MAL IN *DIESER* FORM GETESTET.
ABER... ES WIRKT. SCHAU *MICH* AN.
DER TYP, DER ES NAHM, WAR VERMUTLICH GESUND. ALSO DAS GEGENTEIL VON DEM, WAS *DU* IM MOMENT BIST, TONY.

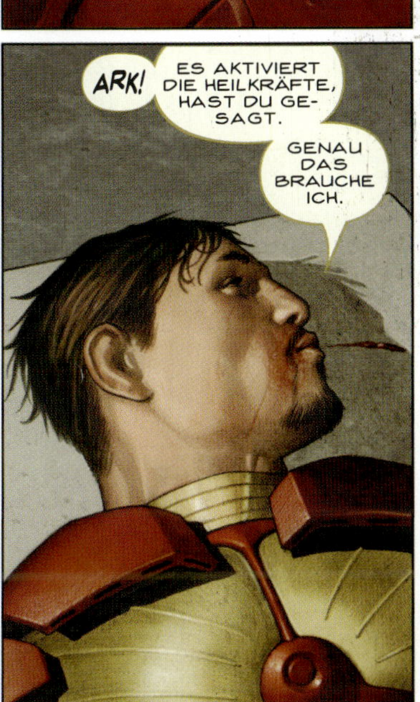
ARK!
ES AKTIVIERT DIE HEILKRÄFTE, HAST DU GE-SAGT.
GENAU DAS BRAUCHE ICH.

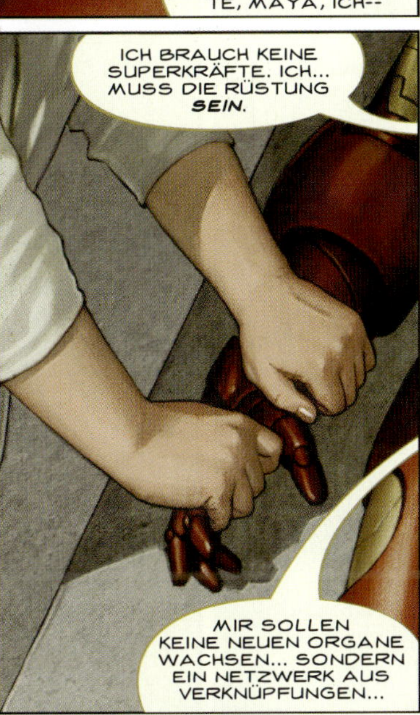
ICH BRAUCH KEINE SUPERKRÄFTE. ICH... MUSS DIE RÜSTUNG *SEIN*.
MIR SOLLEN KEINE NEUEN ORGANE WACHSEN... SONDERN EIN NETZWERK AUS VERKNÜPFUNGEN...

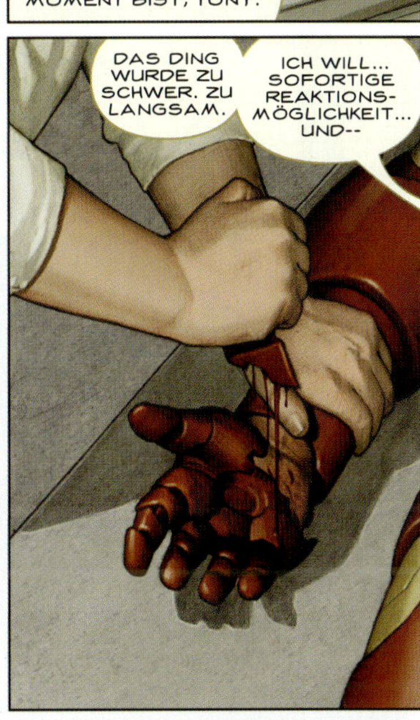
DAS DING WURDE ZU SCHWER. ZU LANGSAM.
ICH WILL... SOFORTIGE REAKTIONS-MÖGLICHKEIT... UND--

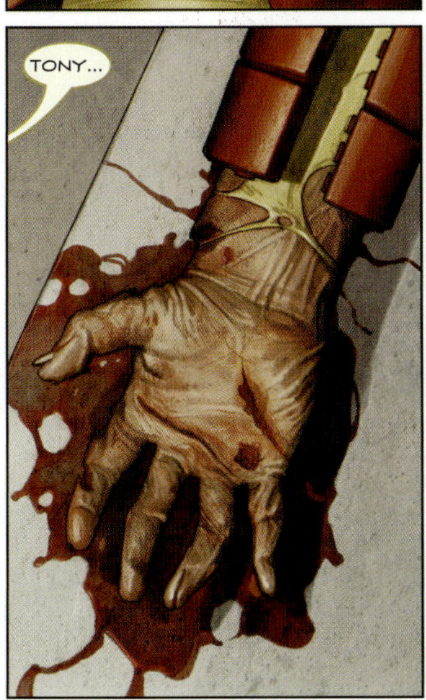
TONY...

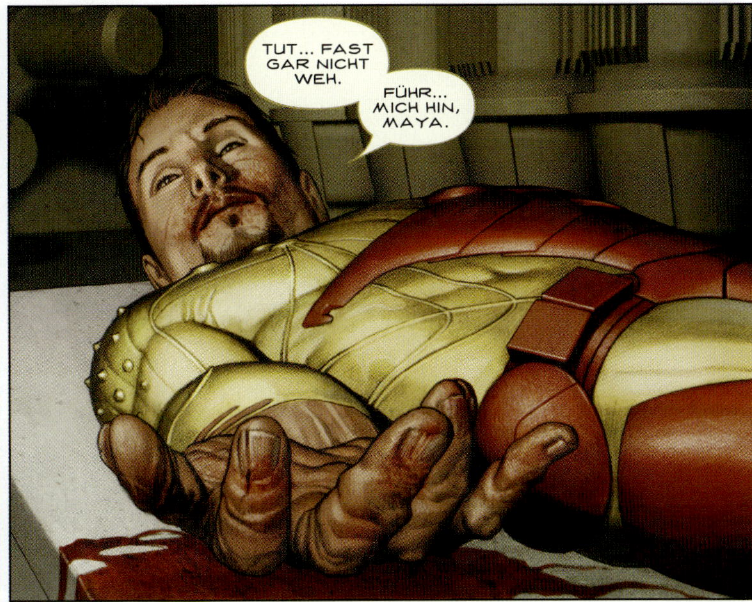
TUT... FAST GAR NICHT WEH.
FÜHR... MICH HIN, MAYA.

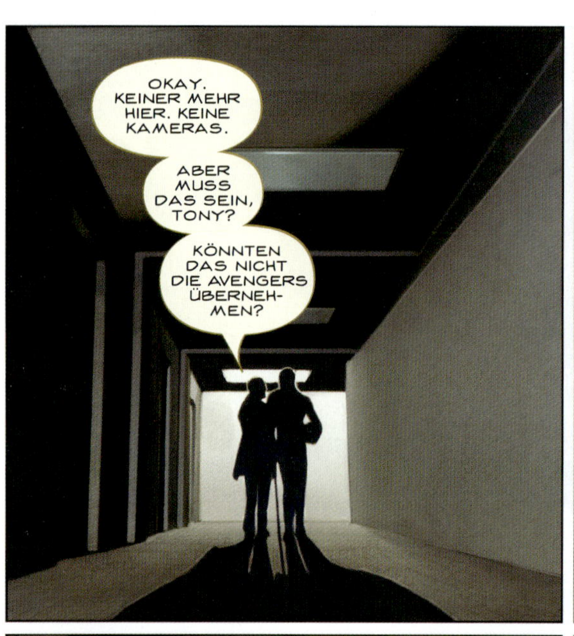
OKAY. KEINER MEHR HIER. KEINE KAMERAS.
ABER MUSS DAS SEIN, TONY?
KÖNNTEN DAS NICHT DIE AVENGERS ÜBERNEHMEN?

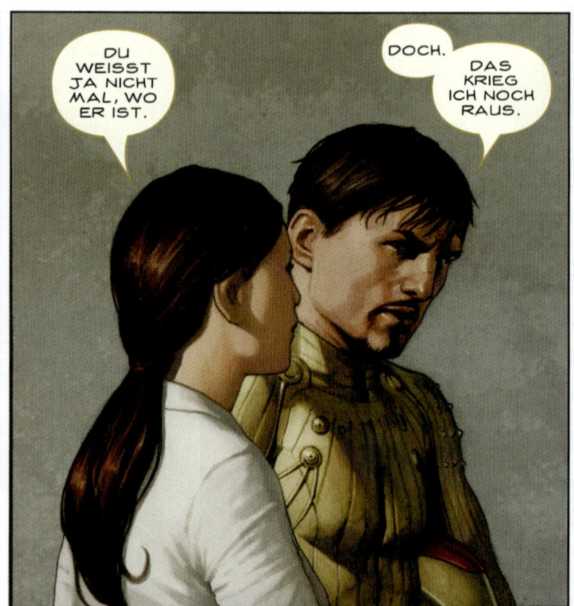
DU WEISST JA NICHT MAL, WO ER IST.
DOCH.
DAS KRIEG ICH NOCH RAUS.

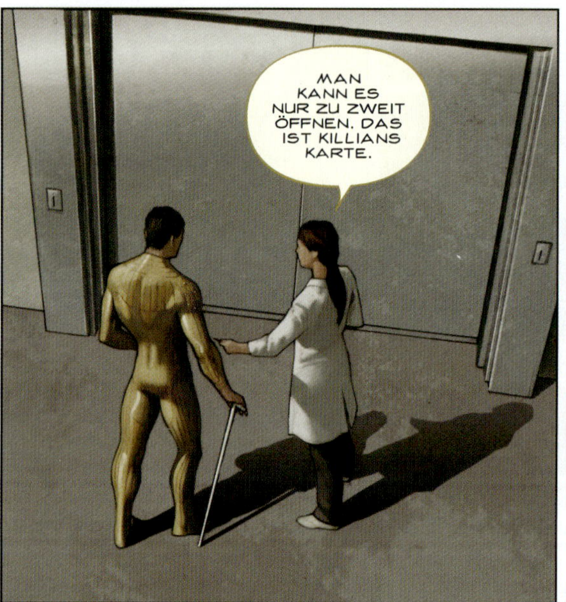
MAN KANN ES NUR ZU ZWEIT ÖFFNEN. DAS IST KILLIANS KARTE.

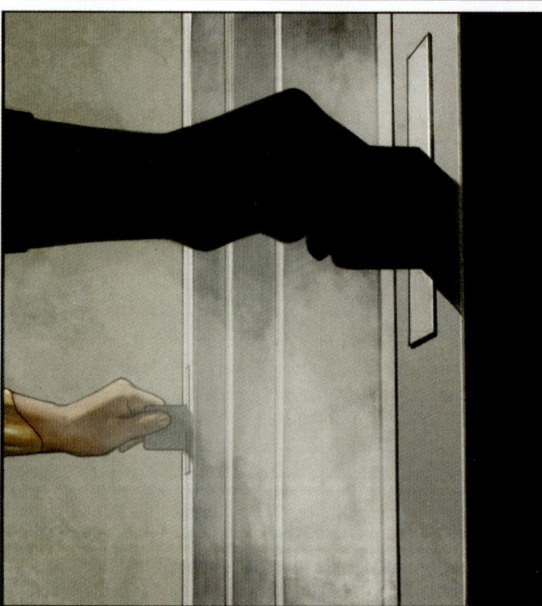

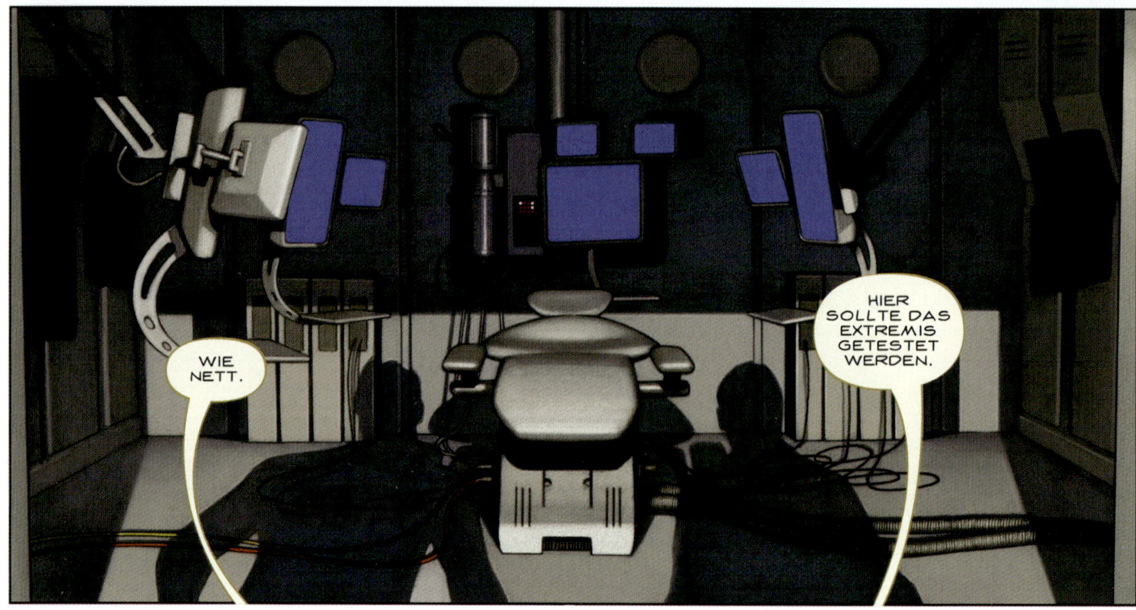
WIE NETT.
HIER SOLLTE DAS EXTREMIS GETESTET WERDEN.

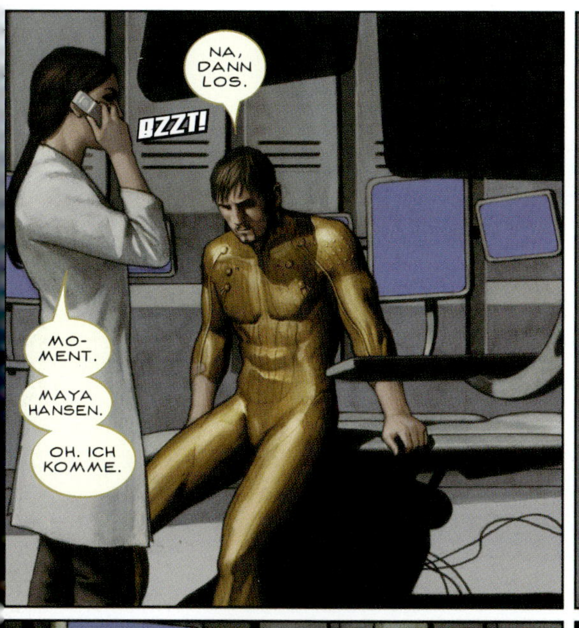
NA, DANN LOS.
BZZT!
MO-MENT.
MAYA HANSEN.
OH. ICH KOMME.

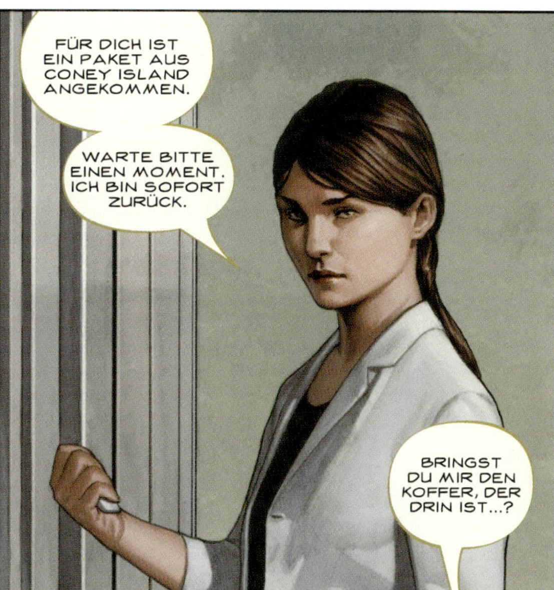
FÜR DICH IST EIN PAKET AUS CONEY ISLAND ANGEKOMMEN.
WARTE BITTE EINEN MOMENT. ICH BIN SOFORT ZURÜCK.
BRINGST DU MIR DEN KOFFER, DER DRIN IST...?

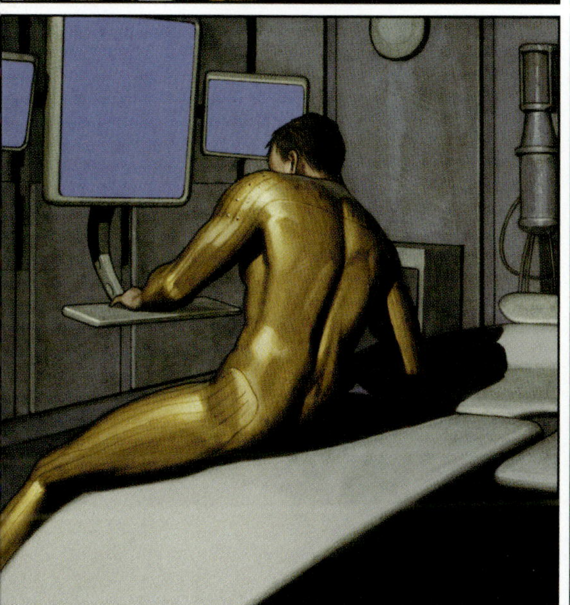

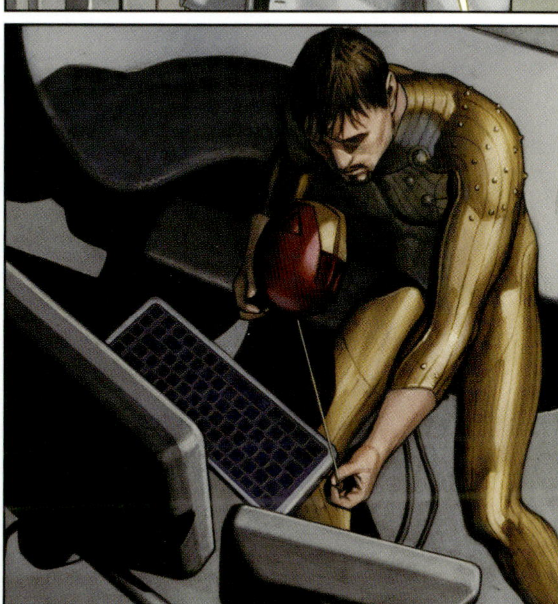

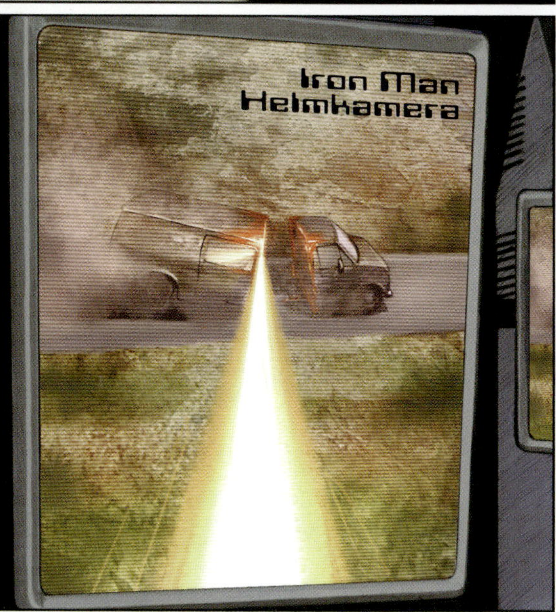
Iron Man Helmkamera

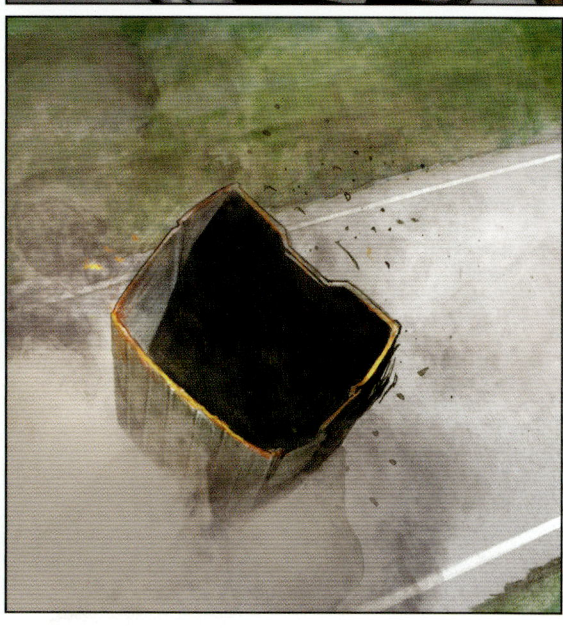

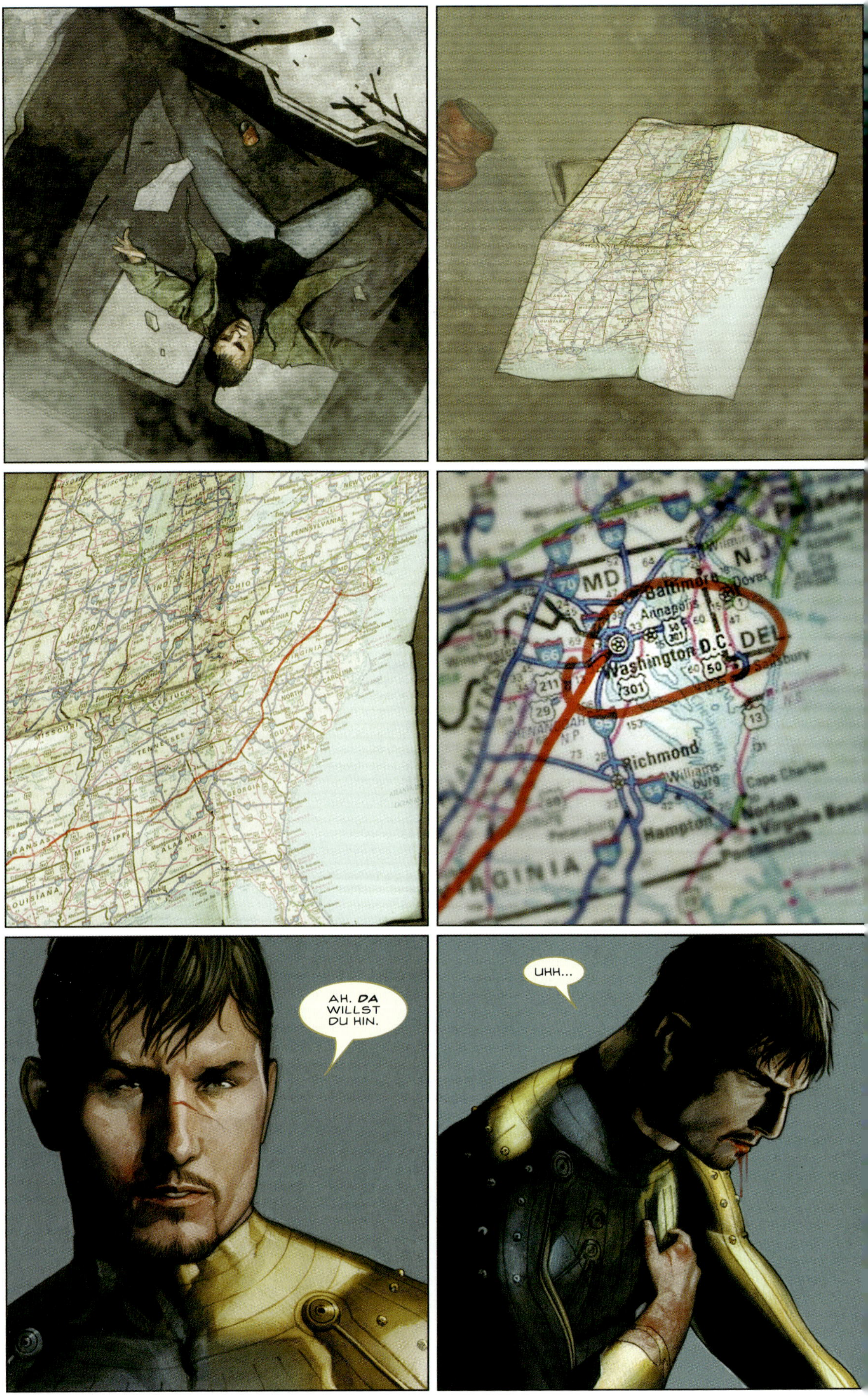

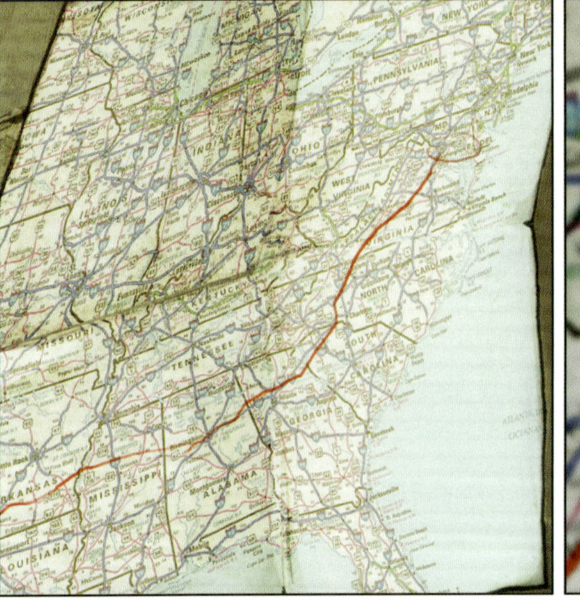

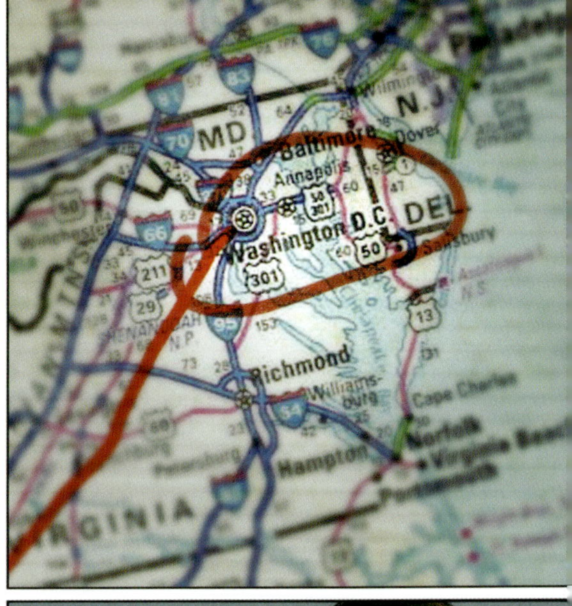
MD
N.J.
Baltimore
Annapolis
Washington D.C.
DEL
Dover
Richmond
Cape Charles
Norfolk
Hampton
Portsmouth

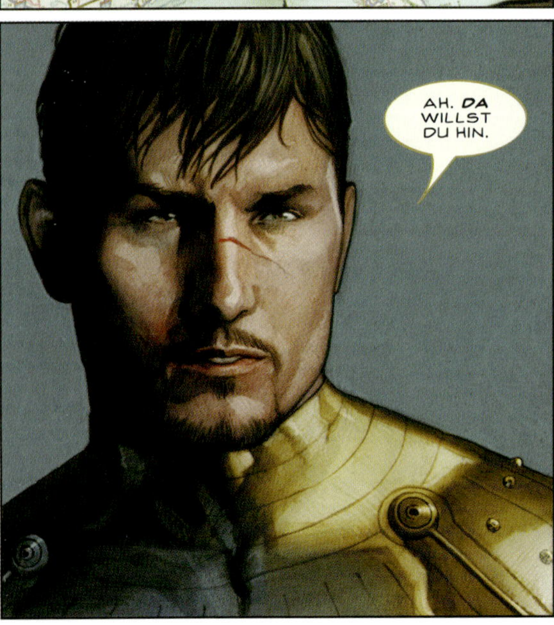
AH. *DA* WILLST DU HIN.

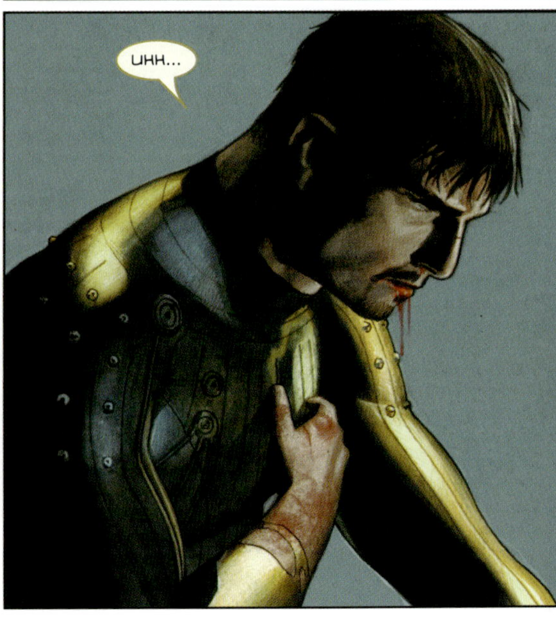
UHH...

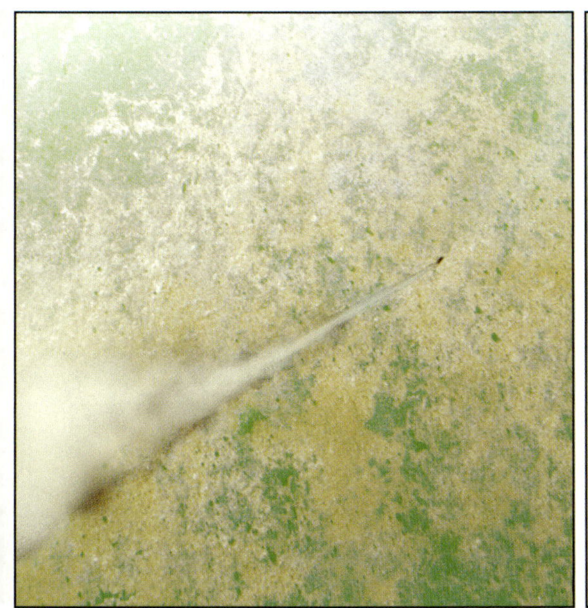

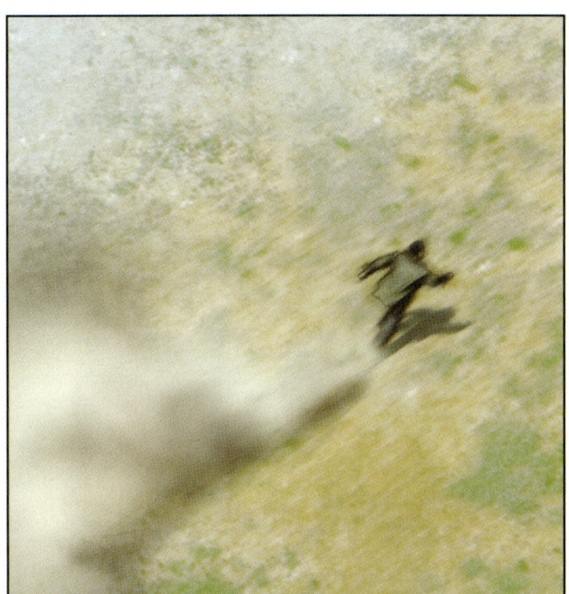

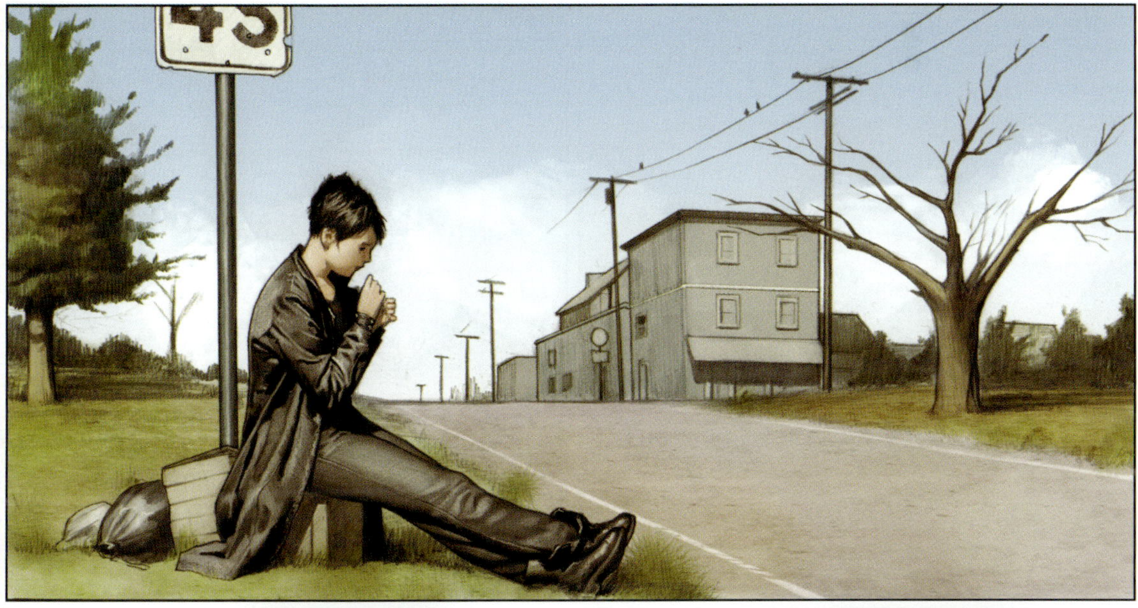

43

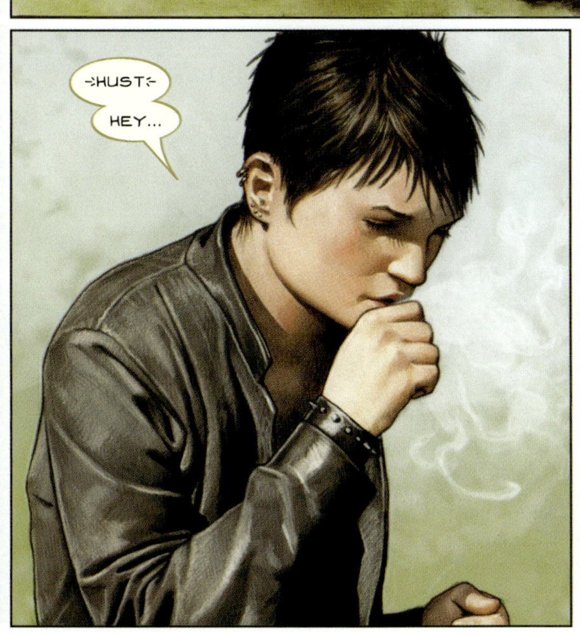

HUST
HEY...

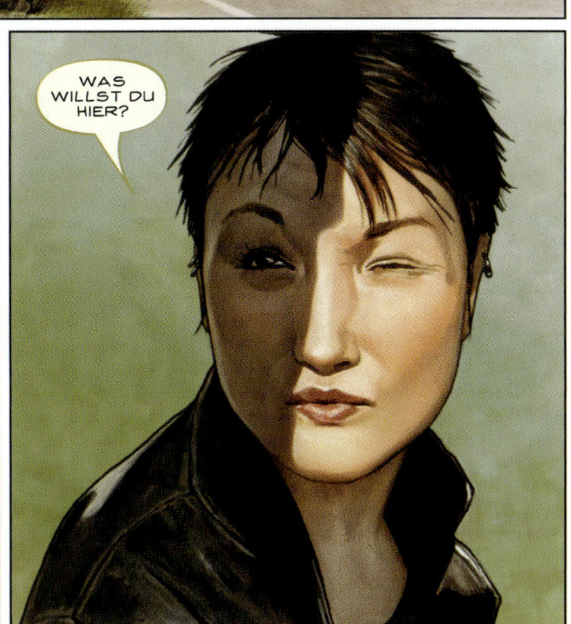

WAS WILLST DU HIER?

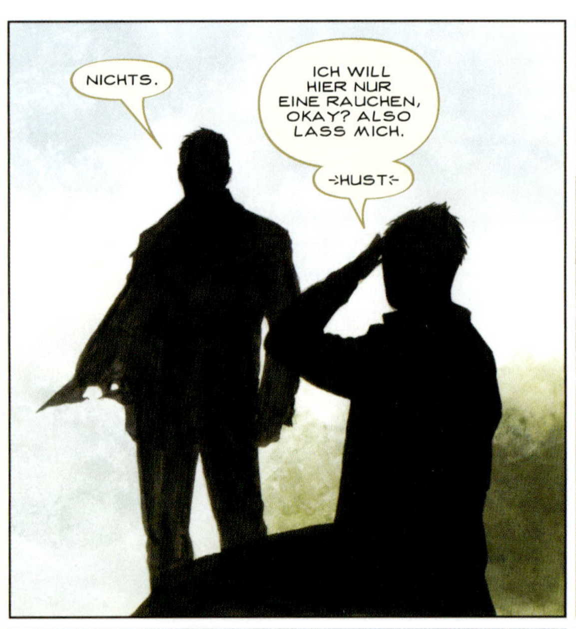
NICHTS.
ICH WILL HIER NUR EINE RAUCHEN, OKAY? ALSO LASS MICH.
HUST

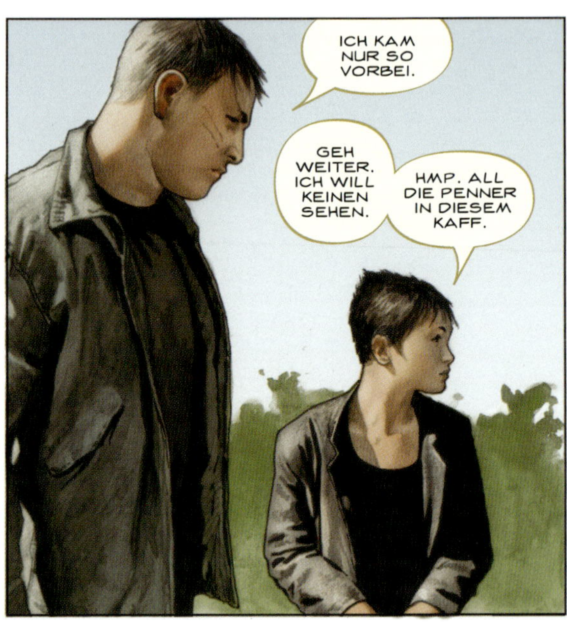
ICH KAM NUR SO VORBEI.
GEH WEITER. ICH WILL KEINEN SEHEN.
HMP. ALL DIE PENNER IN DIESEM KAFF.

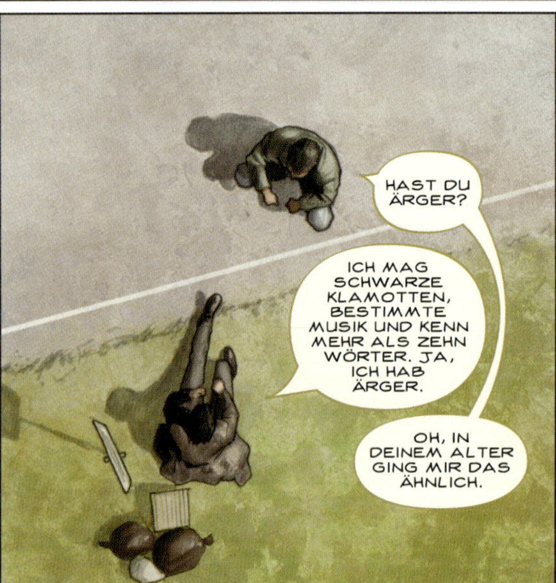
HAST DU ÄRGER?
ICH MAG SCHWARZE KLAMOTTEN, BESTIMMTE MUSIK UND KENN MEHR ALS ZEHN WÖRTER. JA, ICH HAB ÄRGER.
OH, IN DEINEM ALTER GING MIR DAS ÄHNLICH.

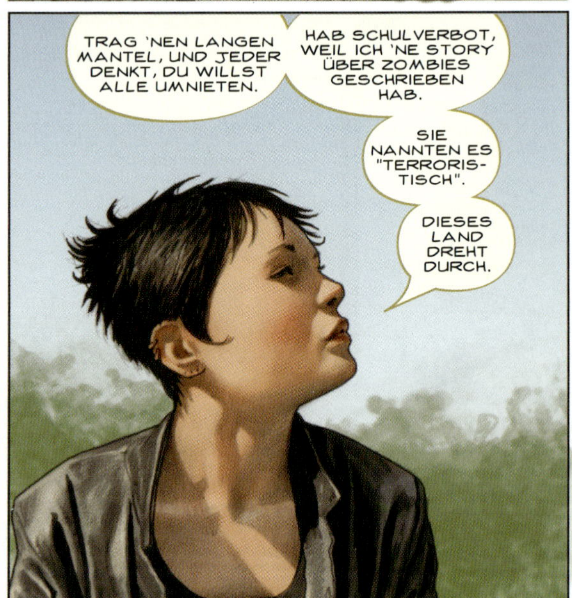
TRAG 'NEN LANGEN MANTEL, UND JEDER DENKT, DU WILLST ALLE UMNIETEN.
HAB SCHULVERBOT, WEIL ICH 'NE STORY ÜBER ZOMBIES GESCHRIEBEN HAB.
SIE NANNTEN ES "TERRORIS-TISCH".
DIESES LAND DREHT DURCH.

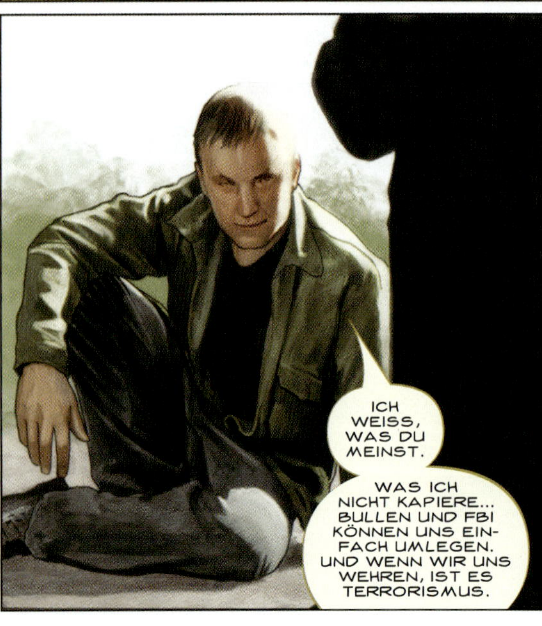
ICH WEISS, WAS DU MEINST.
WAS ICH NICHT KAPIERE... BULLEN UND FBI KÖNNEN UNS EIN-FACH UMLEGEN. UND WENN WIR UNS WEHREN, IST ES TERRORISMUS.

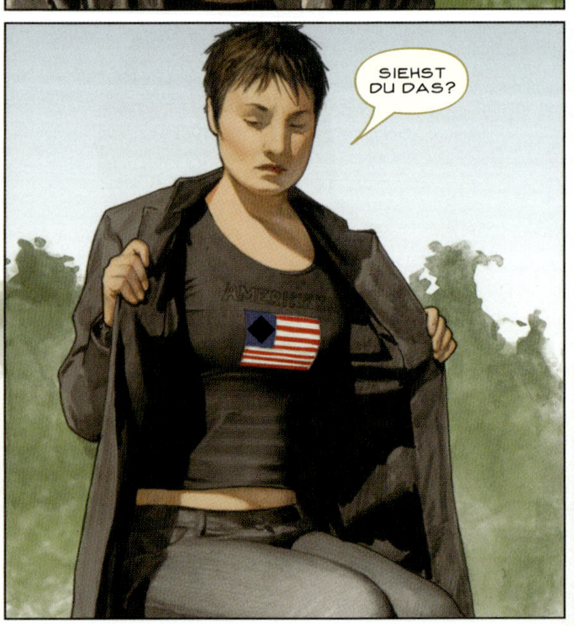
SIEHST DU DAS?

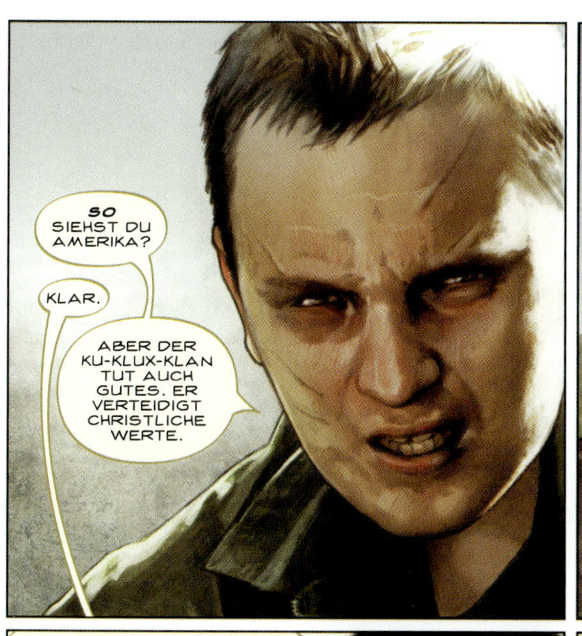
SO SIEHST DU AMERIKA?
KLAR.
ABER DER KU-KLUX-KLAN TUT AUCH GUTES. ER VERTEIDIGT CHRISTLICHE WERTE.

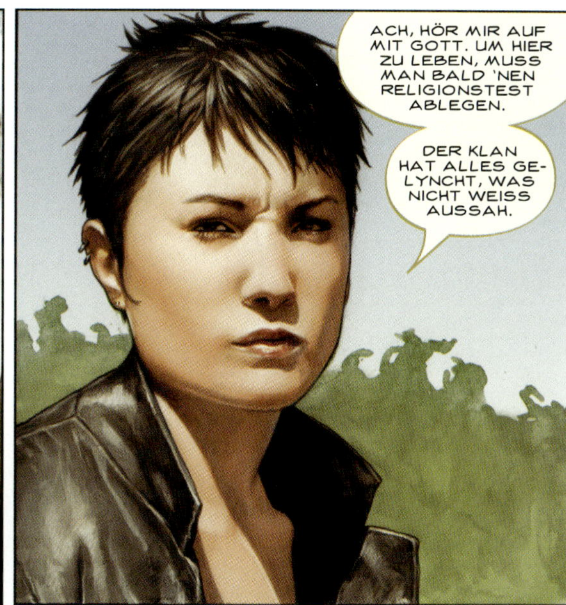
ACH, HÖR MIR AUF MIT GOTT. UM HIER ZU LEBEN, MUSS MAN BALD 'NEN RELIGIONSTEST ABLEGEN.
DER KLAN HAT ALLES GELYNCHT, WAS NICHT WEISS AUSSAH.

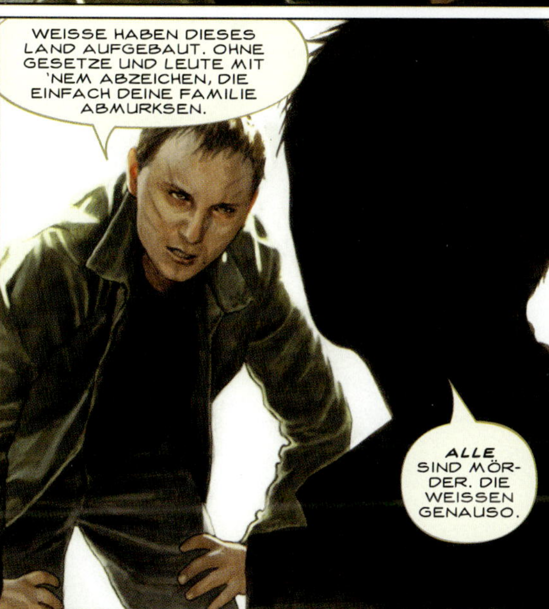
WEISSE HABEN DIESES LAND AUFGEBAUT. OHNE GESETZE UND LEUTE MIT 'NEM ABZEICHEN, DIE EINFACH DEINE FAMILIE ABMURKSEN.
ALLE SIND MÖRDER. DIE WEISSEN GENAUSO.

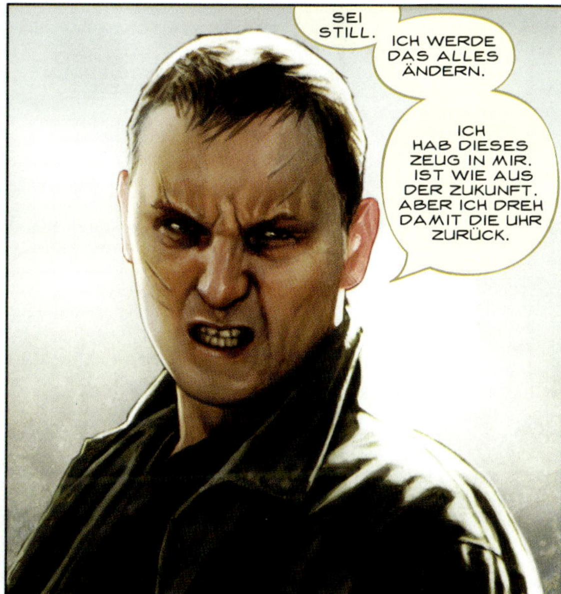
SEI STILL.
ICH WERDE DAS ALLES ÄNDERN.
ICH HAB DIESES ZEUG IN MIR. IST WIE AUS DER ZUKUNFT. ABER ICH DREH DAMIT DIE UHR ZURÜCK.

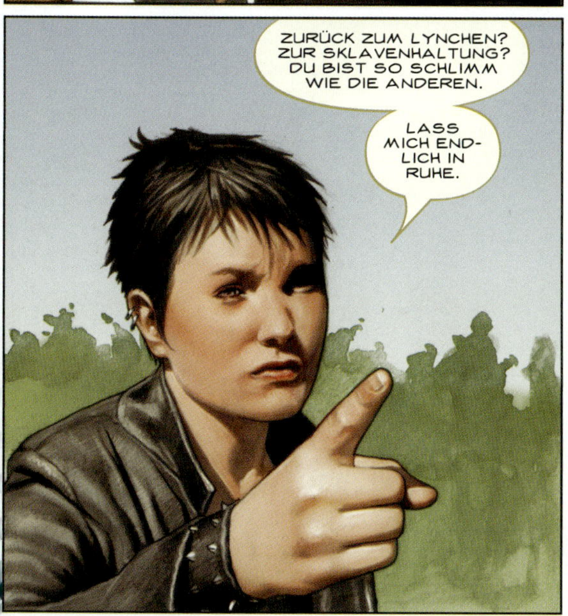
ZURÜCK ZUM LYNCHEN? ZUR SKLAVENHALTUNG? DU BIST SO SCHLIMM WIE DIE ANDEREN.
LASS MICH ENDLICH IN RUHE.

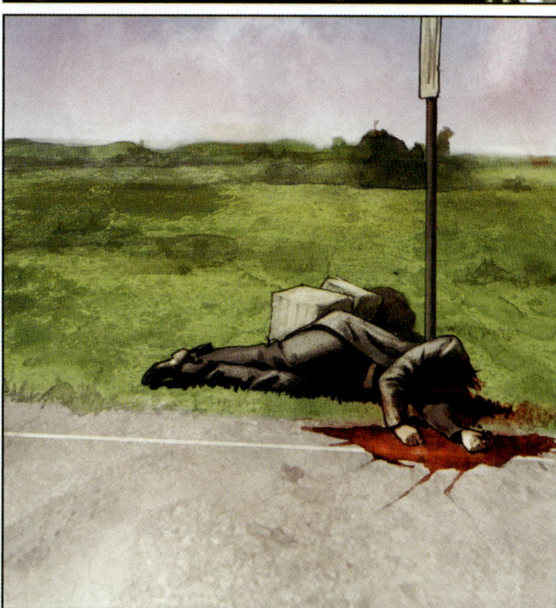

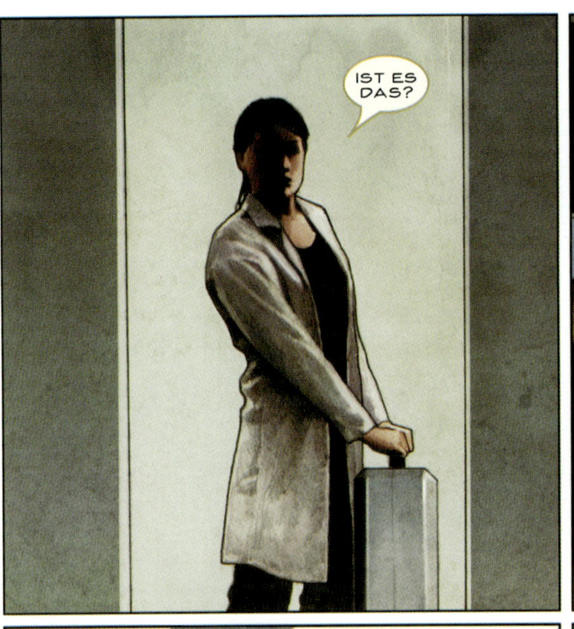
IST ES DAS?

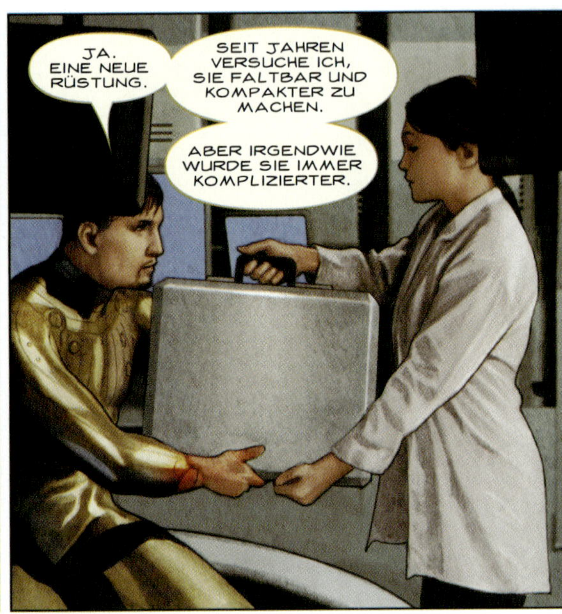
JA. EINE NEUE RÜSTUNG.
SEIT JAHREN VERSUCHE ICH, SIE FALTBAR UND KOMPAKTER ZU MACHEN.
ABER IRGENDWIE WURDE SIE IMMER KOMPLIZIERTER.

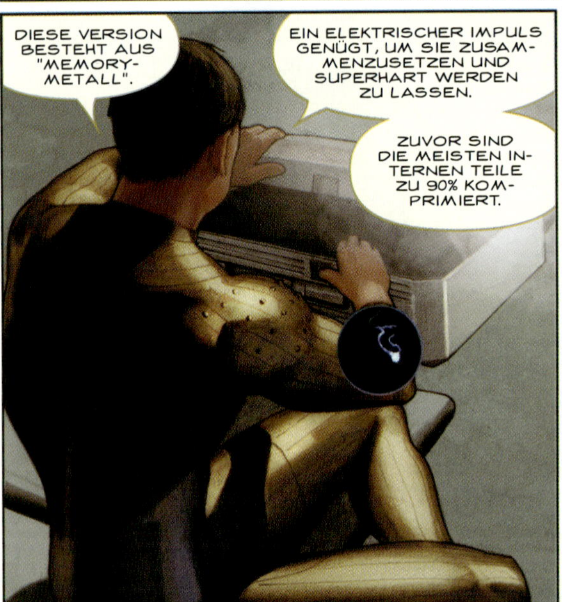
DIESE VERSION BESTEHT AUS "MEMORY-METALL".
EIN ELEKTRISCHER IMPULS GENÜGT, UM SIE ZUSAM-MENZUSETZEN UND SUPERHART WERDEN ZU LASSEN.
ZUVOR SIND DIE MEISTEN IN-TERNEN TEILE ZU 90% KOM-PRIMIERT.

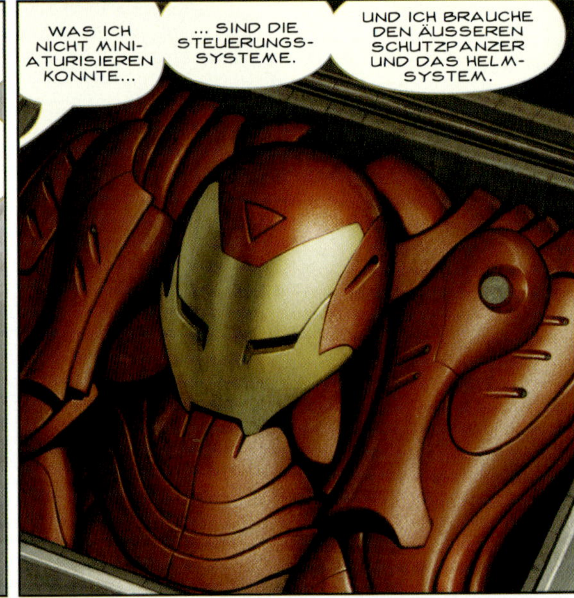
WAS ICH NICHT MINI-ATURISIEREN KONNTE...
... SIND DIE STEUERUNGS-SYSTEME.
UND ICH BRAUCHE DEN ÄUSSEREN SCHUTZPANZER UND DAS HELM-SYSTEM.

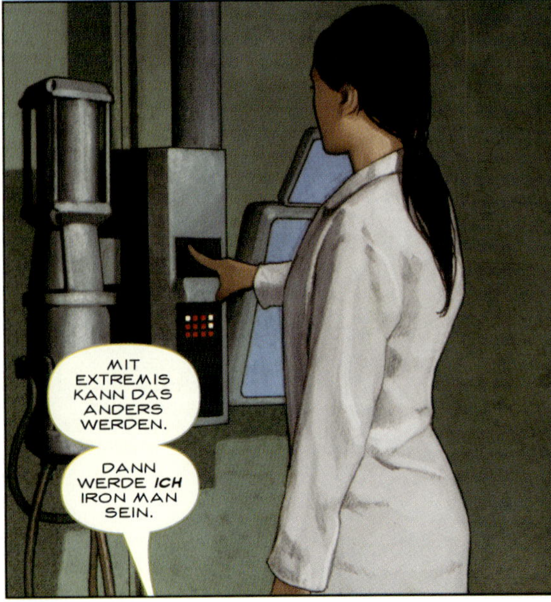
MIT EXTREMIS KANN DAS ANDERS WERDEN.
DANN WERDE *ICH* IRON MAN SEIN.

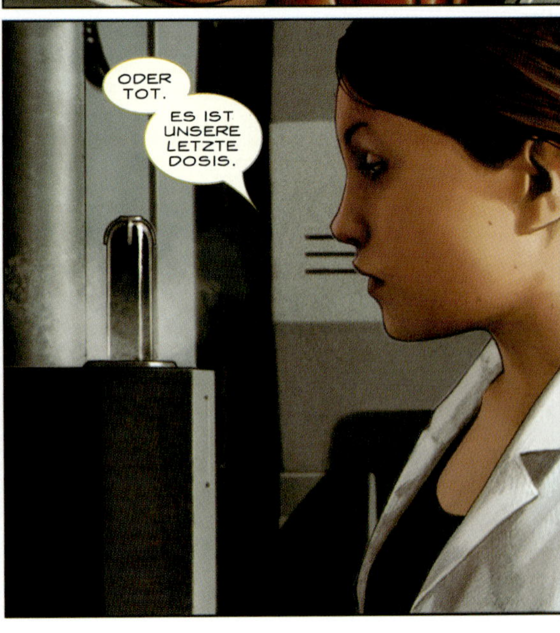
ODER TOT.
ES IST UNSERE LETZTE DOSIS.

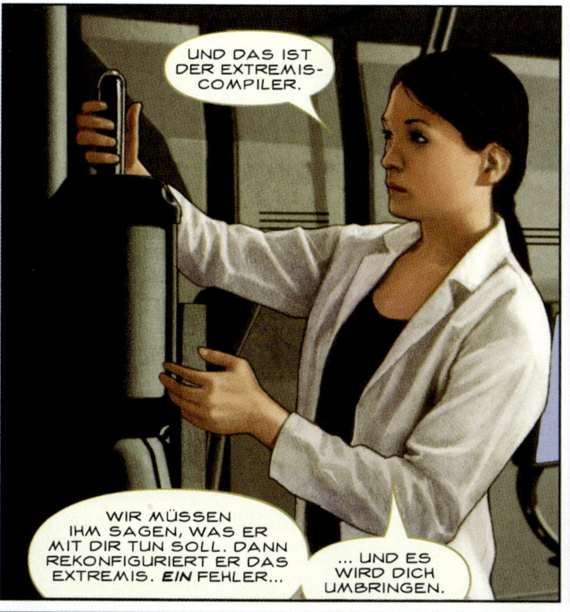
UND DAS IST DER EXTREMIS-COMPILER.
WIR MÜSSEN IHM SAGEN, WAS ER MIT DIR TUN SOLL. DANN REKONFIGURIERT ER DAS EXTREMIS. *EIN* FEHLER...
... UND ES WIRD DICH UMBRINGEN.

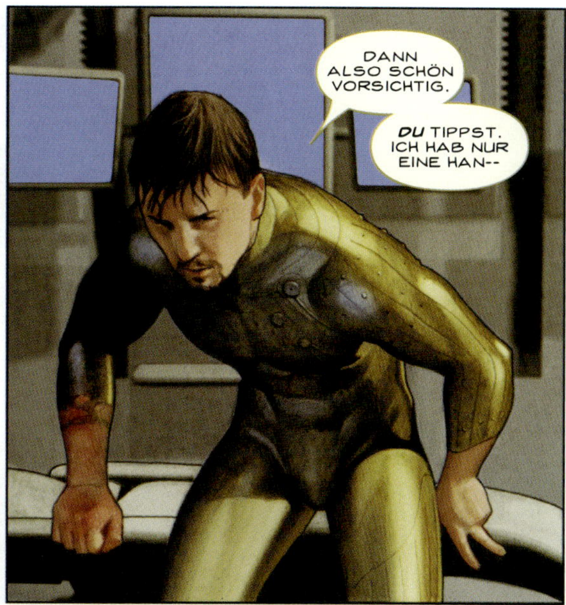
DANN ALSO SCHÖN VORSICHTIG.
DU TIPPST. ICH HAB NUR EINE HAN--

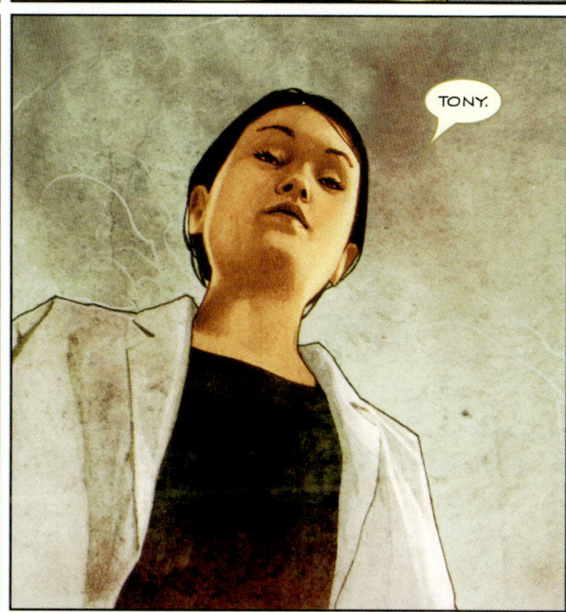
TONY.

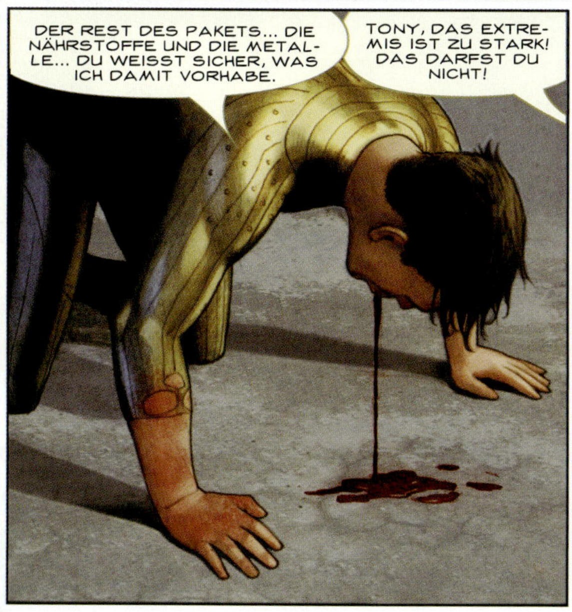
DER REST DES PAKETS... DIE NÄHRSTOFFE UND DIE METALLE... DU WEISST SICHER, WAS ICH DAMIT VORHABE.
TONY, DAS EXTREMIS IST ZU STARK! DAS DARFST DU NICHT!

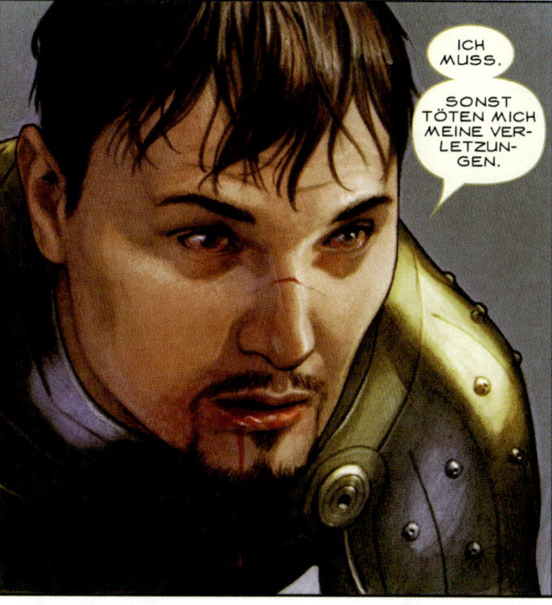
ICH MUSS.
SONST TÖTEN MICH MEINE VERLETZUNGEN.

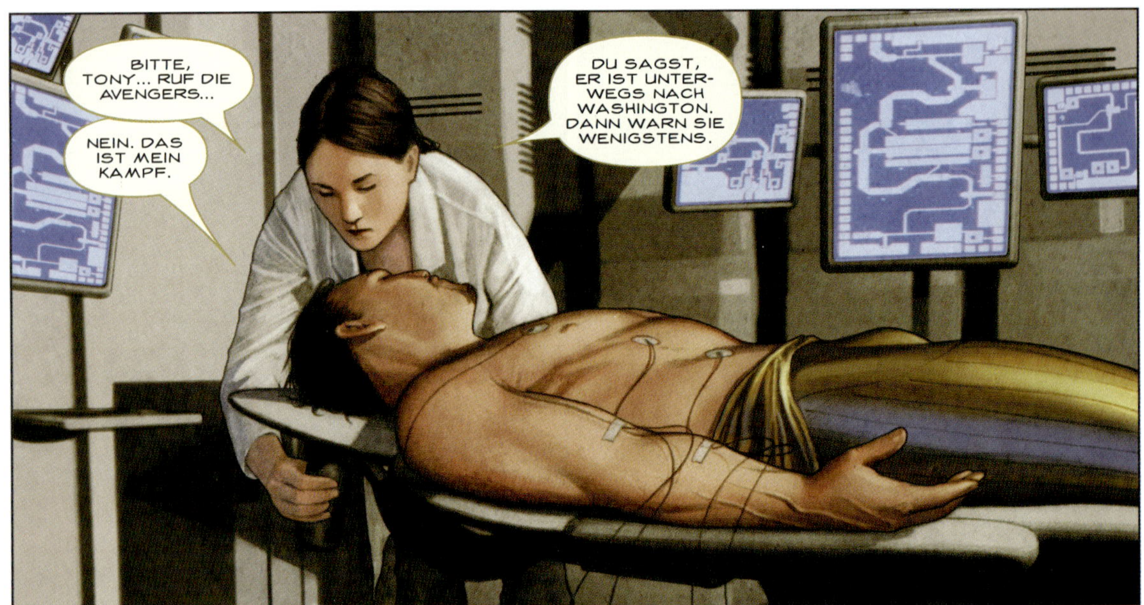
BITTE, TONY... RUF DIE AVENGERS...
NEIN. DAS IST MEIN KAMPF.
DU SAGST, ER IST UNTERWEGS NACH WASHINGTON. DANN WARN SIE WENIGSTENS.

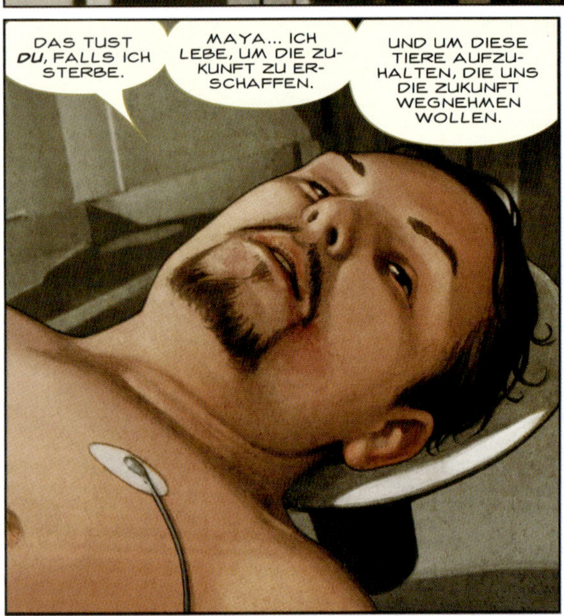
DAS TUST *DU*, FALLS ICH STERBE.
MAYA... ICH LEBE, UM DIE ZUKUNFT ZU ERSCHAFFEN.
UND UM DIESE TIERE AUFZUHALTEN, DIE UNS DIE ZUKUNFT WEGNEHMEN WOLLEN.

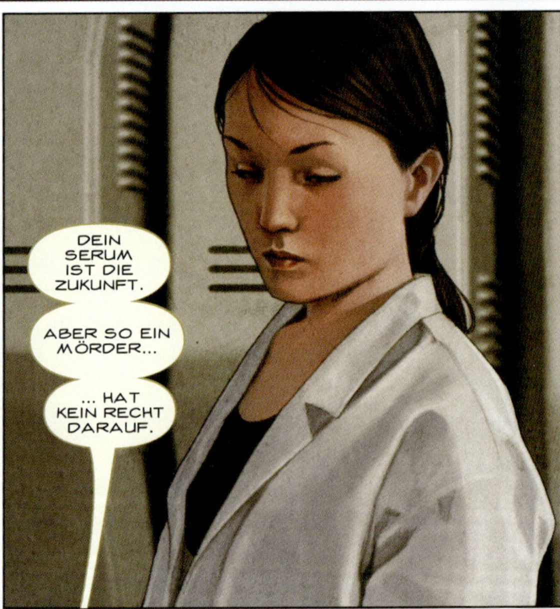
DEIN SERUM IST DIE ZUKUNFT.
ABER SO EIN MÖRDER...
... HAT KEIN RECHT DARAUF.

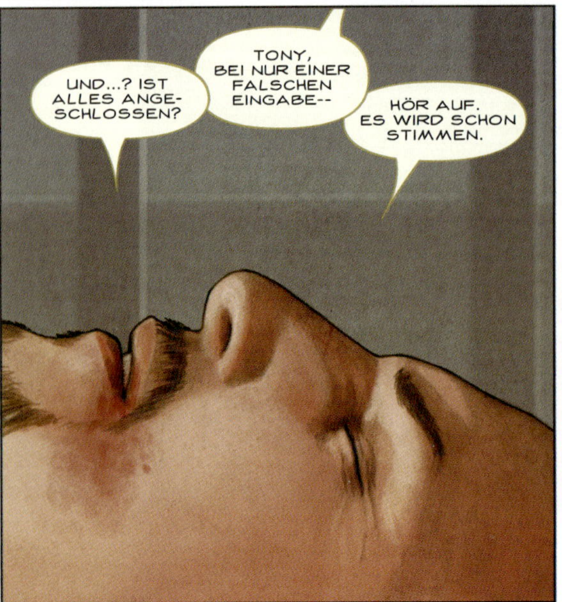
UND...? IST ALLES ANGESCHLOSSEN?
TONY, BEI NUR EINER FALSCHEN EINGABE--
HÖR AUF. ES WIRD SCHON STIMMEN.

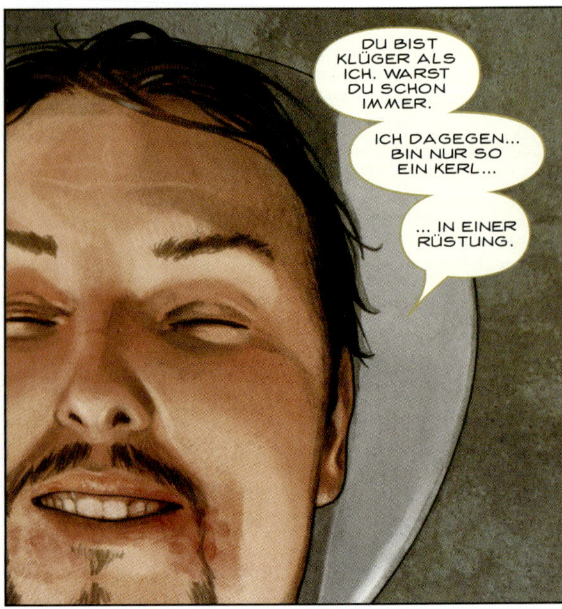
DU BIST KLÜGER ALS ICH. WARST DU SCHON IMMER.
ICH DAGEGEN... BIN NUR SO EIN KERL...
... IN EINER RÜSTUNG.

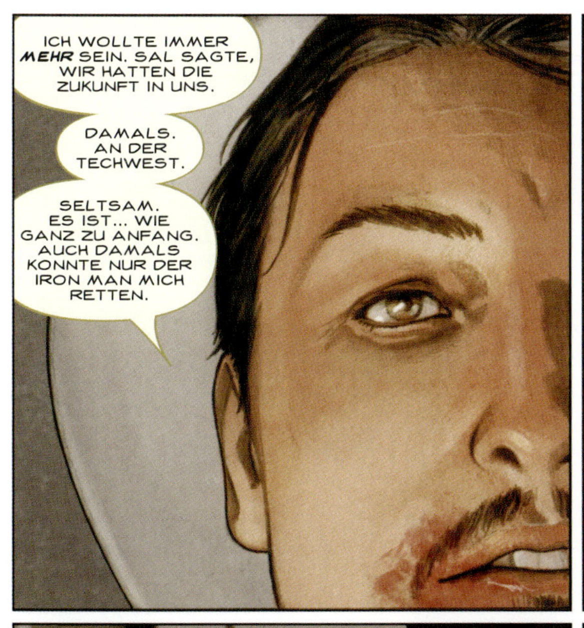
ICH WOLLTE IMMER MEHR SEIN. SAL SAGTE, WIR HATTEN DIE ZUKUNFT IN UNS.
DAMALS. AN DER TECHWEST.
SELTSAM. ES IST... WIE GANZ ZU ANFANG. AUCH DAMALS KONNTE NUR DER IRON MAN MICH RETTEN.

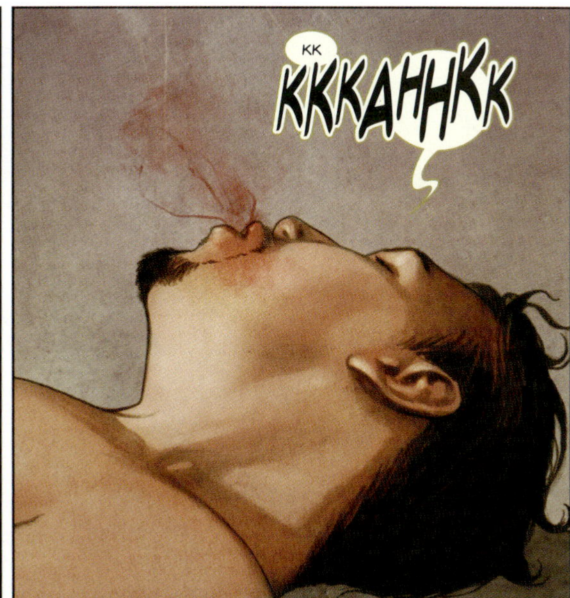
KK
KKKAHHKK

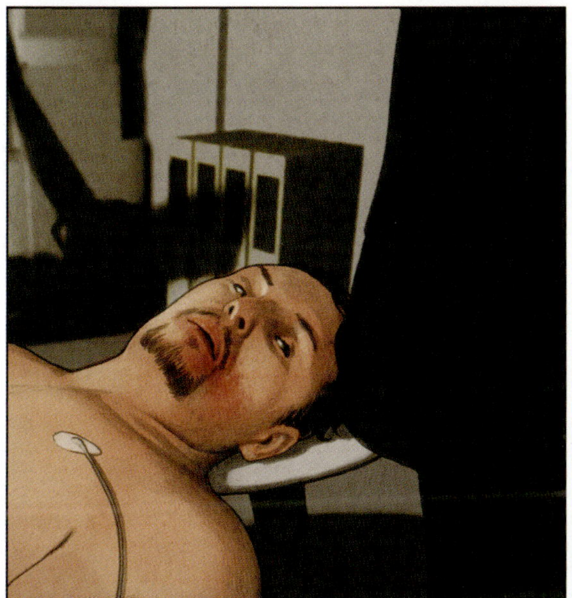

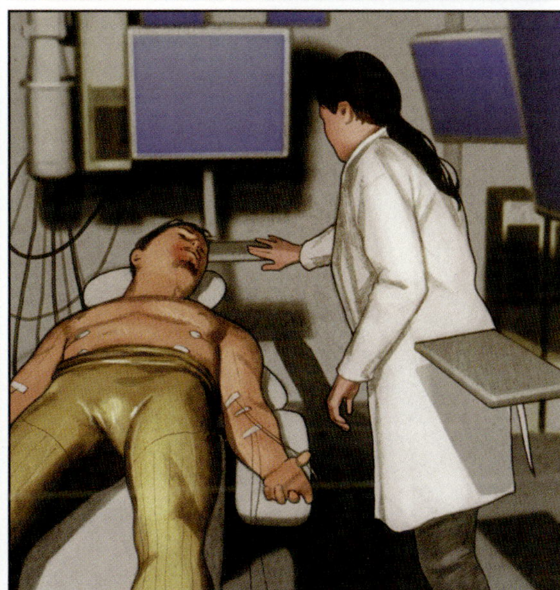

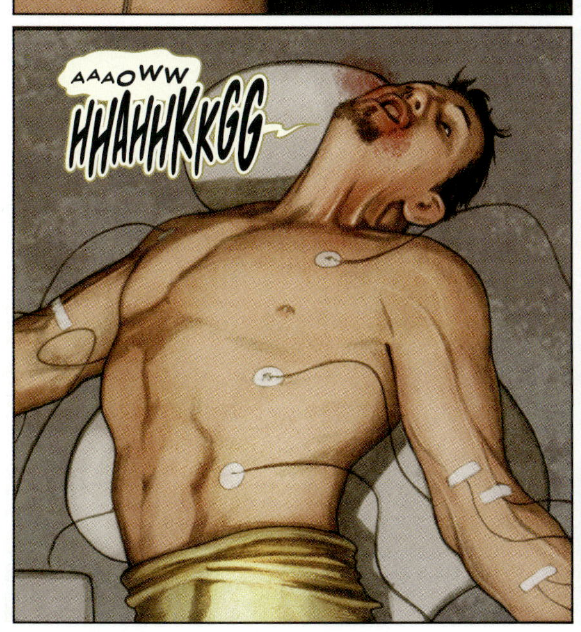
AAAOWW
HHAHHKKGG

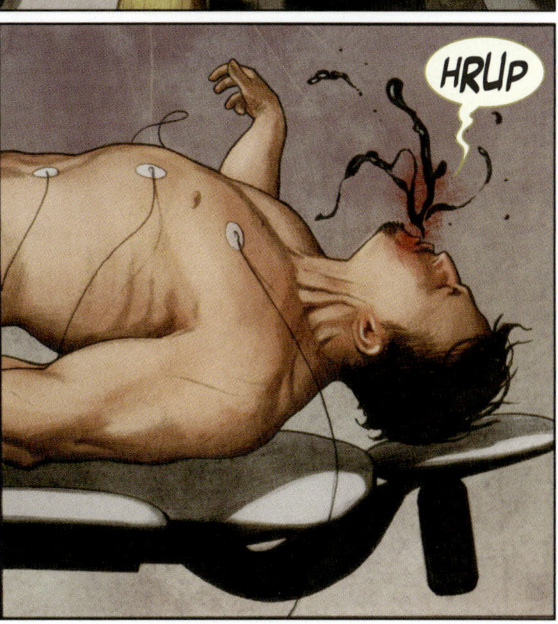
HRUP

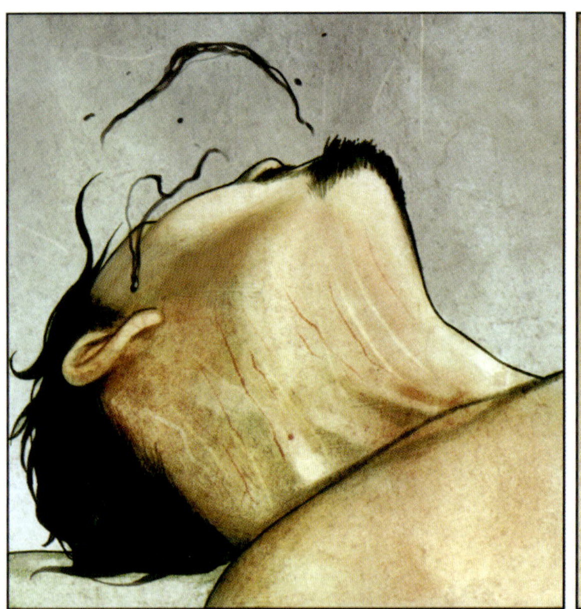

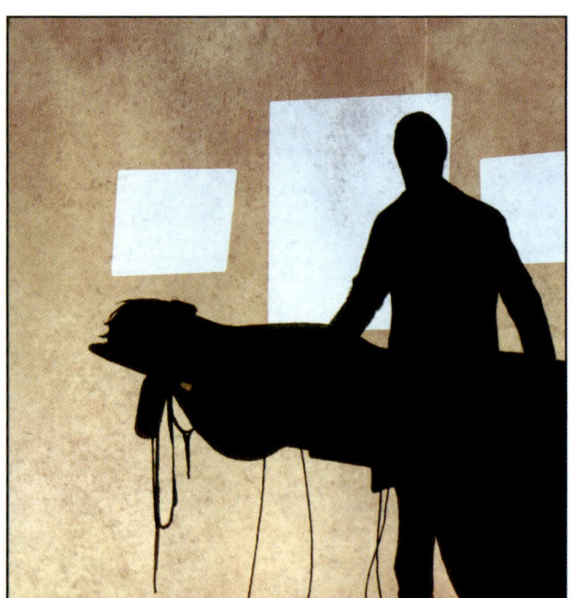

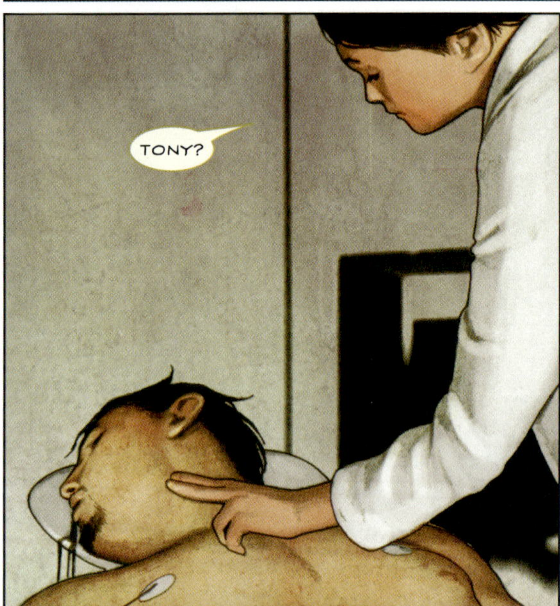
TONY?

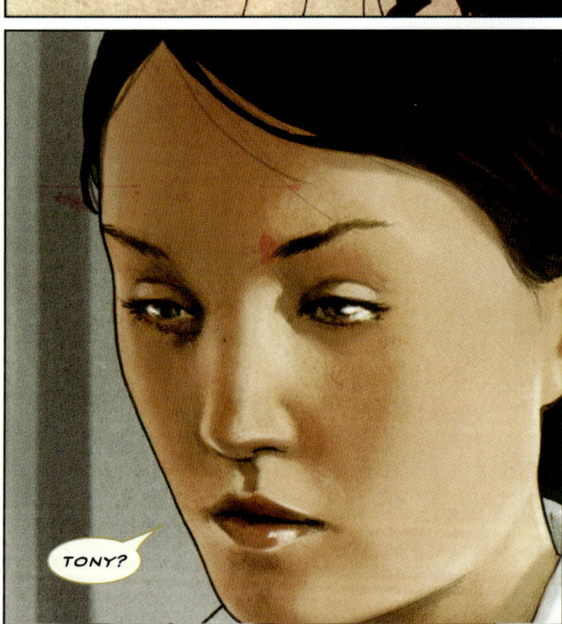
TONY?

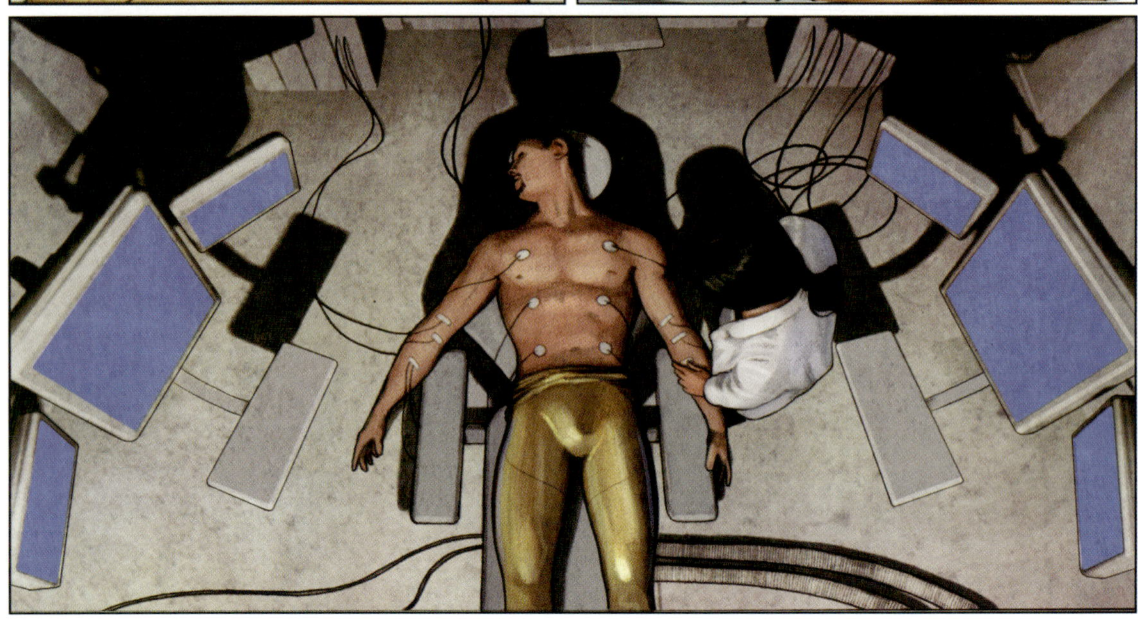

EXTREMIS, TEIL 5

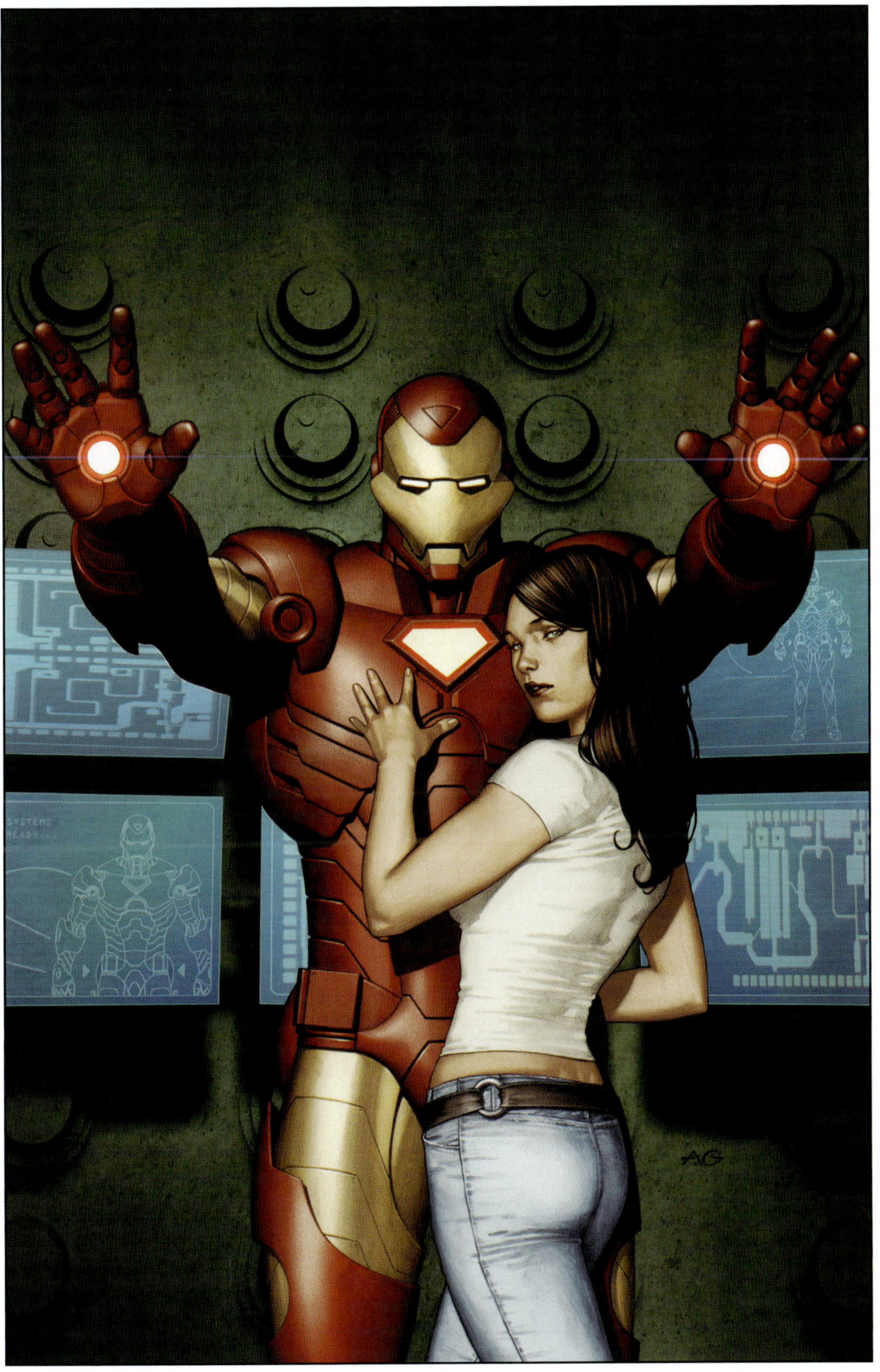

Iron Man (2005) 5
Cover von **ADI GRANOV**

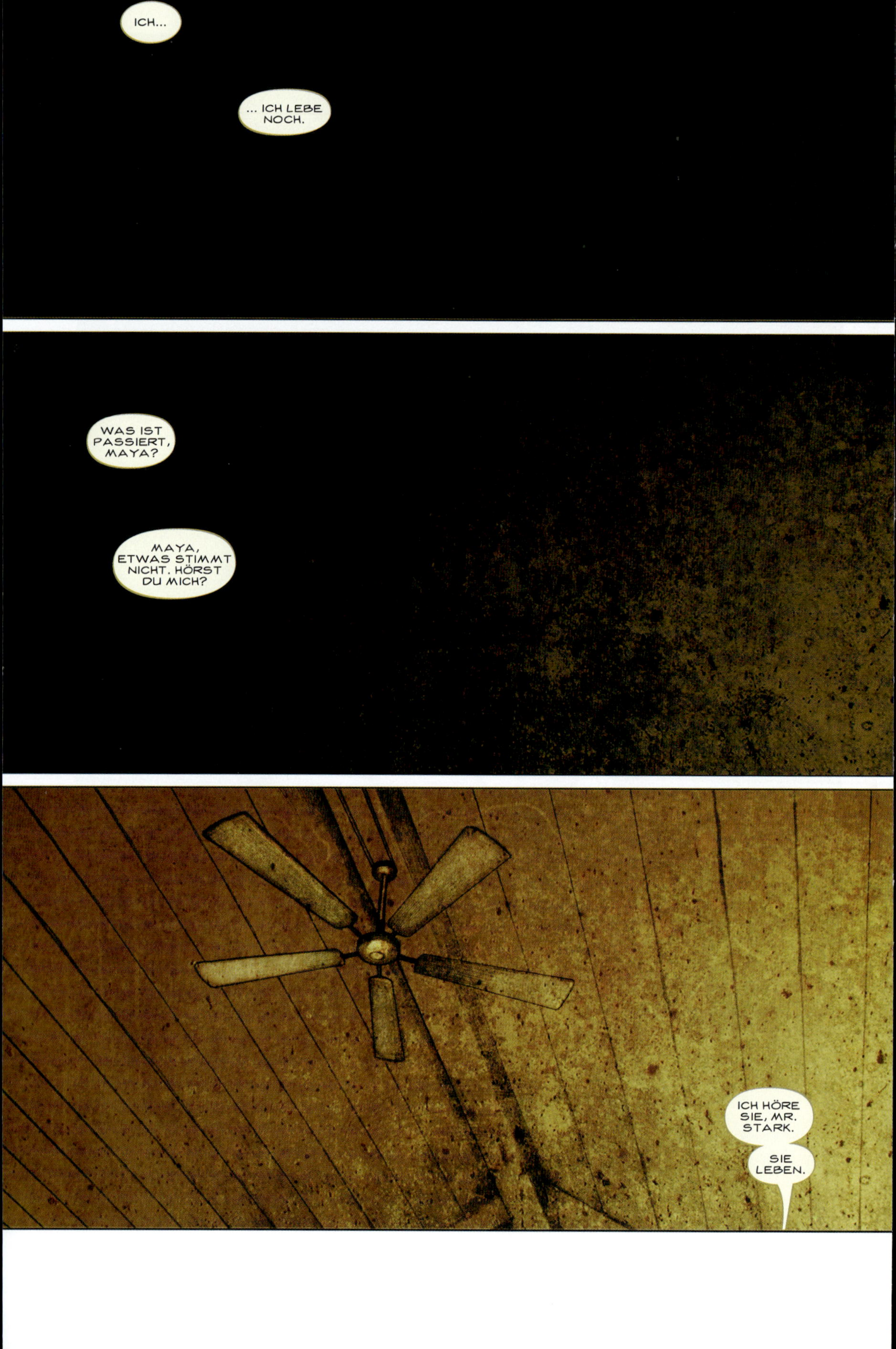
ICH...
... ICH LEBE NOCH.
WAS IST PASSIERT, MAYA?
MAYA, ETWAS STIMMT NICHT. HÖRST DU MICH?
ICH HÖRE SIE, MR. STARK.
SIE LEBEN.

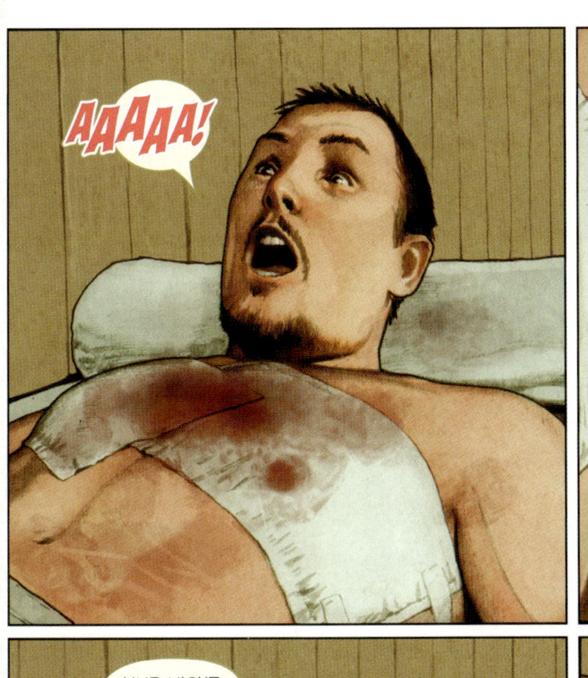
AAAAA!

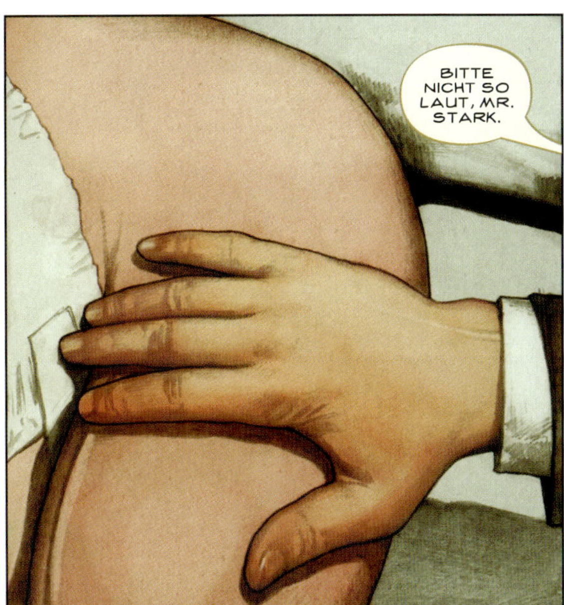
BITTE NICHT SO LAUT, MR. STARK.

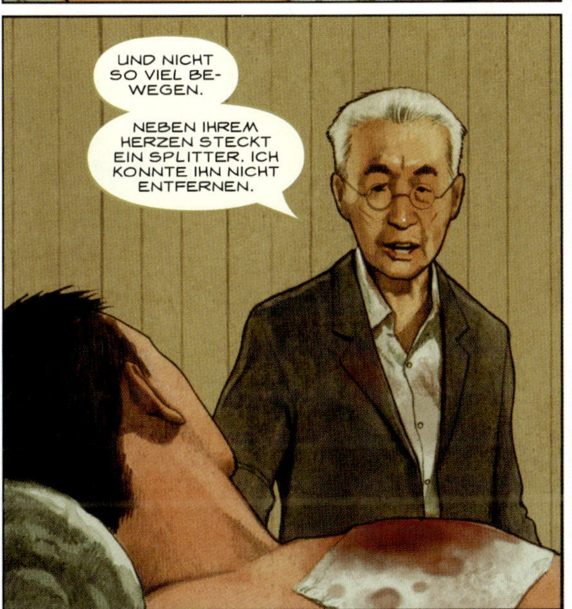
UND NICHT SO VIEL BE-WEGEN.
NEBEN IHREM HERZEN STECKT EIN SPLITTER. ICH KONNTE IHN NICHT ENTFERNEN.

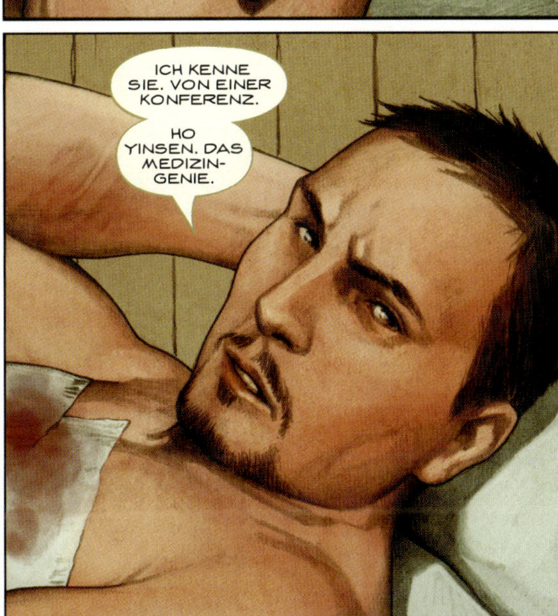
ICH KENNE SIE. VON EINER KONFERENZ.
HO YINSEN. DAS MEDIZIN-GENIE.

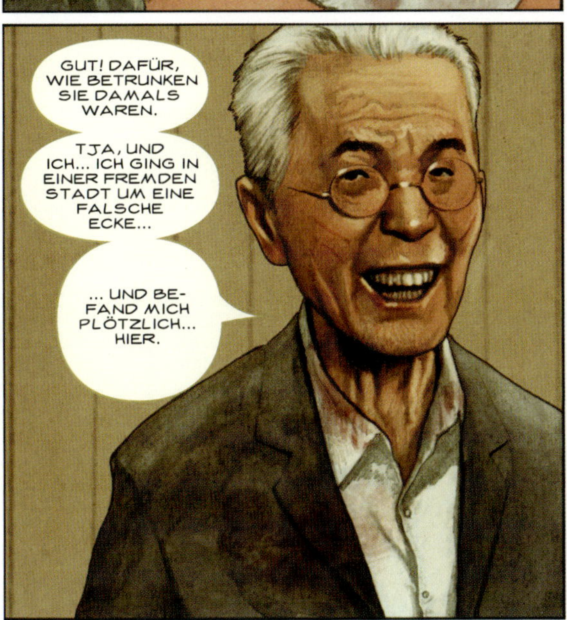
GUT! DAFÜR, WIE BETRUNKEN SIE DAMALS WAREN.
TJA, UND ICH... ICH GING IN EINER FREMDEN STADT UM EINE FALSCHE ECKE...
... UND BE-FAND MICH PLÖTZLICH... HIER.

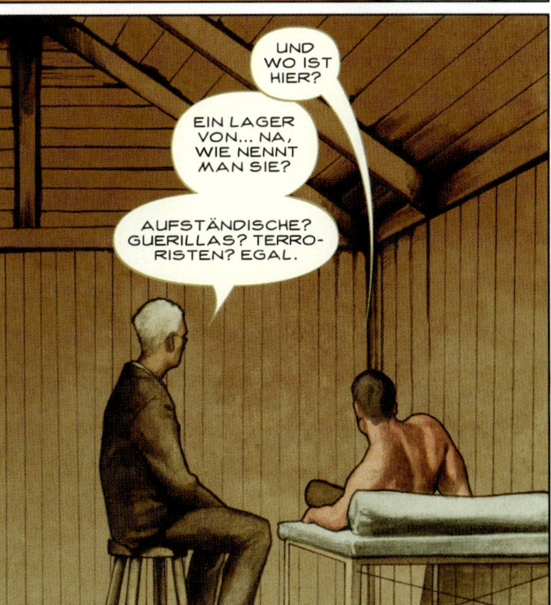
UND WO IST HIER?
EIN LAGER VON... NA, WIE NENNT MAN SIE?
AUFSTÄNDISCHE? GUERILLAS? TERRO-RISTEN? EGAL.

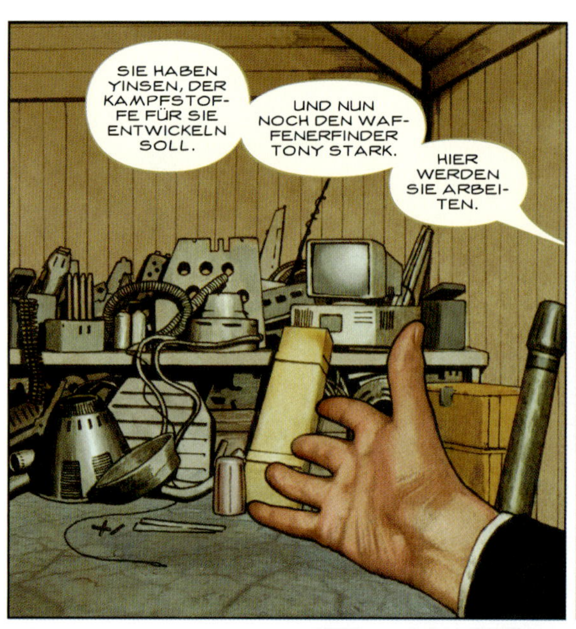
SIE HABEN YINSEN, DER KAMPFSTOFFE FÜR SIE ENTWICKELN SOLL.
UND NUN NOCH DEN WAFFENERFINDER TONY STARK.
HIER WERDEN SIE ARBEITEN.

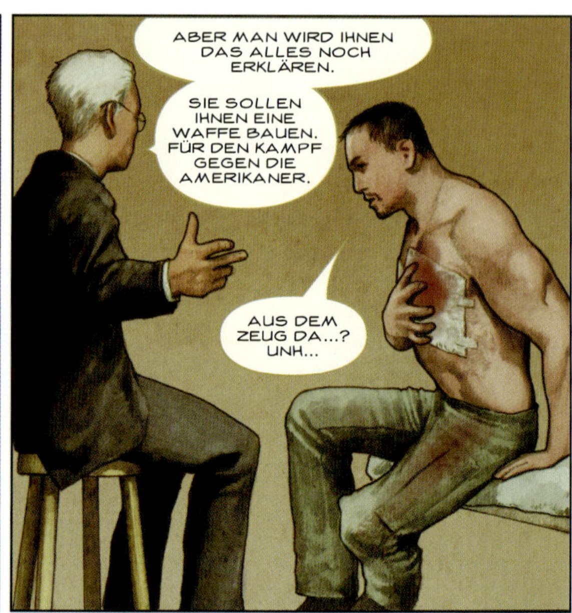
ABER MAN WIRD IHNEN DAS ALLES NOCH ERKLÄREN.
SIE SOLLEN IHNEN EINE WAFFE BAUEN. FÜR DEN KAMPF GEGEN DIE AMERIKANER.
AUS DEM ZEUG DA...? UNH...

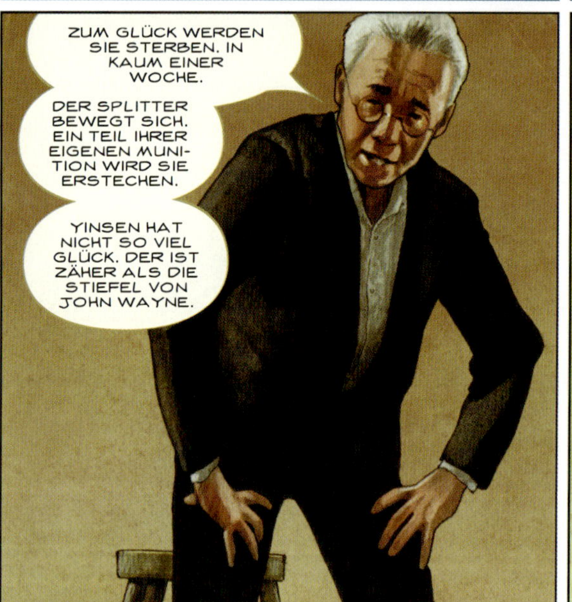
ZUM GLÜCK WERDEN SIE STERBEN. IN KAUM EINER WOCHE.
DER SPLITTER BEWEGT SICH. EIN TEIL IHRER EIGENEN MUNITION WIRD SIE ERSTECHEN.
YINSEN HAT NICHT SO VIEL GLÜCK. DER IST ZÄHER ALS DIE STIEFEL VON JOHN WAYNE.

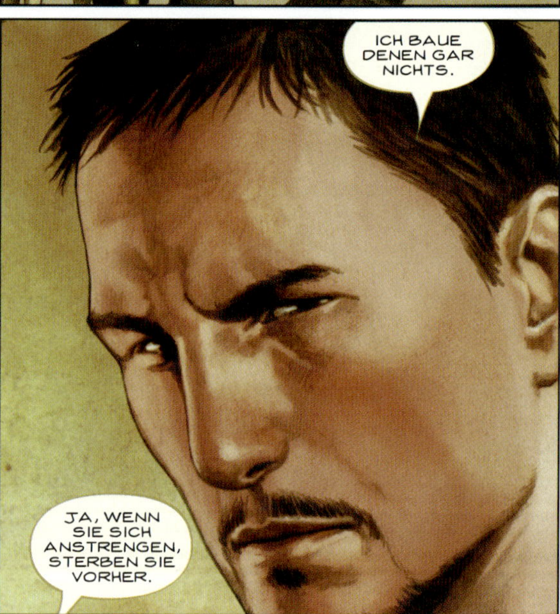
ICH BAUE DENEN GAR NICHTS.
JA, WENN SIE SICH ANSTRENGEN, STERBEN SIE VORHER.

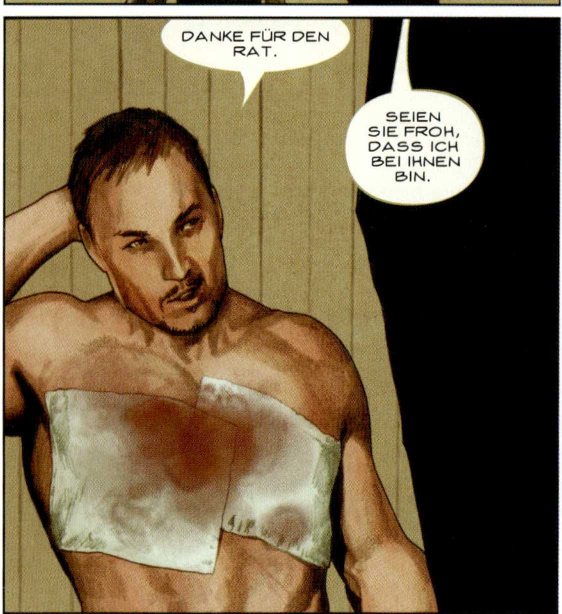
DANKE FÜR DEN RAT.
SEIEN SIE FROH, DASS ICH BEI IHNEN BIN.

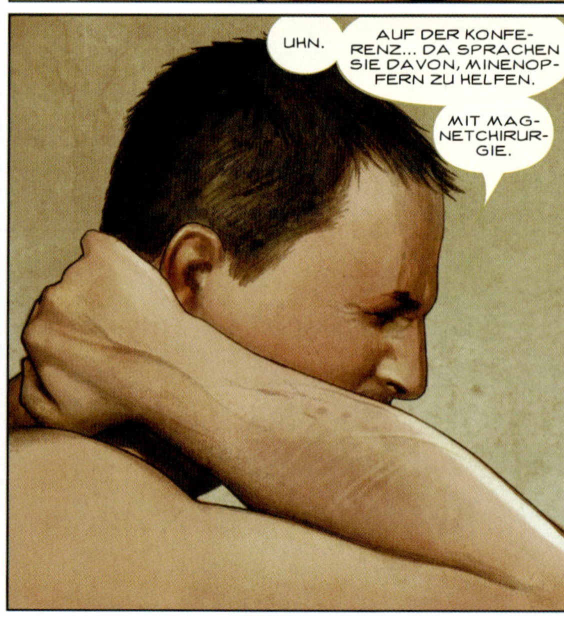
UHN.
AUF DER KONFERENZ... DA SPRACHEN SIE DAVON, MINENOPFERN ZU HELFEN.
MIT MAGNETCHIRURGIE.

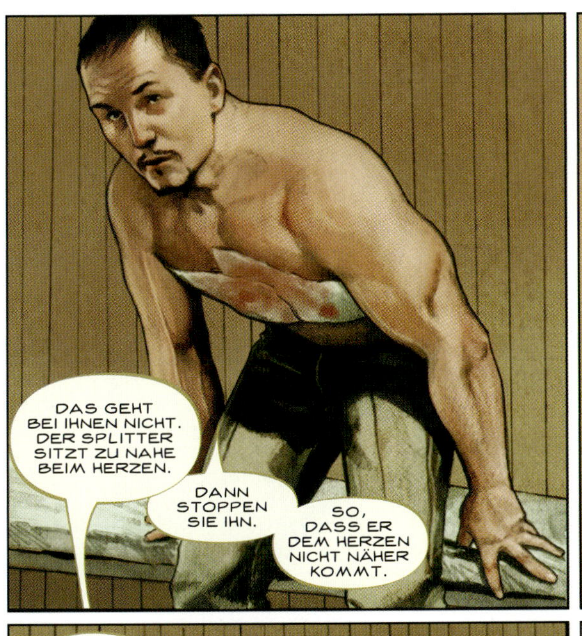
DAS GEHT BEI IHNEN NICHT. DER SPLITTER SITZT ZU NAHE BEIM HERZEN.
DANN STOPPEN SIE IHN.
SO, DASS ER DEM HERZEN NICHT NÄHER KOMMT.

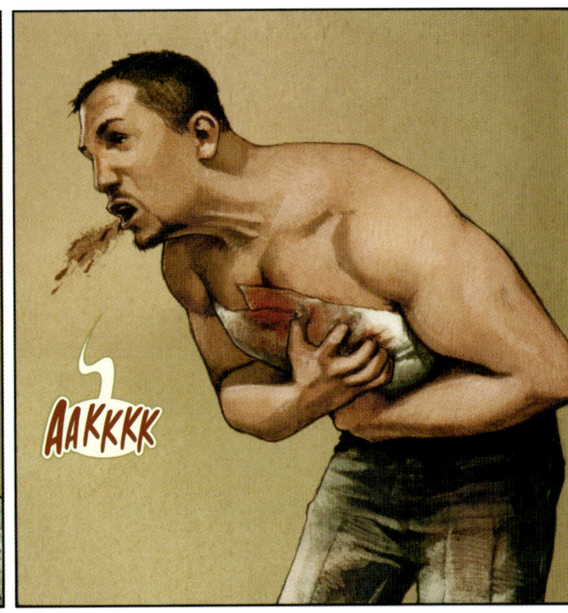
AAKKKK

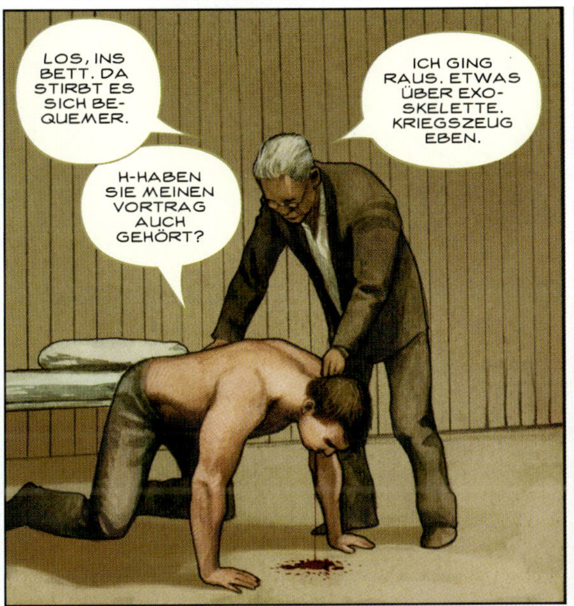
LOS, INS BETT. DA STIRBT ES SICH BEQUEMER.
H-HABEN SIE MEINEN VORTRAG AUCH GEHÖRT?
ICH GING RAUS. ETWAS ÜBER EXOSKELETTE. KRIEGSZEUG EBEN.

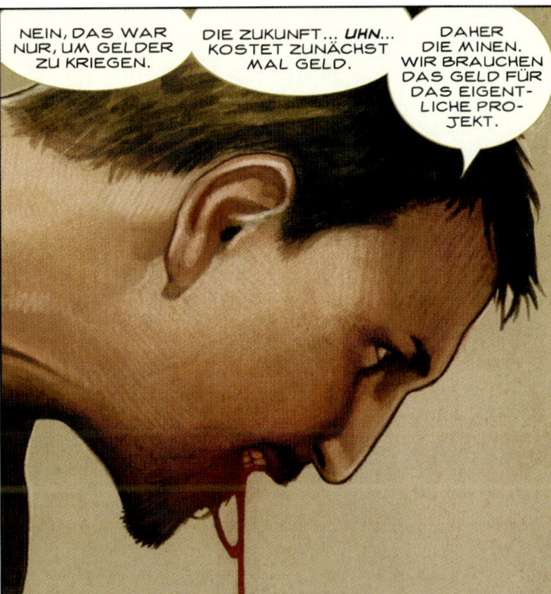
NEIN, DAS WAR NUR, UM GELDER ZU KRIEGEN.
DIE ZUKUNFT... *UHN*... KOSTET ZUNÄCHST MAL GELD.
DAHER DIE MINEN. WIR BRAUCHEN DAS GELD FÜR DAS EIGENTLICHE PROJEKT.

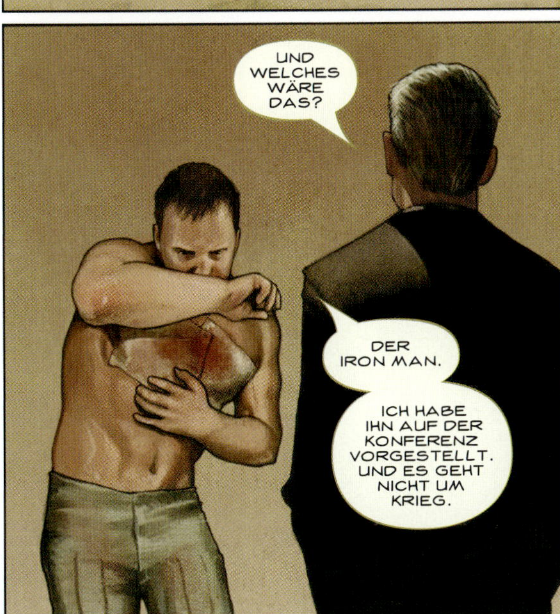
UND WELCHES WÄRE DAS?
DER IRON MAN.
ICH HABE IHN AUF DER KONFERENZ VORGESTELLT. UND ES GEHT NICHT UM KRIEG.

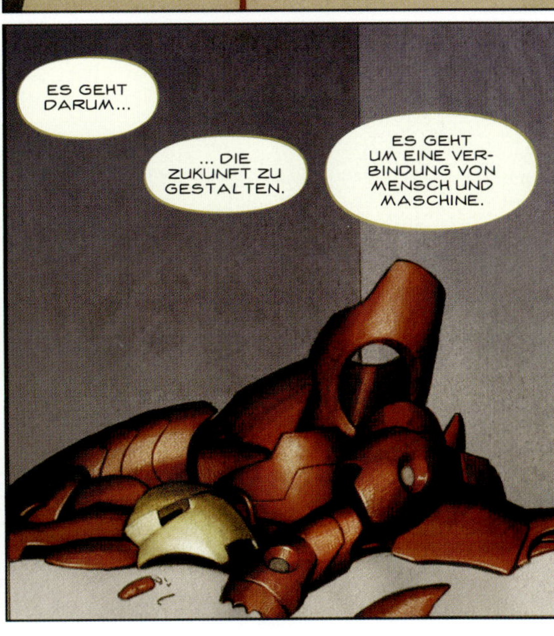
ES GEHT DARUM...
... DIE ZUKUNFT ZU GESTALTEN.
ES GEHT UM EINE VERBINDUNG VON MENSCH UND MASCHINE.

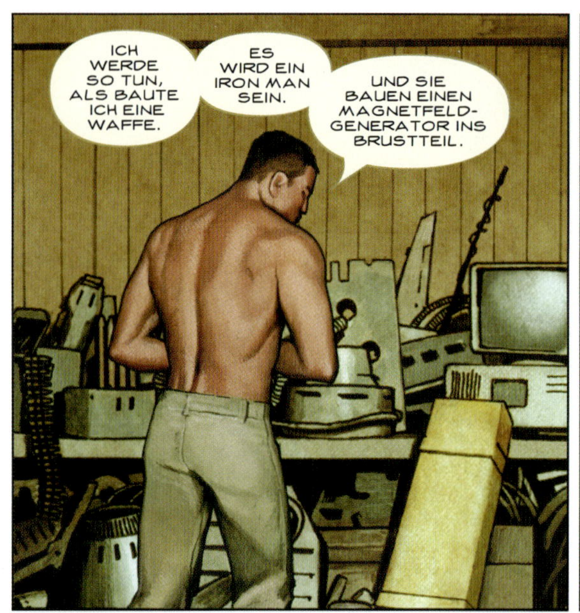
ICH WERDE SO TUN, ALS BAUTE ICH EINE WAFFE.
ES WIRD EIN IRON MAN SEIN.
UND SIE BAUEN EINEN MAGNETFELD-GENERATOR INS BRUSTTEIL.

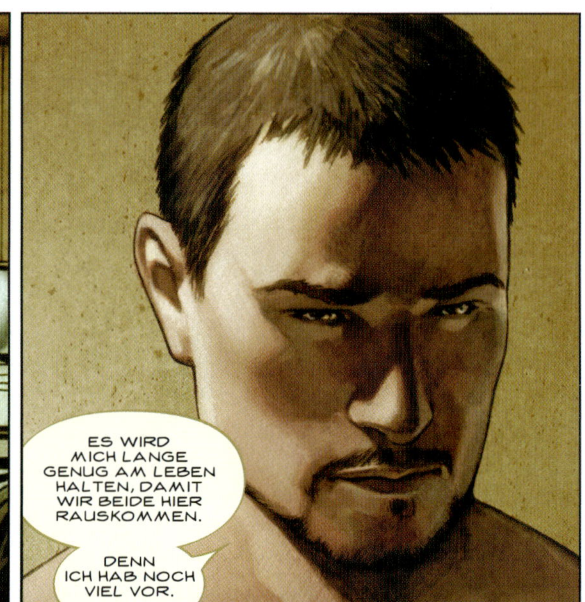
ES WIRD MICH LANGE GENUG AM LEBEN HALTEN, DAMIT WIR BEIDE HIER RAUSKOMMEN.
DENN ICH HAB NOCH VIEL VOR.

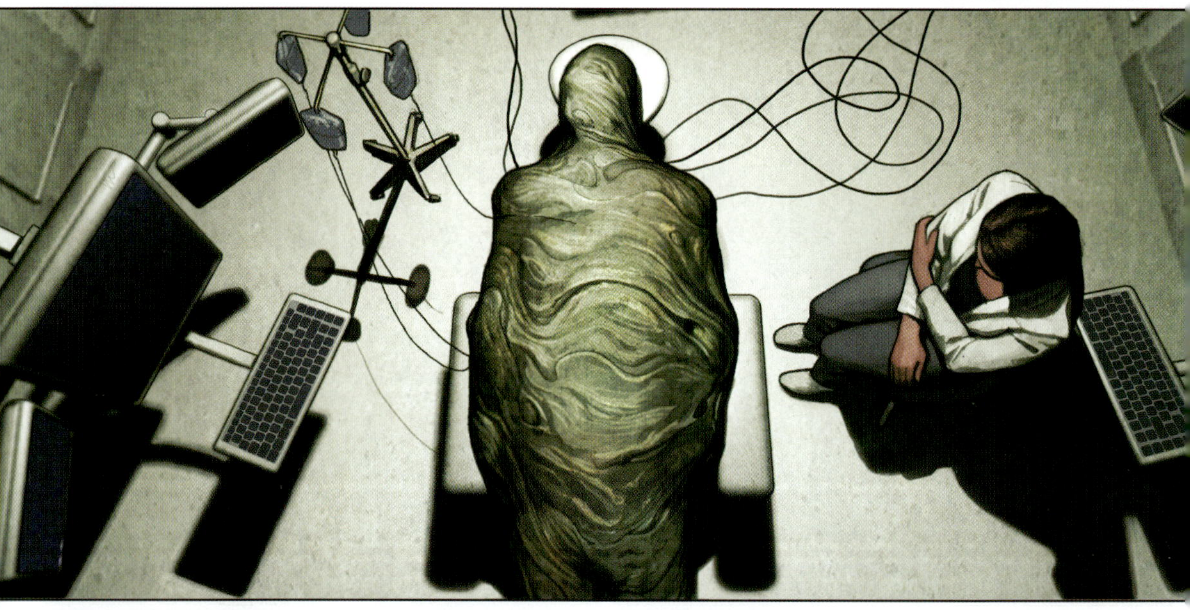

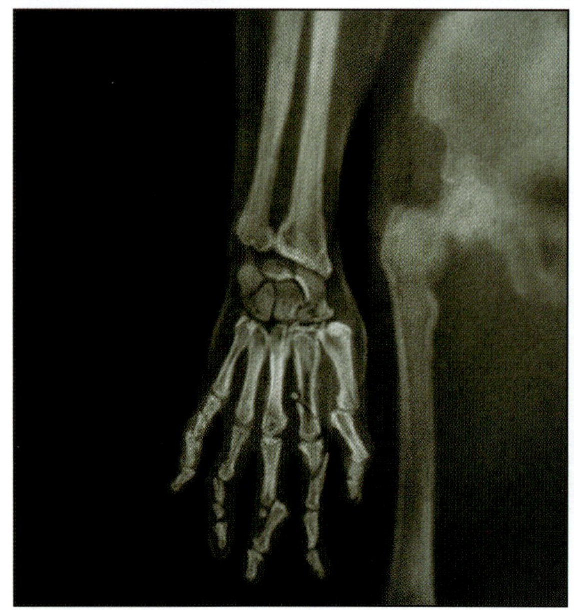

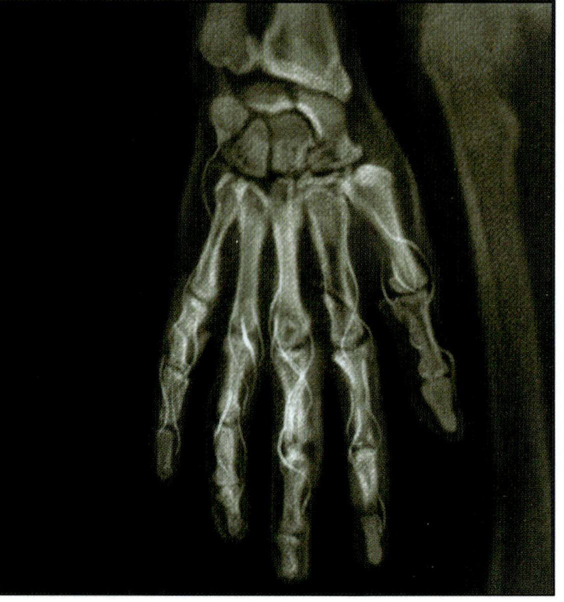

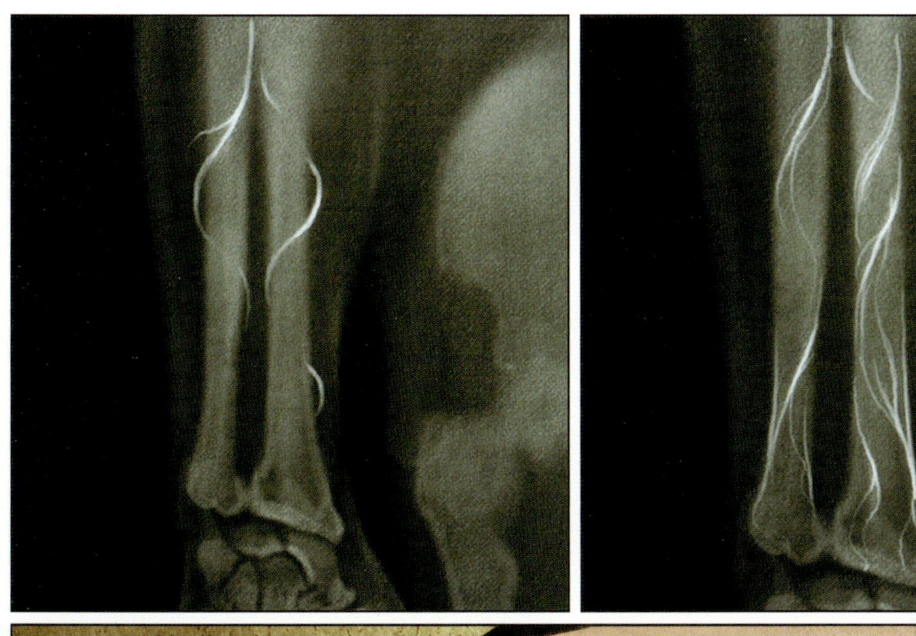

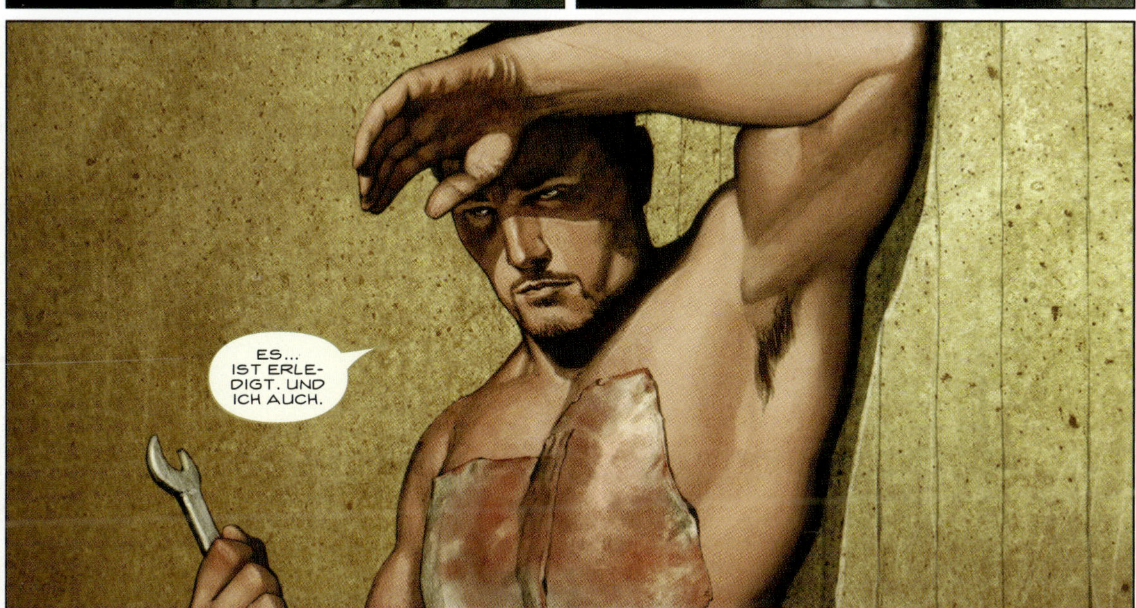
ES... IST ERLE-DIGT. UND ICH AUCH.

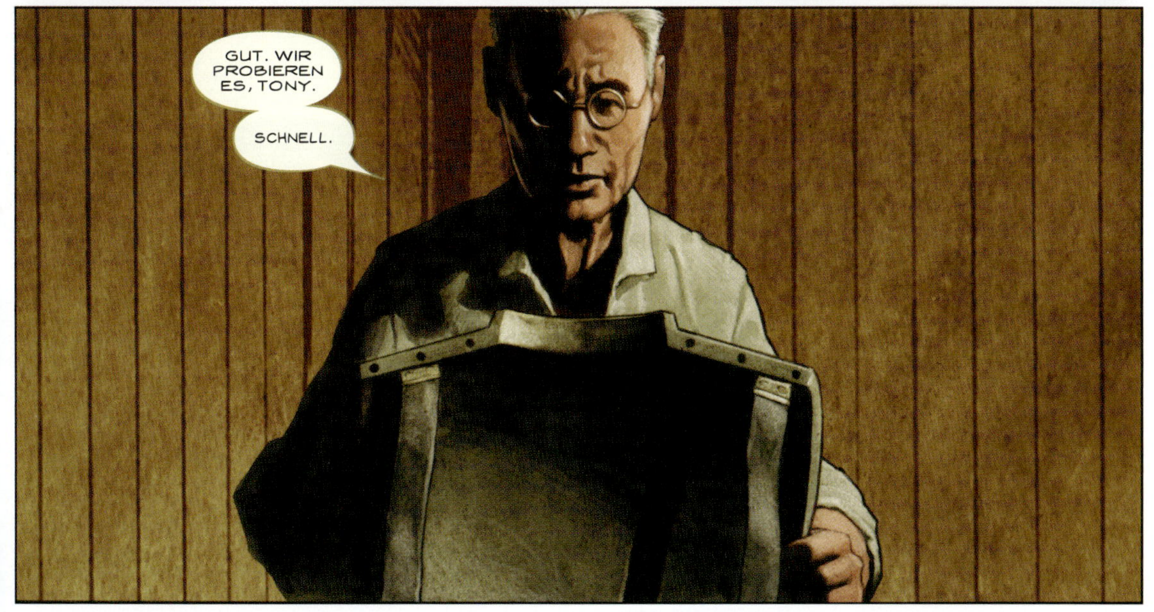
GUT. WIR PROBIEREN ES, TONY.
SCHNELL.

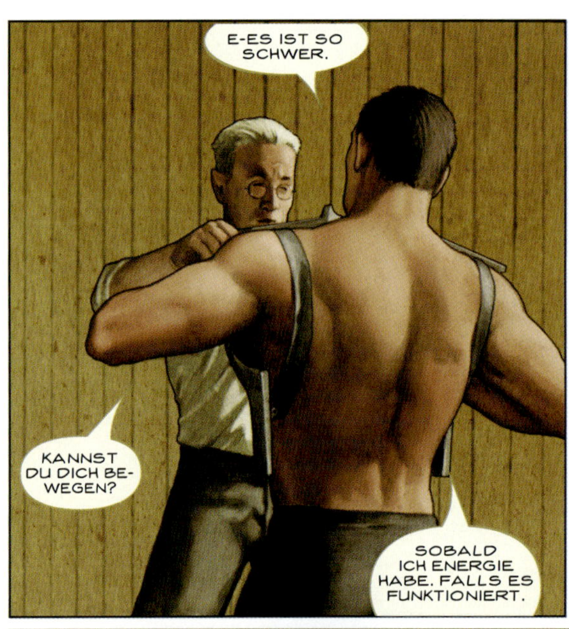
E-ES IST SO SCHWER.
KANNST DU DICH BE-WEGEN?
SOBALD ICH ENERGIE HABE. FALLS ES FUNKTIONIERT.

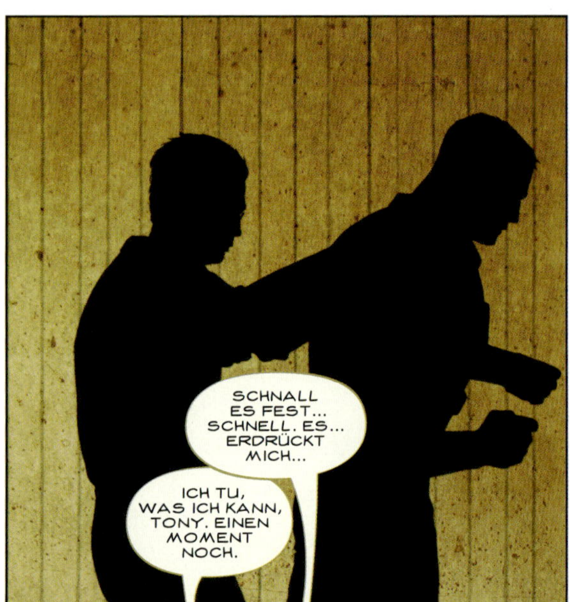
SCHNALL ES FEST... SCHNELL. ES... ERDRÜCKT MICH...
ICH TU, WAS ICH KANN, TONY. EINEN MOMENT NOCH.

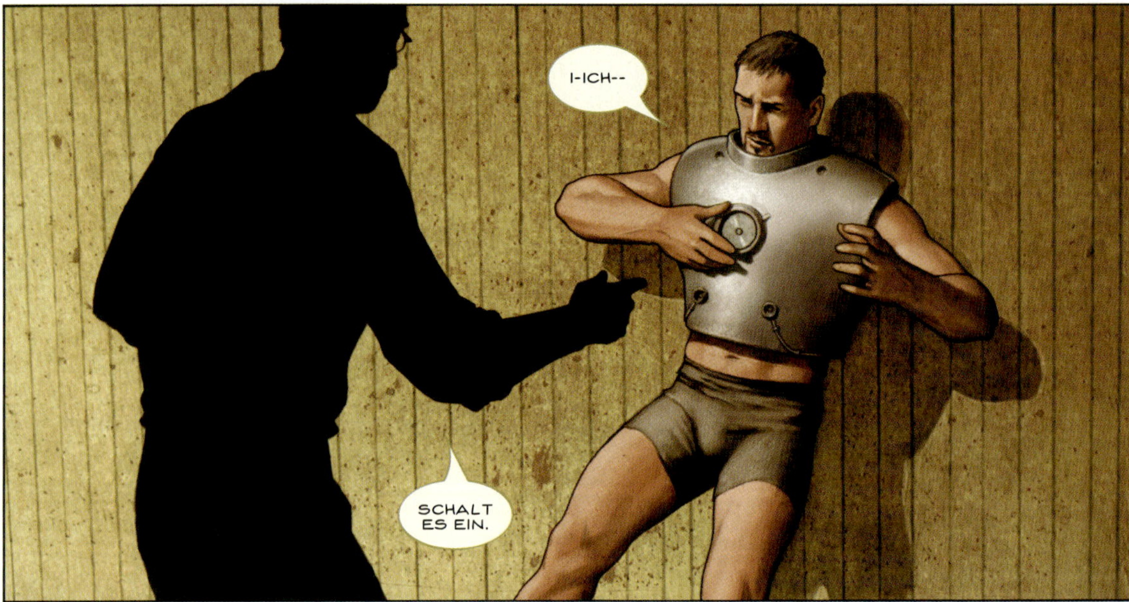
I-ICH--
SCHALT ES EIN.

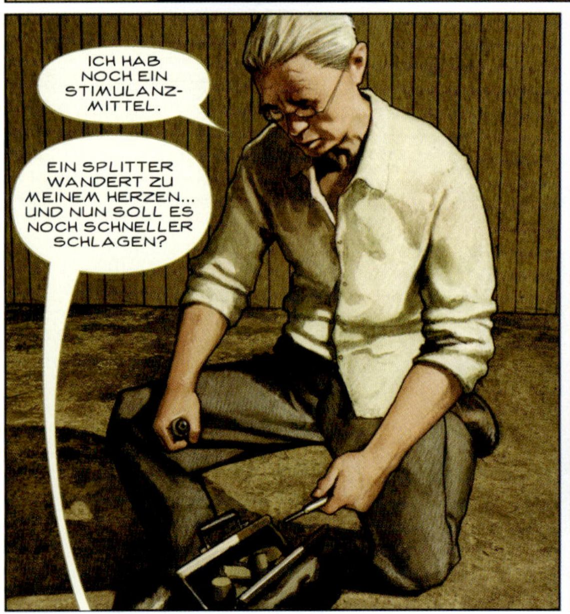
ICH HAB NOCH EIN STIMULANZ-MITTEL.
EIN SPLITTER WANDERT ZU MEINEM HERZEN... UND NUN SOLL ES NOCH SCHNELLER SCHLAGEN?

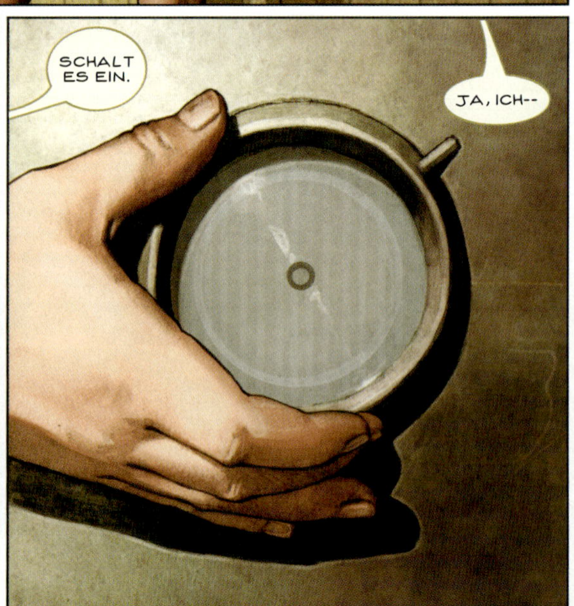
SCHALT ES EIN.
JA, ICH--

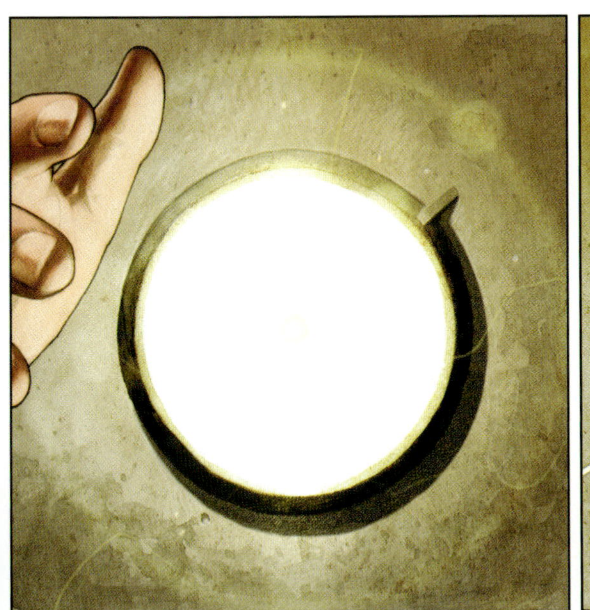

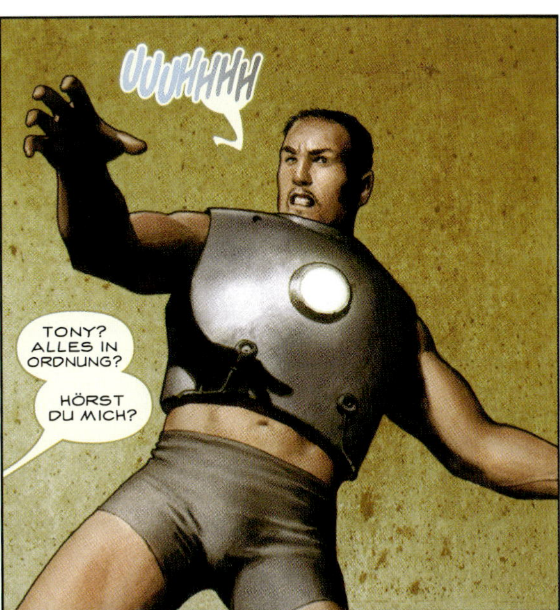
UUUHHHH
TONY? ALLES IN ORDNUNG?
HÖRST DU MICH?

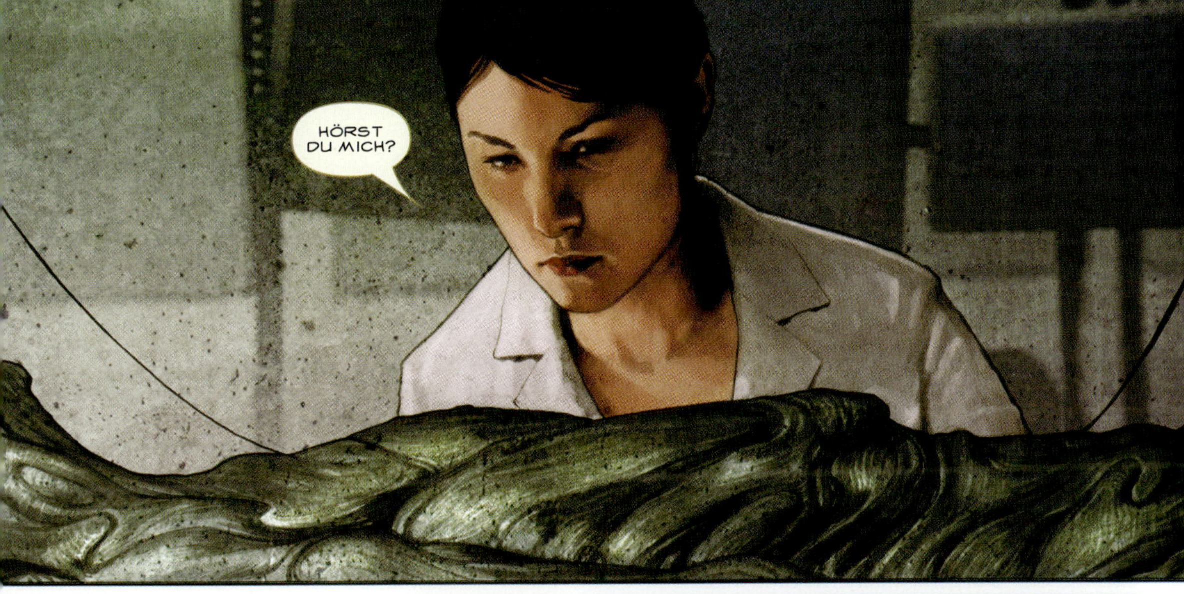
HÖRST DU MICH?

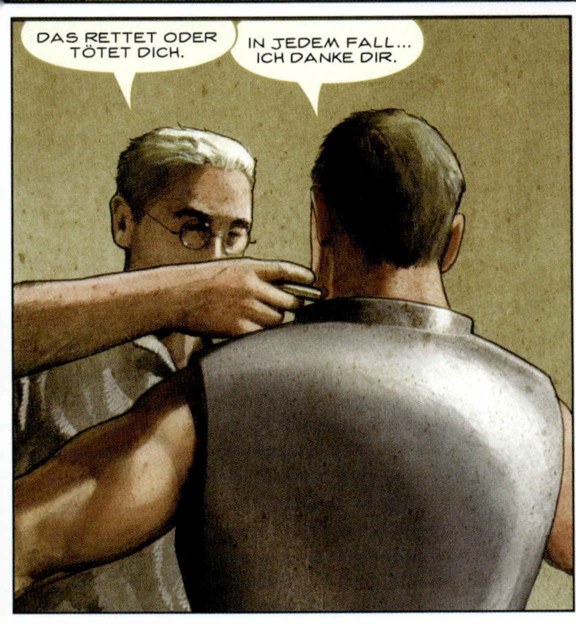
DAS RETTET ODER TÖTET DICH.
IN JEDEM FALL... ICH DANKE DIR.

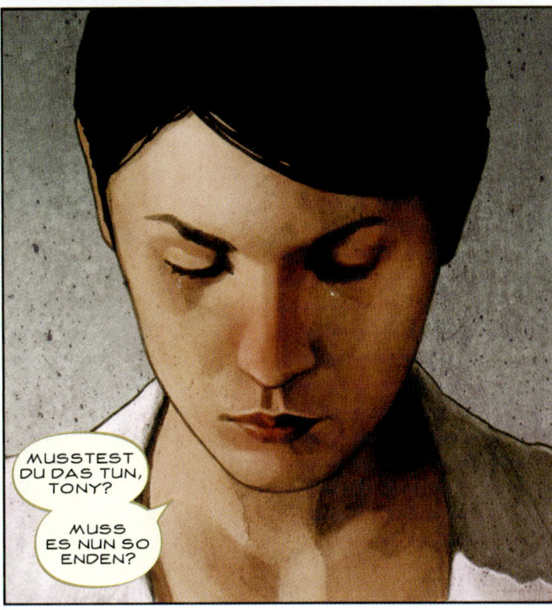
MUSSTEST DU DAS TUN, TONY?
MUSS ES NUN SO ENDEN?

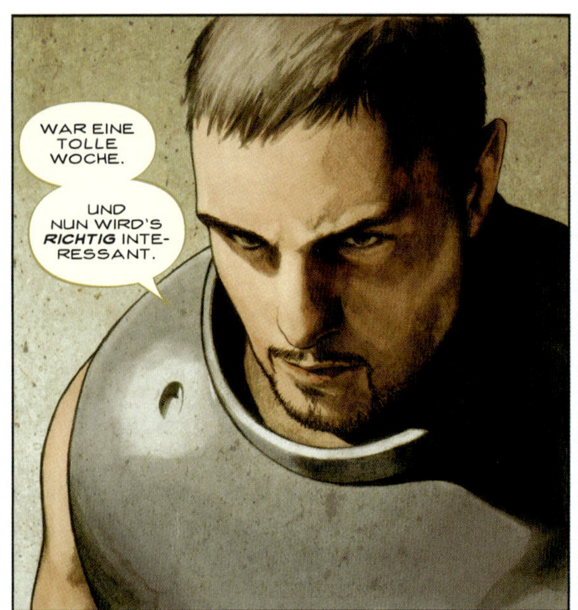
WAR EINE TOLLE WOCHE.
UND NUN WIRD'S *RICHTIG* INTERESSANT.

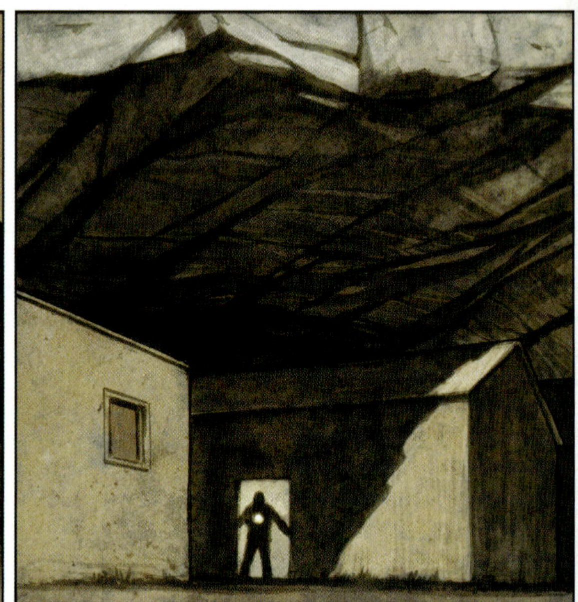

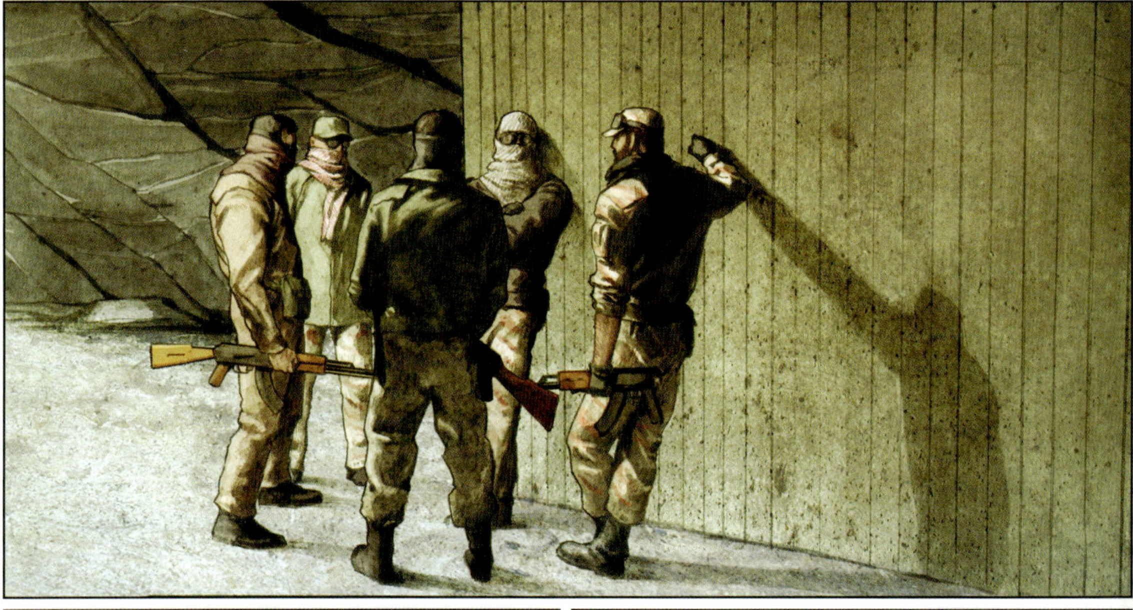

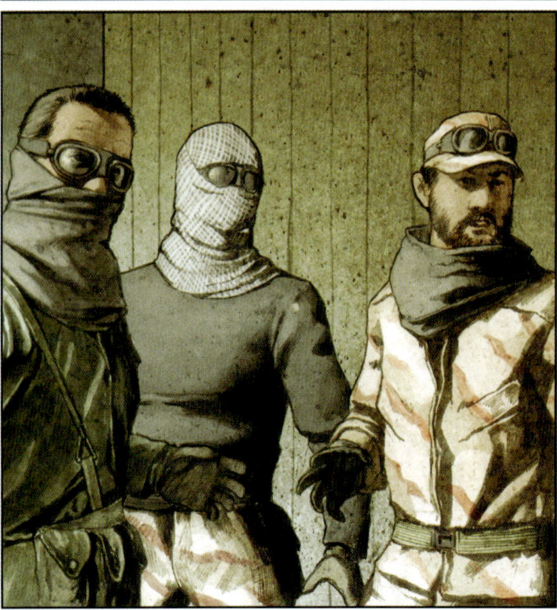

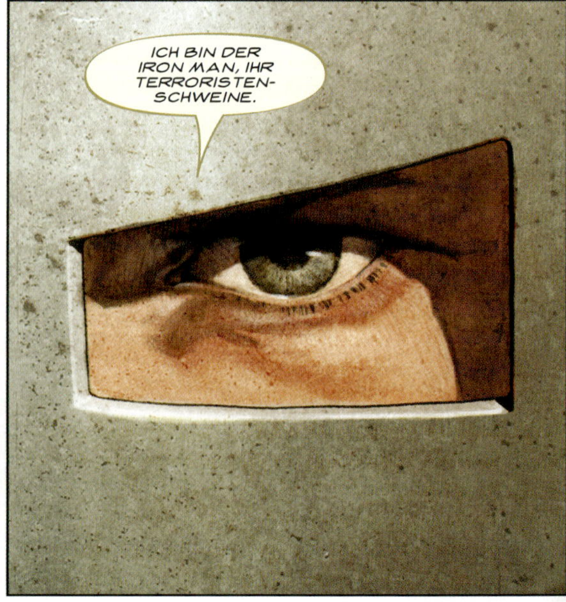
ICH BIN DER IRON MAN, IHR TERRORISTEN-SCHWEINE.

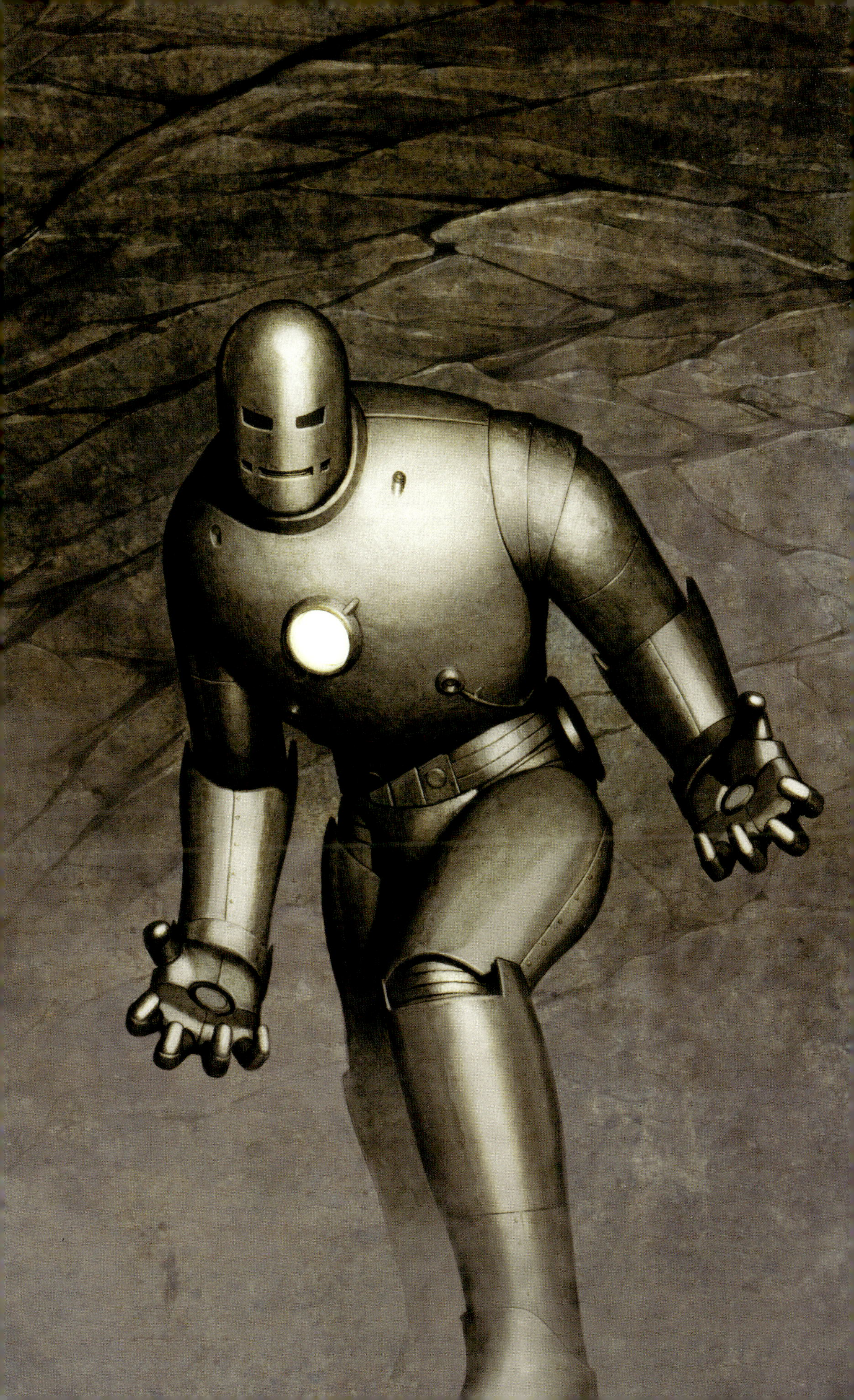

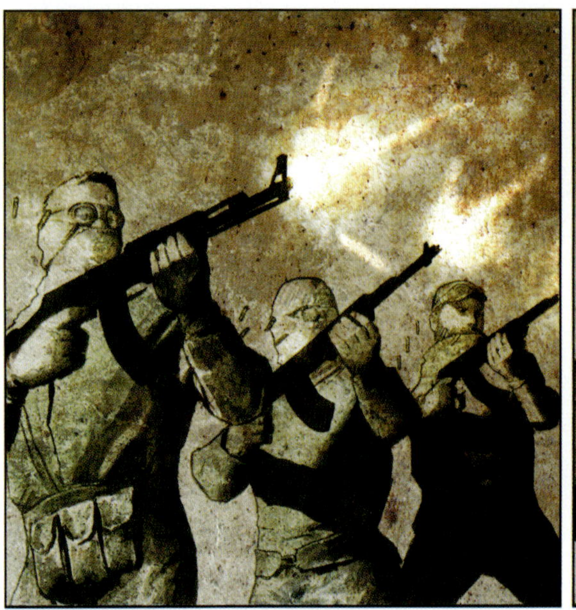
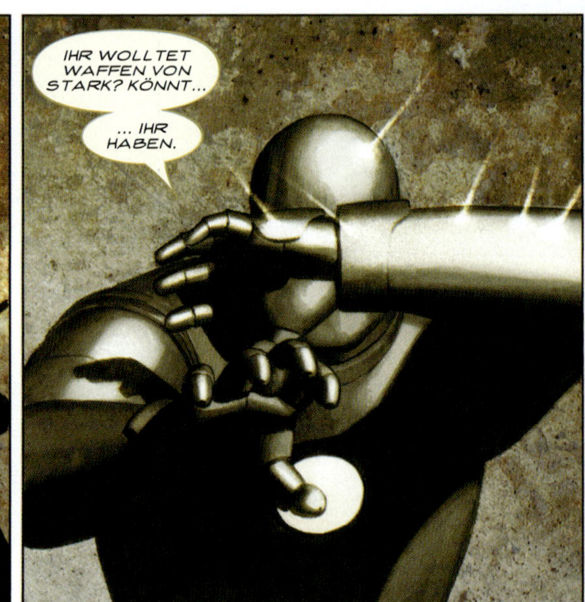
IHR WOLLTET WAFFEN VON STARK? KÖNNT...
... IHR HABEN.
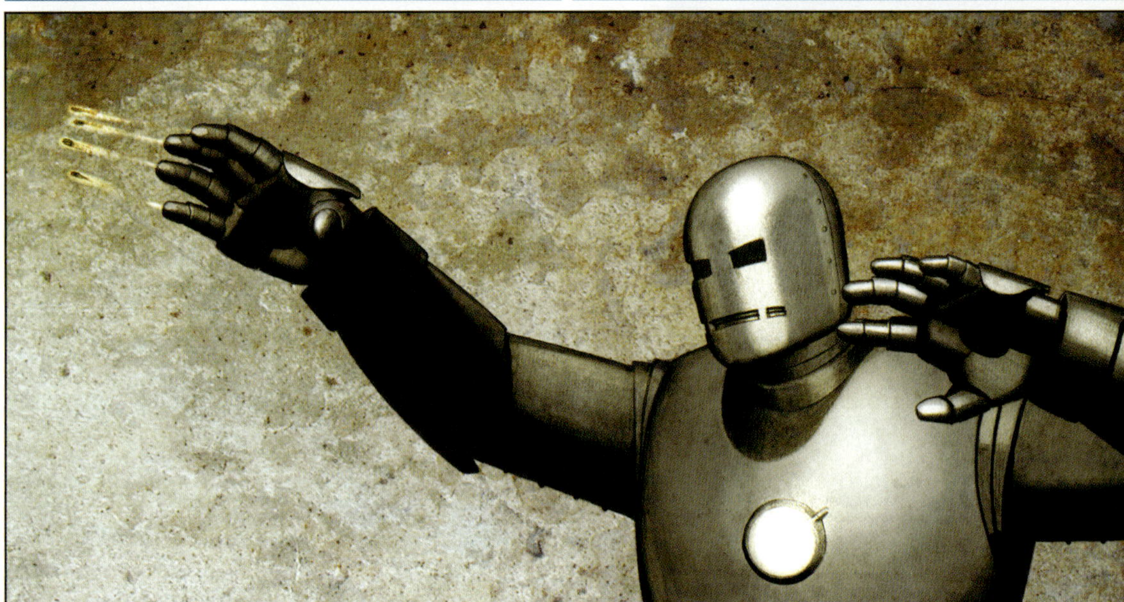
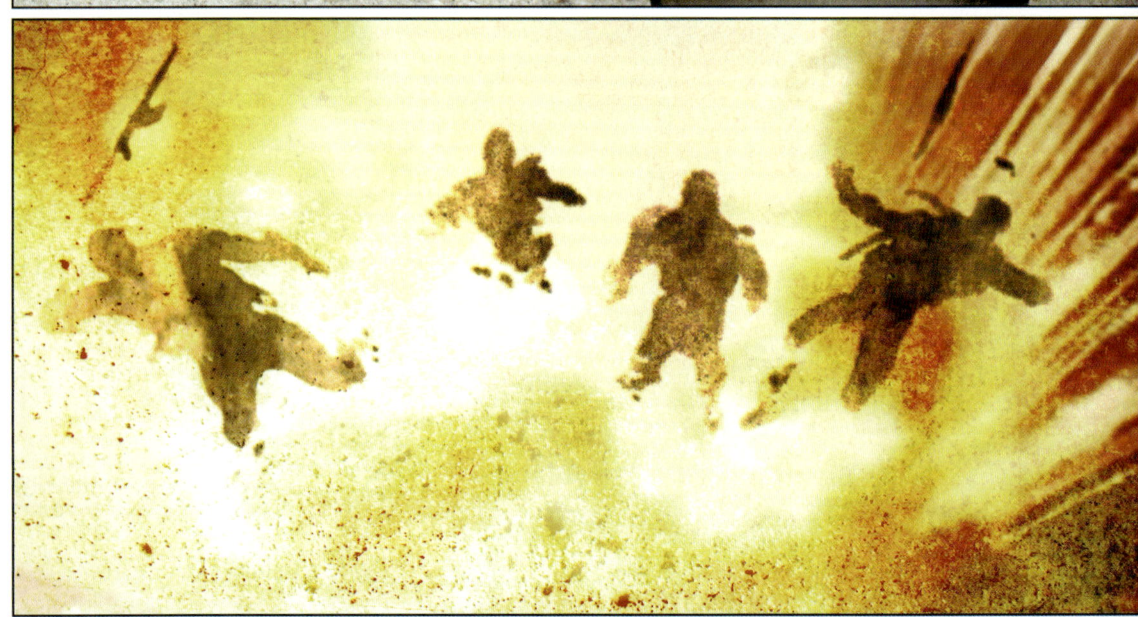

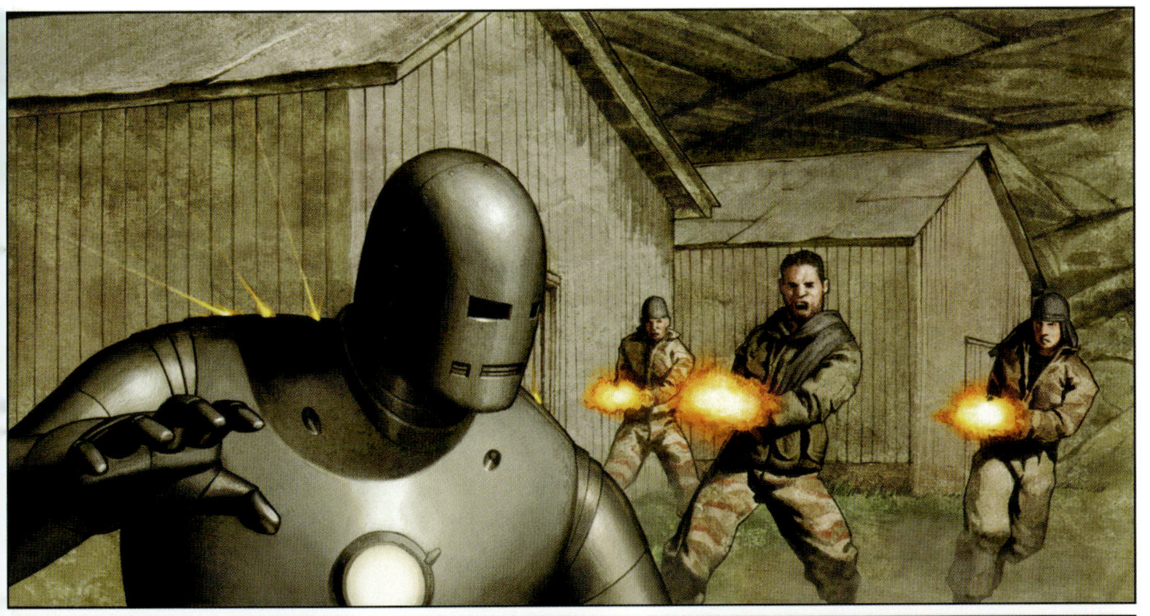

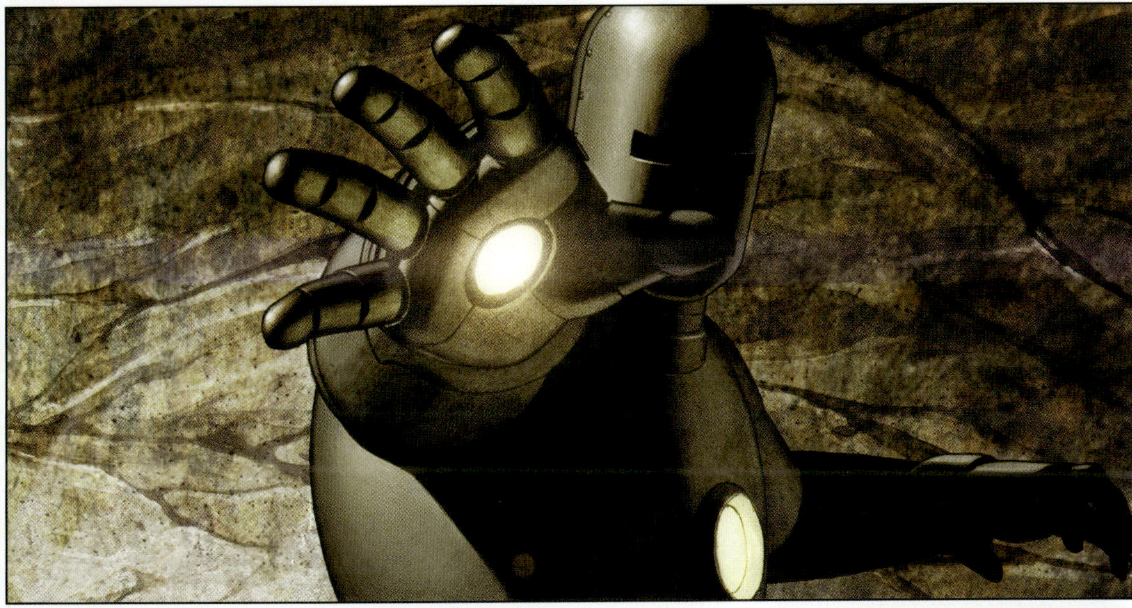

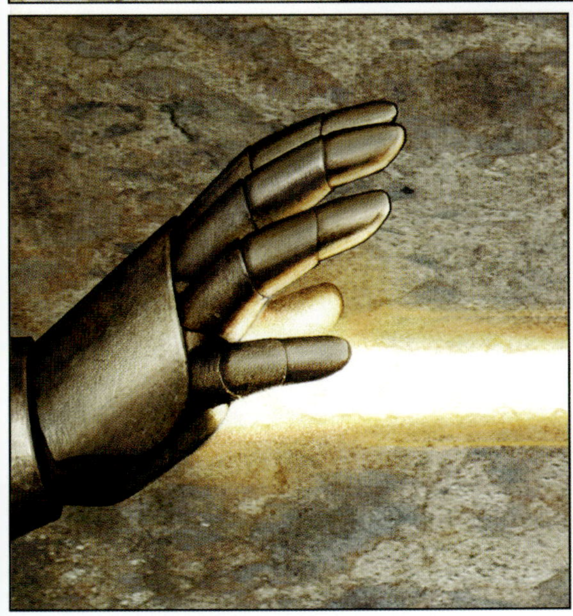

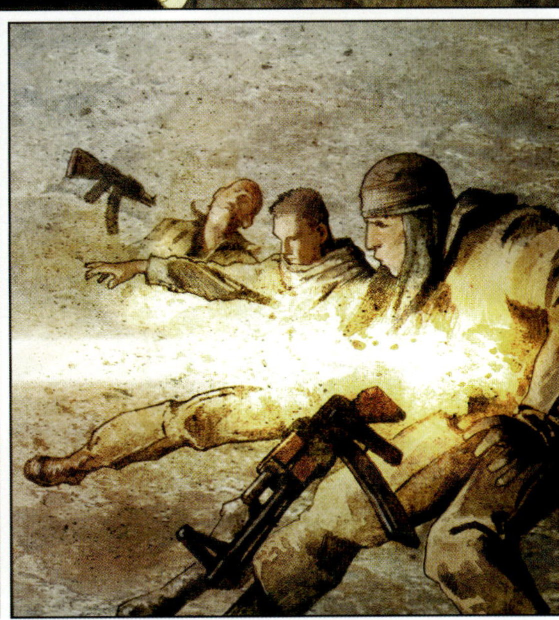

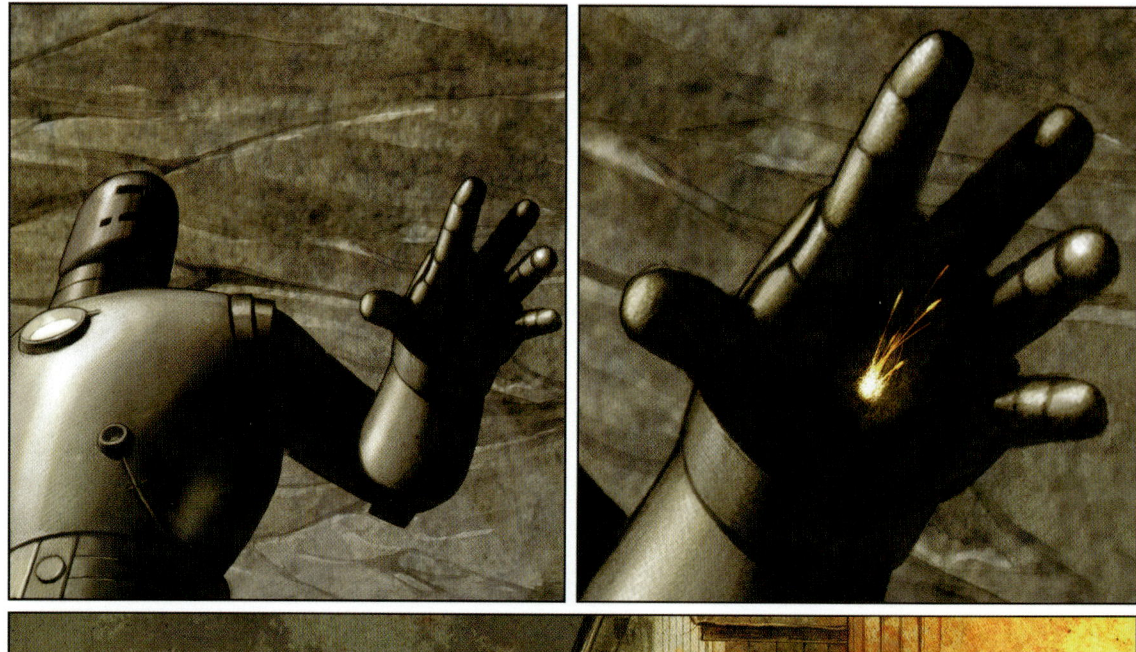
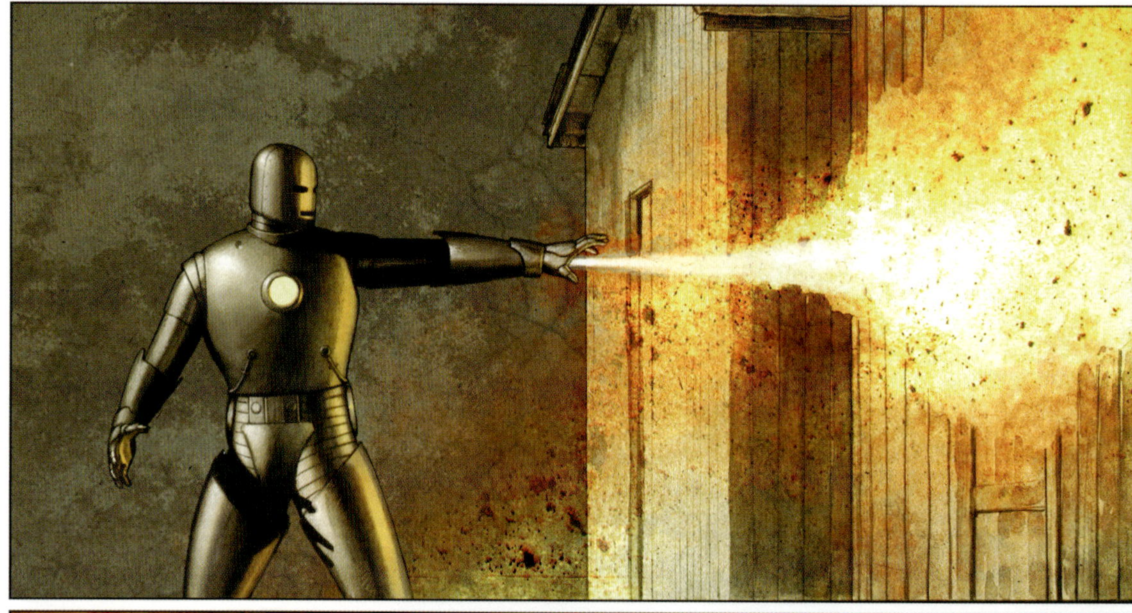
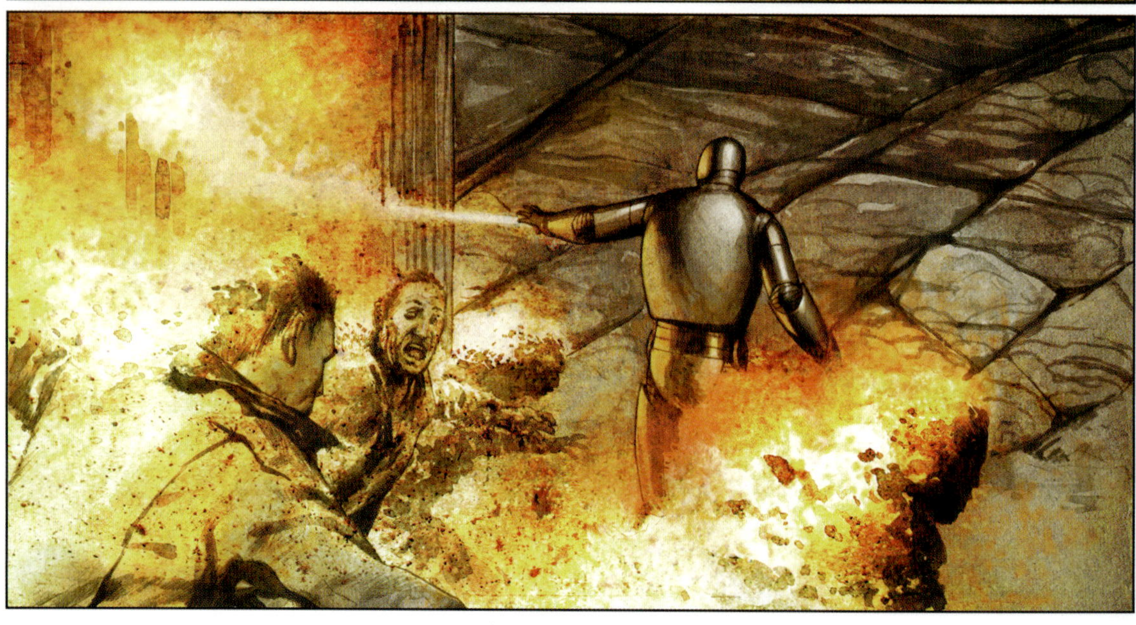

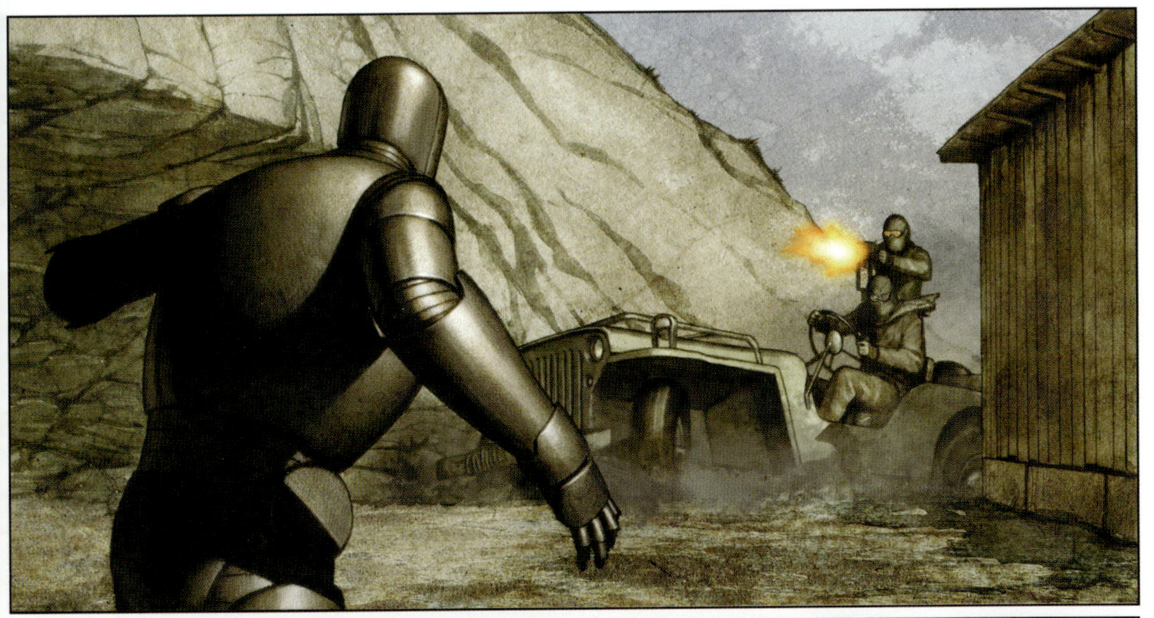
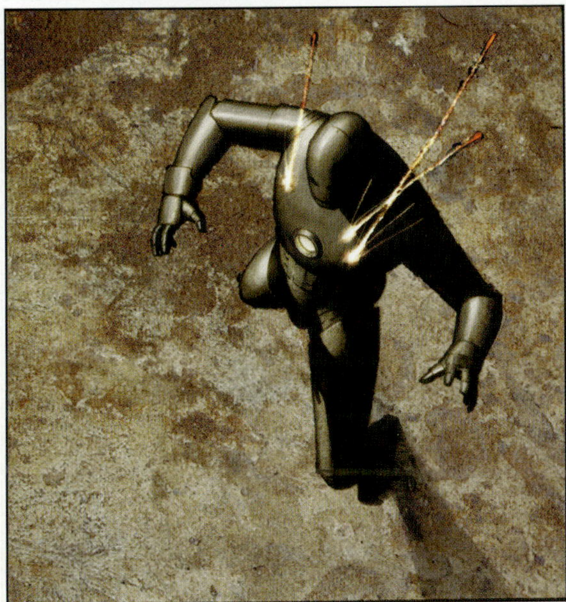
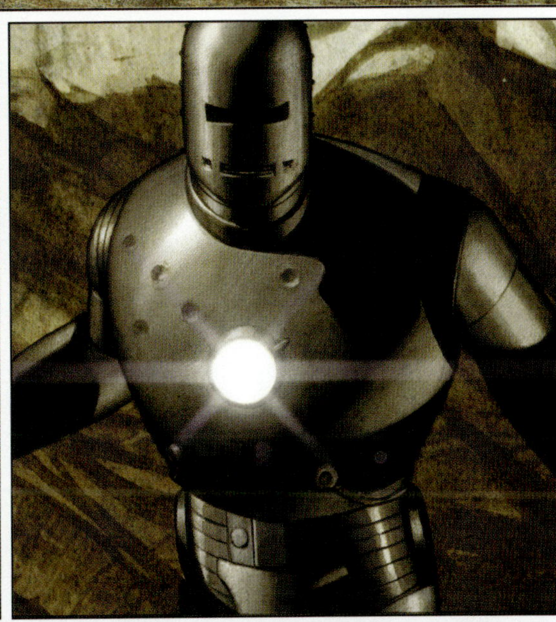
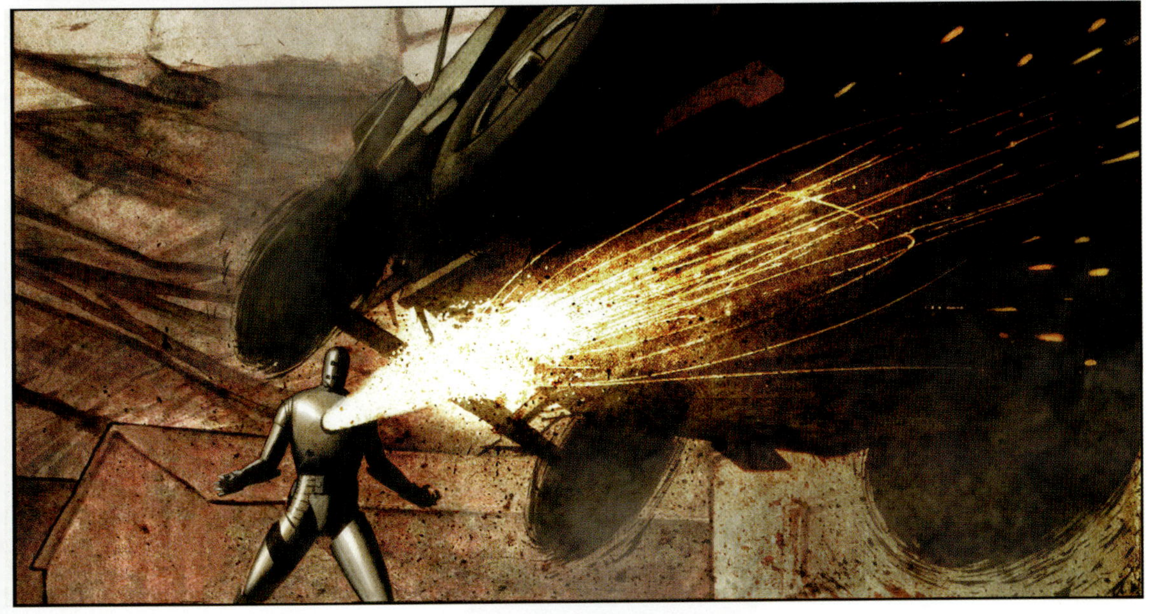

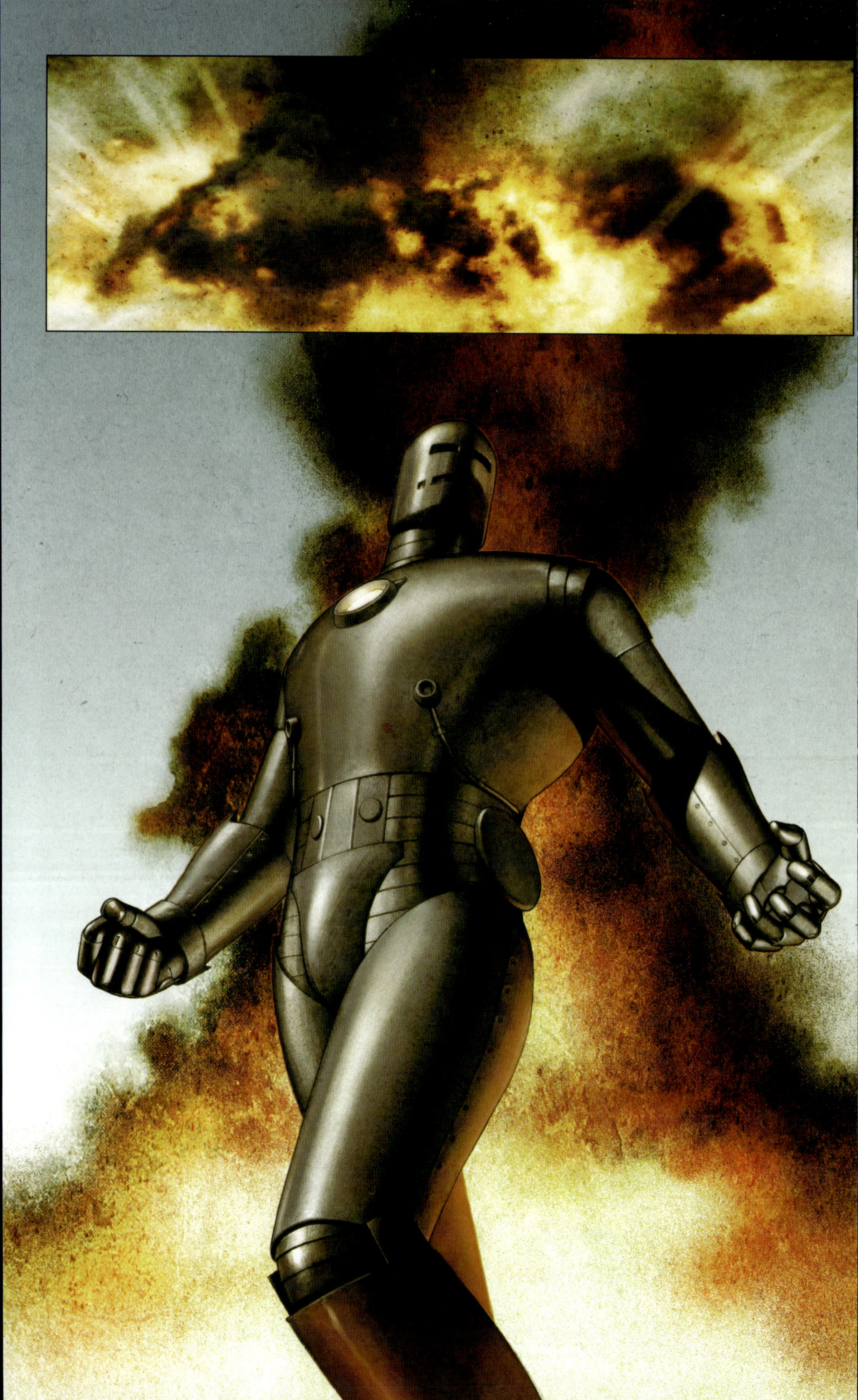

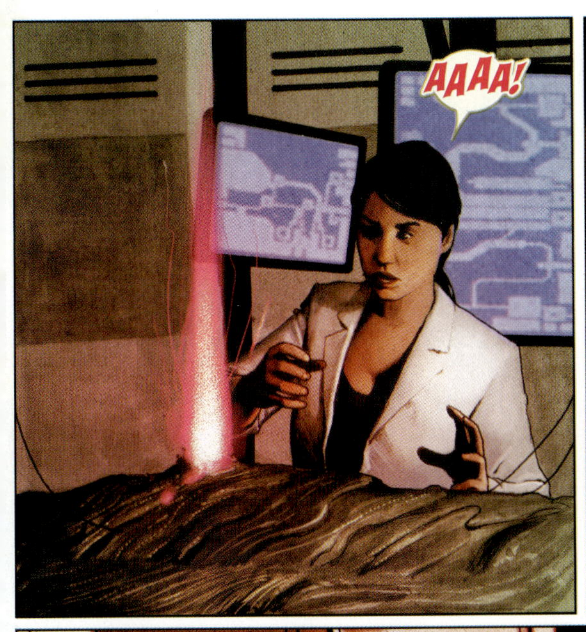
AAAA!
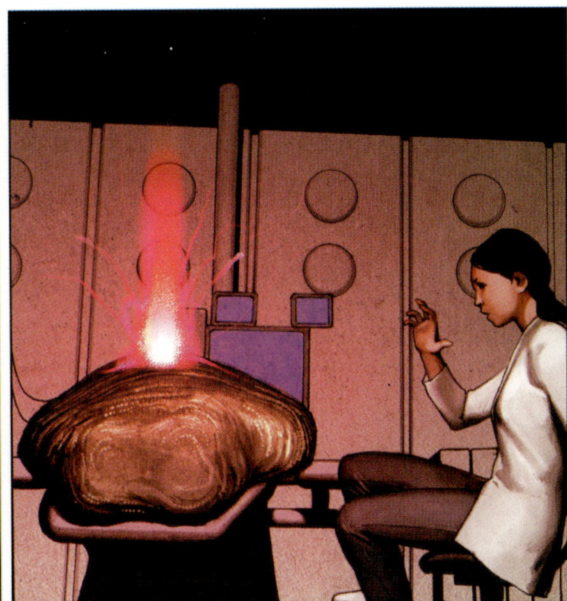
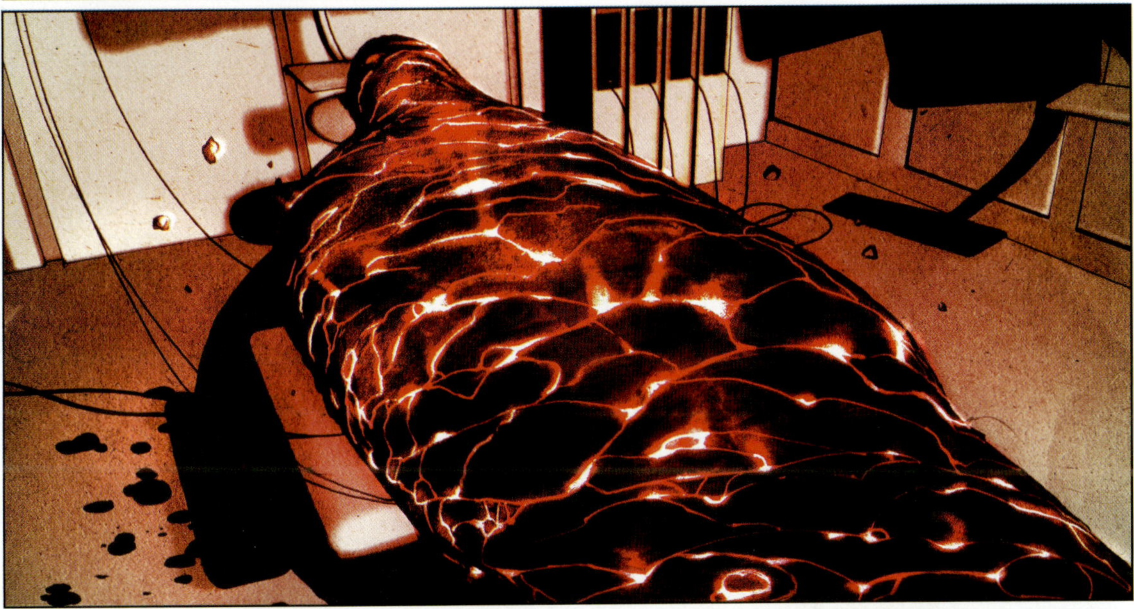
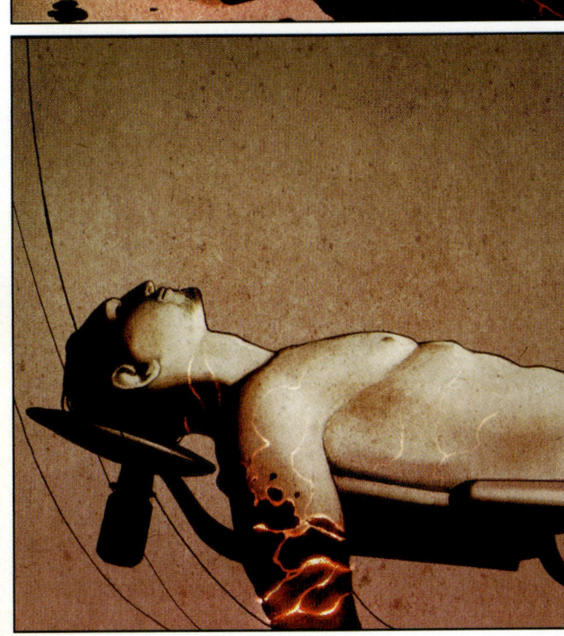
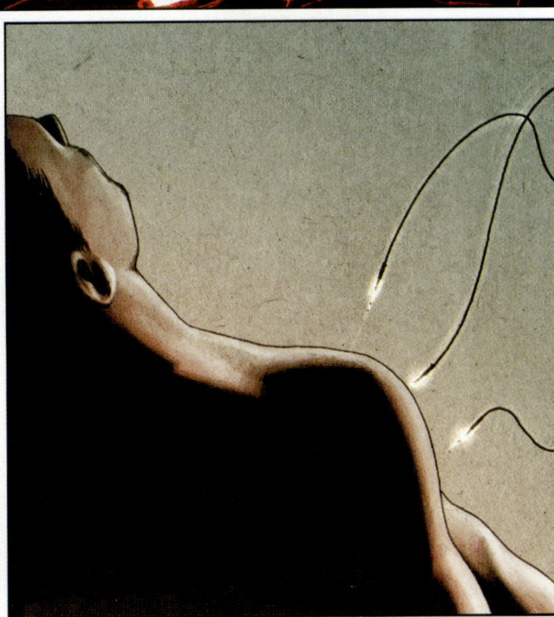

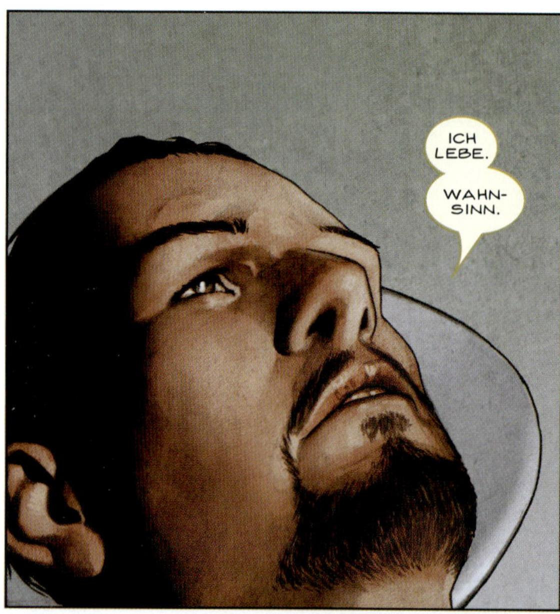
ICH LEBE.
WAHN-SINN.

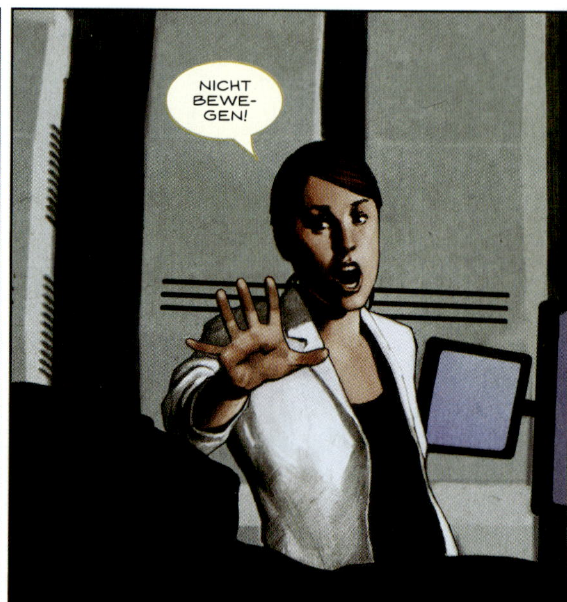
NICHT BEWE-GEN!

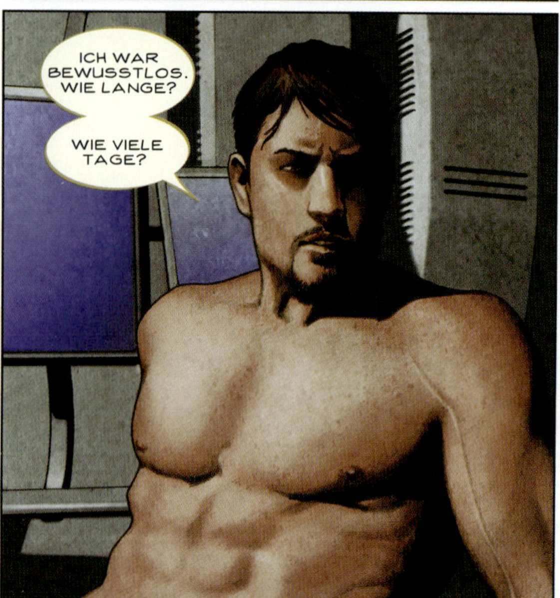
ICH WAR BEWUSSTLOS. WIE LANGE?
WIE VIELE TAGE?

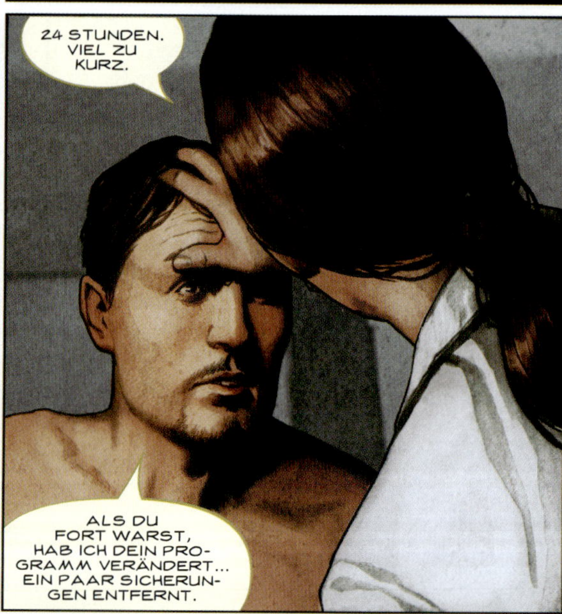
24 STUNDEN. VIEL ZU KURZ.
ALS DU FORT WARST, HAB ICH DEIN PRO-GRAMM VERÄNDERT... EIN PAAR SICHERUN-GEN ENTFERNT.

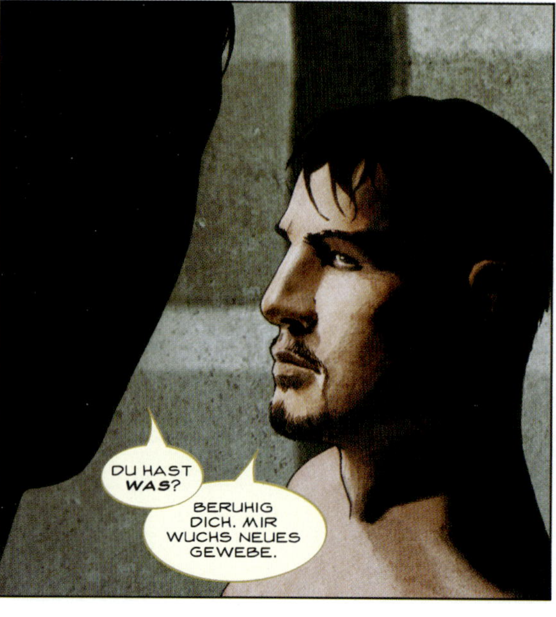
DU HAST ***WAS***?
BERUHIG DICH. MIR WUCHS NEUES GEWEBE.

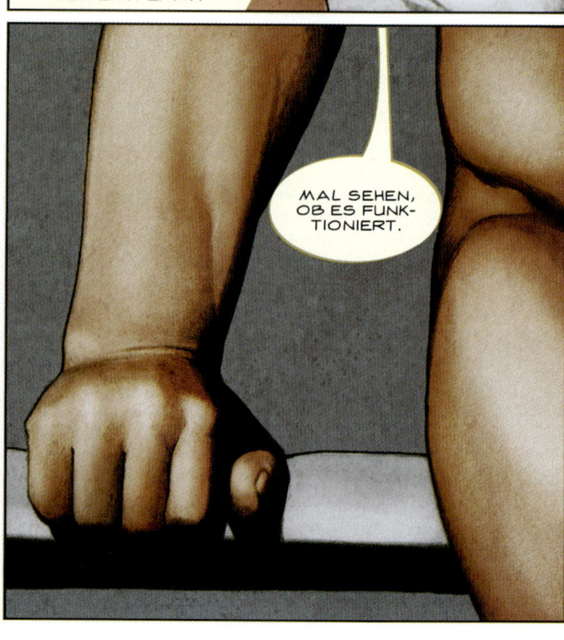
MAL SEHEN, OB ES FUNK-TIONIERT.

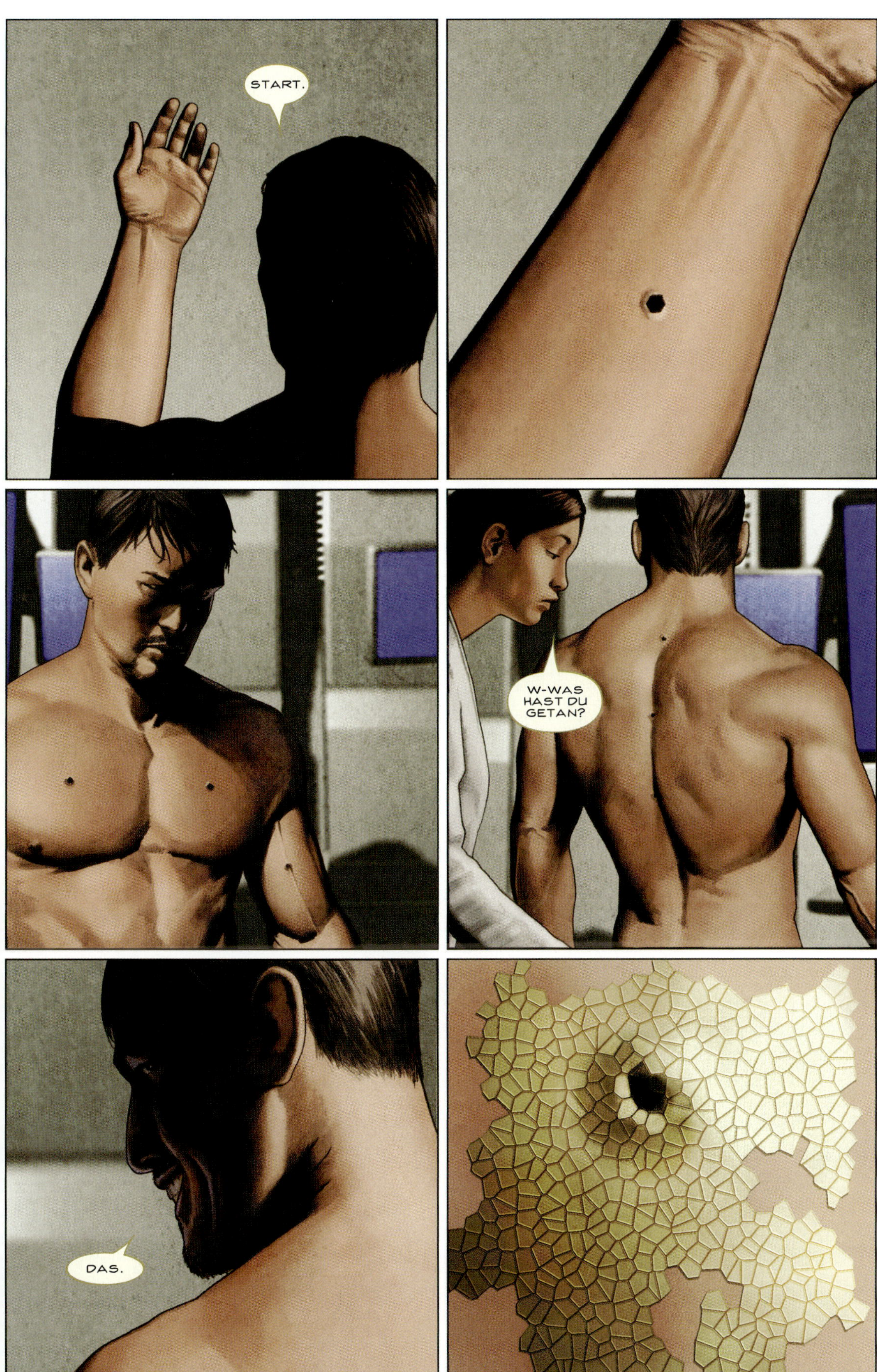
START.
W-WAS HAST DU GETAN?
DAS.

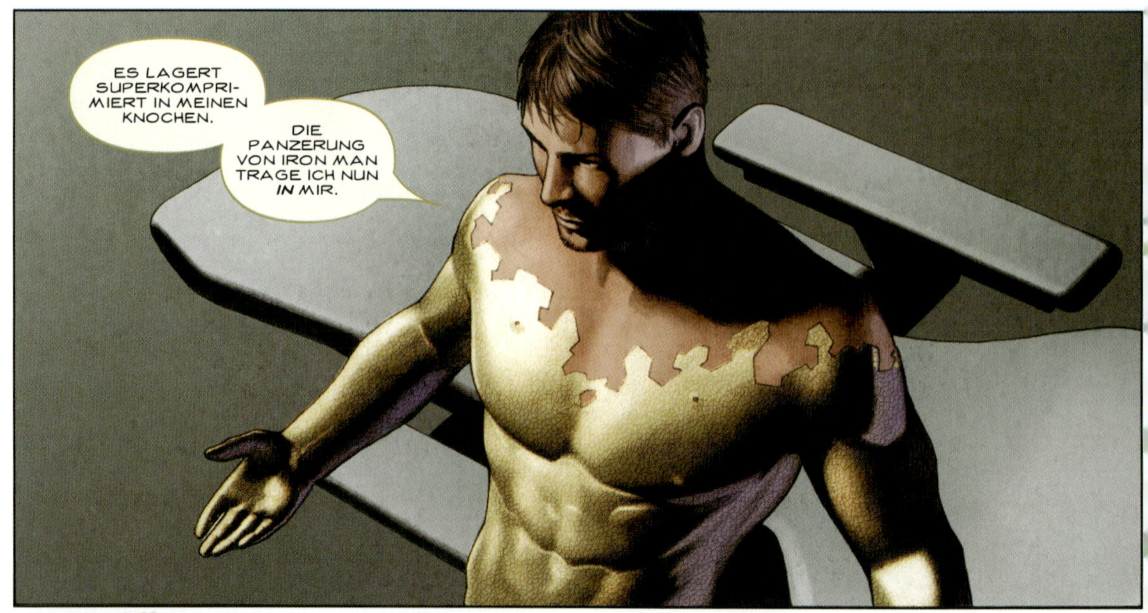
ES LAGERT SUPERKOMPRIMIERT IN MEINEN KNOCHEN.
DIE PANZERUNG VON IRON MAN TRAGE ICH NUN *IN* MIR.

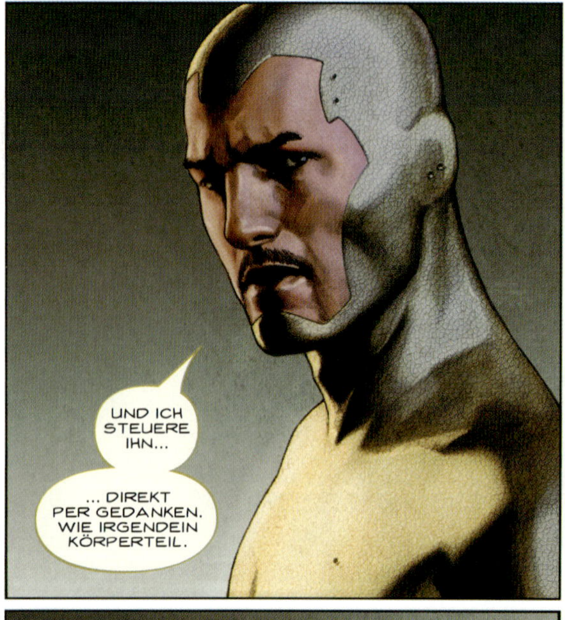
UND ICH STEUERE IHN...
... DIREKT PER GEDANKEN. WIE IRGENDEIN KÖRPERTEIL.

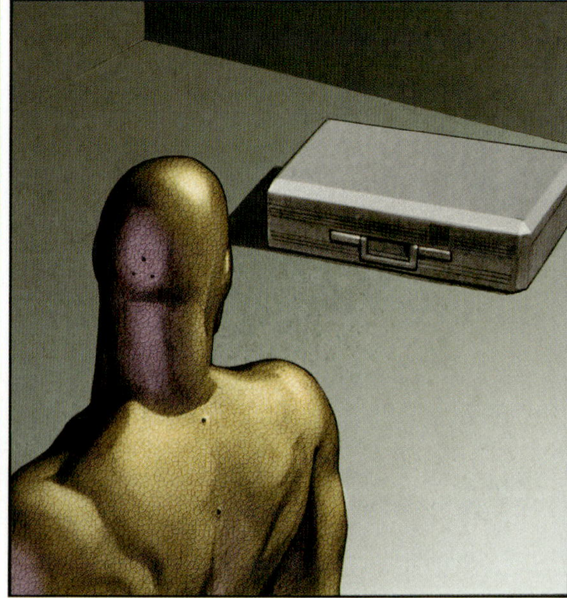

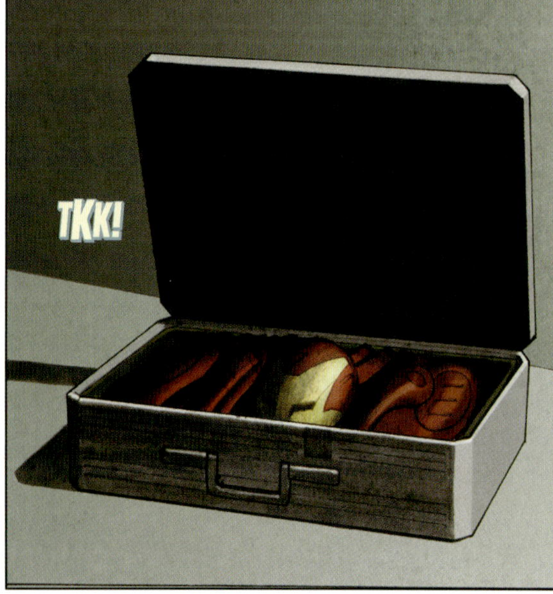
TKK!

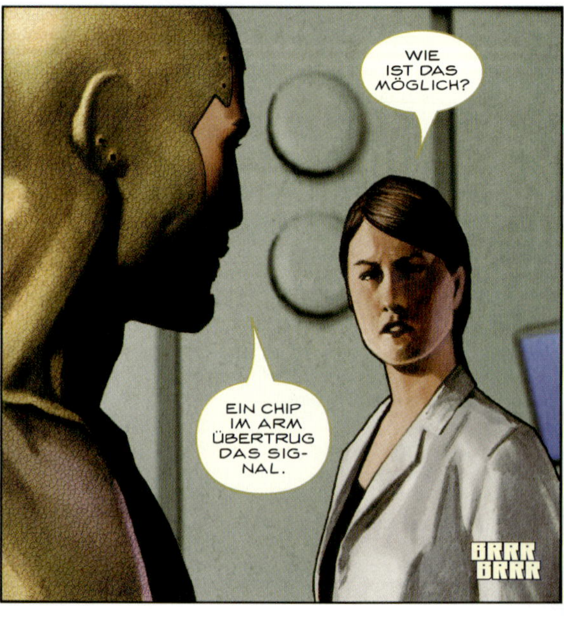
WIE IST DAS MÖGLICH?
EIN CHIP IM ARM ÜBERTRUG DAS SIGNAL.
BRRR BRRR

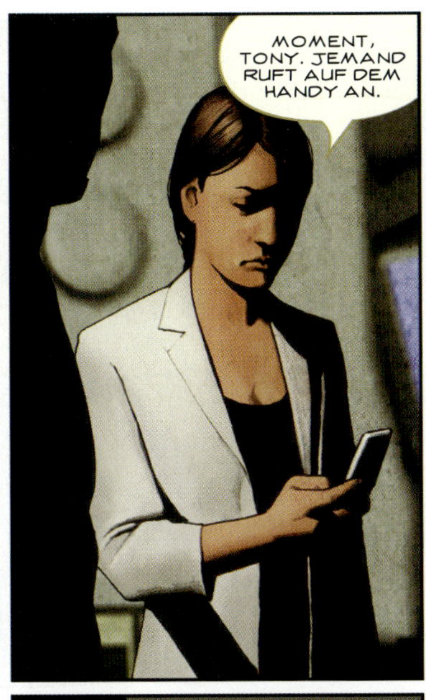
MOMENT, TONY. JEMAND RUFT AUF DEM HANDY AN.

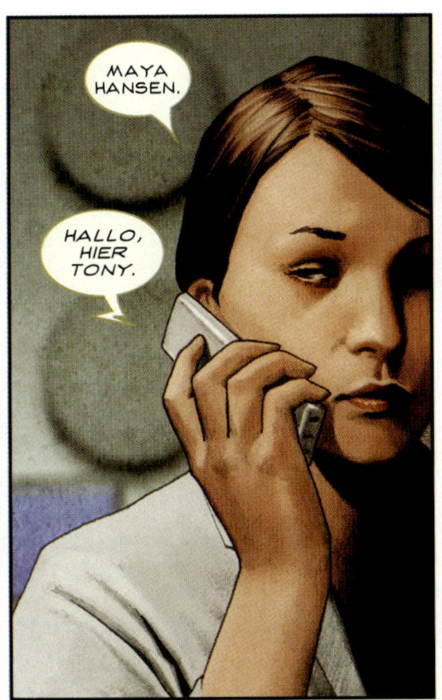
MAYA HANSEN.
HALLO, HIER TONY.

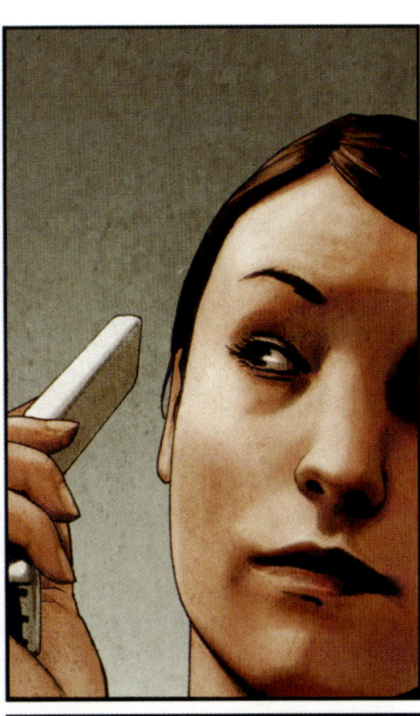

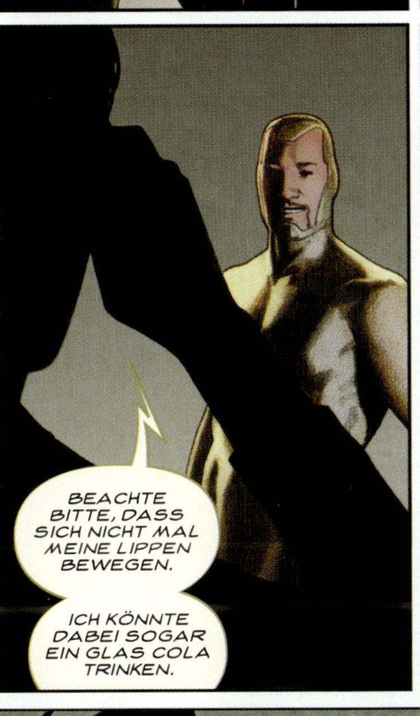
BEACHTE BITTE, DASS SICH NICHT MAL MEINE LIPPEN BEWEGEN.
ICH KÖNNTE DABEI SOGAR EIN GLAS COLA TRINKEN.

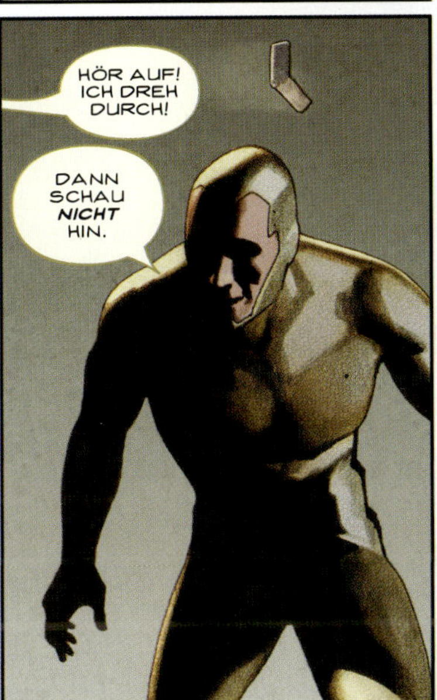
HÖR AUF! ICH DREH DURCH!
DANN SCHAU NICHT HIN.

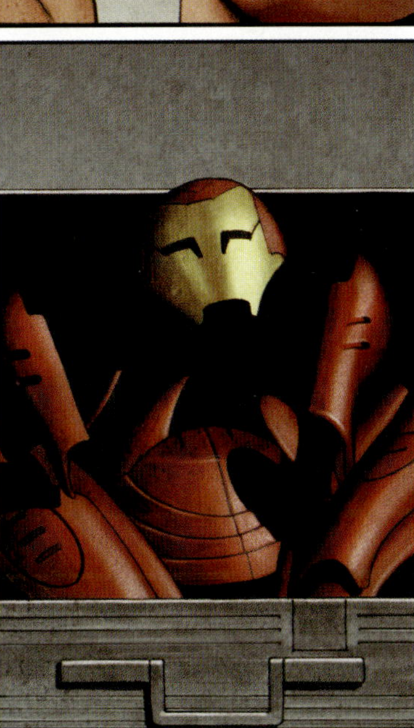

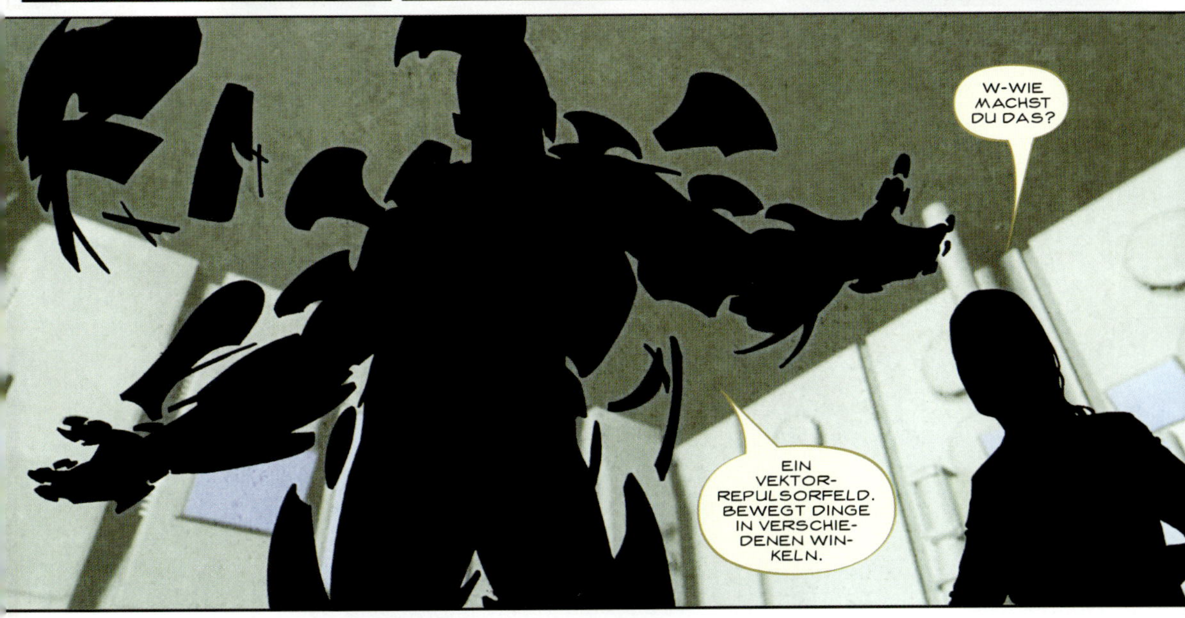
W-WIE MACHST DU DAS?
EIN VEKTOR-REPULSORFELD. BEWEGT DINGE IN VERSCHIE-DENEN WIN-KELN.

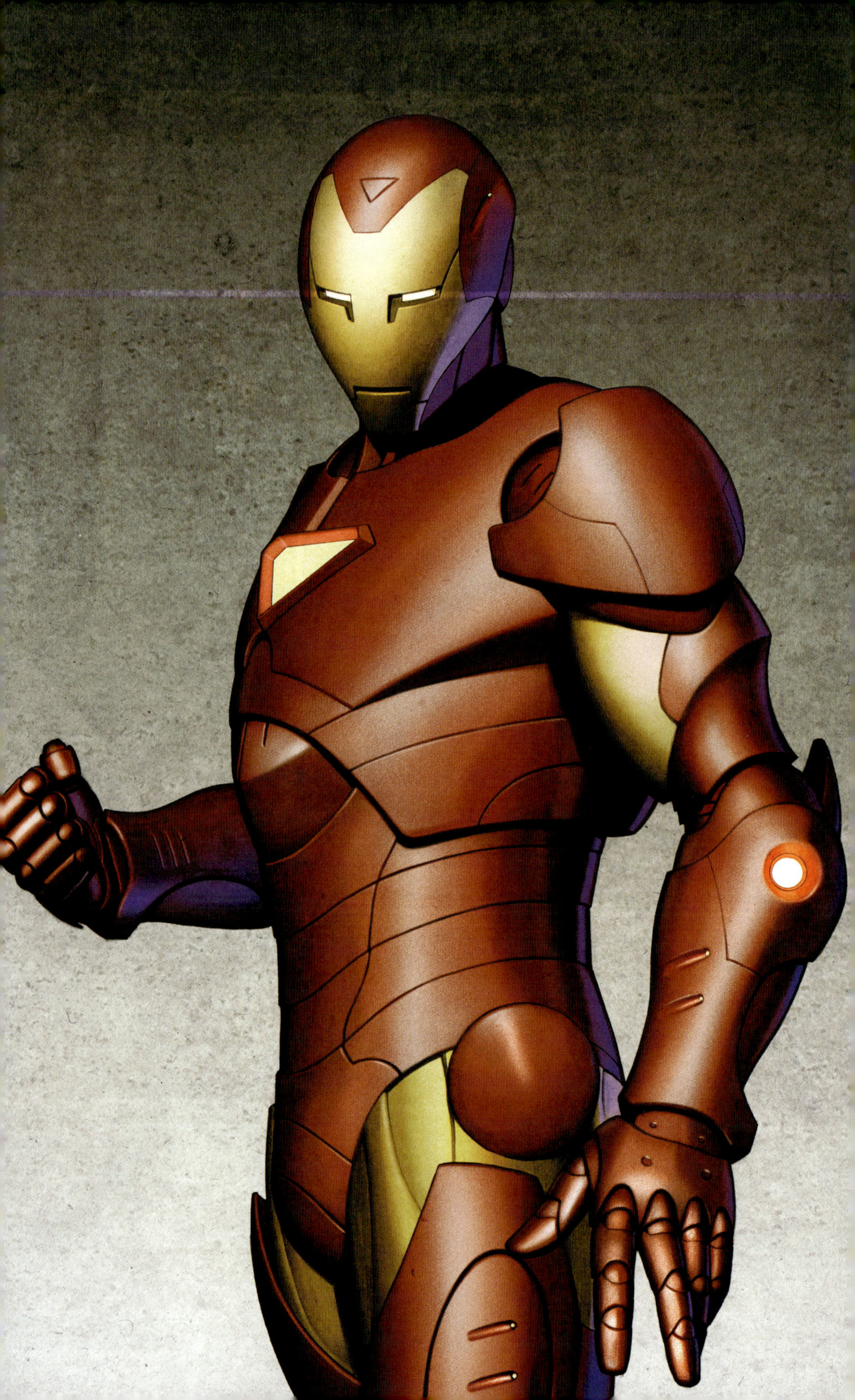

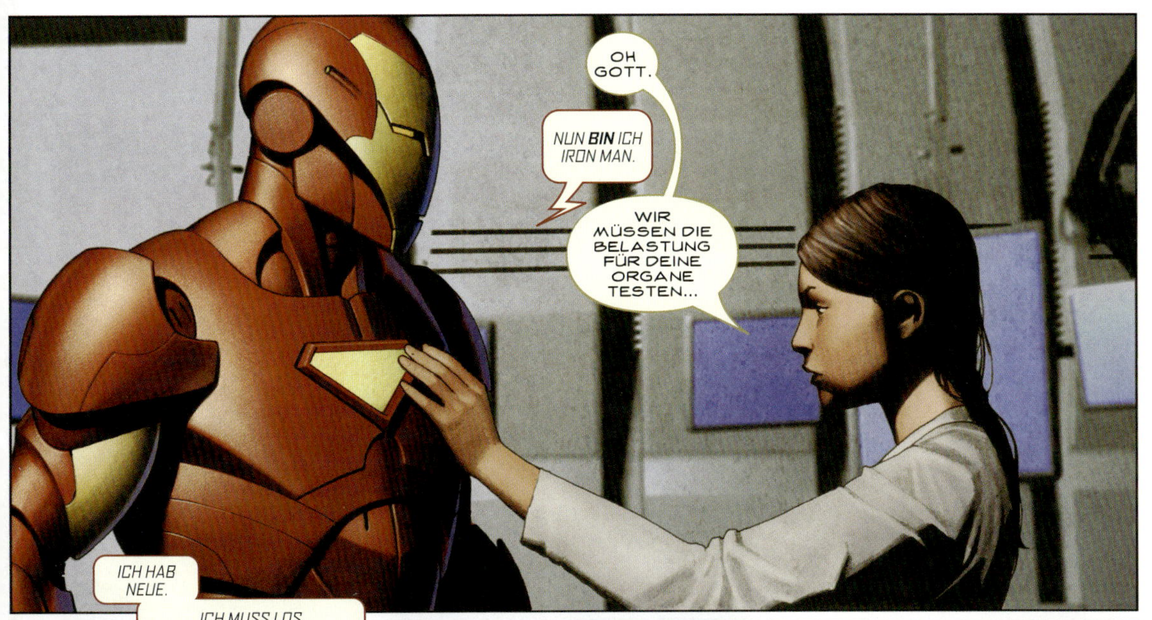
OH GOTT.
NUN **BIN** ICH IRON MAN.
WIR MÜSSEN DIE BELASTUNG FÜR DEINE ORGANE TESTEN...
ICH HAB NEUE.

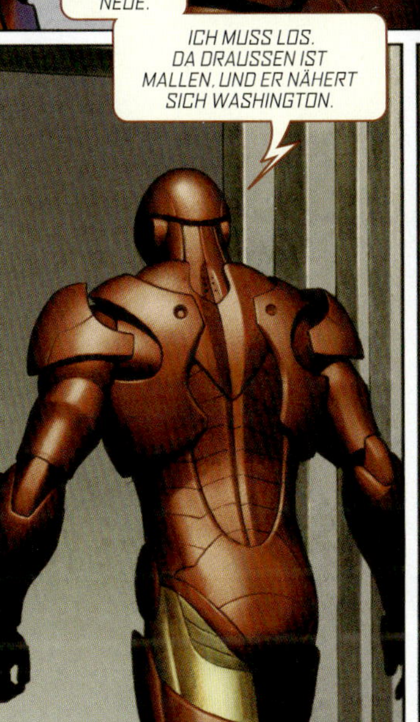
ICH MUSS LOS. DA DRAUSSEN IST MALLEN, UND ER NÄHERT SICH WASHINGTON.

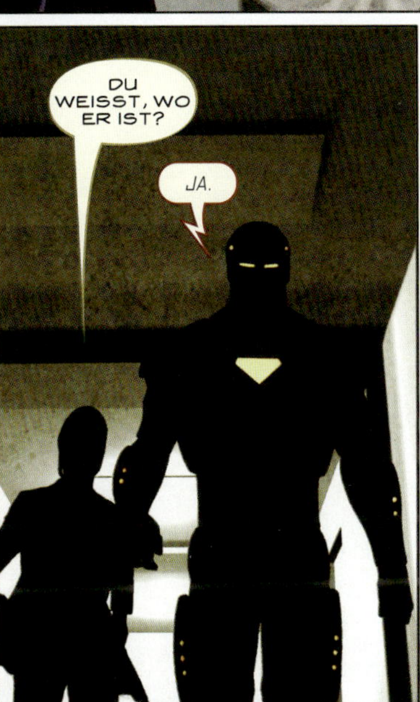
DU WEISST, WO ER IST?
JA.

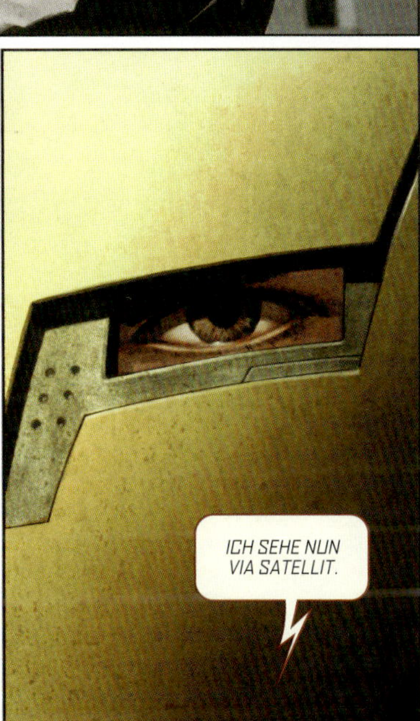
ICH SEHE NUN VIA SATELLIT.

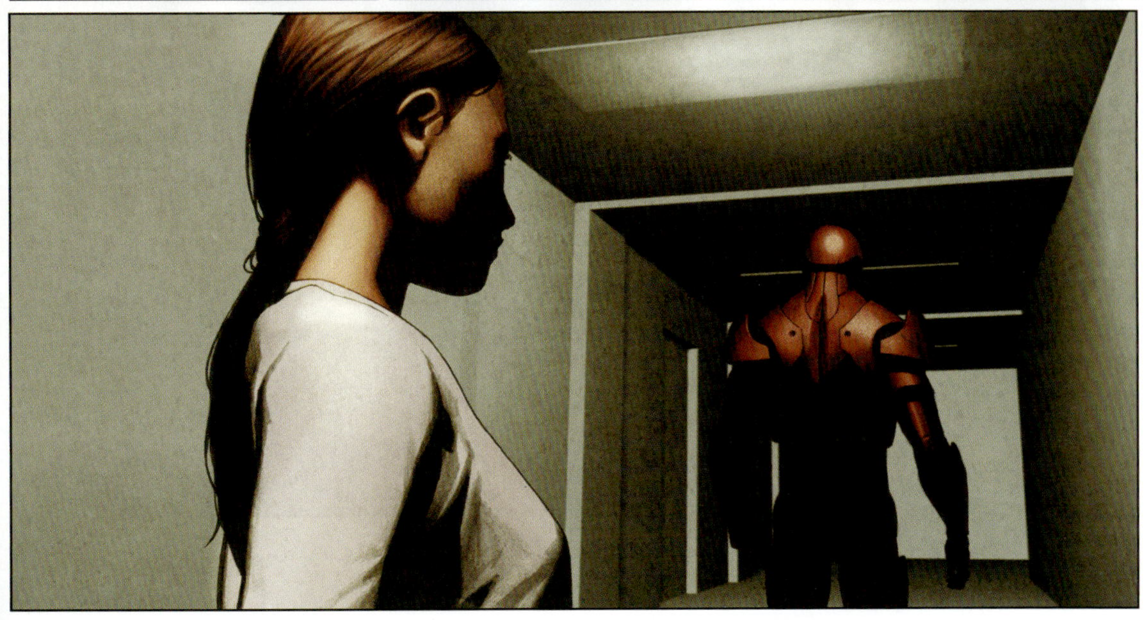

EXTREMIS, TEIL 6

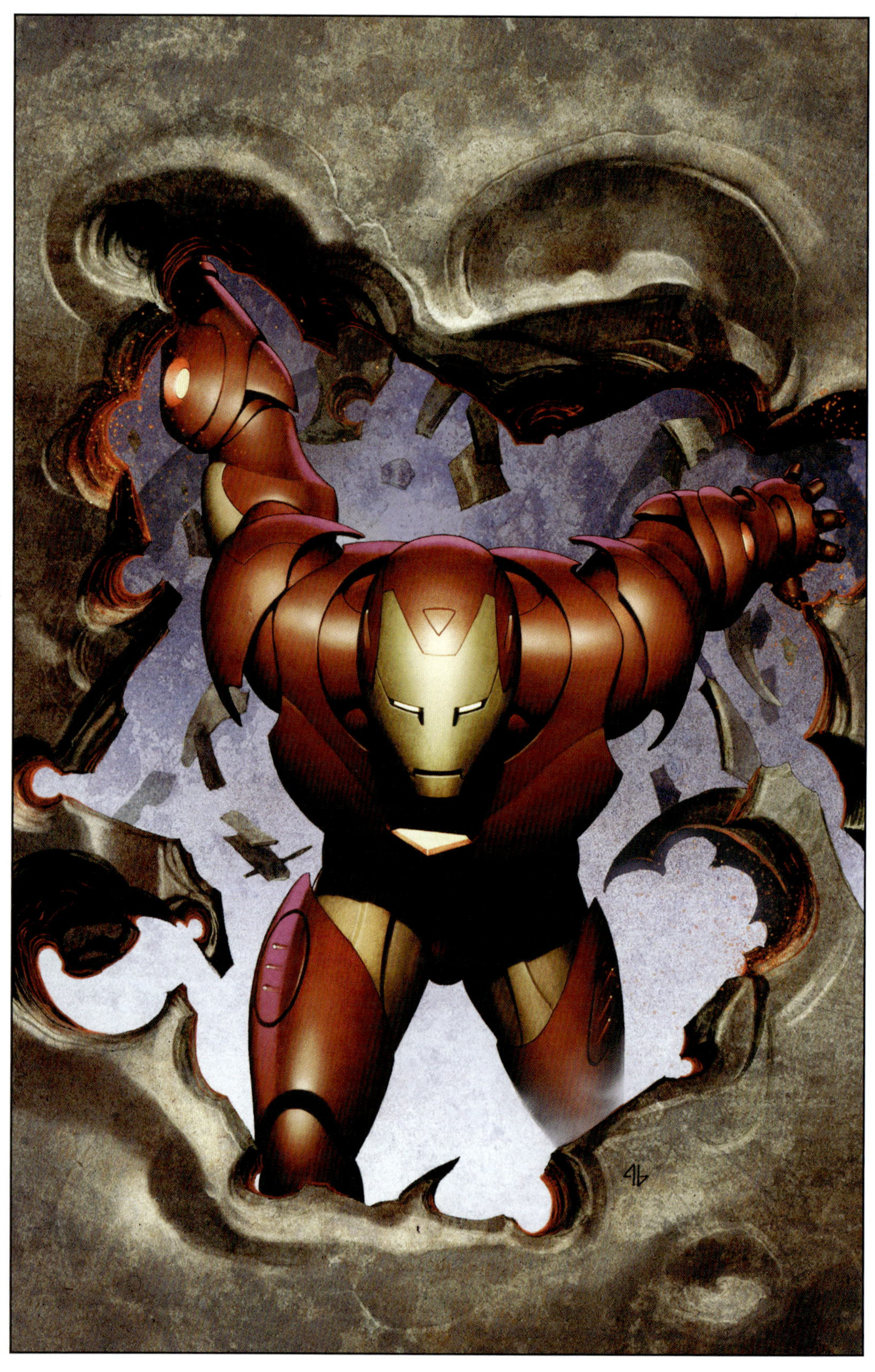

Iron Man (2005) 6
Cover von **ADI GRANOV**

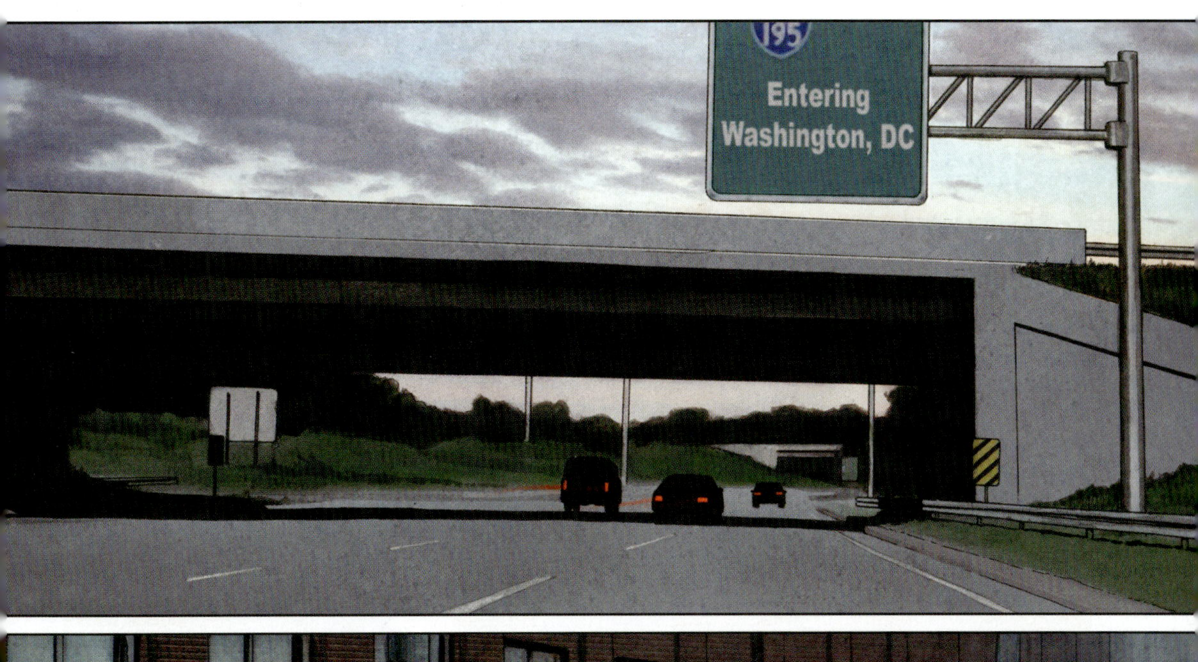
195
Entering
Washington, DC

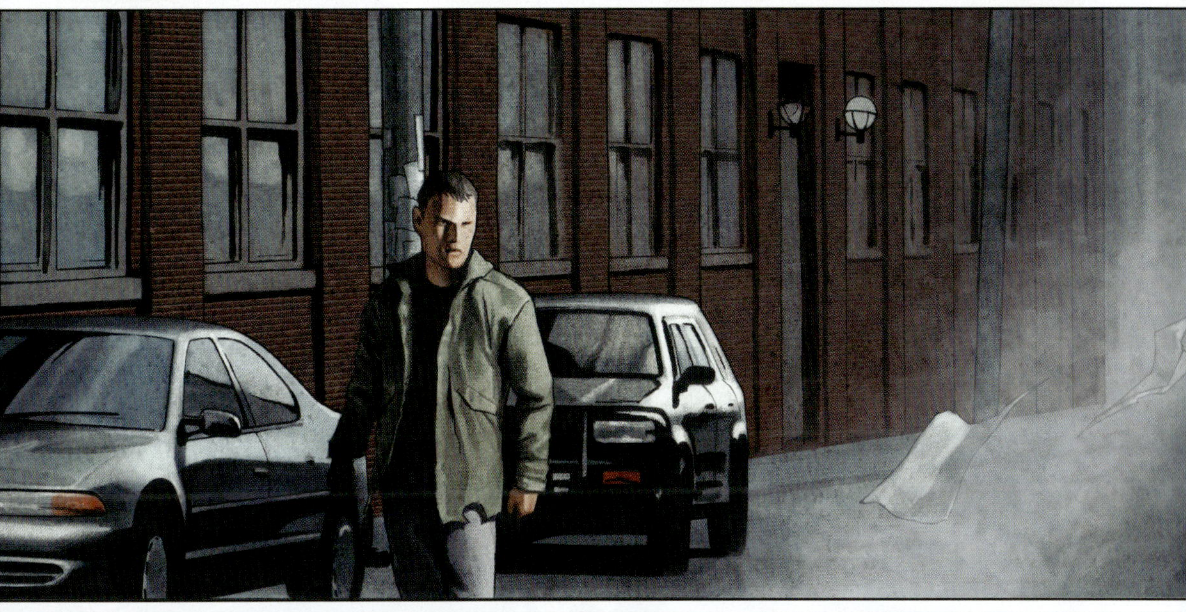

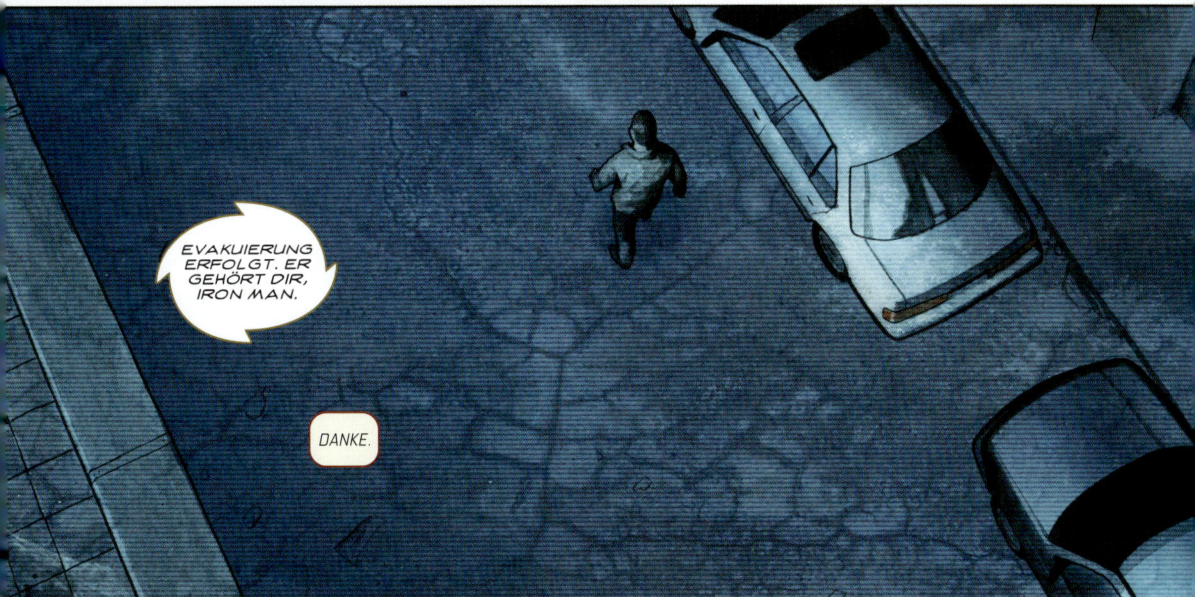
EVAKUIERUNG ERFOLGT. ER GEHÖRT DIR, IRON MAN.
DANKE.

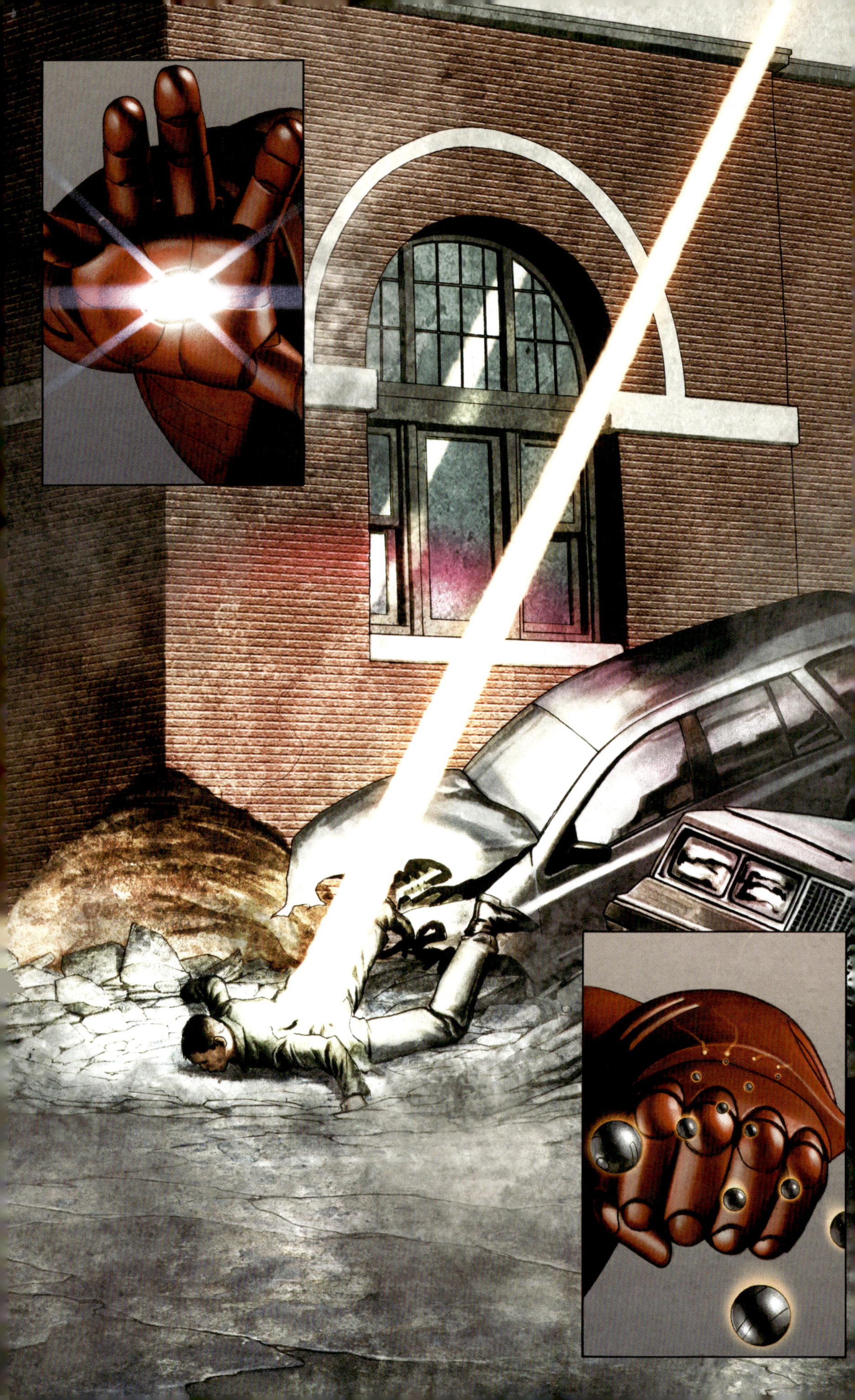

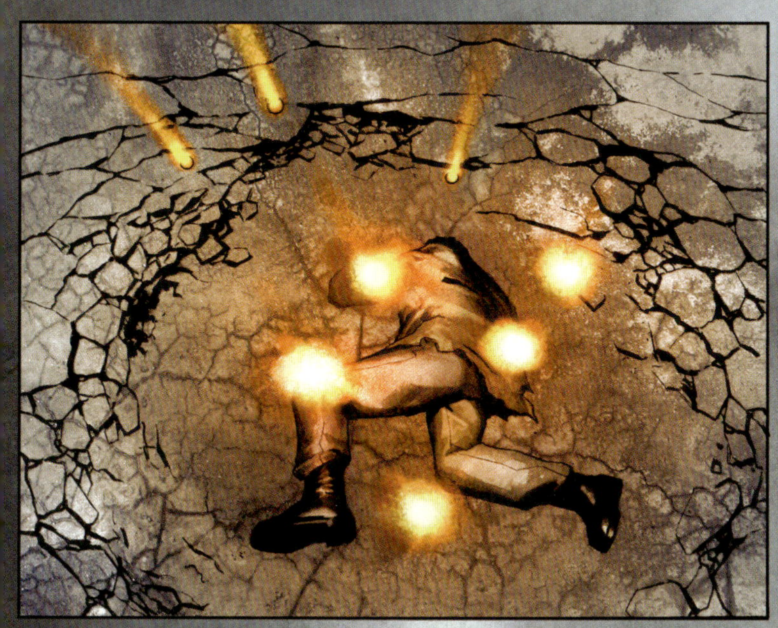

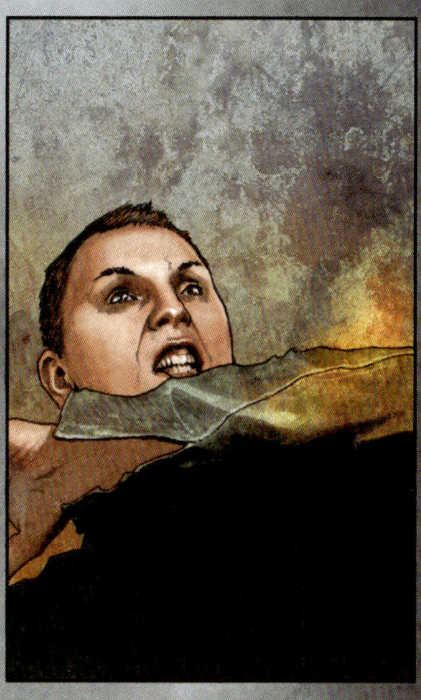

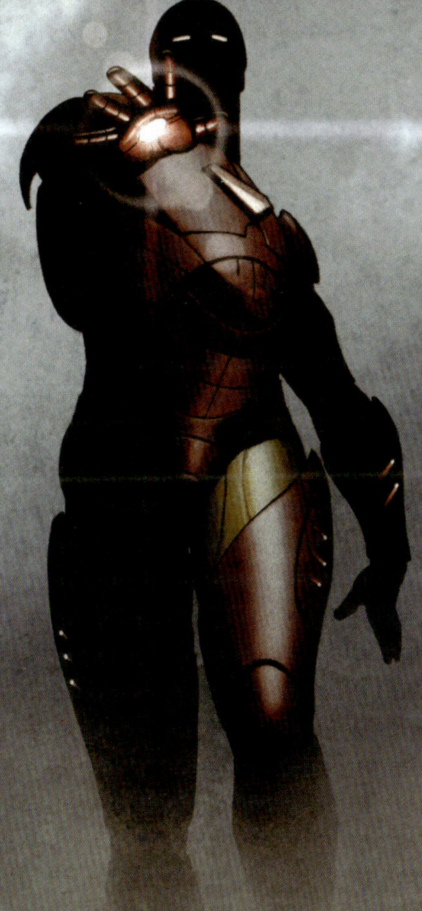

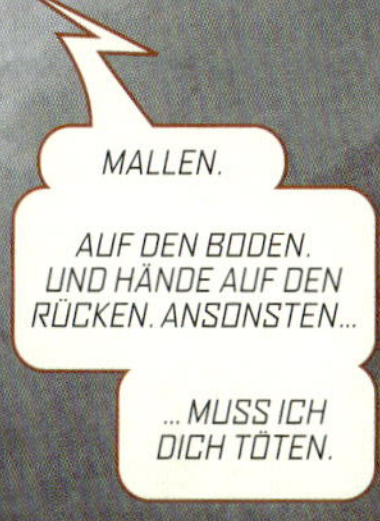
MALLEN.
AUF DEN BODEN. UND HÄNDE AUF DEN RÜCKEN. ANSONSTEN...
... MUSS ICH DICH TÖTEN.

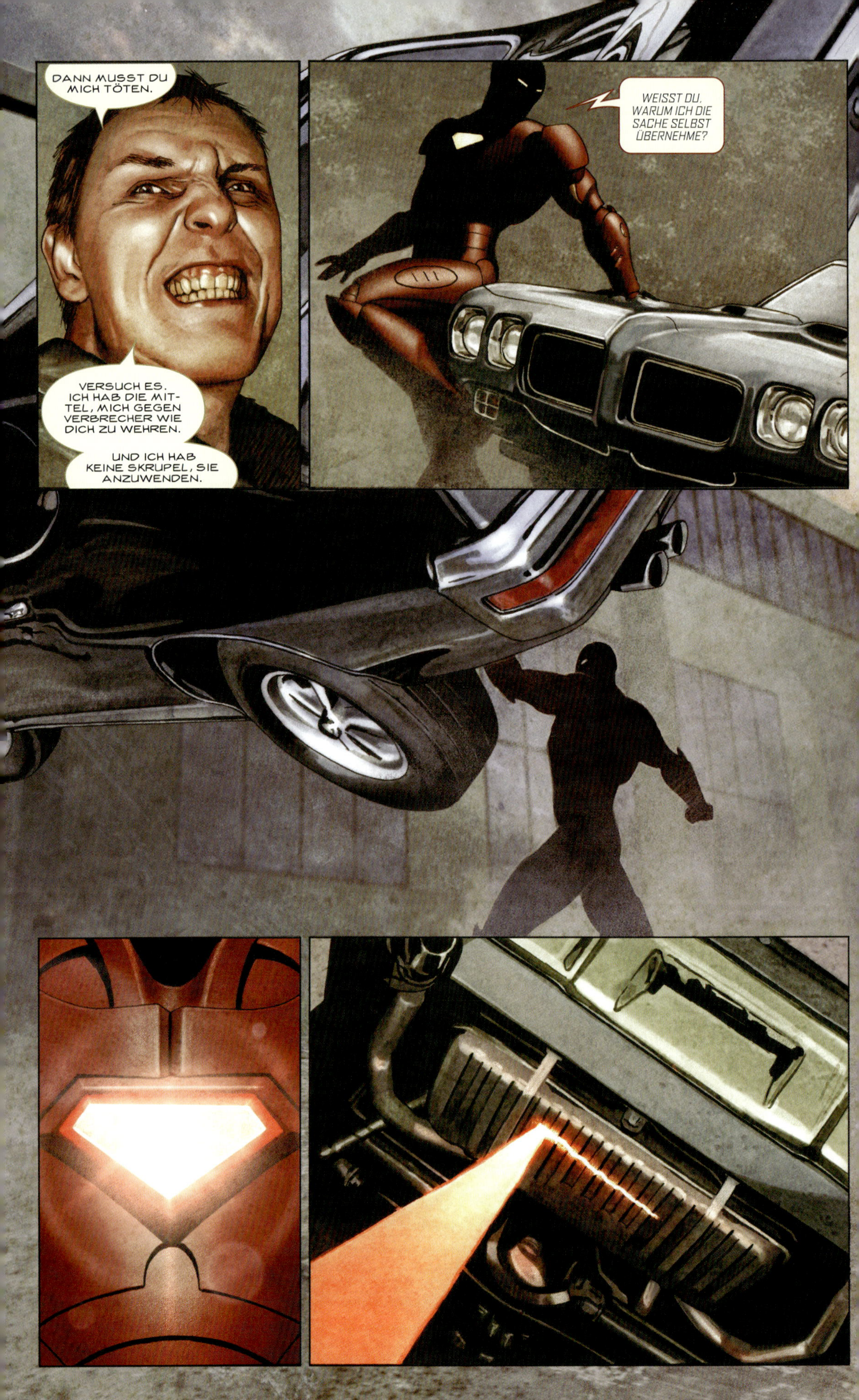
DANN MUSST DU MICH TÖTEN.
VERSUCH ES. ICH HAB DIE MITTEL, MICH GEGEN VERBRECHER WIE DICH ZU WEHREN.
UND ICH HAB KEINE SKRUPEL, SIE ANZUWENDEN.
WEISST DU, WARUM ICH DIE SACHE SELBST ÜBERNEHME?

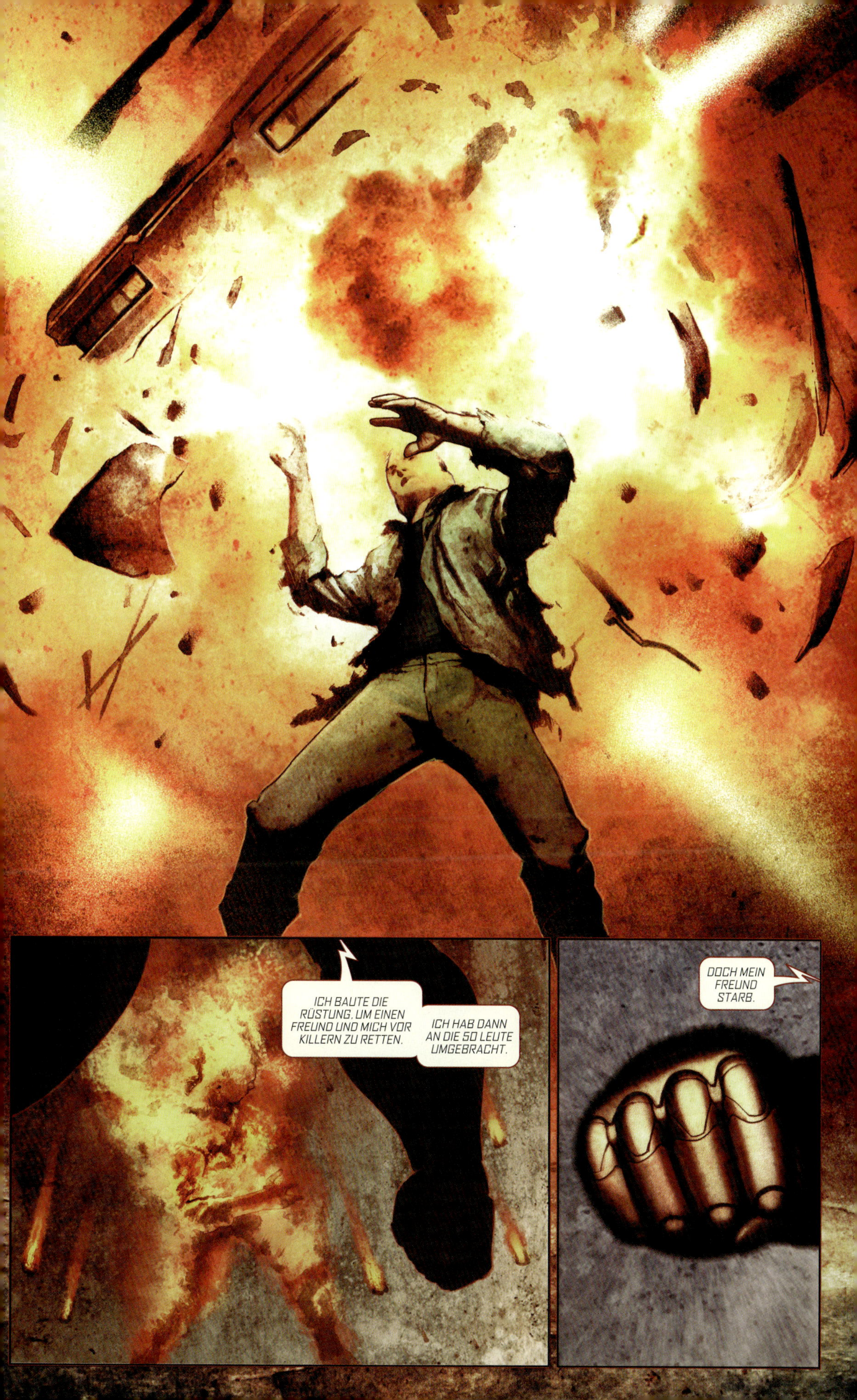
ICH BAUTE DIE RÜSTUNG, UM EINEN FREUND UND MICH VOR KILLERN ZU RETTEN.
ICH HAB DANN AN DIE 50 LEUTE UMGEBRACHT.
DOCH MEIN FREUND STARB.

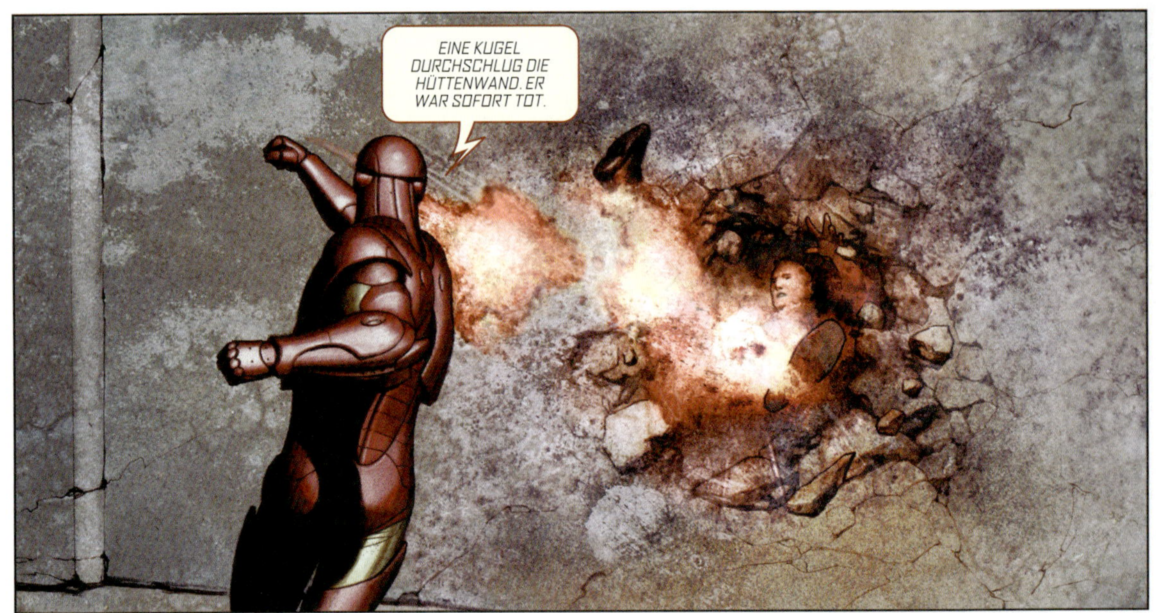
EINE KUGEL DURCHSCHLUG DIE HÜTTENWAND. ER WAR SOFORT TOT.

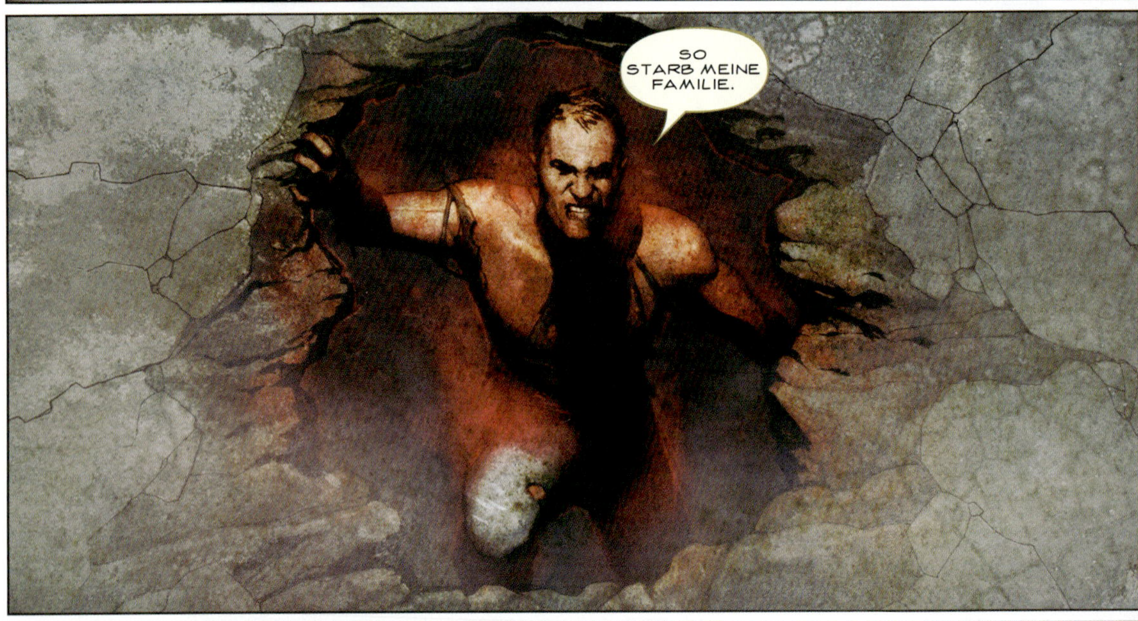
SO STARB MEINE FAMILIE.

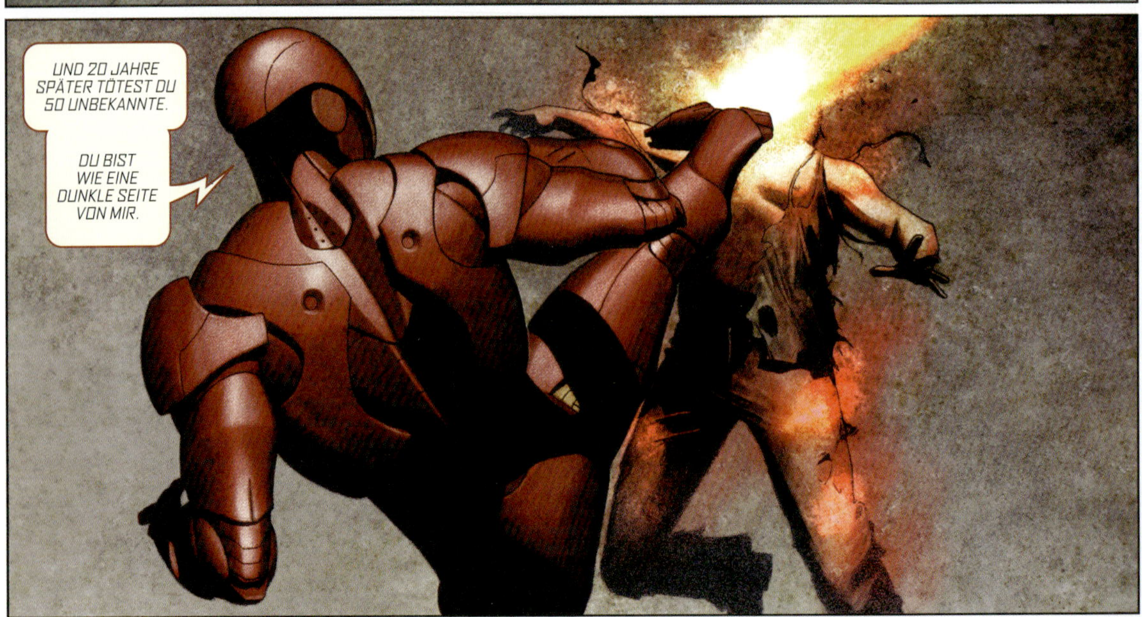
UND 20 JAHRE SPÄTER TÖTEST DU 50 UNBEKANNTE.
DU BIST WIE EINE DUNKLE SEITE VON MIR.

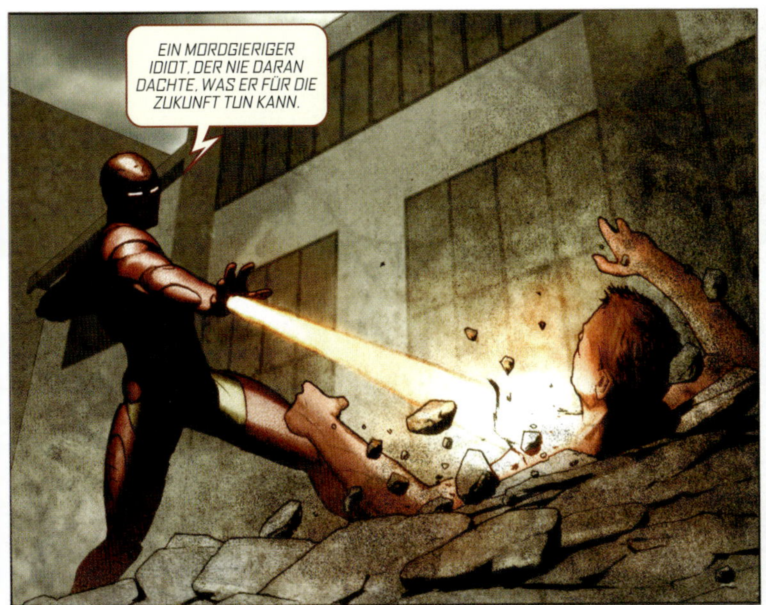
EIN MORDGIERIGER IDIOT, DER NIE DARAN DACHTE, WAS ER FÜR DIE ZUKUNFT TUN KANN.

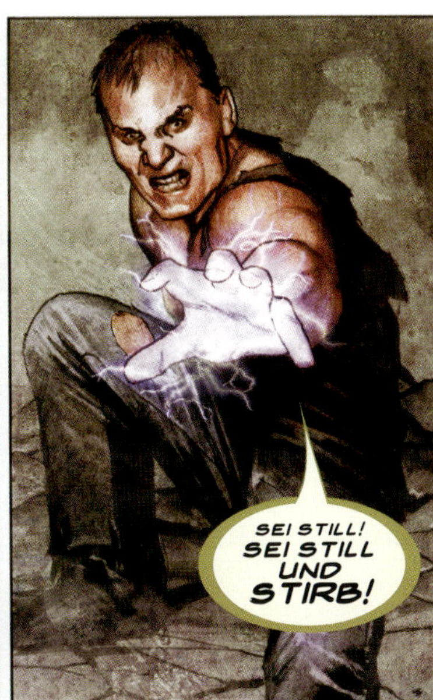
SEI STILL! SEI STILL UND STIRB!

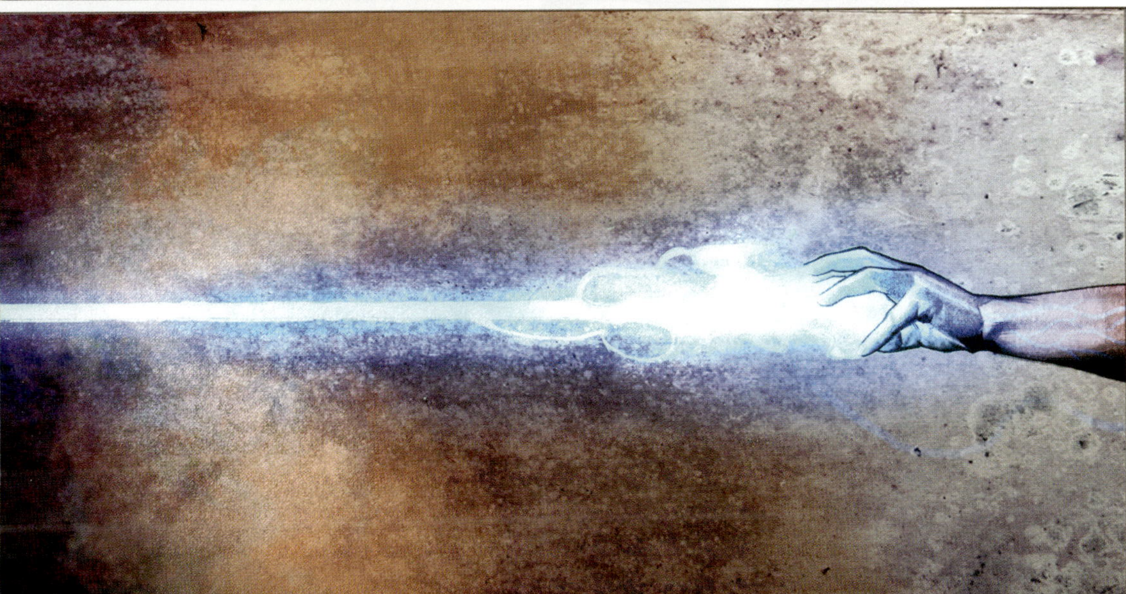

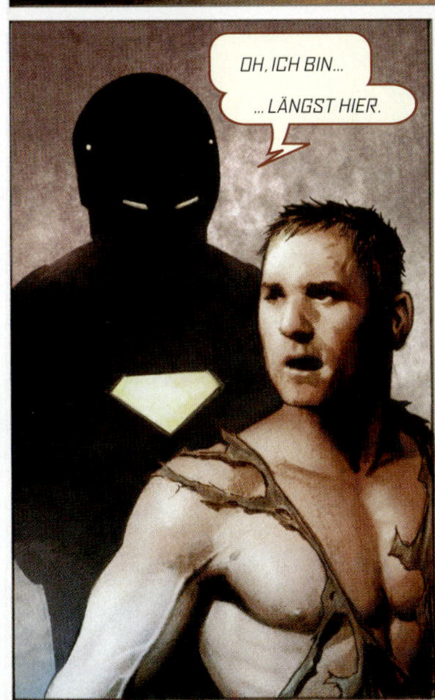
OH, ICH BIN...
... LÄNGST HIER.

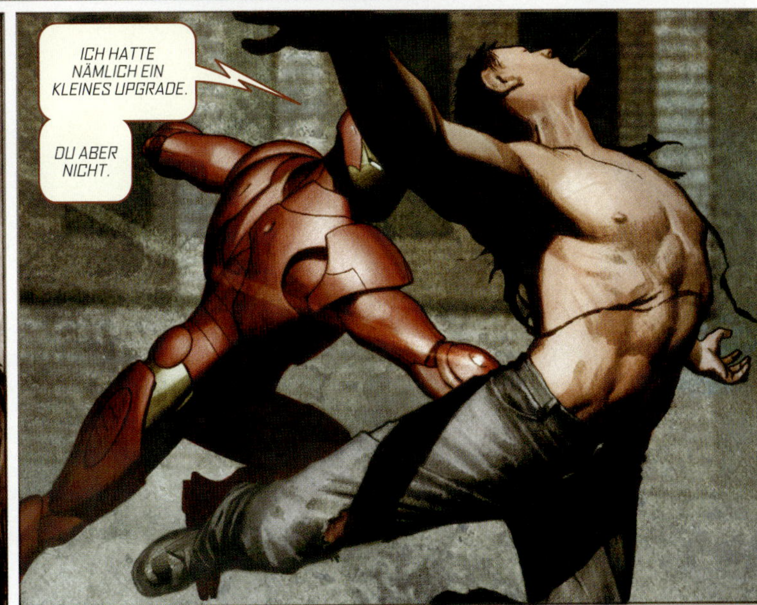
ICH HATTE NÄMLICH EIN KLEINES UPGRADE.
DU ABER NICHT.

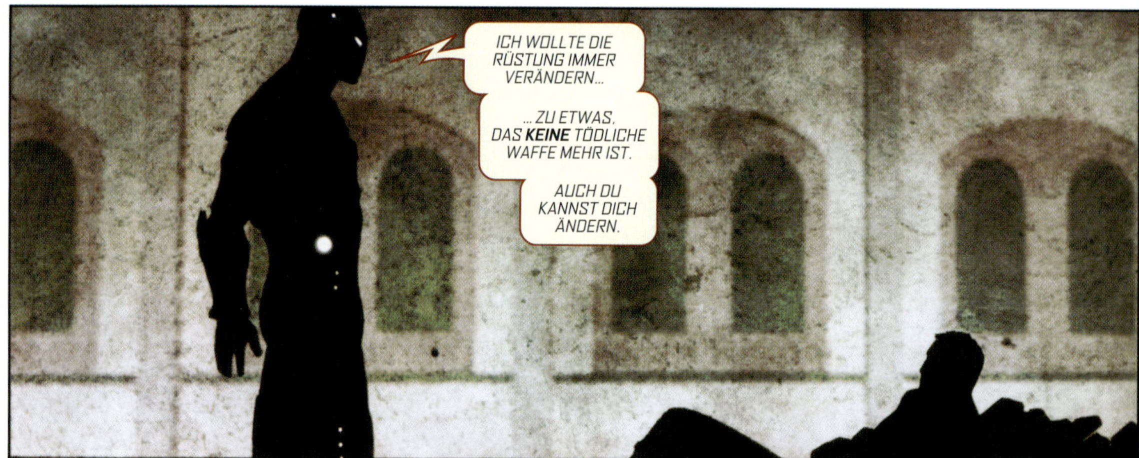

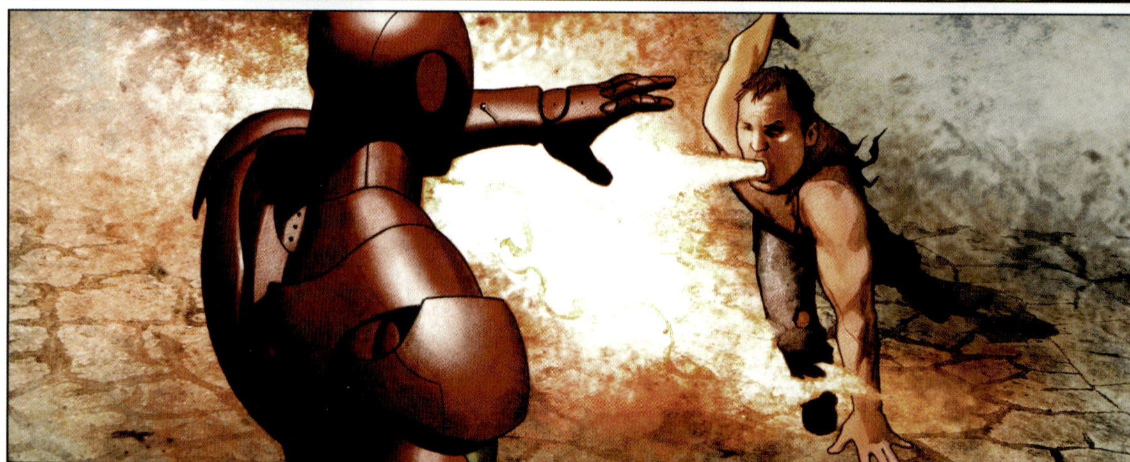

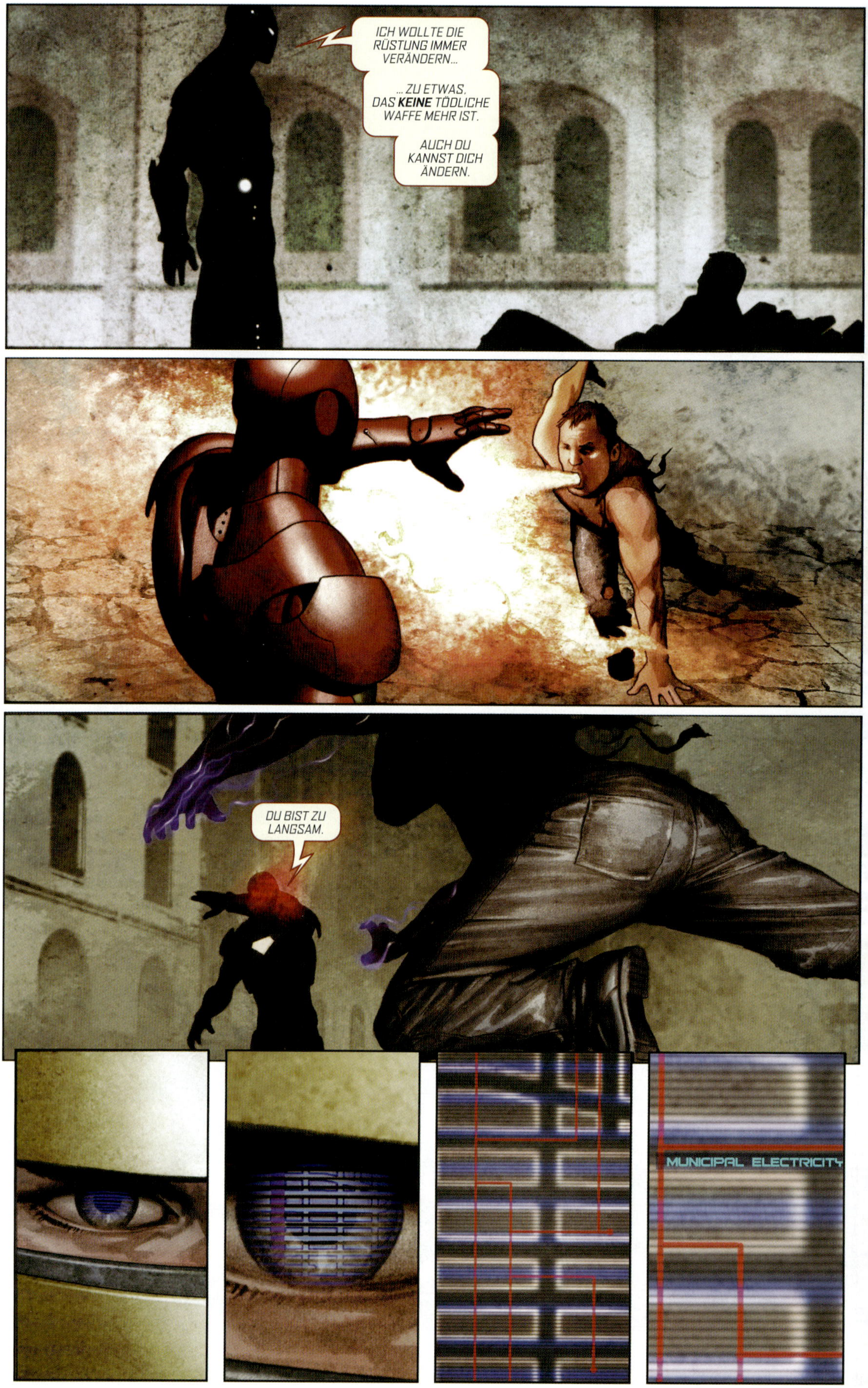

DU BIST ZU LANGSAM.

MUNICIPAL ELECTRICITY

STÄDTISCHES STROMNETZ

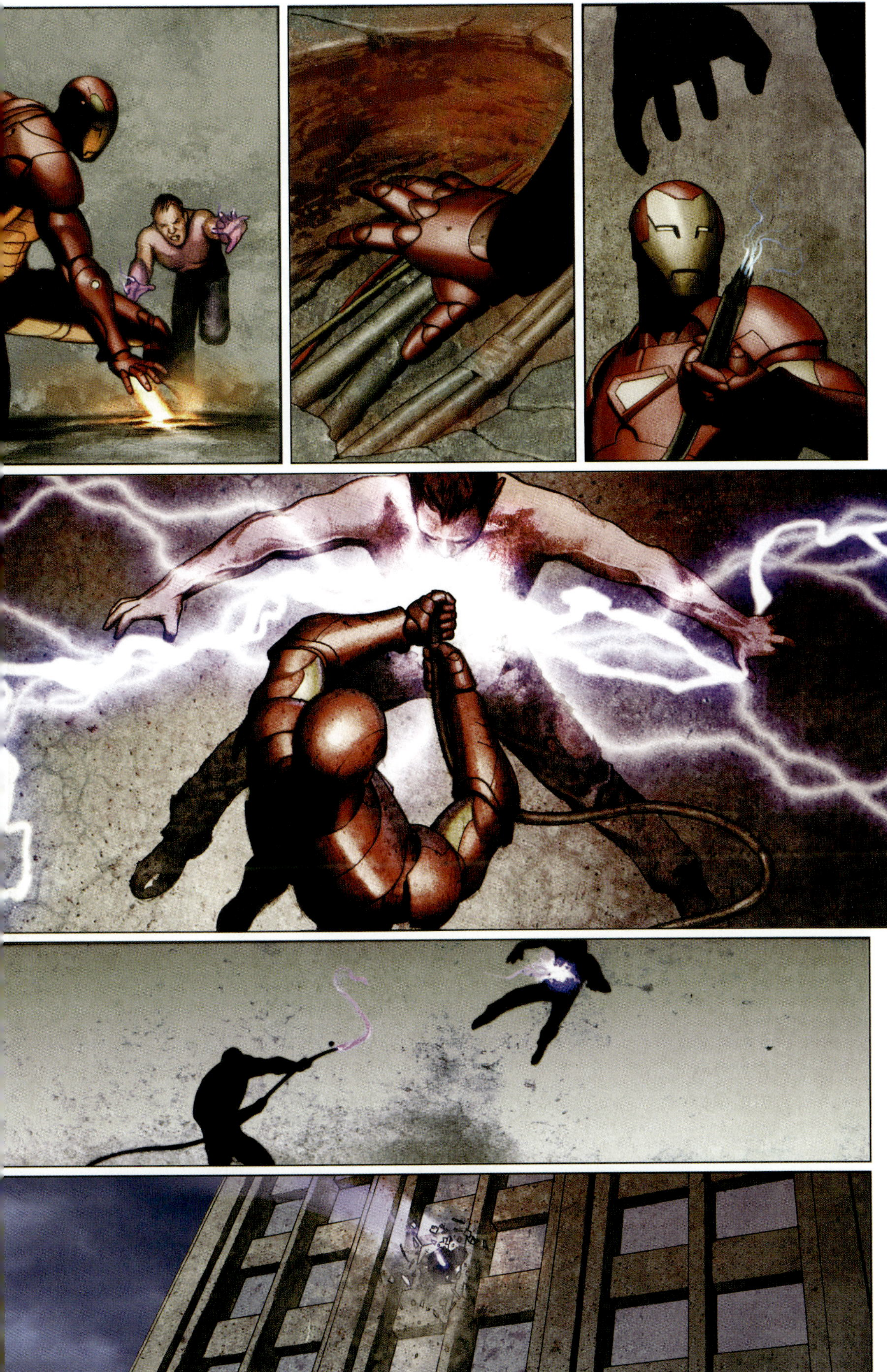

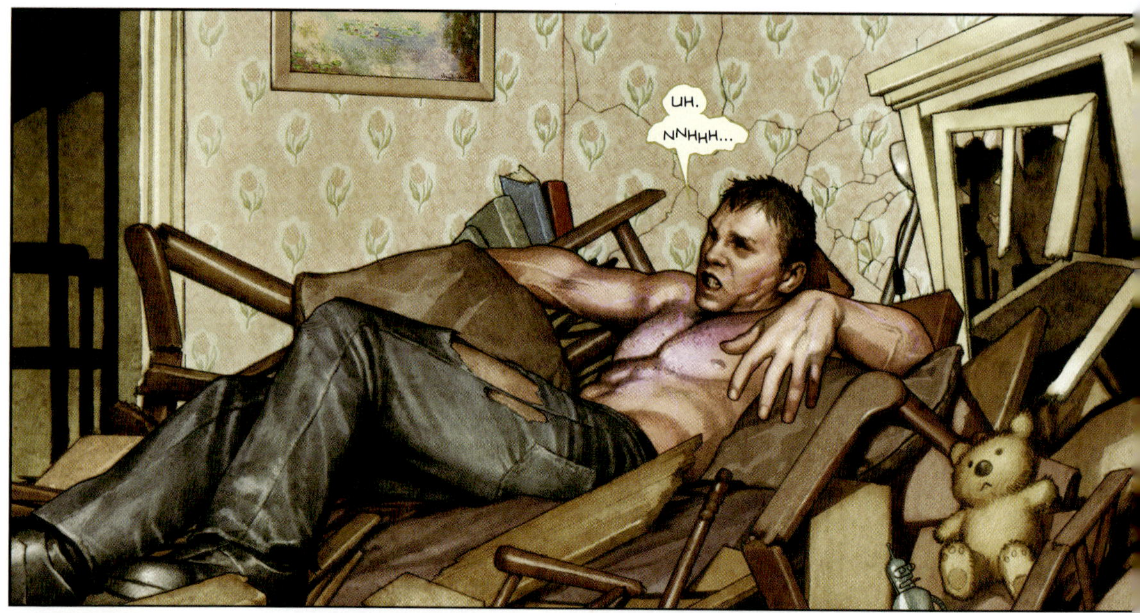
UH.
NNHHH...

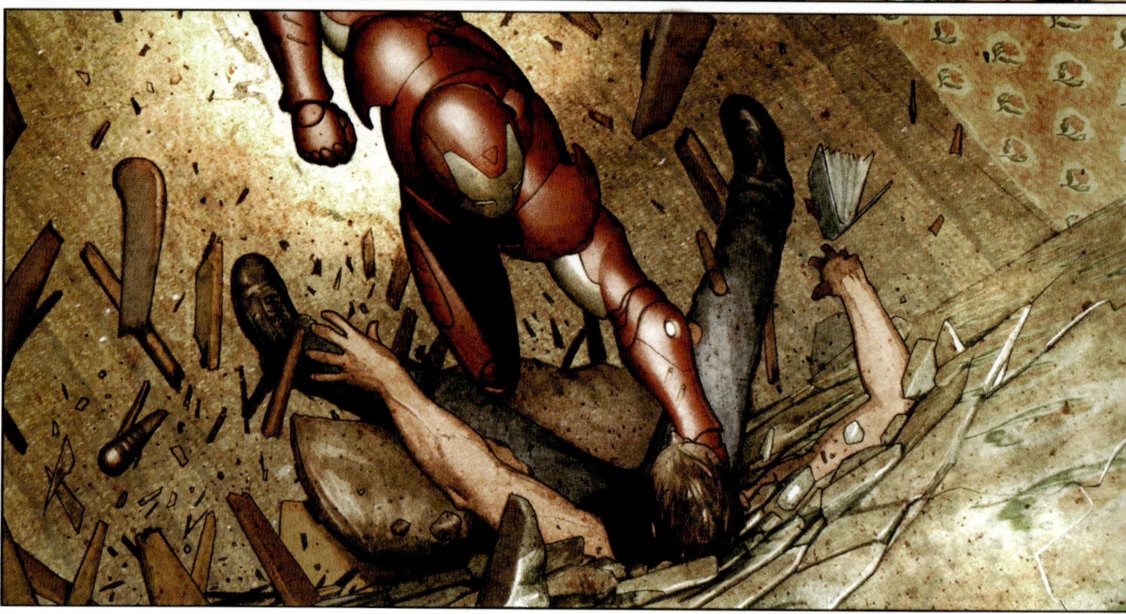

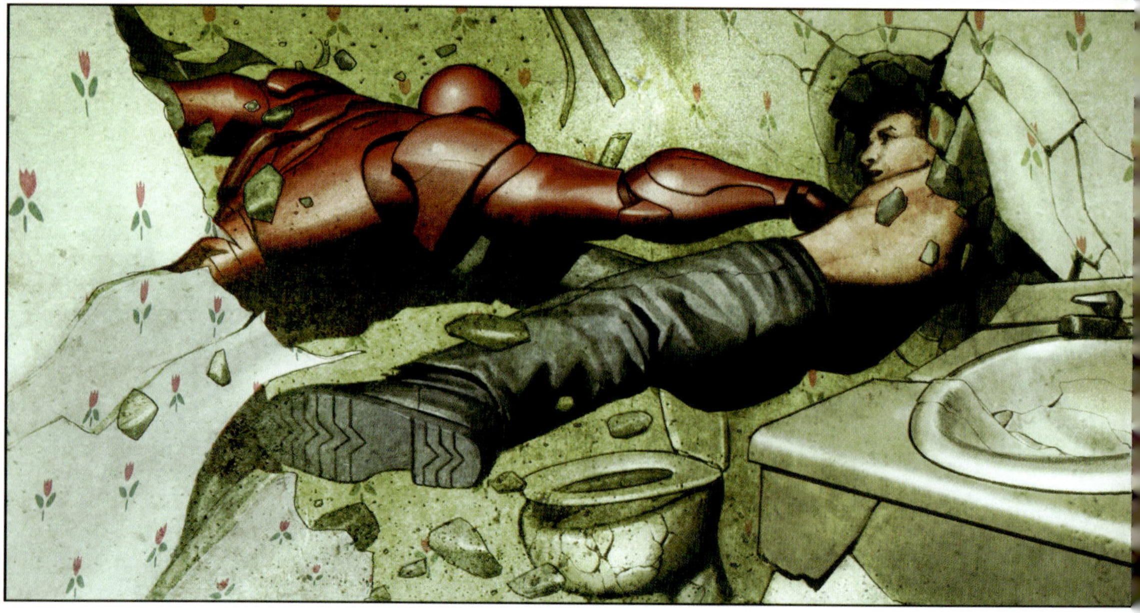

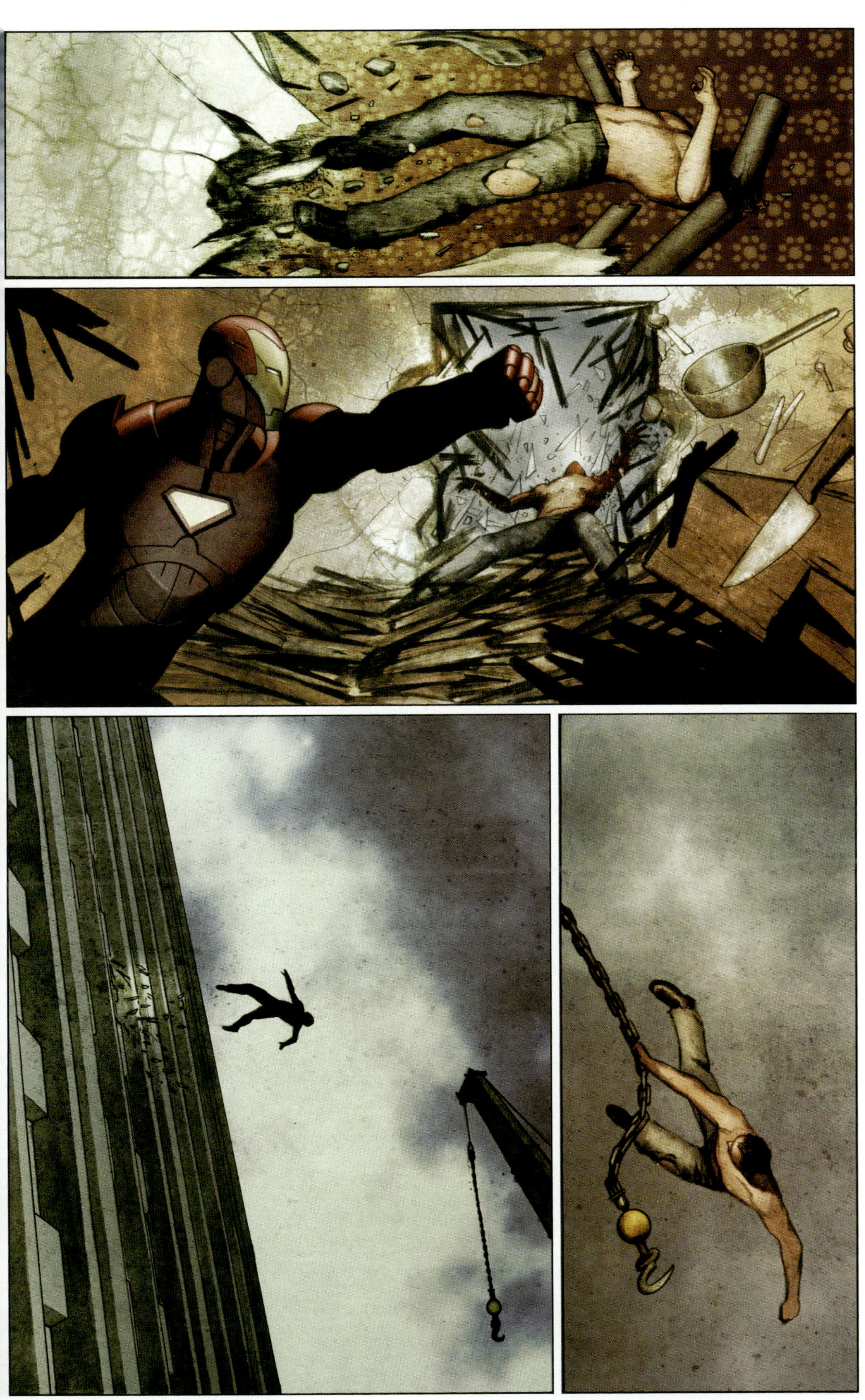

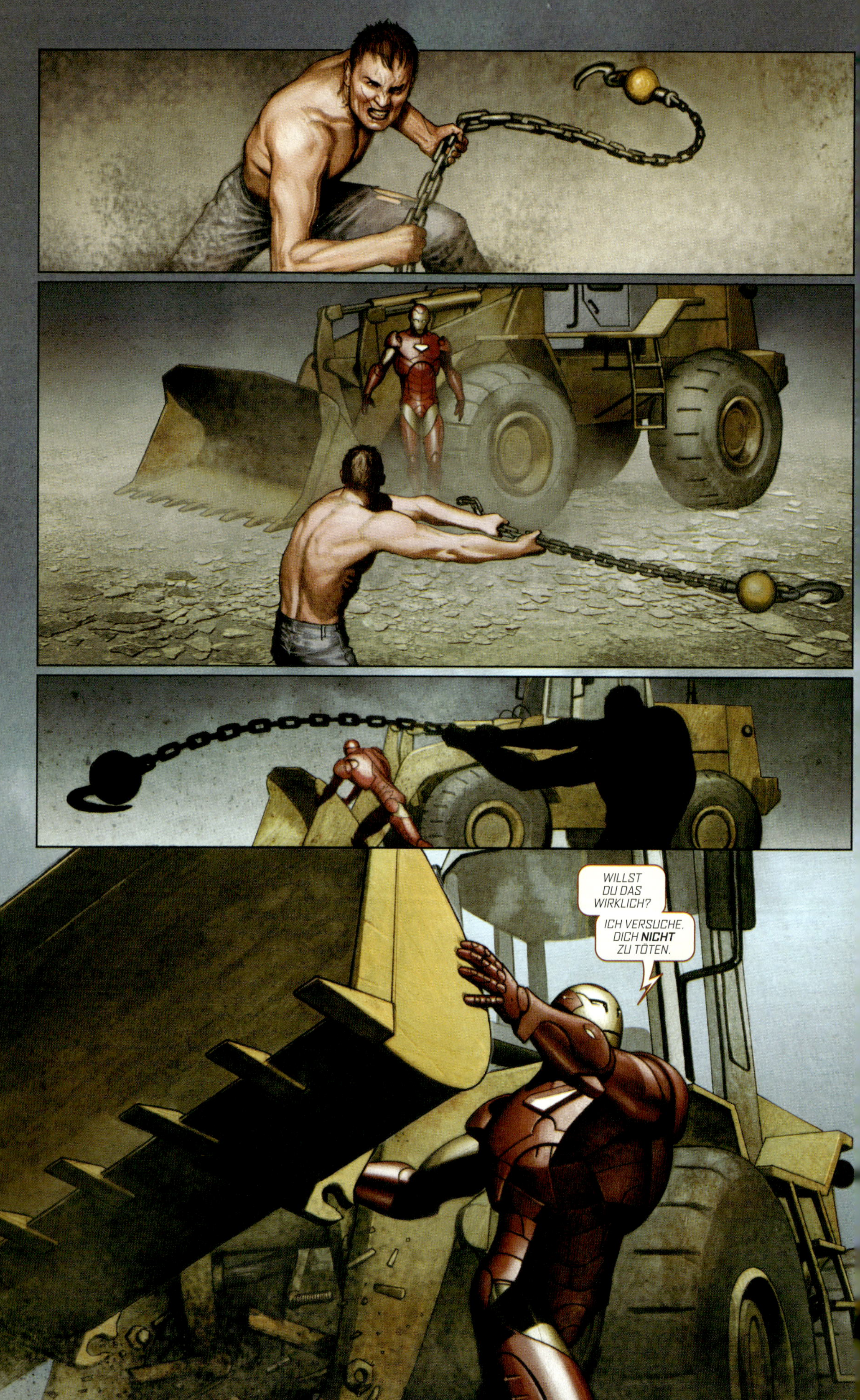
WILLST DU DAS WIRKLICH?
ICH VERSUCHE, DICH **NICHT** ZU TÖTEN.

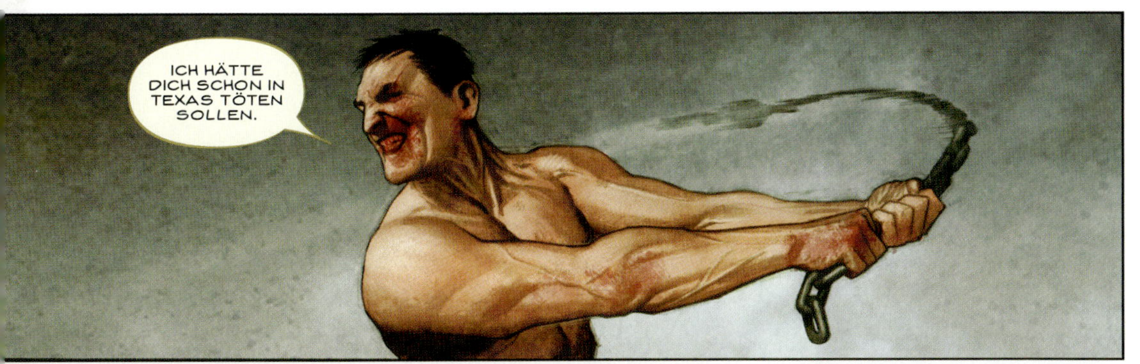
ICH HÄTTE DICH SCHON IN TEXAS TÖTEN SOLLEN.

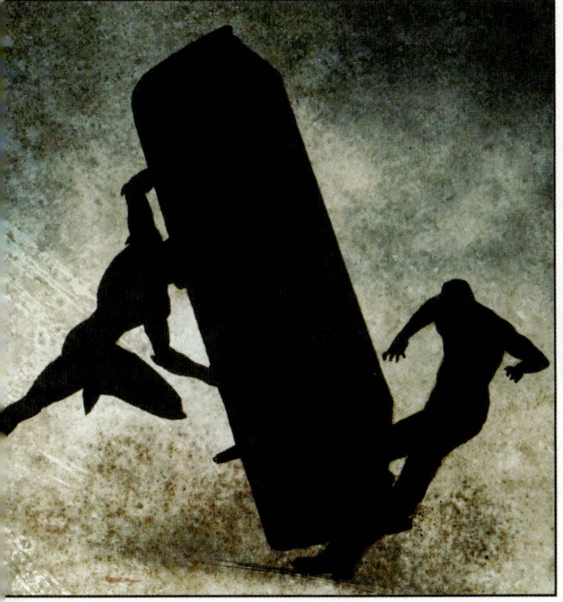

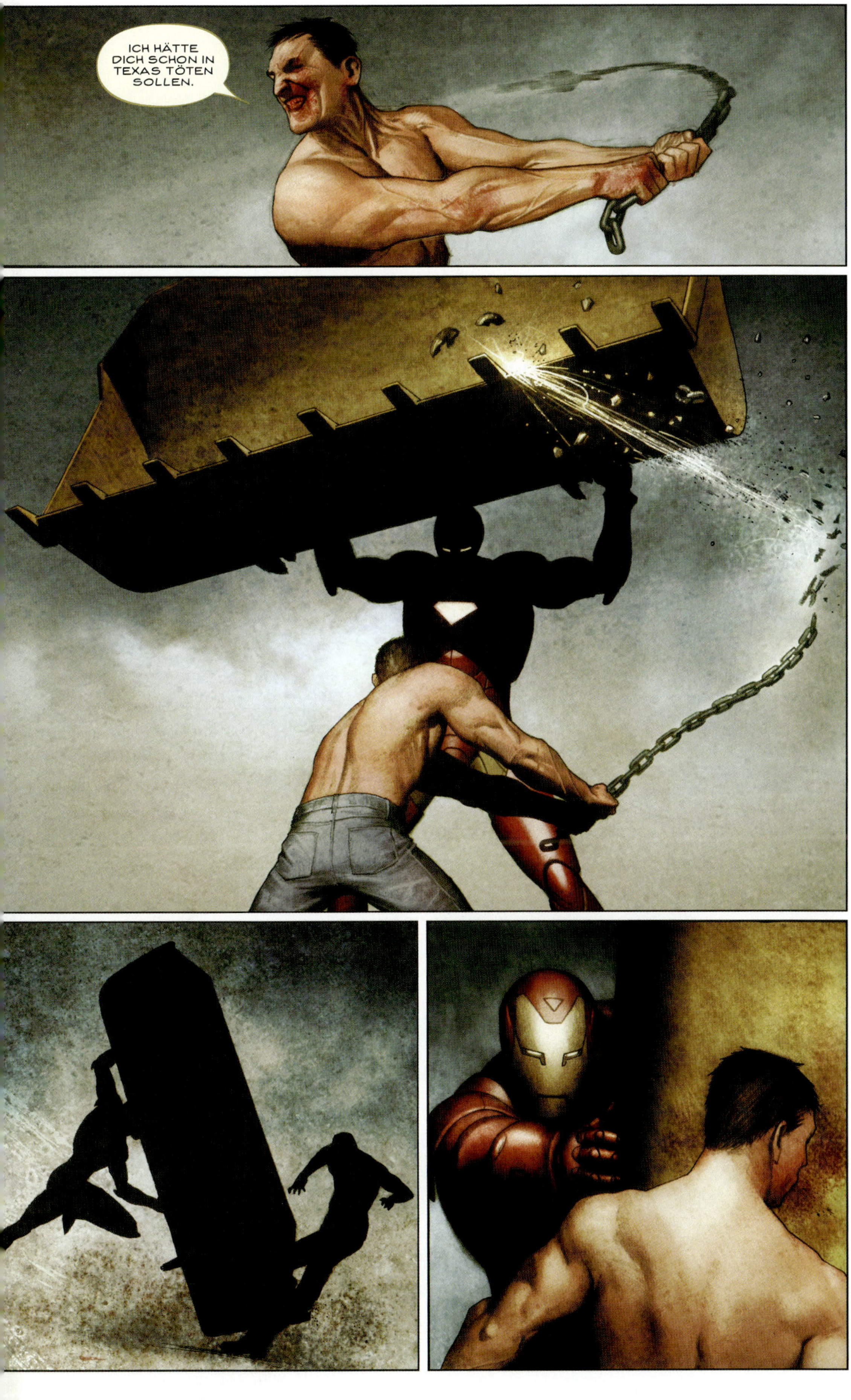

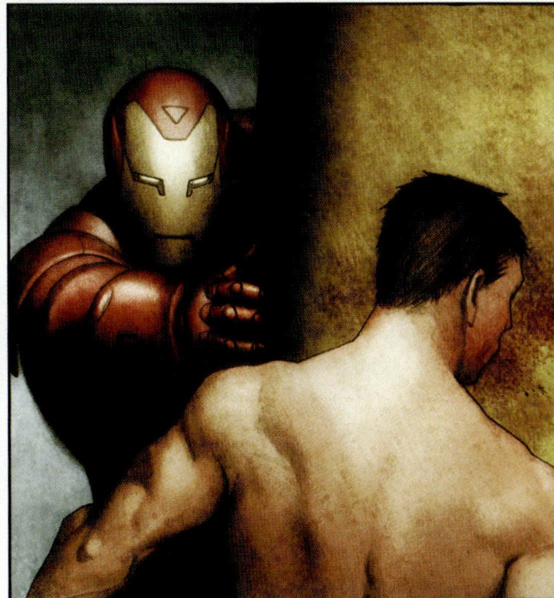

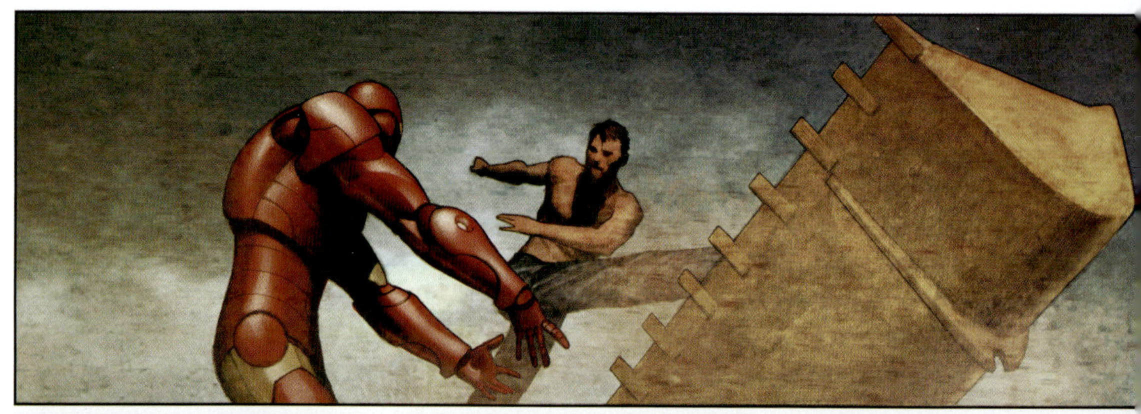
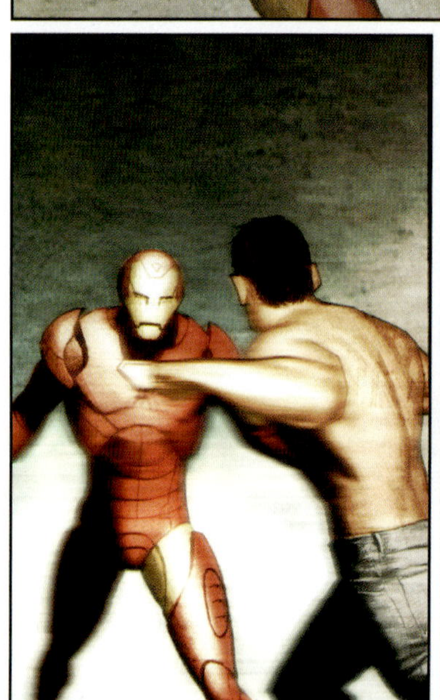
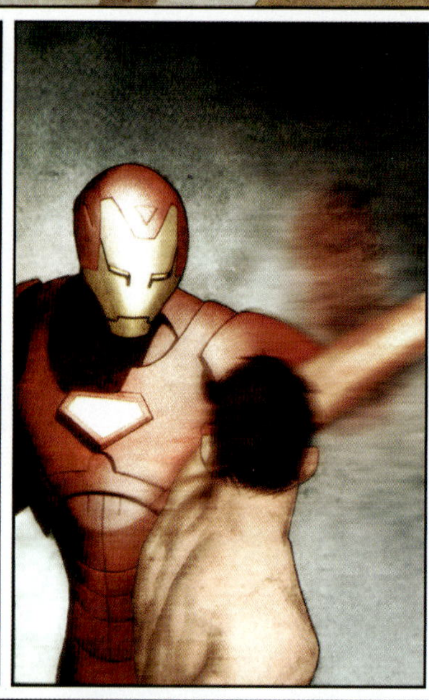
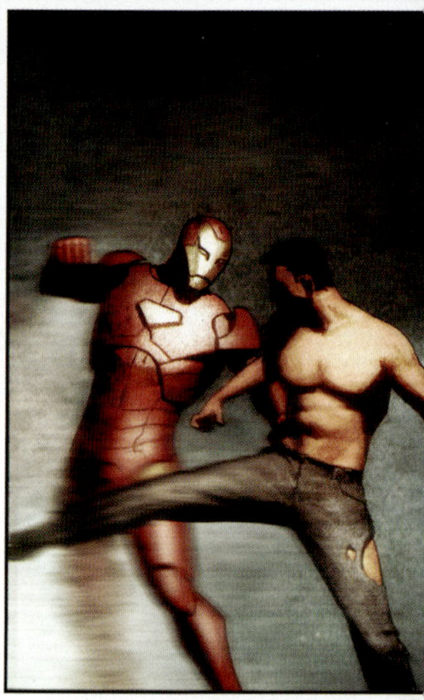
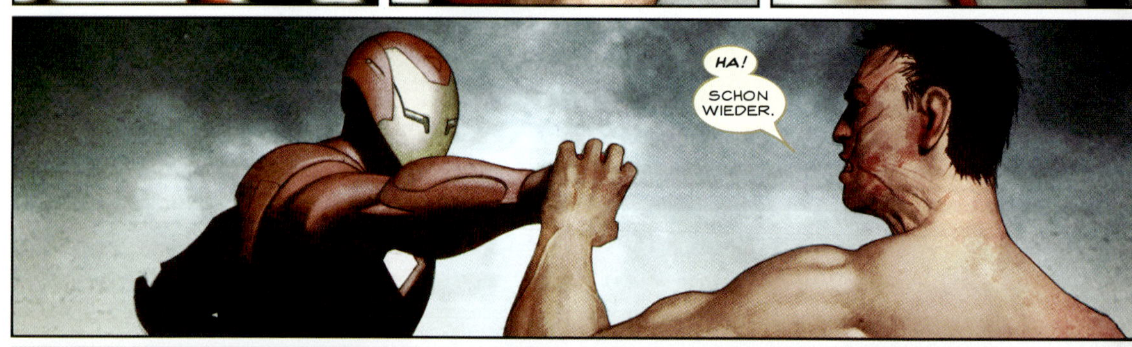
HA!
SCHON WIEDER.
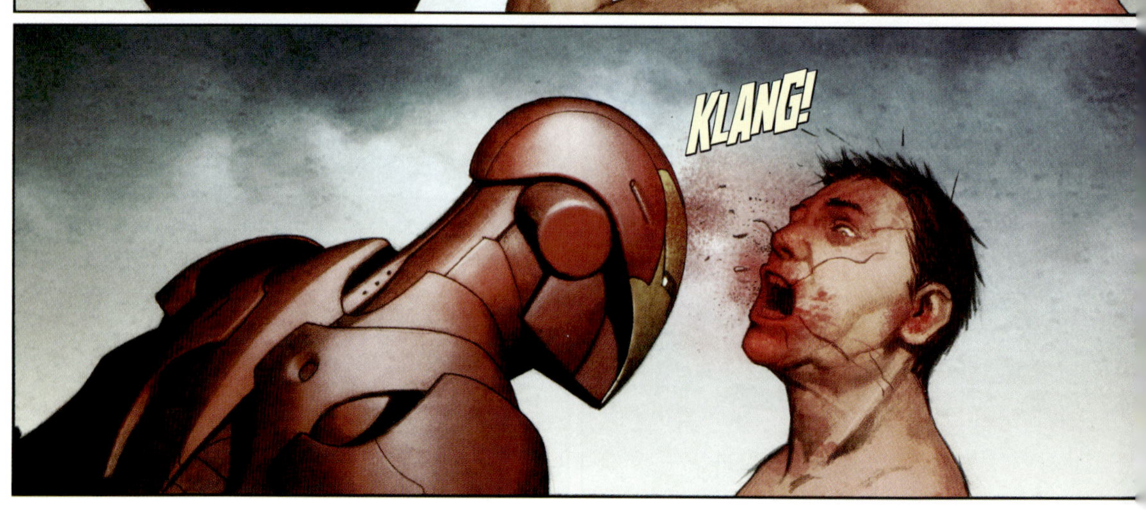
KLANG!

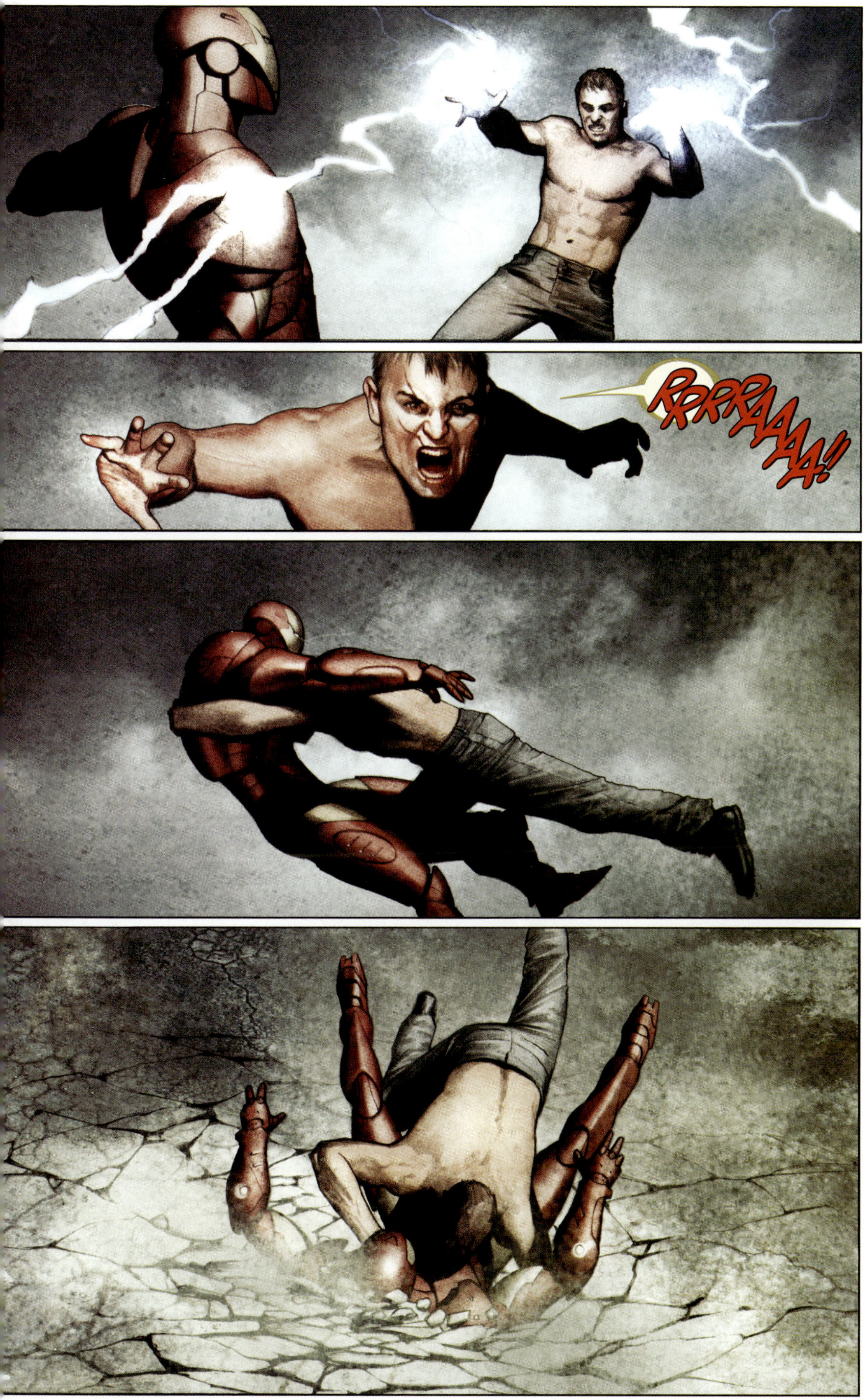

RRRRAAAA!!

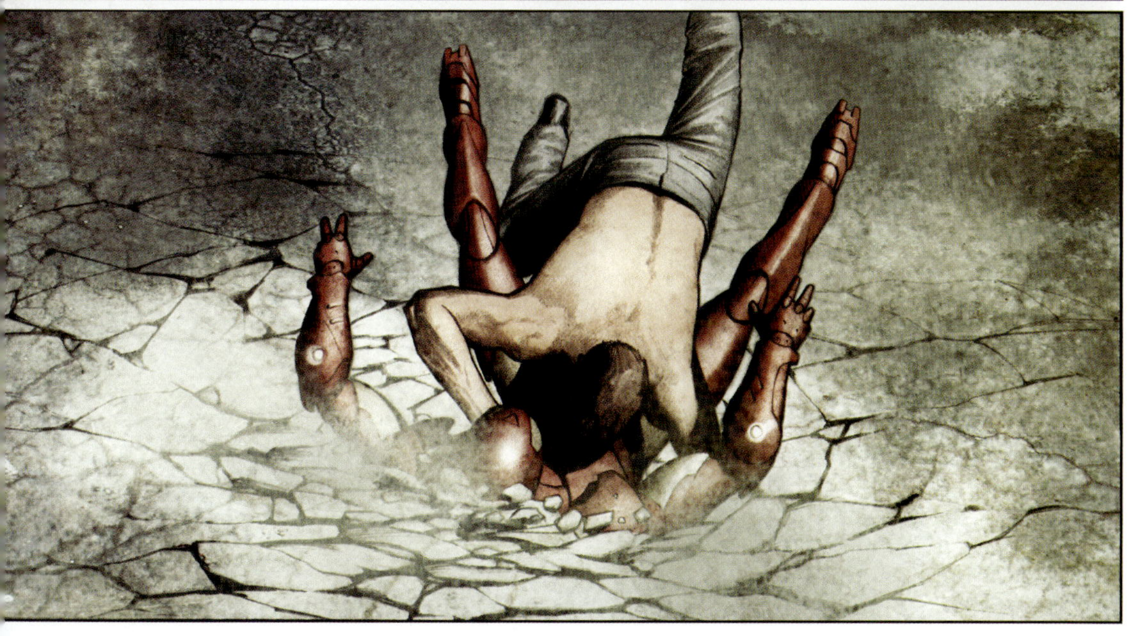

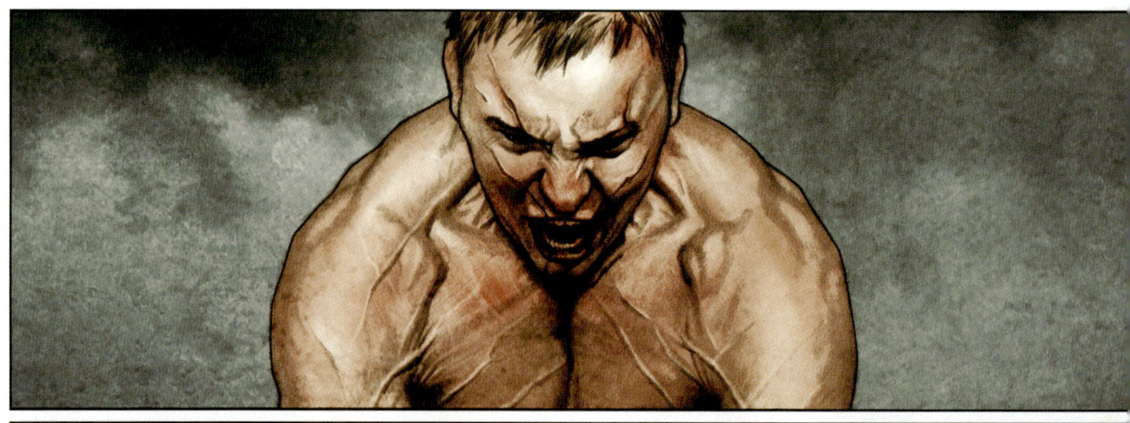
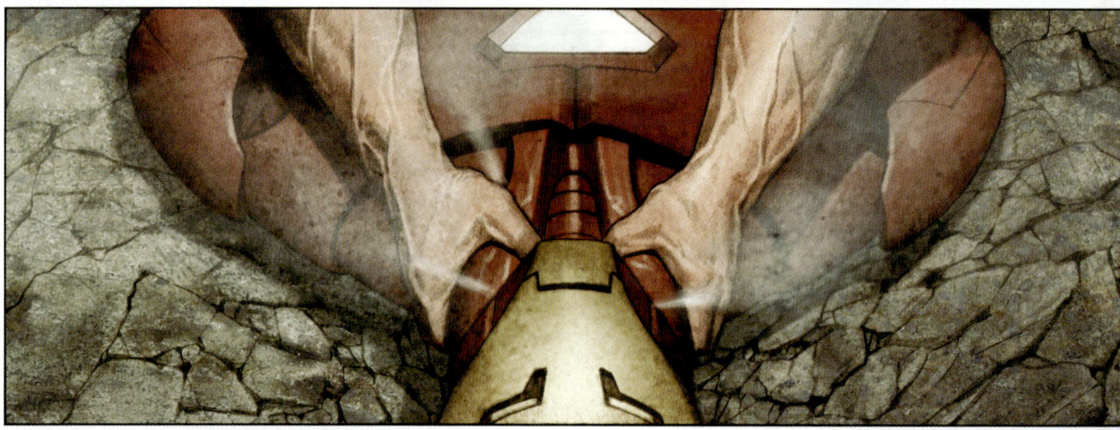
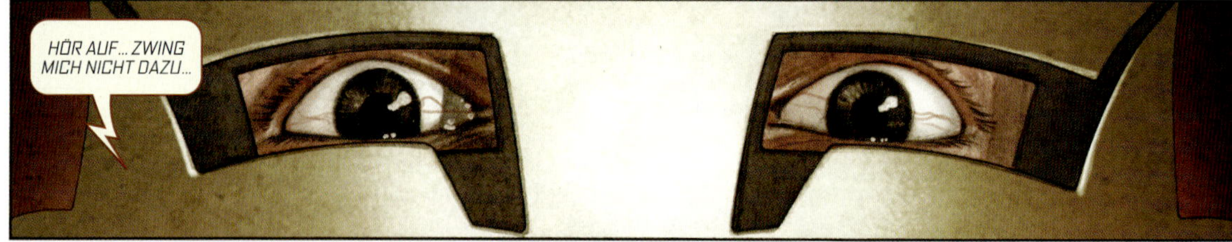
HÖR AUF... ZWING MICH NICHT DAZU...
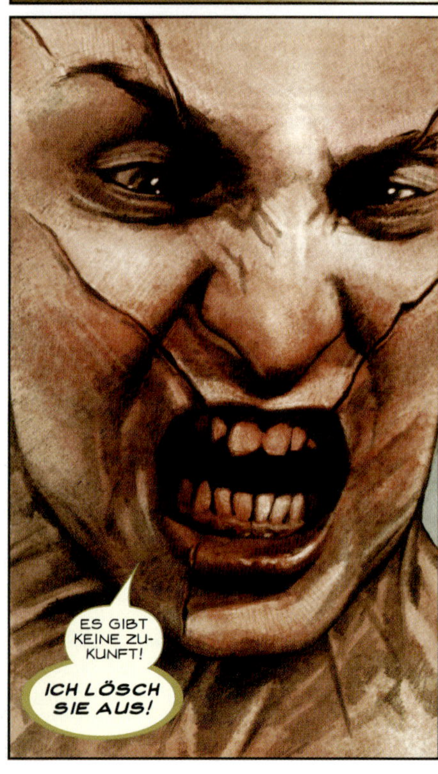
ES GIBT KEINE ZU-KUNFT!
ICH LÖSCH SIE AUS!
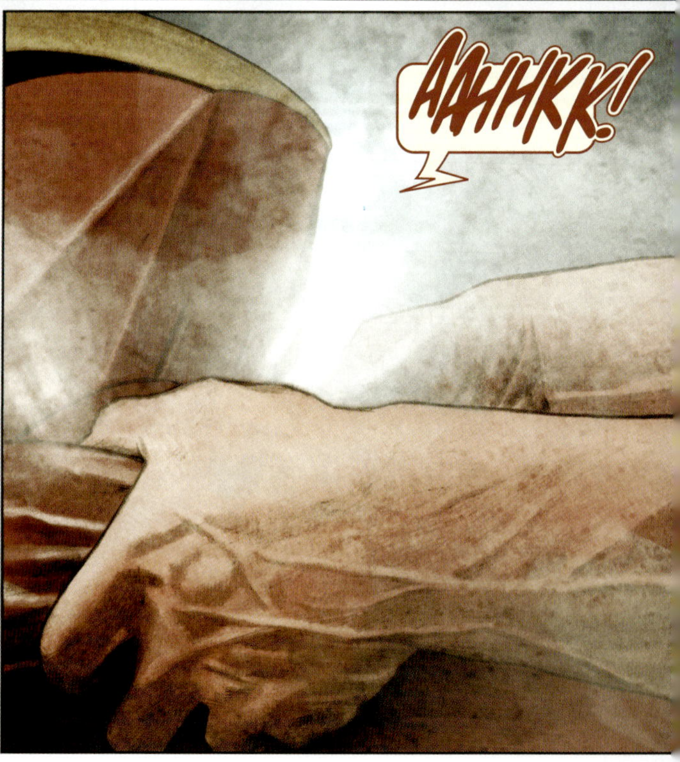
AAHHKK!

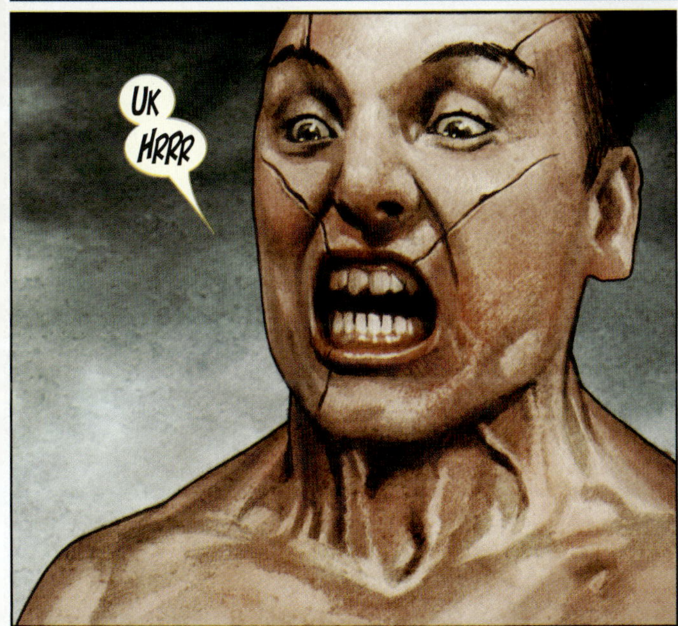
UK
HRRR

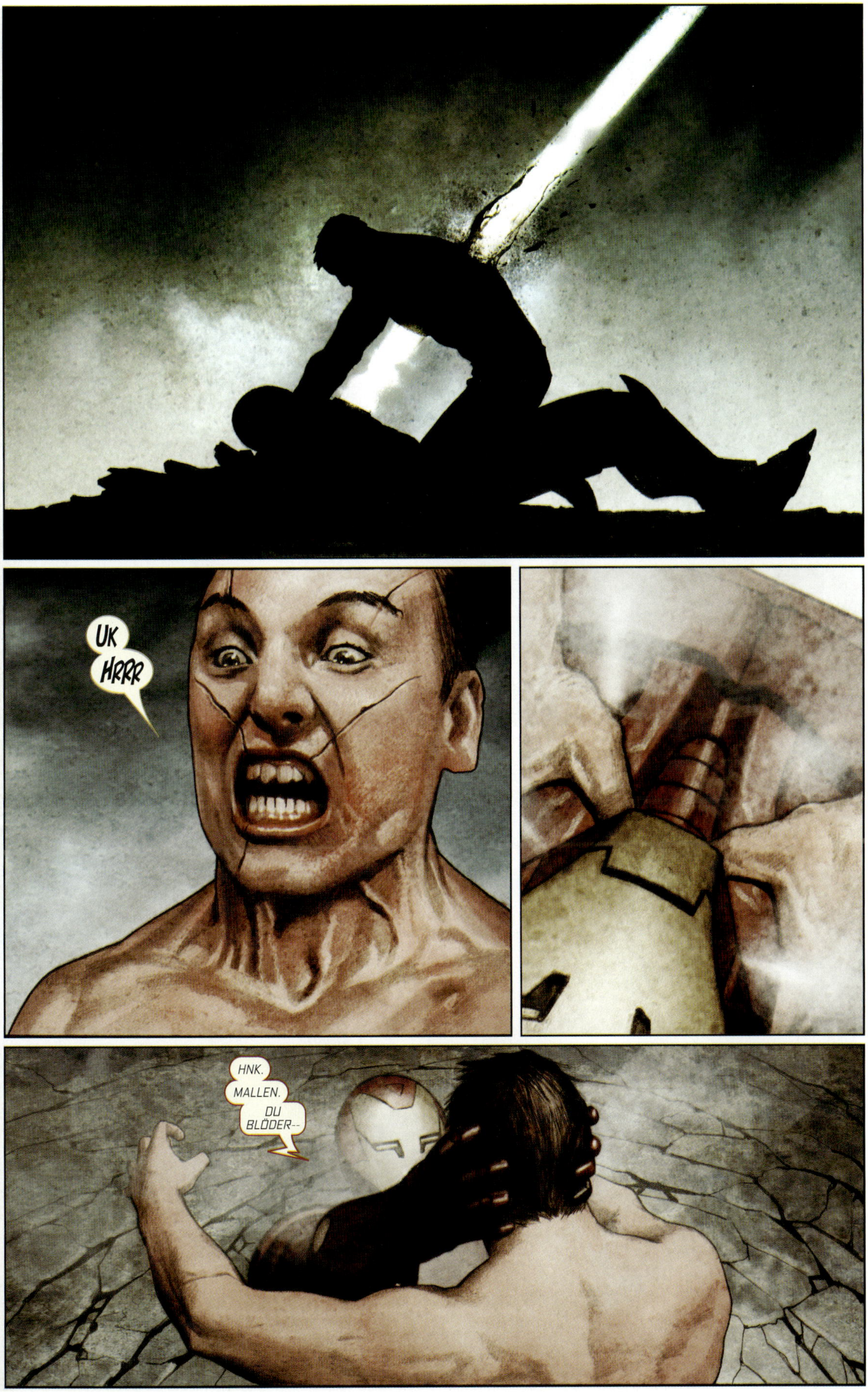

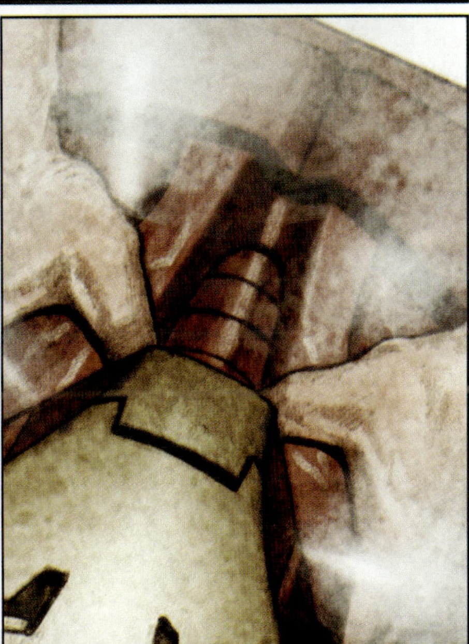

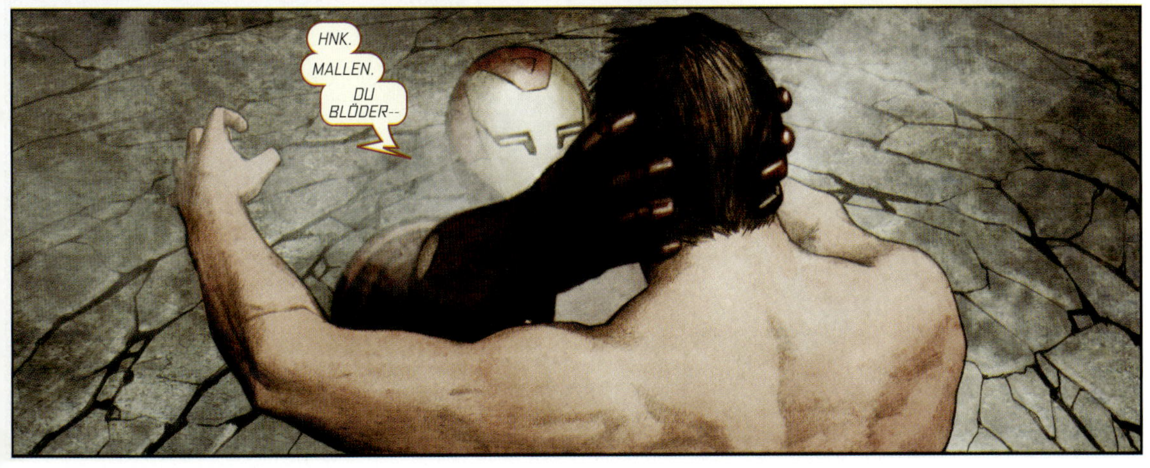
HNK.
MALLEN.
DU BLÖDER--

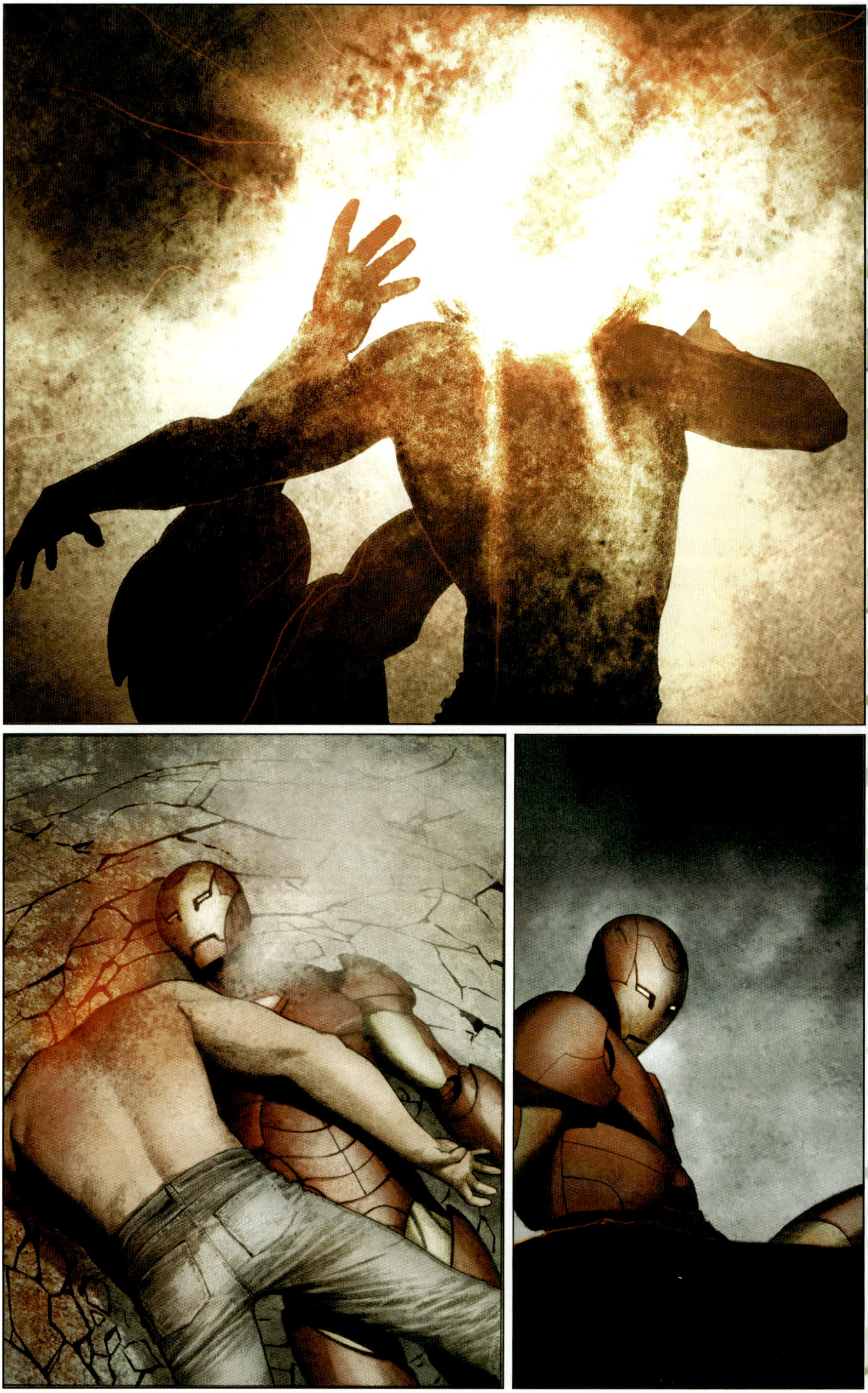

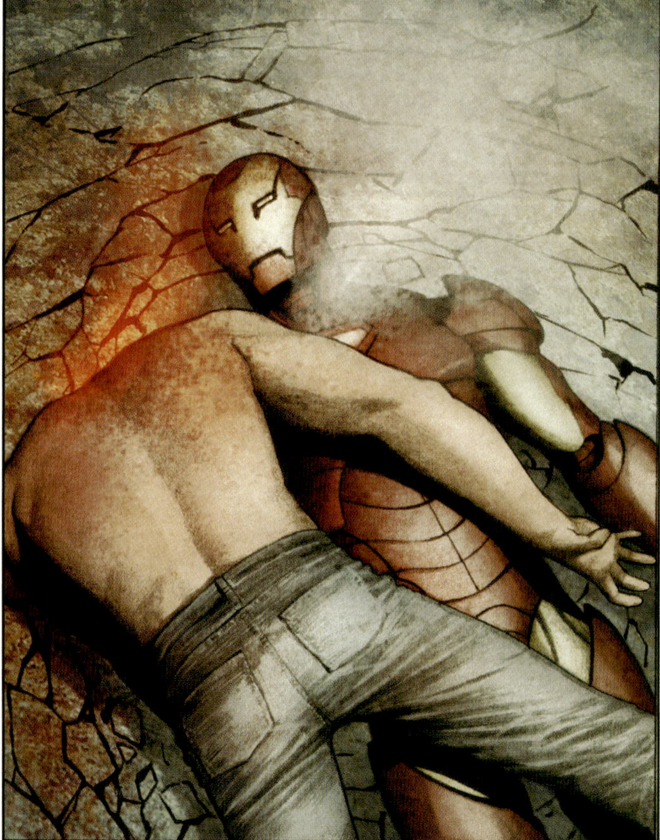
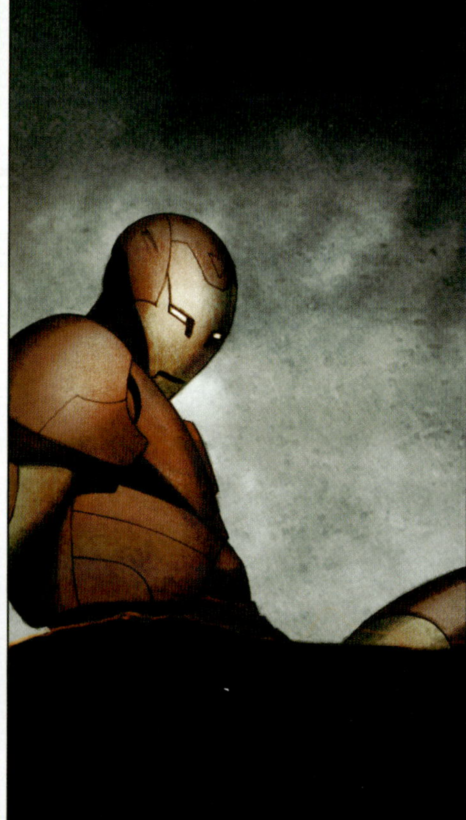

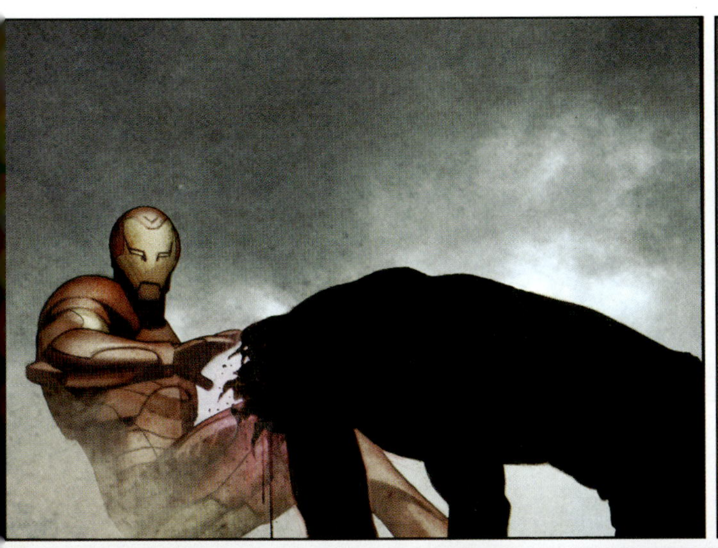
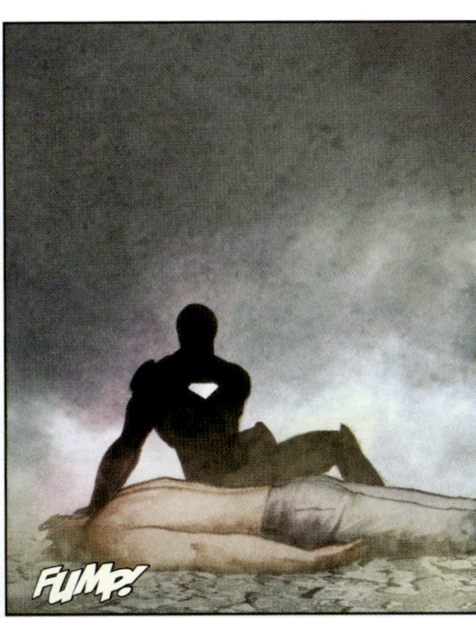
FUMP!
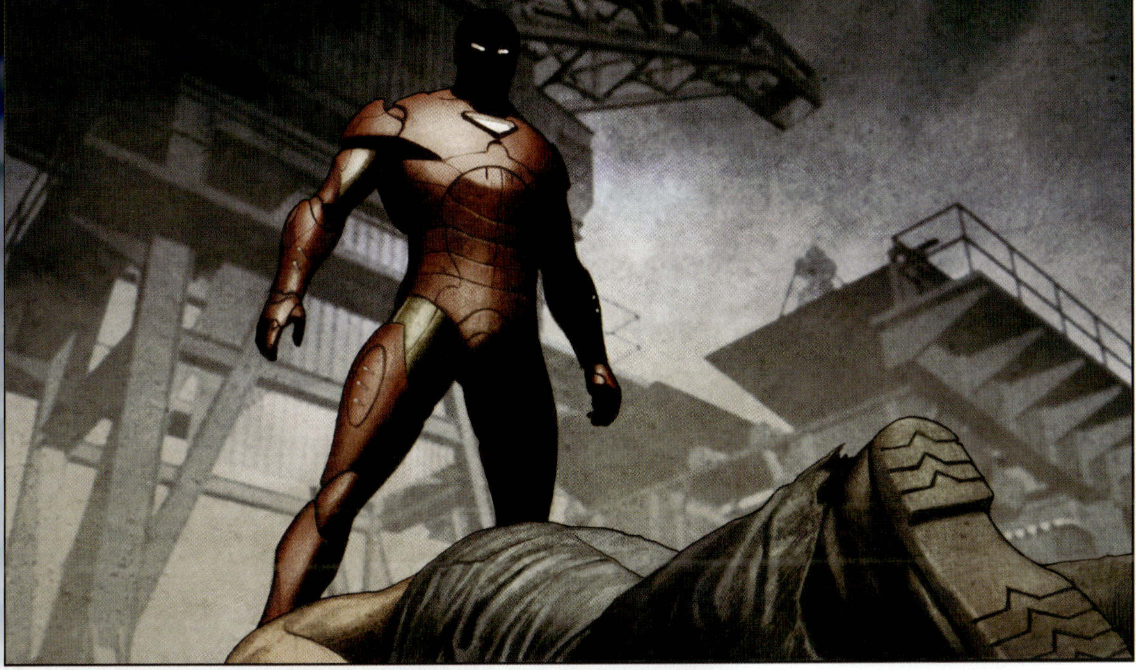
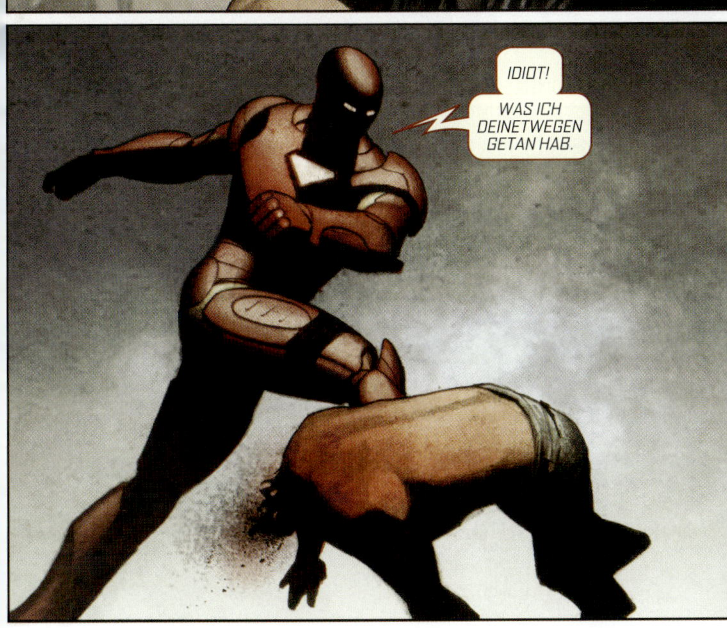
IDIOT!
WAS ICH DEINETWEGEN GETAN HAB.
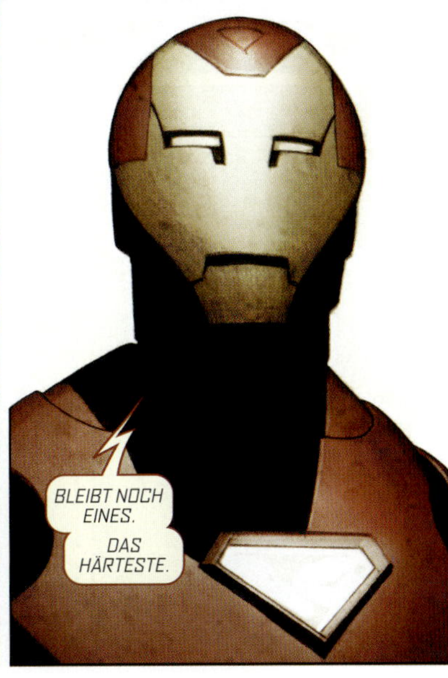
BLEIBT NOCH EINES.
DAS HÄRTESTE.

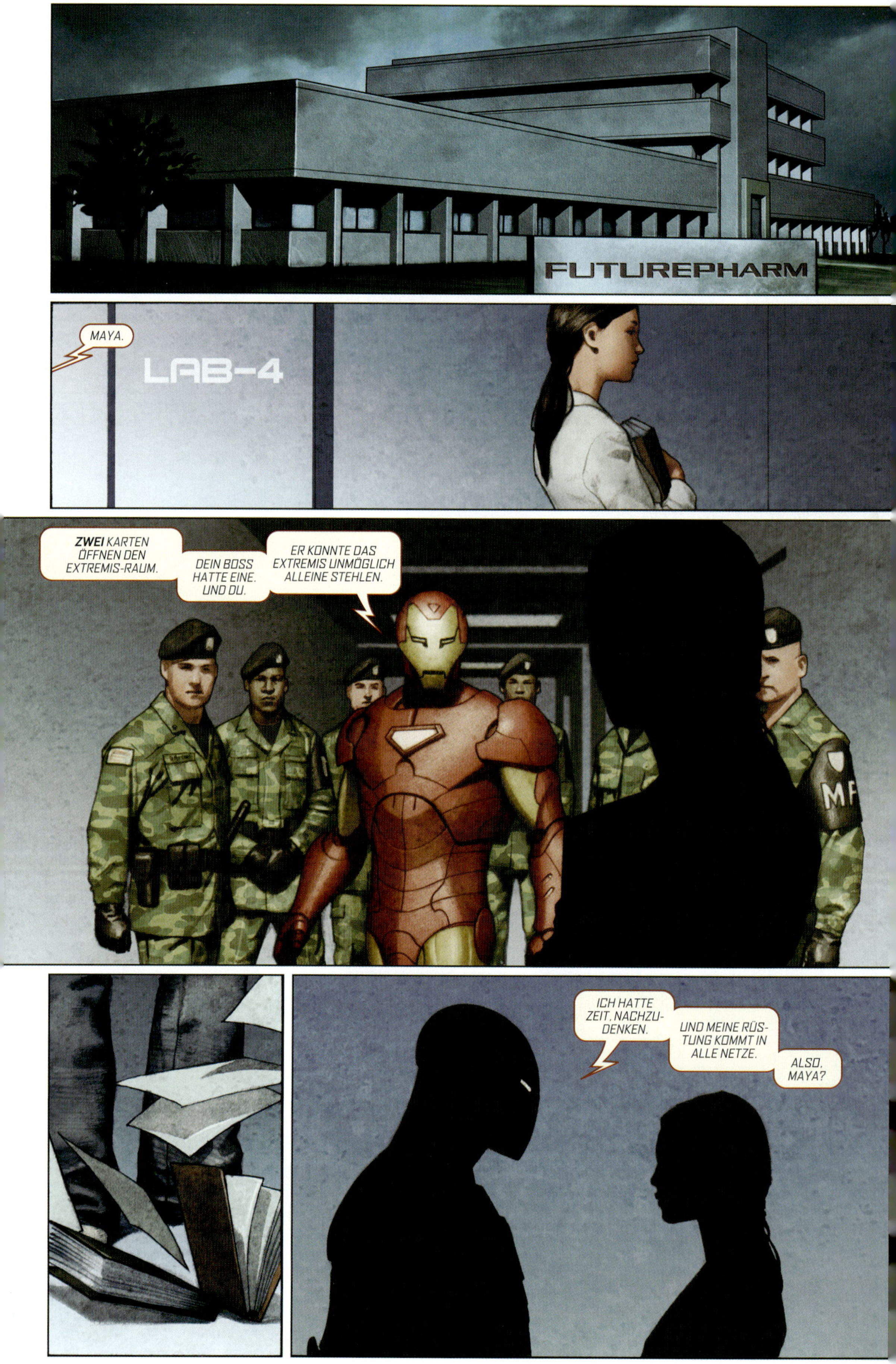

FUTUREPHARM

MAYA.

LAB-4

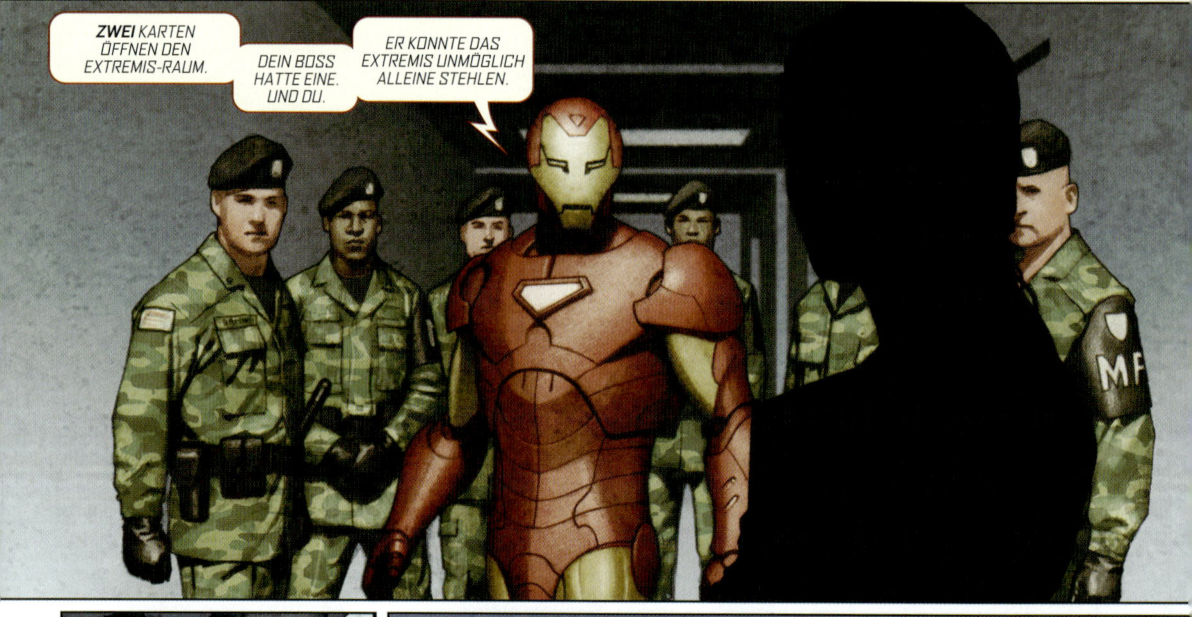

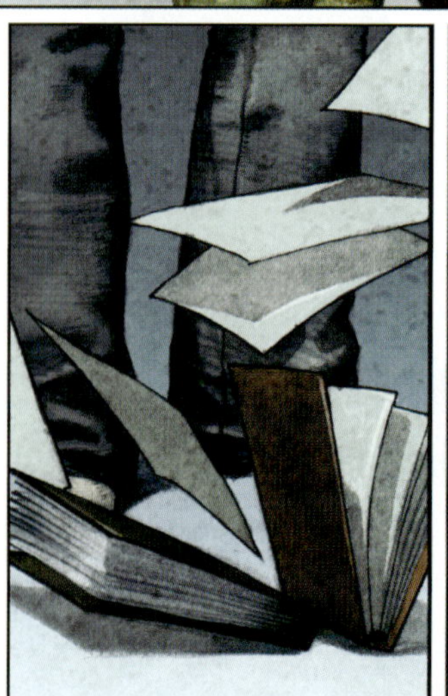

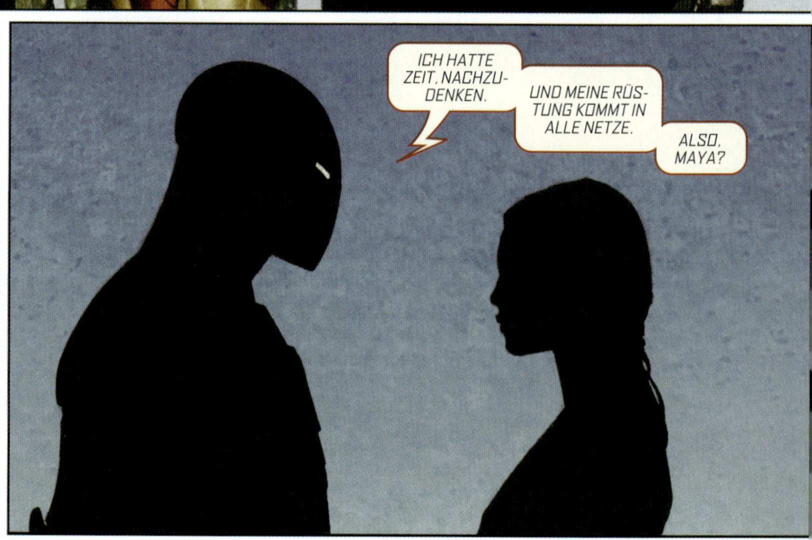

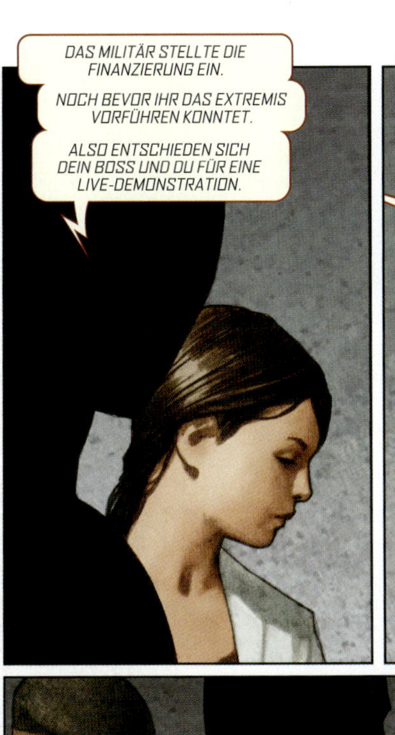
DAS MILITÄR STELLTE DIE FINANZIERUNG EIN.
NOCH BEVOR IHR DAS EXTREMIS VORFÜHREN KONNTET.
ALSO ENTSCHIEDEN SICH DEIN BOSS UND DU FÜR EINE LIVE-DEMONSTRATION.

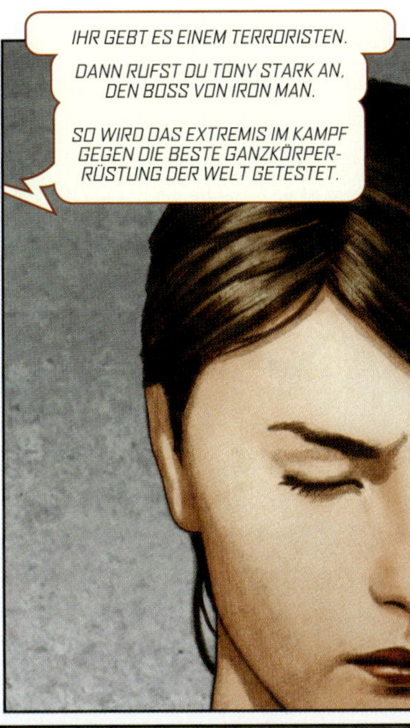
IHR GEBT ES EINEM TERRORISTEN.
DANN RUFST DU TONY STARK AN, DEN BOSS VON IRON MAN.
SO WIRD DAS EXTREMIS IM KAMPF GEGEN DIE BESTE GANZKÖRPER-RÜSTUNG DER WELT GETESTET.

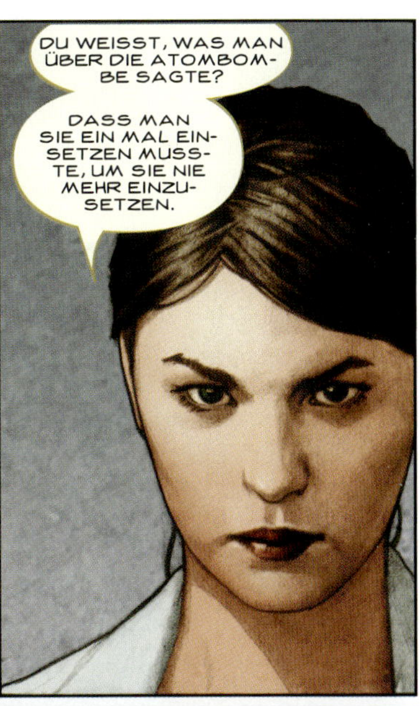
DU WEISST, WAS MAN ÜBER DIE ATOMBOMBE SAGTE?
DASS MAN SIE EIN MAL EINSETZEN MUSSTE, UM SIE NIE MEHR EINZUSETZEN.

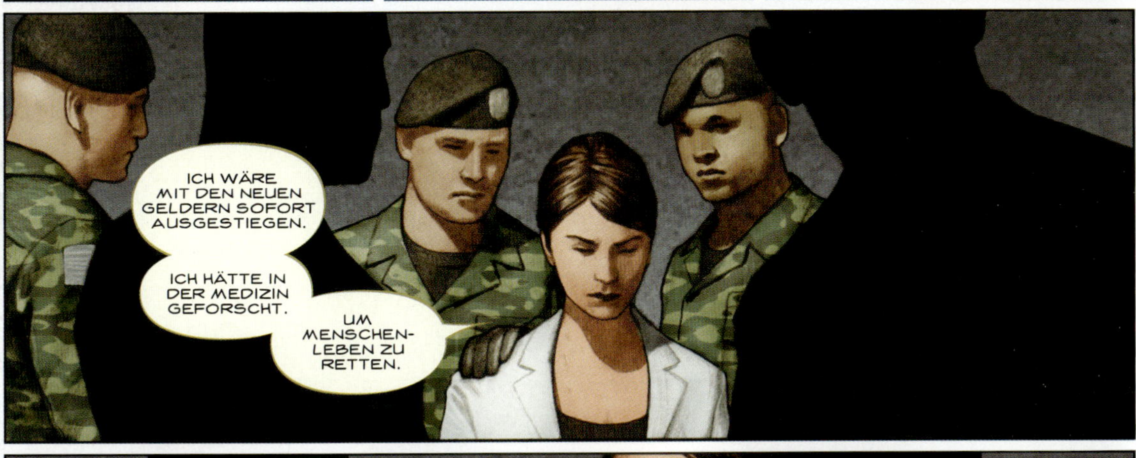
ICH WÄRE MIT DEN NEUEN GELDERN SOFORT AUSGESTIEGEN.
ICH HÄTTE IN DER MEDIZIN GEFORSCHT.
UM MENSCHENLEBEN ZU RETTEN.

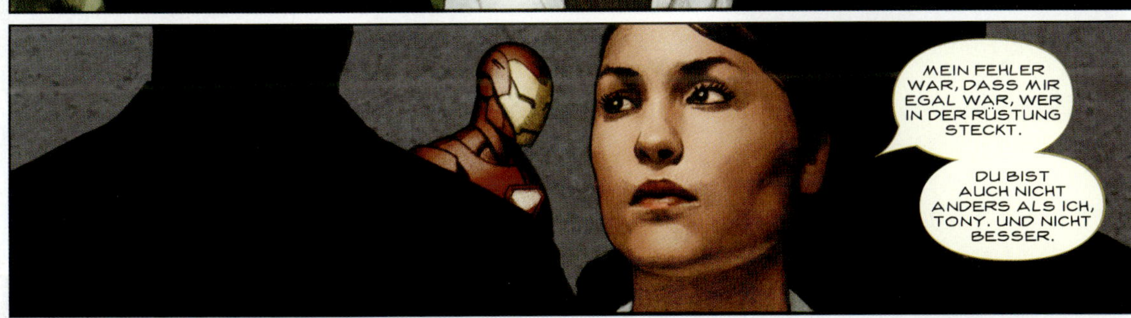
MEIN FEHLER WAR, DASS MIR EGAL WAR, WER IN DER RÜSTUNG STECKT.
DU BIST AUCH NICHT ANDERS ALS ICH, TONY. UND NICHT BESSER.

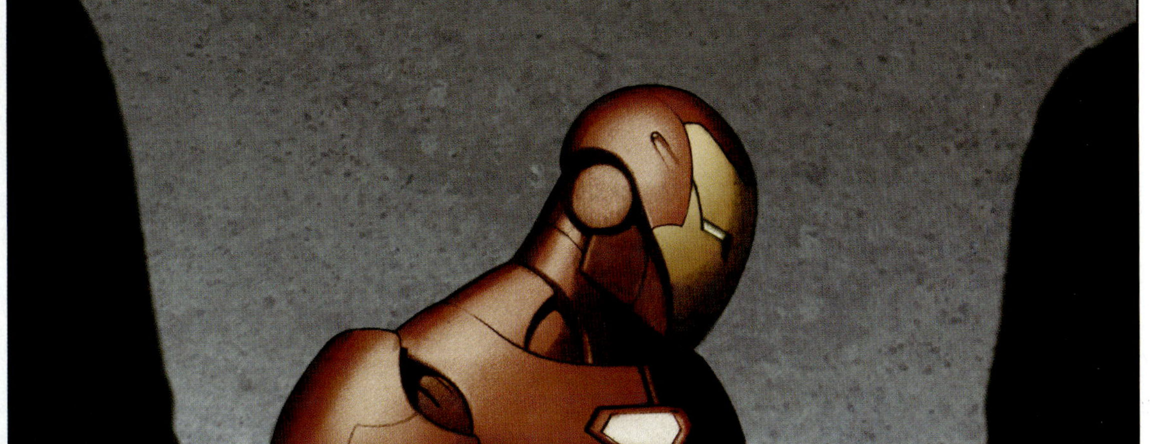

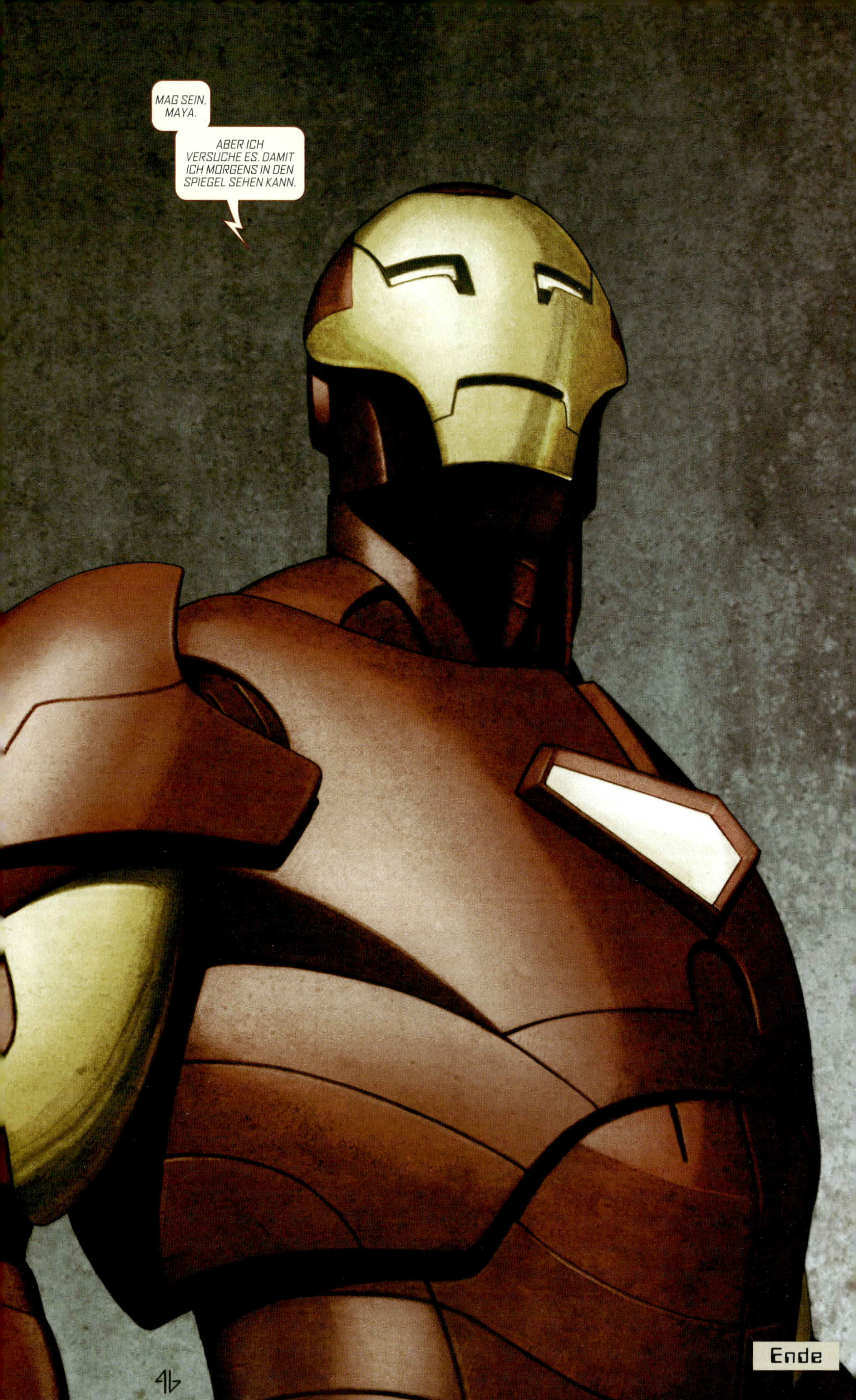
MAG SEIN, MAYA.
ABER ICH VERSUCHE ES, DAMIT ICH MORGENS IN DEN SPIEGEL SEHEN KANN.
Ende

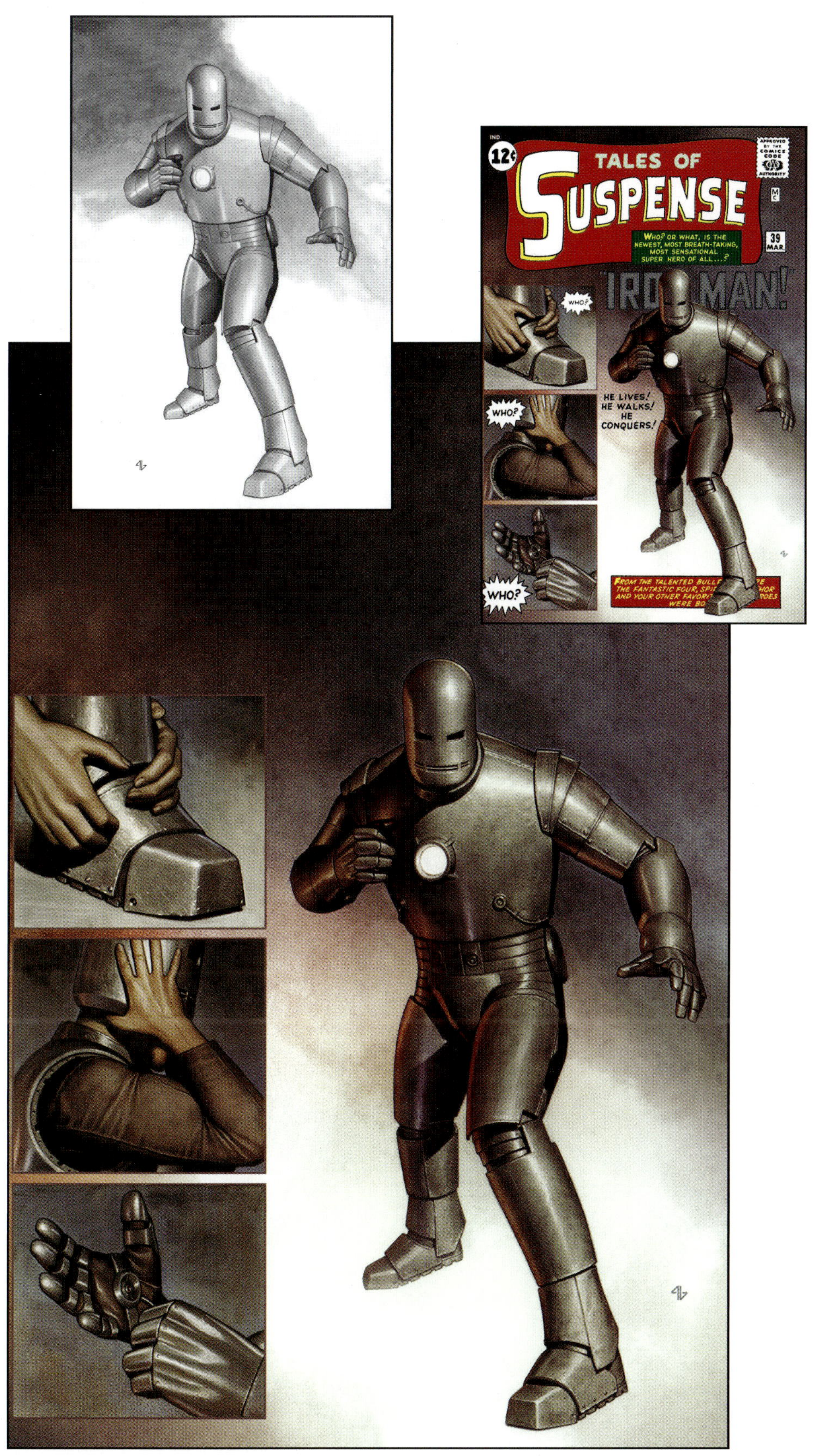

Adi Granov erfand das Cover zu *Tales of Suspense* 39, dem ersten Auftritt Iron Mans, für *Invincibile Iron Man Omnibus* Vol. 1, neu.

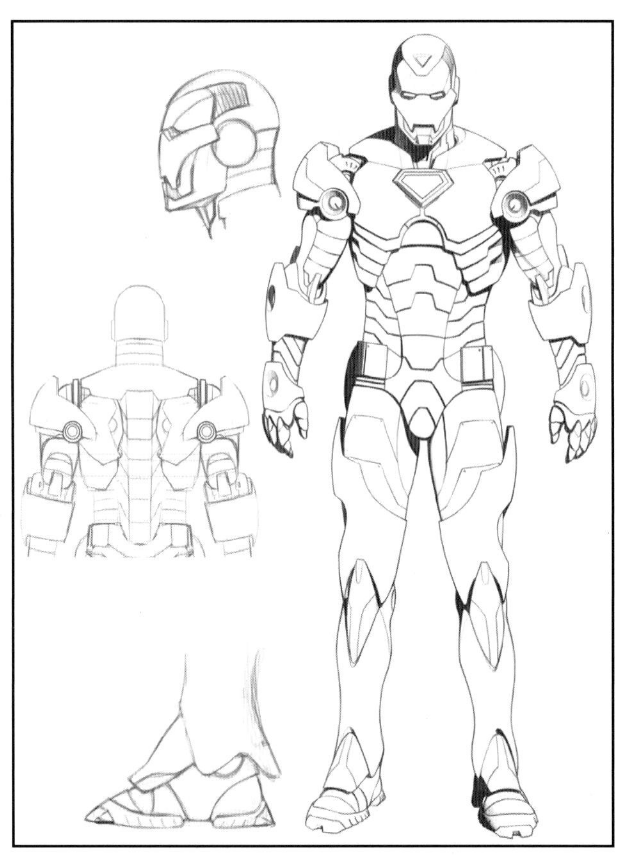

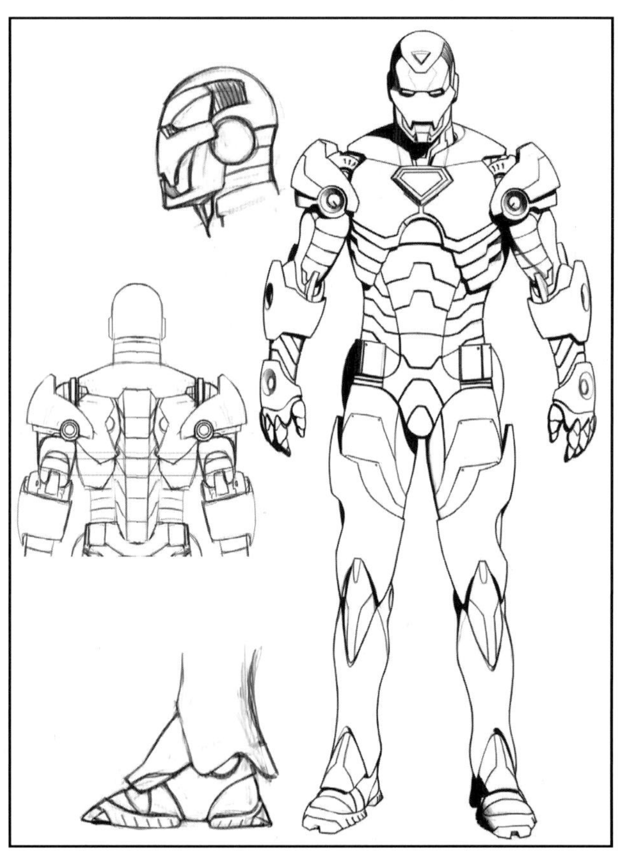

Iron Man-Rüstungsdesigns von **Adi Granov**

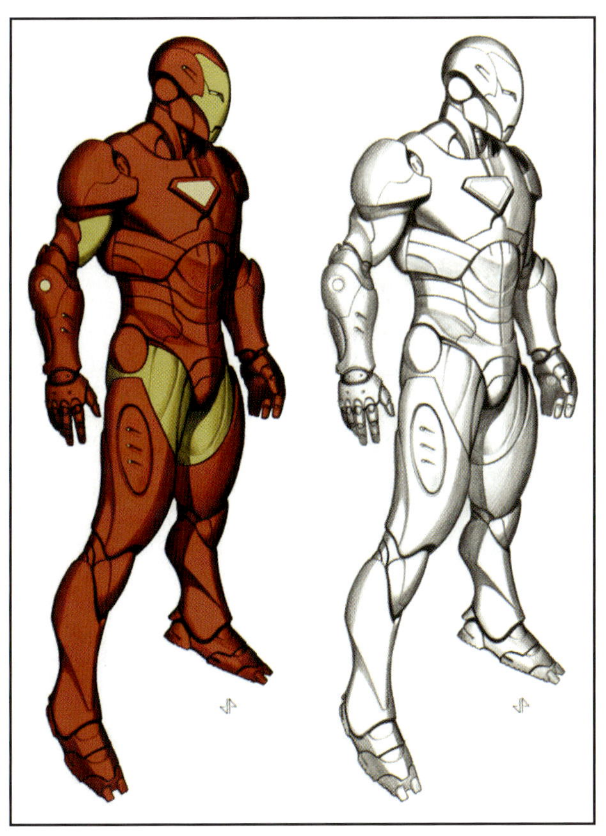

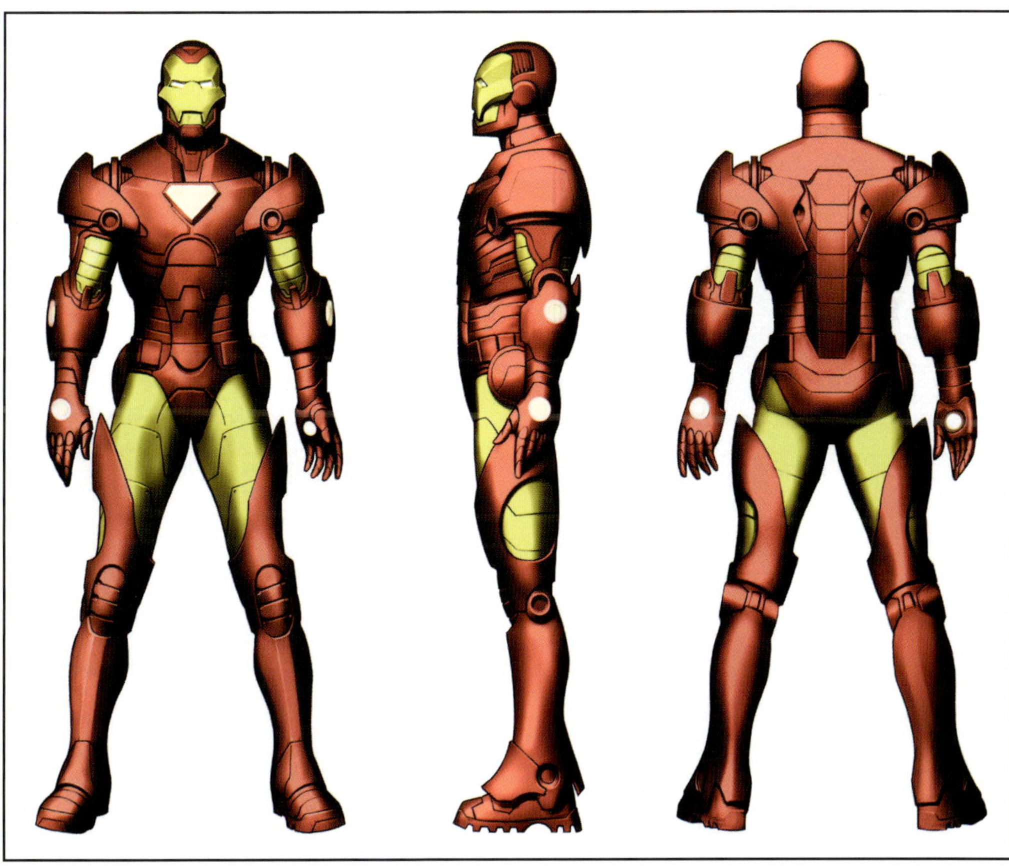

Iron Man-Rüstungsdesigns von **Adi Granov**

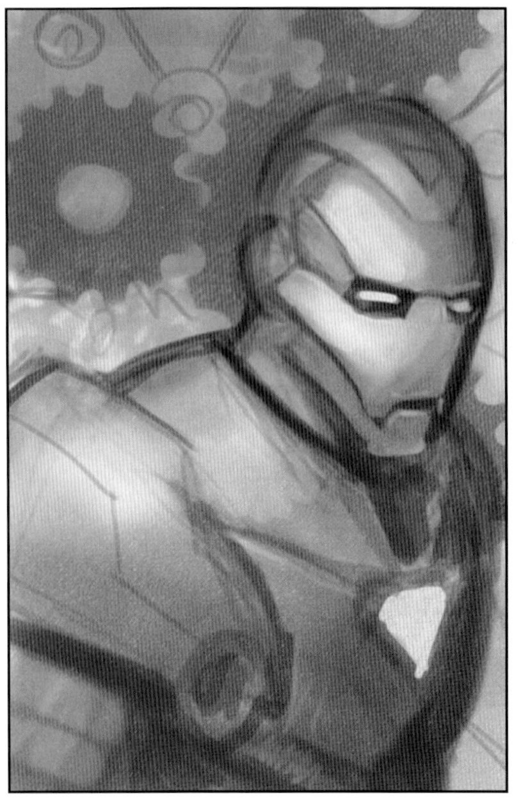
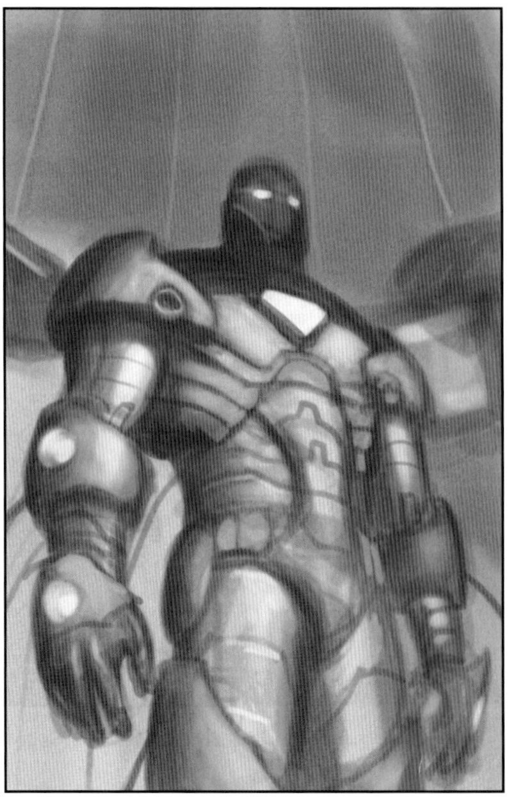
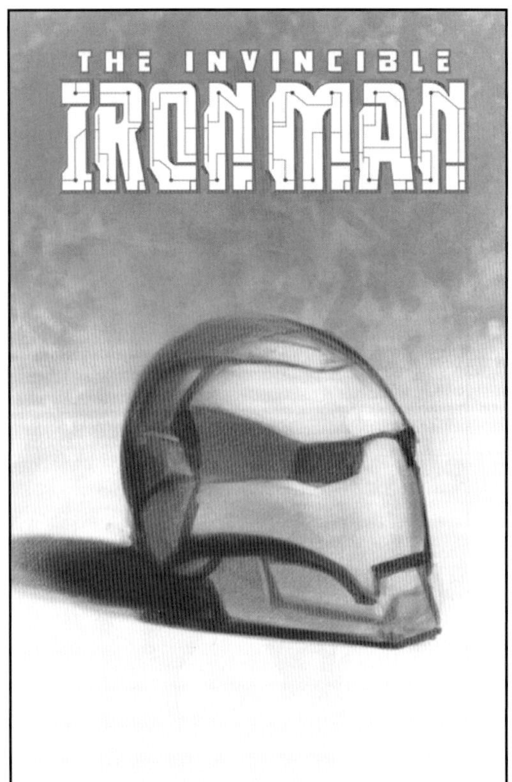

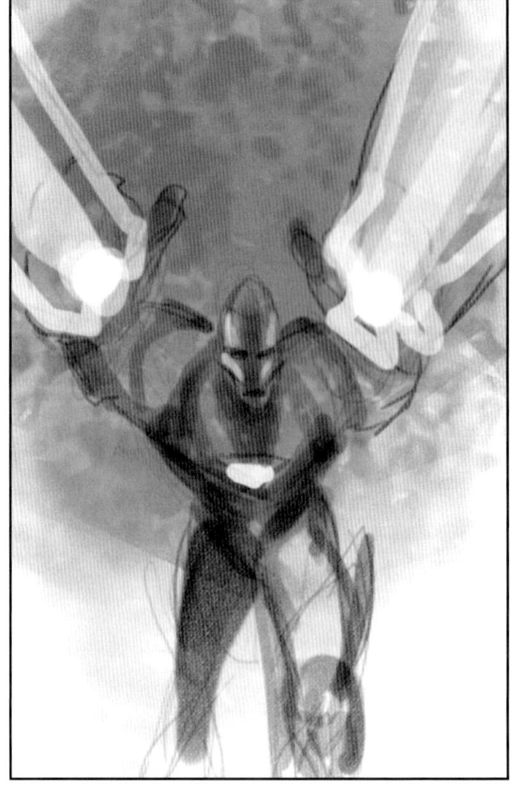

Ungenutzte Cover-Skizzen

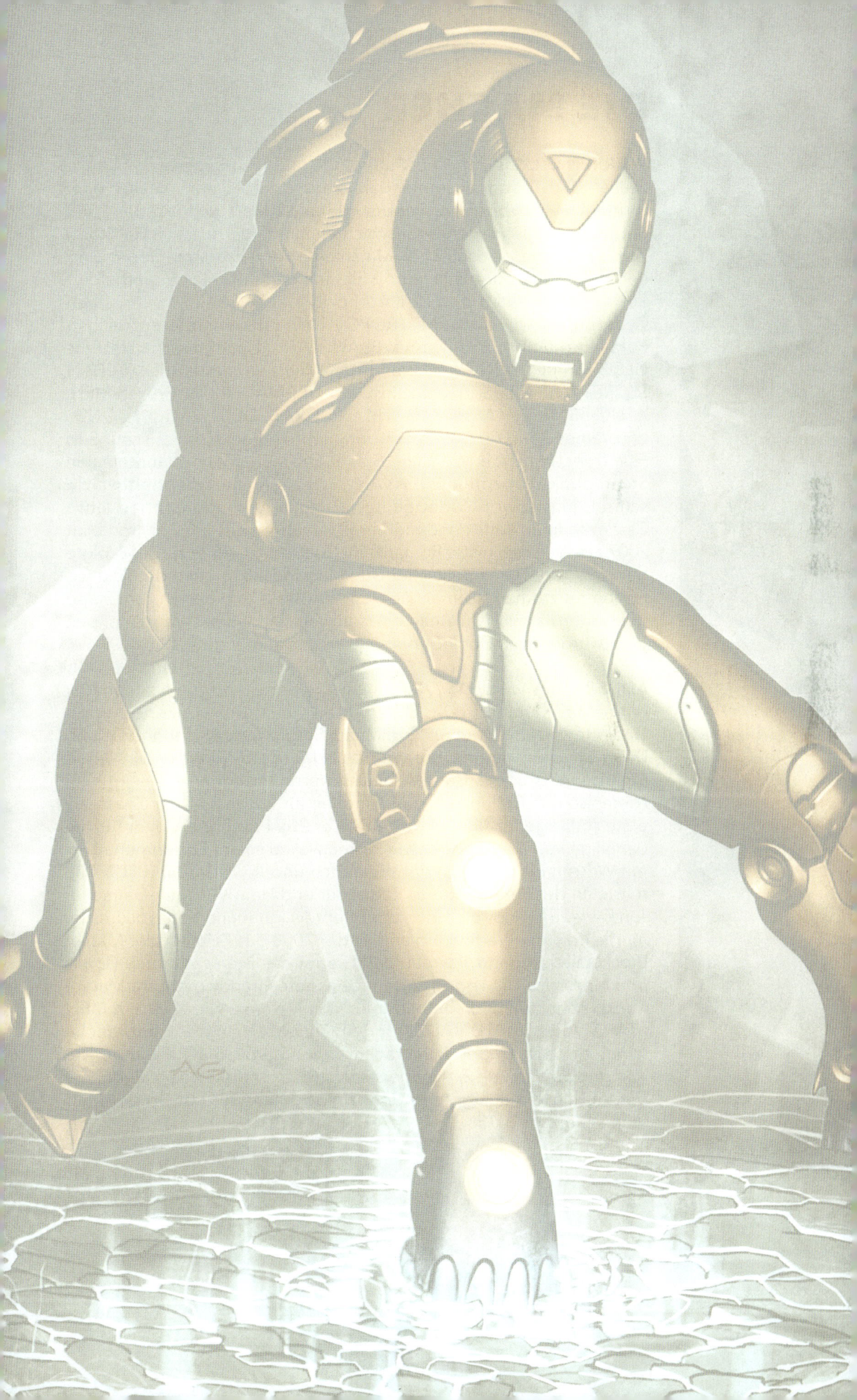

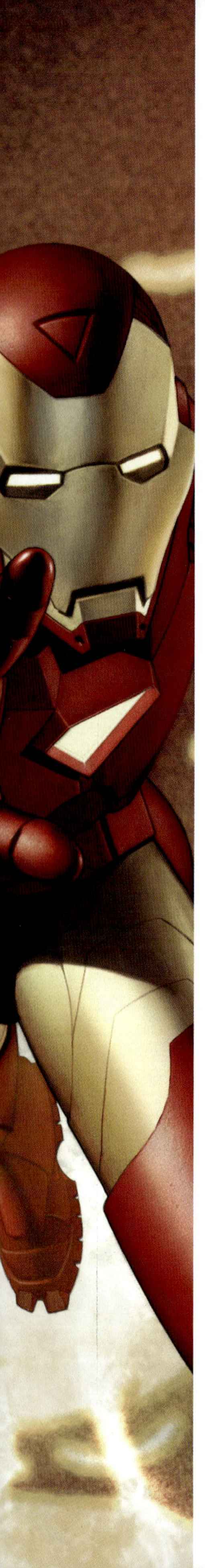

DIE MACHER

WARREN ELLIS ist der Chef-Futurologe und Tech-Experte der Comic-Szene – und obendrein immer darauf aus, das Medium inhaltlich oder formal weiterzubringen. Bereits in den 1990ern schrieb der 1968 geborene Engländer erste Geschichten für Marvel, u. a. mit Hellstorm, Thor, Wolverine, der britischen Mutanten-Truppe Excalibur, Doom 2099 und den X-Men. Zum Star wurde Ellis mit den radikalen Superhelden-Serien *Stormwatch* und *The Authority* bei DC, seiner satirischen Cyberpunk-Saga TRANSMETROPOLITAN und dem referenzreichen Pulp- und Genre-Prunkstück PLANETARY. Zudem verfasste Ellis GLOBAL FREQUENCY, das mit Bruce Willis verfilmte RED, OCEAN, SECRET AVENGERS, THUNDERBOLTS, ULTIMATE IRON MAN, X-MEN: XENOGENESE, KARNAK, BATMANS GRAB, DESOLATION JONES und *James Bond 007*. An der Front unabhängiger Comics schuf Ellis *Fell*, *Trees*, *Injection*, *Wolfskin*, *Gravel* und viele mehr. Während sein Steampunk-Webcomic FREAKANGELS als Anime adaptiert wurde, schrieb Ellis sowohl Videogames als auch Animationsserien, etwa *Castlevania* für Netflix und mehrere Marvel-Animes um z. B. Iron Man. 2007 erschien sein erster Romankrimi *Gott schütze Amerika*, 2013 folgte der New York Times-Bestseller *Gun Machine*, 2016 dann der Science-Fiction-Kurzroman *Normal*. Viele seiner Essays und Reden zum Stand der Gegenwart und Zukunft, die er auf verschiedenen Veranstaltungen hielt, wurden im E-Book *Cunning Plans* zusammengefasst.

ADI GRANOV wurde 1977 in Sarajevo geboren und zog als Teenager mit seiner Familie in die USA, wo er Kunst und Konzept-Design studierte. Er zählt Moebius, Syd Mead, Sergio Toppi, Katsuhiro Otomo, Drew Struzan, Hajime Sorayama und andere Künstler zu seinen Einflüssen. Granovs frühe Arbeiten waren Videogame-Designs für Nintendo und Rollenspiel-Illustrationen für *Wizards of the Coast*. Als erste Aufträge für Marvel gestaltete er 2004 mehrere Cover für die damalige *Iron Man*-Serie sowie Poster, was zu seiner Zusammenarbeit mit Warren Ellis beim Serien-Relaunch und IRON MAN: EXTREMIS führte. In der Folge heuerte Regisseur und Happy Hogan-Darsteller Jon Favreau Granov als einen der Hauptdesigner und Konzeptkünstler für die *Iron Man*-Verfilmung an, mit der 2008 das Zeitalter der Marvel-Blockbuster begann. Favreau und Granov starteten sogar den Comic *Iron Man: Viva Las Vegas*, zudem zeichnete Granov mehrere Marvel-Kurzgeschichten und Titelbilder für Comic-Serien wie NOVA, X-MEN, STAR WARS: DARTH VADER und SPIDER-MAN. In der Filmbranche wirkte er noch an den Filmkrachern *Iron Man 2*, *Black Panther*, *The Amazing Spider-Man 2*, *Avengers: Infinity War* und *Avengers: Endgame* mit. Außerdem designte er den Tempo-Anzug für das Spider-Man-Videospiel von 2018.

IRON MAN

EXTREMIS

Extremis sollte 2004 ein Neustart für **Iron Man** sein, indem man **Tony Stark** neu definierte und zum Testpiloten der Zukunft erklärte. Autor **Warren Ellis** und Zeichner **Adi Granov** erwiesen sich als perfekte Kombination, und sie erschufen eine Geschichte, die weithin als eine der größten Iron Man-Storys aller Zeiten anerkannt ist.

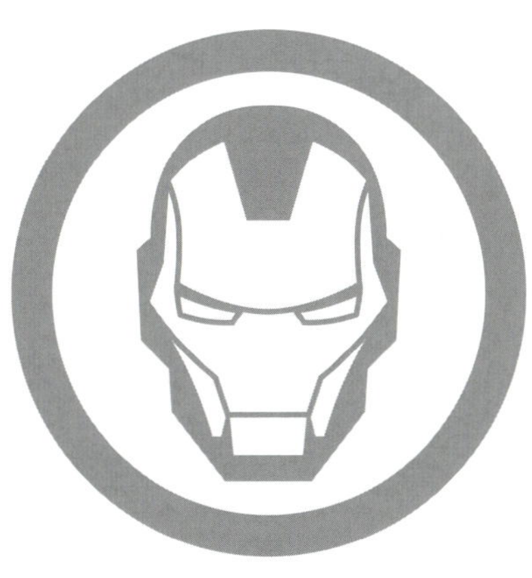

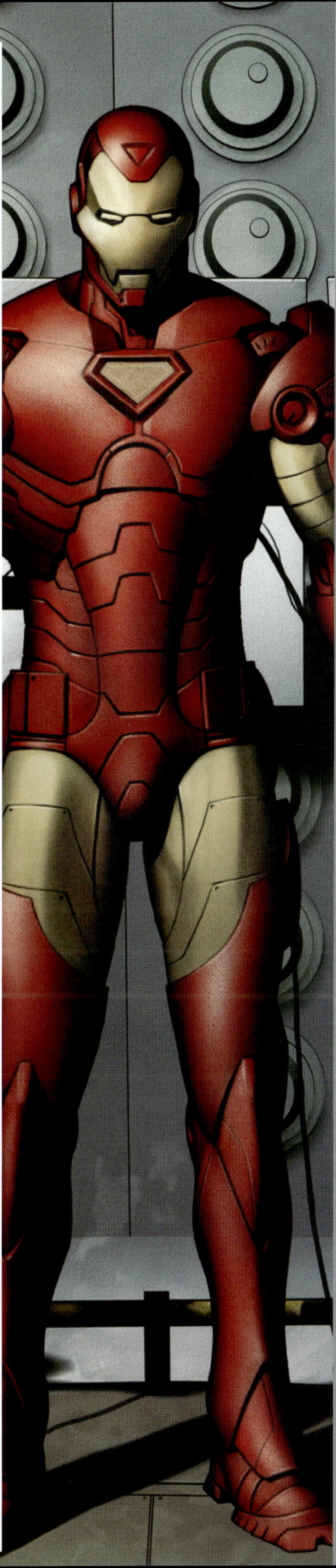

BONUSTEIL

Erbauer der Zukunft

Heute wird *Extremis* oft als einer der Grundsteine des modernen Marvel-Zeitalters betrachtet. Die Geschichte folgte den schockierenden Ereignissen in *Avengers: Disassembled* und der Formierung der **New Avengers**, und sollte **Tony Stark** als Mann zeigen, der seiner Vergangenheit als Waffenhändler entkommen und neu anfangen wollte.

Autor **Warren Ellis** begann nach einem Gespräch mit dem damaligen Marvel-Chefredakteur **Joe Quesada** mit der Arbeit an der neuen *Iron Man*-Serie. Ellis war bekannt als Erneuerer mit großem Interesse an Spitzentechnologie. Als Quesada erwähnte, dass er Schwierigkeiten damit hätte, die Figur Tony Stark richtig in den Griff zu bekommen, antwortete Ellis, dass er für ihn ein „Testpilot der Zukunft" sei. Und diese einfache Bemerkung löste alles Weitere aus. Ellis erklärte: „[Tony Stark] stammte aus einer Zeit, als man noch kein Problem damit hatte, einen Waffenhersteller zum Helden zu machen. Aber wenn man die fiktive Geschichte der Figur betrachtet, sieht man einen Mann, der all dem entkommen will, um die Zukunft zu gestalten."

Warren Ellis machte Afghanistan zum Schauplatz der Origin-Story von Iron Man. Zeichnung von Adi Granov.

Diese Gedanken waren der Ursprung von *Extremis*, einer enorm einflussreichen Geschichte, die allen nachfolgenden **Iron Man**-Storys als Fundament diente. Ellis modernisierte Iron Mans Origin-Story, er verlegte den ursprünglichen Hintergrund von Vietnam nach Afghanistan und ließ den Rest des Marvel-Universums außen vor. Er wollte sich freimachen von äußeren und historischen Einflüssen. Ellis sagte: „Ich habe nur aktuelle Ausgaben gelesen. So ein Update funktioniert nur, wenn man die Fesseln von gewachsener Serien-Kontinuität abwirft und das sichtbar macht, was die Menschen ursprünglich an der Figur interessiert hat."

Adi Granov war begeistert, *Extremis* zu zeichnen, nicht nur, weil er Science-Fiction liebte, sondern auch, weil er die Arbeit von Warren Ellis bewunderte: „Iron Man kommt einem richtigen SF-Charakter näher als jeder andere amerikanische Superheld. Und so, wie Warren Ellis ihn schrieb, war es eine richtige Science-Fiction-Story."

▶ Adi Granov war schon vertraut mit Marvels Eisernem, bevor er mit Warren Ellis an *Extremis* arbeitete, denn er hatte die Cover für die Hefte 75-83 der vorherigen *Iron Man*-Serie gezeichnet. Seine moderne Version der Figur passte perfekt zum Hightech-Skript von Ellis.

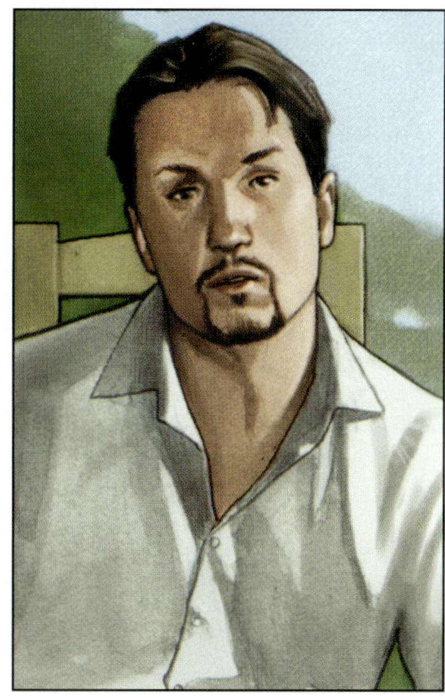
Granov stellte Tony Stark als einen Playboy dar, dessen beste Zeit vorbei war.

Granov meint, dass das Zusammenspiel seiner Zeichnungen mit den Texten von Ellis viel zum Erfolg der Reihe beigetragen habe. Zudem hatte Ellis ein Skript geliefert, dass ihn kreativ beflügelte: „Beim Lesen des Manuskripts wurde mir klar, wie realistisch der Ansatz von Ellis ist. Es war offenkundig, dass sich unsere Methoden ähnelten. Und ich wollte, dass meine Zeichnungen den Realismus seiner Texte widerspiegelten. Ich wollte nicht nur den technischen Elementen gerecht werden, sondern auch den Feinheiten der Figuren. Warren hatte eine Tech-/Thriller-/Action-Story verfasst, und ich wollte, dass die Zeichnungen entsprechend aussahen. Deshalb sind sie so atmosphärisch und filmisch; ich wollte den ausgeblichenen Look, den man in Filmen von **James Cameron** oder **David Fincher** sieht."

Granov und Ellis dachten viel nach über die Rüstung und den Mann, der in ihr steckt. Granov sagte: „Ich wollte Tony als eine Art Playboy zeigen, dessen beste Zeit vorbei war und dessen Taten und Verpflichtungen schwer auf ihm lasten. Es scheint, als würde die Rüstung das Einzige sein, was ihm etwas Ausdrucksfreiheit gibt, und das sollten die Bilder zeigen. Er ist von Technik besessen und darunter leidet sogar sein Geschäft." Die Rüstung selbst ging Granov pragmatisch an. „Ich sah Iron Man nicht nur als Superheld in einem Kostüm. Er war eher der Pilot einer Waffe. Für mich ist die Rüstung mehr Kampfjet als Outfit. Und sie sollte die Illusion von Machbarkeit wahren, als könnte wirklich ein Mensch hineinpassen."

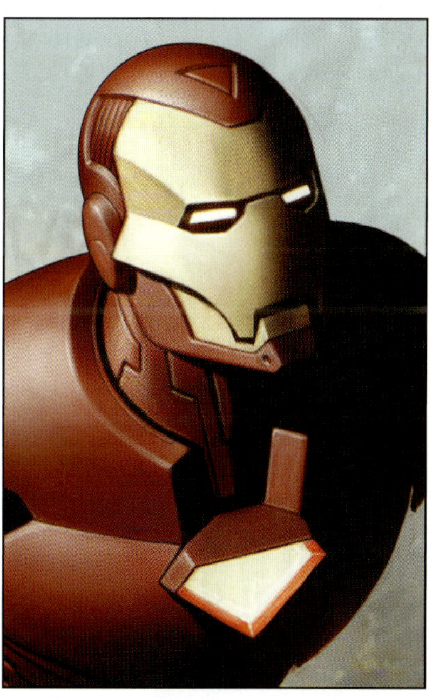
Die Iron Man-Rüstung gewährte Tony Stark Ausdrucksfreiheit. Zeichnung von Adi Granov.

Granovs Arbeit an *Extremis* führte dazu, dass Filmregisseur **Jon Favreau** ihn bat, beim *Iron Man*-Film am Design mitzuarbeiten. Das wurde schließlich ein Fulltime-Job, und er war als Art Director für den Bau von 3D-Modellen zuständig und entwarf Rüstungen, Figuren und Anzüge.

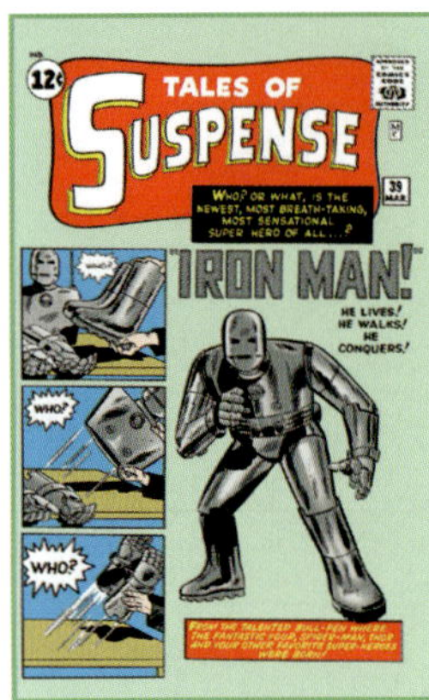

***Tales of Suspense* 39 (1963)**
STAN LEE
LARRY LIEBER
DON HECK
Iron Man und sein klassischer, ziemlich grobschlächtiger grauer Anzug feierten in diesem Heft ihr Debüt.

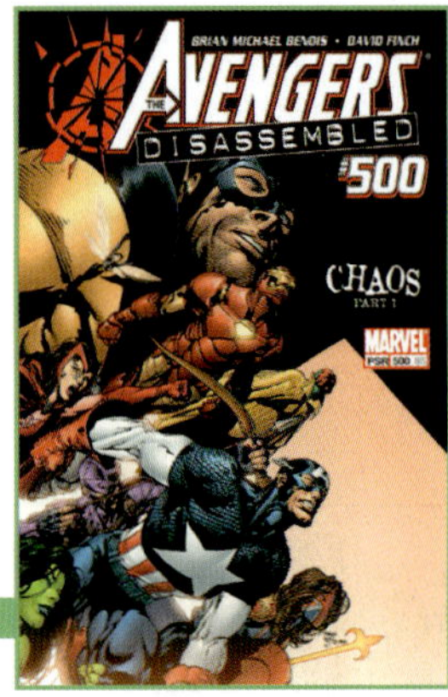

***Avengers* 500 (2004)**
BRIAN MICHAEL BENDIS
DAVID FINCH
In der Avengers Disassembled-*Story entschied Tony Stark, dass die mächtigsten Helden der Erde am Ende des Weges angekommen waren.*

IRON MAN
EXTREMIS

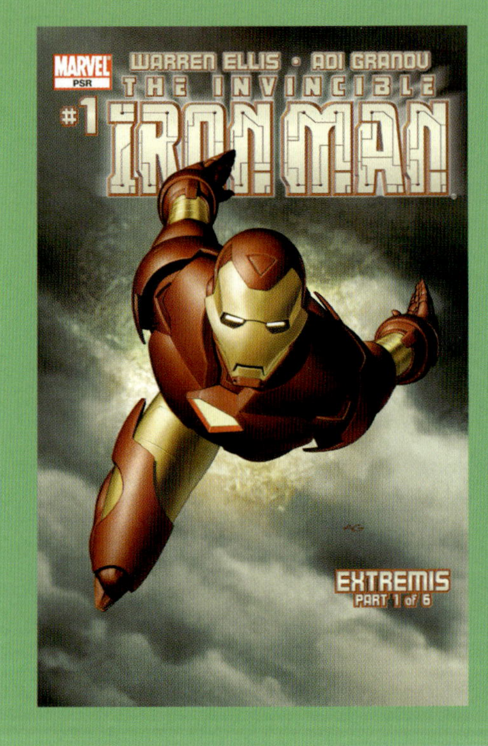

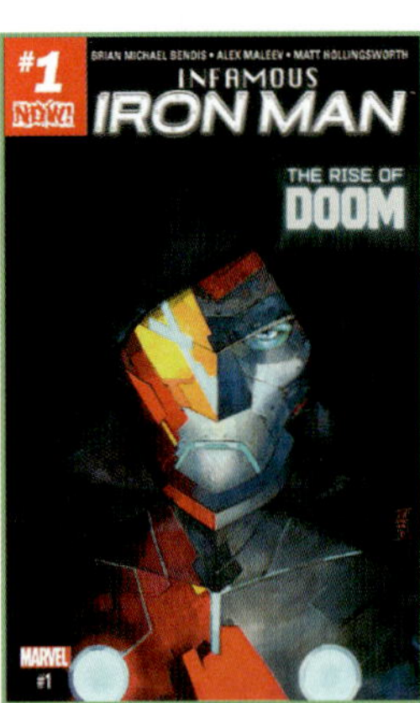

***Infamous Iron Man* 1 (2016)**
BRIAN MICHAEL BENDIS
ALEX MALEEV
Nach Civil War II *wurde Starks Platz von zwei Leuten eingenommen:* ***Riri Williams****, die später* ***Ironheart*** *wurde, und – deutlich überraschender –* ***Dr. Doom****.*

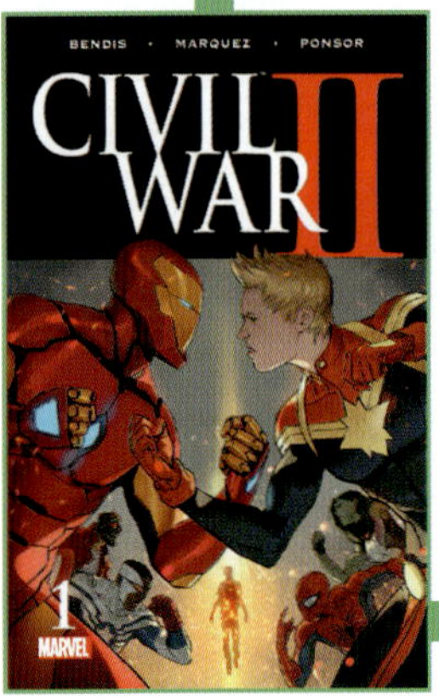

***Civil War II* 1 (2016)**
BRIAN MICHAEL BENDIS
DAVID MARQUEZ
Iron Man sollte eine große Rolle in Civil War II *spielen, was ihn einmal mehr ins Koma beförderte, und diesmal war* ***Captain Marvel*** *schuld daran.*

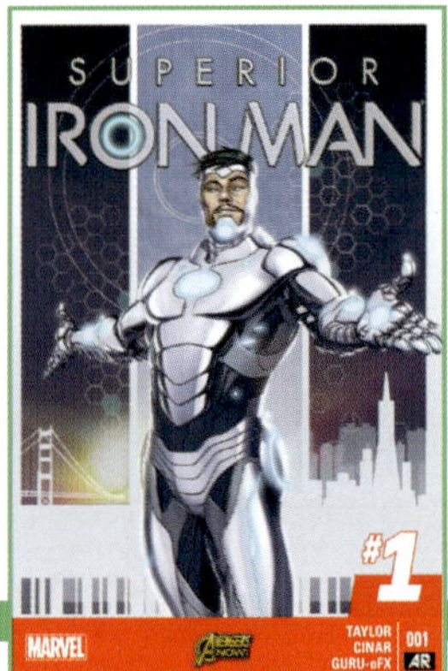

***Superior Iron Man* 1 (2014)**
TOM TAYLOR
YILDIRAY ÇINAR
Nach der AXIS-*Geschichte wurde Tonys Persönlichkeit umgedreht, was die dunkleren Aspekte seines Charakters in den Vordergrund rückte. Er versorgte die Bevölkerung von San Francisco mit der Extremis 3.0 App und bot den Leuten Schönheit, Gesundheit und sogar Unsterblichkeit an.*

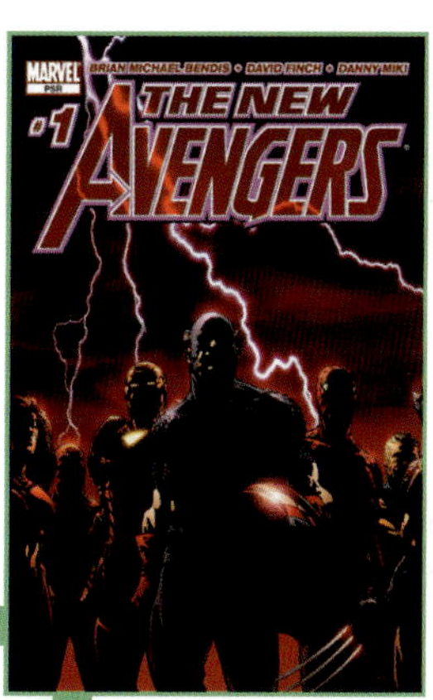

***New Avengers* 1 (2004)**
BRIAN MICHAEL BENDIS
DAVID FINCH
*Eine neue Ära verlangte nach einem neuen Team, und Tony Stark stieg, wenn auch erst zögerlich, in **Captain Americas** neues Heldenteam ein.*

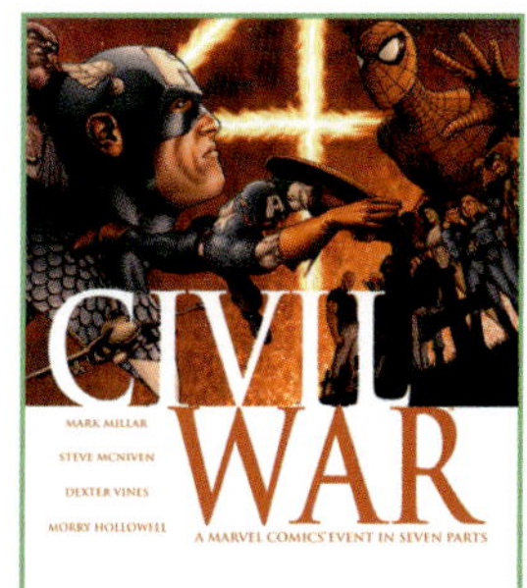

***Civil War* 1 (2006)**
MARK MILLAR
STEVE McNIVEN
In der Civil War*-Story gingen die Marvel-Helden aufeinander los, weil Iron Man eine Splittergruppe anführte, die das Vorhaben der Regierung unterstützte, alle Superhelden zu registrieren.*

Extremis war ein Neuanfang für **Tony Stark** und wurde zum Fundament nicht nur für alle folgenden **Iron Man**-Geschichten, sondern auch zu einem Schlüsselelement für das Marvel-Universum als Ganzes. Bis heute sind die Narben des **Extremis**-Virus spürbar, und nur wenige Storys können behaupten, so viele spätere Geschichten beeinflusst zu haben. Sehen wir uns einige der wichtigsten Hefte an, die zu diesem unvergesslichen Abenteuer führten und was danach folgte.

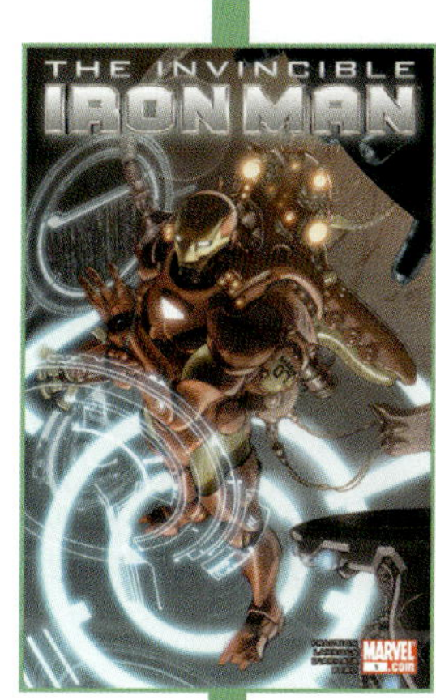

***Invincible Iron Man* 1 (2008)**
MATT FRACTION
SALVADOR LARROCA
In der Five Nightmares*-Story bekam es Iron Man mit **Ezekiel Stane** zu tun, der durch Terrorakte Stark Industries zerstören wollte, um den Tod seines Vaters, **Obadiah Stane**, zu rächen.*

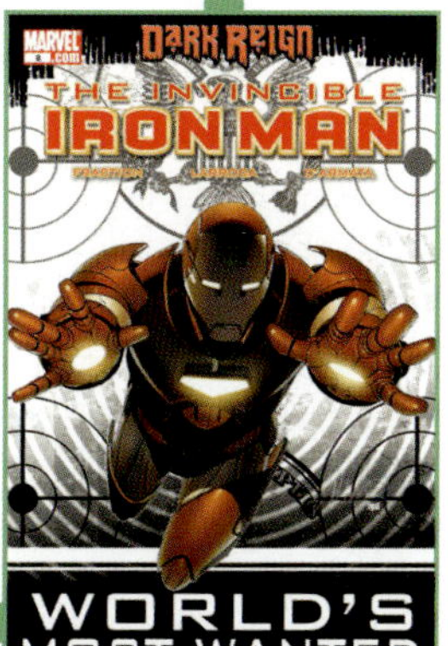

***Invincible Iron Man* 8 (2009)**
MATT FRACTION
SALVADOR LARROCA
*Starks Extremis-Kräfte ließen ihn im Stich, nachdem er ein Virus hochgeladen hatte, um alle Daten des Registrierungsgesetzes zu zerstören, auf die **Norman Osborn** zugreifen wollte. Die* World's Most Wanted*-Story gipfelte darin, dass Osborn Stark ins Koma prügelte.*

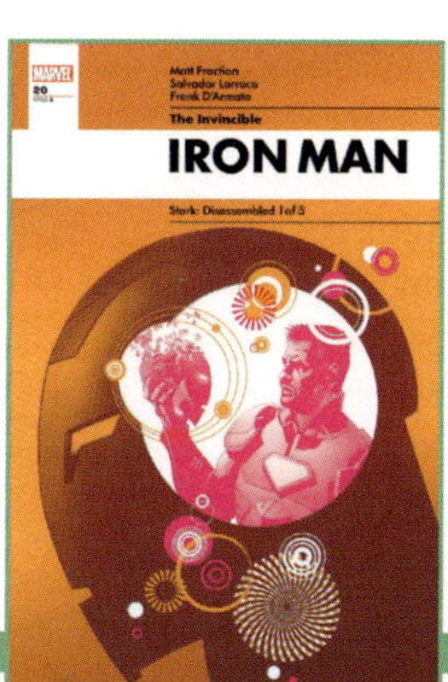

***Invincible Iron Man* 20 (2010)**
MATT FRACTION
SALVADOR LARROCA
In Stark: Disassembled *kehrte Tony zurück. Sein Gehirn wurde neu gestartet und an einen Punkt vor dem Heldenkrieg zurückgesetzt, sodass er keine Erinnerung mehr an seine Taten in diesem Konflikt hatte.*

Extremis-Evolution

2009 zeigten uns **Matt Fraction** und **Salvador Larroca**, was passiert, wenn die **Extremis**-Kräfte schwinden, und zwar genau in dem Moment, in dem **Iron Man** sie unbedingt brauchte. *World's Most Wanted* wurde in *Invincible Iron Man* 8-19 erzählt und schilderte, wie **Tony Stark** von **Norman Osborn** und **HAMMER** gejagt wurde. Osborn war verzweifelt darum bemüht, die Datenbank in die Finger zu bekommen, in der die Daten von Superhelden, die sich dem Superheldenregistrierungsgesetz gefügt hatten, gesammelt waren. Doch diese Datenbank befand sich in Tonys Gehirn. Und um zu verhindern, dass Osborn die Informationen bekam, fügte sich Tony selbst einen Hirnschaden zu.

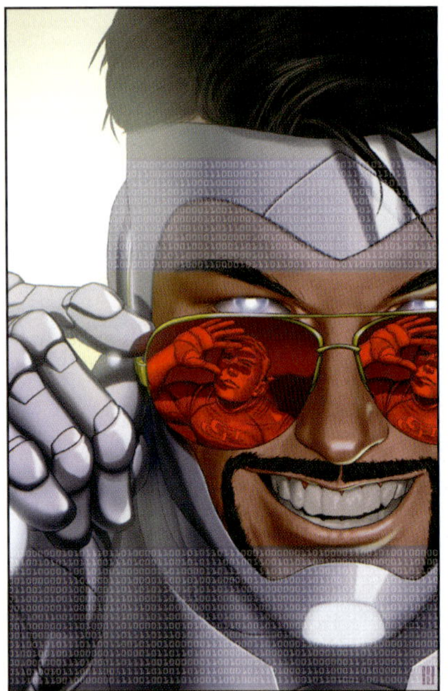

In *Superior Iron Man* wurde Tony Stark ein arroganter, skrupelloser Narzisst. Zeichnung von **Mike Choi**.

Tom Taylor und **Yildiray Çinar** gewährten uns 2014 während ihrer *Superior Iron Man*-Arbeit einen schaurigen und fesselnden Einblick in die Entwicklung von Extremis und Tony Stark selbst. Die Serie hatte ihre Wurzeln im *AXIS*-Event, in dem **Scarlet Witch** einen Umkehrzauber gewirkt hatte, der die Persönlichkeit vieler Marvel-Helden veränderte. In Iron Mans Fall wurden die negativen Aspekte von Tony Starks Charakter verstärkt, was uns einen narzisstischen, arroganten Schurken bescherte, dem sich keiner in den Weg stellen durfte.

Starks Arroganz und Gier wurden besonders gut durch seine Arbeit an Extremis veranschaulicht. Er entwickelte eine App für Mobilgeräte, die es Nutzern erlaubte, Extremis 3.0 gratis herunterzuladen, zusammen mit einer Anleitung, wie der Nutzer damit seinen Körper verändern kann. Nachdem die Einwohner von San Francisco abhängig von Extremis 3.0 waren, beendete er die kostenlose Probezeit und verlangte eine tägliche Gebühr von 99,99$.

Daredevil wollte Stark aufhalten, wurde aber schnell ausgeschaltet. Nur um etwas zu beweisen, gab Tony Daredevil sogar das Augenlicht zurück, doch er nahm es ihm auf grausame Weise wieder weg. Die normale Version von Tony Stark sollte erst nach den Ereignissen von *Secret Wars* wieder auftauchen.

▶ *Civil War II* hatte große Auswirkungen auf Iron Man. Tony Stark weigerte sich, den **Inhuman Ulysses** und dessen Präkognitionskraft zu benutzen, um Verbrechen zu verhindern, die noch gar nicht begangen worden waren. Nachdem **War Machine** bei einer dieser Missionen getötet wurde, schwor Stark, jeden daran zu hindern, Ulysses' Kräfte zu benutzen. Das führte zu einem massiven Kampf mit **Captain Marvel**, der darin gipfelte, dass Tony in ein Koma fiel.

Kluge Köpfe

Obwohl **Maya Hansen** in *Extremis* einige ziemlich üble Verbrechen gestand, war ihre Geschichte damit nicht beendet. Sie hatte eine harte Zeit im Gefängnis und war erstaunt, als **Iron Man** sie darüber informierte, dass sie auf Bewährung entlassen werden sollte. **Tony** brauchte ihre Hilfe, weil er Angst hatte, dass das **Extremis**-Virus seine Hirnfunktionen veränderte.

Maya Hansen wurde auch für verschiedene Terrorgruppen zur Zielscheibe, die Extremis in die Finger bekommen wollten. Einmal wurde sie dazu verleitet, dem **Mandarin** eine Probe des Virus zu geben. Und später wurde sie von **AIM** entführt und gezwungen, Extremis für sie nachzubauen. Doch der Gedanke, dass das Virus einmal in die falschen Hände gerät, war ihr schlimmster Albtraum. Maya war bewusst, dass ihre Entführer Sabotage entdecken würden, doch es gelang ihr, das Virus etwas zu frisieren. Jeder Nutzer bekäme eine einmalige Energiesignatur, die man aufspüren konnte. Kurz nachdem sie die Formel nachgebildet hatte, konnte sie entkommen und Tony Stark warnen, bevor sie gefasst und getötet wurde.

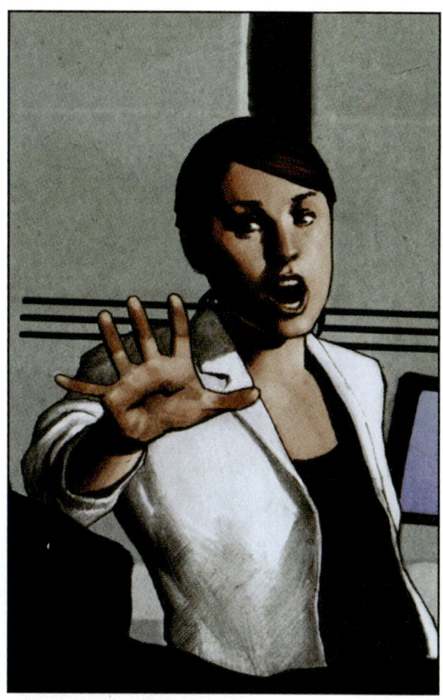

Maya Hansen, der Kopf hinter dem Extremis-Virus. Zeichnung von **Adi Granov**.

Der andere kluge Kopf in *Extremis* ist Iron Mans Co-Konstrukteur Professor **Ho Yinsen**, ein medizinischer Futurist. Er tauchte 1963 zeitgleich mit Iron Man in *Tales of Suspense* 39 auf. In der ursprünglichen Geschichte war Yinsen ein Gefangener des kommunistischen Warlords **Wong-Chu** in Vietnam. Doch **Warren Ellis** änderte das rückwirkend und machte ihn zum Gefangenen der Taliban in Afghanistan.

In der *Execute Program*-Storyline, die 2006 direkt an *Extremis* anschloss, wurde enthüllt, dass man Yinsen dazu gezwungen hatte, einen biomagnetischen Empfänger in Tony Starks Gehirn zu implantieren. Jahre später nutzte Yinsens Sohn dieses Gerät, um Rache an jenen zu üben, die er für die Mörder seiner Eltern hielt. Er benutzte den Empfänger, um Tony Starks Gedanken zu kontrollieren und zwang ihn sogar, die Terroristen zu töten. Yinsens Sohn wurde von einem **SHIELD**-Scharfschützen getötet, bevor er seine hinterhältigen Pläne ausweiten konnte.

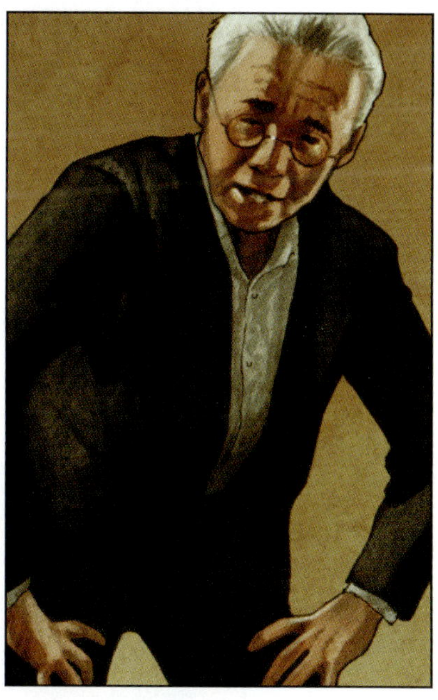

Prof. Ho Yinsen rettete nicht nur Tonys Leben, sondern half auch bei der Konstruktion von Iron Man. Zeichnung von Adi Granov.

WEITERE MUST-HAVE-TITEL

BEREITS ERHÄLTLICH

CIVIL WAR
AVENGERS: HELDENFALL
SPIDER-MAN: SPIDER-VERSE
WOLVERINE: OLD MAN LOGAN
DEADPOOL KILLT DAS MARVEL-UNIVERSUM
THANOS: DIE GEBURT EINES MONSTERS
DAREDEVIL: DER MANN OHNE FURCHT
MILES MORALES: ULTIMATE SPIDER-MAN
MS. MARVEL: META-MORPHOSE
DER TOD VON WOLVERINE
INFINITY GAUNTLET: DIE EWIGE FEHDE
PLANET HULK
X-MEN: DIE DARK PHOENIX SAGA
VENOM: DARK ORIGIN

JETZT ERHÄLTLICH

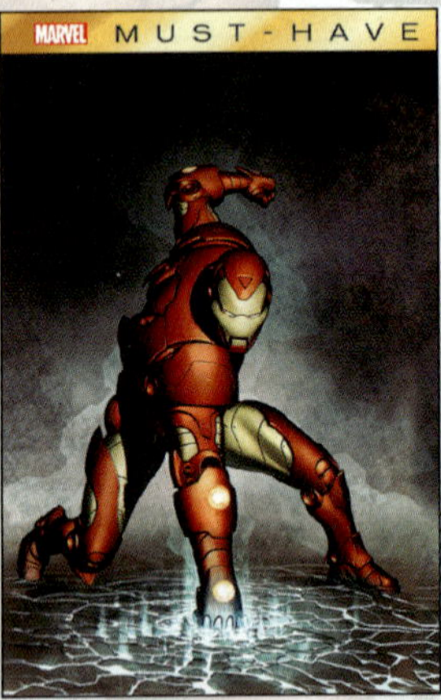

IRON MAN: EXTREMIS

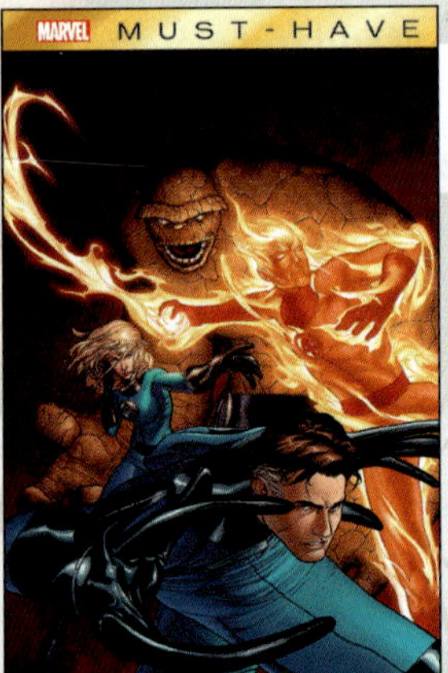

FANTASTIC FOUR – 4

DEMNÄCHST

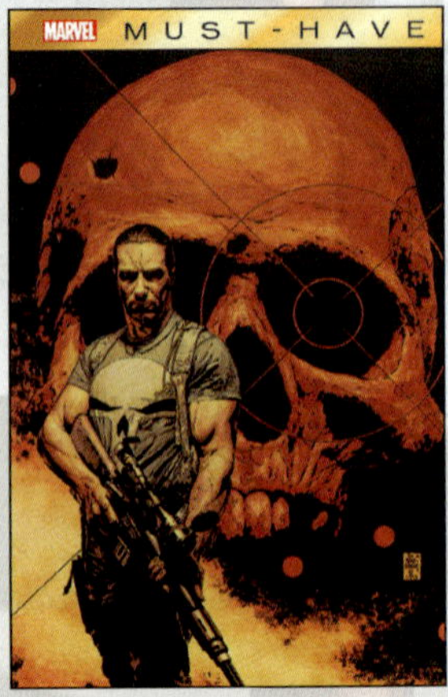

PUNISHER: FRANK IST ZURÜCK!

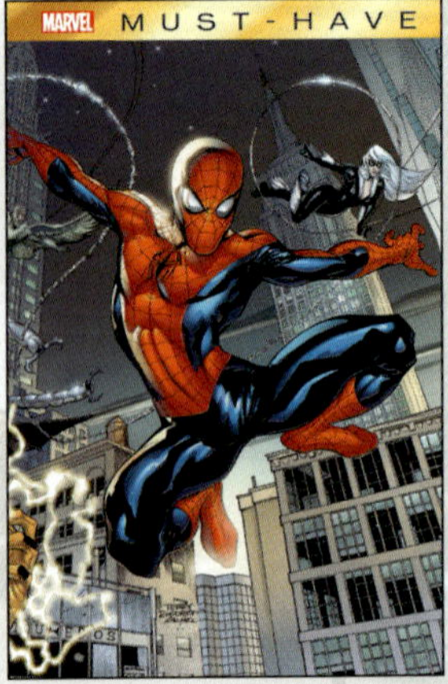

MARVEL KNIGHTS SPIDER-MAN